Für Alle und Keinen

IIquIIIII

Herausgegeben von
Claus Pias und Joseph Vogl

Für Alle und Keinen

Lektüre, Schrift und Leben bei Nietzsche und Kafka

Herausgegeben von
Friedrich Balke, Joseph Vogl und Benno Wagner

diaphanes

1. Auflage
ISBN 978-3-03734-039-4
© diaphanes, Zürich-Berlin 2008
www.diaphanes.net

Layout und Druckvorstufe: 2edit, Zürich
Umschlagskonzept: Thomas Bechinger und Christoph Unger
Druck: Ludwig Auer, Donauwörth

Inhalt

III. KAFKAS NIETZSCHE-SPIEL

Einleitung

Es gibt kaum zwei andere Autoren der deutschsprachigen Moderne, die das Verhältnis von Sprache und Leben so intensiv, so gegensätzlich und in so engem Bezug aufeinander verhandeln wie Friedrich Nietzsche und Franz Kafka. Für Nietzsche, den ›gefährlichen Denker‹ und das ›Dynamit‹ der christlich-abendländischen Werteordnung, wie für Kafka, den ›Dichter der Angst‹ und Experten für Arbeiter-Unfallversicherung, bilden die biopolitischen Dispositive des heraufkommenden Wohlfahrtsstaates und die Verschiebungen, die der Historismus für die Ökonomie des Wissens und die Massenpresse für die Ökonomie der Rede bedeuten, eng aufeinander bezogene Faktoren eines Problemgefüges, das ihre Schreibprojekte motiviert. Dieses Gefüge verweist in seinem technischen Kern auf ein doppeltes Problem der Selektivität: Mit der Einstellung eines medial und biopolitisch gerüsteten Humanismus in den Dienst der Nation im Verlauf des 19. Jahrhunderts ist die »Sekten- oder Club-Phantasie – [der] Traum von der schicksalhaften Solidarität derer, die dazu auserwählt sind lesen zu können«, zerstoben. Im selben Prozess, in dem ganze Bevölkerungen zu »durchalphabetisierten Zwangsfreundschaftsverbänden« zusammengeschlossen werden,[1] verschiebt sich der Schwerpunkt des Schriftverkehrs vom Akt des Empfangs auf den Akt der Sendung der jeweiligen Botschaft, mit der Folge, dass die klassische Unterscheidung zwischen Hirten und Herde, Subjekten und Objekten der Menschenzüchtung als personale Zuschreibung prekär wird. Doch führen, vom Standpunkt jener elitären Phantasie aus, Massenalphabetisierung und Massenmedien nicht allein zu einer Vermehrung und Verflachung auf der Seite der Rezipienten humanisierender Botschaften. Durch die schon mit Telegraphie und Massenpresse einsetzende Entropisierung des kulturellen Haushalts entsteht der Raum einer unhintergehbaren Vielstimmigkeit, die nicht nur jede einzelne Botschaft verzerrt, sondern die den Todeskeim des kulturellen Sender-Empfänger-Modell als solchen in sich birgt und Blick oder Gehör auf die Intrigen des Man, des unpersönlichen Redegestöbers lenkt. In der Parabel von der *Kaiserlichen Botschaft* hat Kafka die Folgen dieser Kippung der Achse der Kommunikation in den vertikalen Raum des ›Paragrammatischen‹ (J. Kristeva) für die zurückgebliebenen Bewohner des ›hermeneutischen Feldes‹ (H.U. Gumbrecht) in eine zeitlose Form gefasst. Jede Antwort auf den doppelten, die Adressaten wie die Bedeutungen, die Menschen wie die Zeichen betreffenden Selektivitätsverlust der sich abzeichnenden »post-epistolographischen«[2] Epoche war und ist daher, unabhängig von den ihr zugrunde liegenden Programmen, mit der Aufgabe der Bewirtschaftung des Paragrammatischen konfrontiert – sie setzt ein Verfahren der Hegung und Nutzung des grenzenlosen intermedialen Echo-Raums voraus, in dem sich von nun an jeder Kommunikationsakt ins Spiel zu bringen und aufs

---

1. Vgl. Peter Sloterdijk: *Regeln für den Menschenpark. Ein Antwortschreiben zu Heideggers Brief über den Humanismus*, Frankfurt a.M. 1999, S. 10f.
2. Ebd., S. 14.

Spiel zu setzen hat. Dabei gilt die Grundbedingung, dass der Künstler wie der Historiker nun auf eine Haltung der »schöpferischen Rezeption« zurückgeworfen ist, deren »Genius«, wie Warburg bemerkt hat, »weniger im Akt des Hervorbringens« liegt, »als vielmehr im Empfang und in der − transformierenden − Weitergabe der empfangenen mnemischen Signale«.[3] Die Adressierungsformel im Untertitel des *Zarathustra*, »für Alle und Keinen«, bringt damit jene posthumanistische Krise der Selektivität zum positiven Ausdruck, deren negative Fassung Kafka im Bericht vom Ausbleiben der »dem einzelnen«, »gerade Dir« (NSF I, S. 351) gesendeten kaiserlichen Botschaft vorlegt.

Die Beiträge dieses Bandes stellen darauf ab, die auf ›Willensverzückung und kluger Verwaltung‹ (Th. Mann), psychophysiologischem Experiment und Datenverarbeitungstechnik fußenden Interventionen der beiden Autoren in die skizzierte kulturelle Situation im Vergleich zueinander und im Bezug aufeinander nachzuvollziehen. Ihre Erträge lassen sich unter drei Gesichtspunkten auswerten: (1) *auf materialer Ebene* leisten sie eine *Spurensicherung*, die sich teils auf die biopolitischen Aussagesysteme und ihre epistemologischen Figuren (auf das ›Archiv‹ im Sinne Foucaults), und teils auf konkrete textuelle Einheiten (Quellen, Referenztexte: das ›Archiv‹ im Sinne Baßlers[4]) bezieht; (2) die hier verhandelte Problematik des Verhältnisses von Biopolitik und Schriftverkehr erweist sich zudem als *poetologisch* virulent, insofern sich eine Reihe spezifischer *Schreibverfahren und Schreibstrategien* unmittelbar mit ihr verknüpfen lassen; (3) auf dieser Grundlage wird es schließlich möglich, das in beiden Textbeständen (Nietzsche, Kafka) geborgene − und teils bereits dort auch reflektierte − *diagnostische Potential* weiter zu erschließen. Dies betrifft zunächst die Pointierung neuer Lesarten beider Werke, zum einen auf der Folie ihrer gemeinsamen Problematik, zum anderen vor dem Hintergrund ihres durch den späteren Autor konstituierten, intensiven und intimen dialogischen Rahmens; es betrifft schließlich auch ihre jeweilige Verwendbarkeit als optische Werkzeuge zur Untersuchung der Lebensschrift-Konstellationen ›um 1900‹ und ›um 2000‹.

Lebensschrift

Die erste Sektion widmet sich dem Lebenswissen und der Biopolitik als denjenigen Feldern, auf denen sich die Schreibstrategien Nietzsches und Kafka maßgeblich formieren, verknüpfen und gegeneinander kontrastieren. Dabei geht es nicht zuletzt um »Philologie« im Nietzsche'schen Sinn, um die Wirksamkeit und Entzifferung jener Graphien, die sich in Schreibflächen aus Fleisch und Blut eingegraben haben und die Form des Lebens selbst konstituieren. Der Beitrag von *Friedrich Balke* entfaltet das Programm des Bandes *in nuce*. Er benennt die im letzten Drittel des 19. Jahrhunderts sich beschleunigende Einbeziehung des Lebens − durch die jeweils statistisch gestützte *Disziplinierung* der Körper und *Regulierung*

---

3. Ulrich Raulff: *Wilde Energien. Vier Versuche zu Aby Warburg*, Göttingen 2003, S. 127.
4. Vgl. Moritz Baßler: *Die kulturpoetische Funktion und das Archiv. Eine literaturwissenschaftliche Text-Kontext-Theorie*, Tübingen 2005, S. 28.

der Bevölkerungen – in das Feld der politischen Techniken als zentrale Bezugs-
folie beider Autoren, und er identifiziert als gemeinsamen Ansatzpunkt ihrer Ge-
genstrategien die experimentierende Herauslösung des eigenen Körpers aus den
Kalkülen der Biopolitik. Beide Autoren, so lässt sich zunächst konstatieren, be-
treiben eine *inverse Biopolitik*,[5] deren Grundlage nicht die soziale und ergonomi-
sche Optimierung der physiologischen Funktionen bildet, sondern umgekehrt
ihre Schwäche bzw. Schwächung, die allererst ihren »Abzug von den Funktionen« einer gegebenen »soziale[n] und kulturelle[n] Ordnung« ermöglicht. Jenseits der Verfahren, Werte und Zielsetzungen einer Versicherungsgesellschaft,
die beiden, trotz ihrer historisch, kulturell und politisch verschiedenen Perspektive, ihrerseits als kulturelles Risiko ersten Ranges erscheint, öffnet sich so ein
Spielraum für unversicherte Experimente im Spannungsfeld von Schrift und Leben. Gemeinsam ist beiden Autoren des weiteren die Konzeption der Kraft, die
ihren Experimenten zugrunde liegt. Im Felde einer inversen Biopolitik bezeichnet Kraft keine singuläre, quantitativ berechenbare Größe, sondern sie existiert
stets nur als verteilte Größe, in Beziehung zu anderen, entfernten Kräften, mit
denen sie sich verbindet. Für eine Macht, die, als immer schon verteilte, sich
nicht besitzen, sondern lediglich ausüben lässt, hat Bruno Latour den Begriff der
Komposition geprägt. Kafkas *Proceß*-K. formuliert die strategische Konsequenz
aus einer solchen ›komponierten‹, auf heterogenen Verbindungen basierenden
Verfassung der Macht, wenn er einmal, die Pflegerin seines Advokaten auf dem
Schoß und sein – später auch den *Schloß*-Roman durchziehendes – Frauen-
Netzwerk im Sinn, konstatiert: »Ich werbe Helferinnen« (P, S. 143). Tatsächlich
spricht vieles dafür, dass Kafka im Hinblick auf die Verknüpfung von Macht-
technik und Gender-Verhältnis unmittelbar auf Nietzsche zurückgeht, um gerade an diesem Punkt entscheidend von dessen Transgressions-Projekt abzu-
weichen. Bekanntlich hatte Nietzsche seiner Furcht vor dem »Wille[n] gerade
der Schwächsten zur Macht«, für den ihm »das kranke Weib in Sonderheit« mit
seiner unerreichten Fähigkeit zum Ressentiment – der alltagspraktischen Haupt-
waffe der abendländischen Moral – einstand, das Ideal der Vornehmheit entgegengesetzt. In seiner Lektüre eines der hermeneutisch unzugänglichsten Texte
Kafkas – der im Herbst 1923 entstandenen Geschichte *Eine kleine Frau* – zeichnet
Balke nach, wie Kafka am Beispiel seines Ich-Erzählers die Strategie der vornehmen Haltung gegenüber der Macht des Ressentiments als zum Scheitern
verurteilte Täuschung inszeniert. Anders als bei Nietzsche konstituieren individuelle und kollektive Subjekttypen bei Kafka keine Fixpunkte im Feld der
Macht, sondern allenfalls Durchlaufpunkte im fließenden Zusammenhang einer
Komposition. Sie sind nicht Macht-Besitzer, sondern Macht-Relais.

Wenn in der Perspektive dieses Bandes Kafka jeweils mehr zu sehen scheint als
Nietzsche, wenn es bisweilen gar den Anschein hat, als sei sein ganzes literarisches Werk nicht zuletzt als eine Reihe von Korrekturen an Nietzsches philosophischer Intervention in das Verhältnis von Schrift und Leben zu lesen, dann

5. Vgl. Benno Wagner: »Kafkas Krankheit. Rasterfahndung mit Briefen, in: Tanja Nusser, Elisabeth
Strowick (Hg.): *Rasterfahndungen. Darstellungstechniken – Normierungsverfahren – Wahrnehmungskonstitution*, Bielefeld 2003, S. 119–138; S. 120f.

ist dieser Eindruck nicht einfach auf eine zeitlich bedingte Unterscheidung zwischen rezipiertem und rezipierendem Autor zurückführen. Vielmehr gilt, wie *Josephs Vogls* Genealogie des Verhältnisses von Lebensform und Gattungsform verdeutlicht, dass Kafkas Blick auf Nietzsche, wie im Übrigen sein gesamtes literarisches Projekt, ganz wesentlich von seiner unmittelbaren Partizipation an den epochalen Verschiebungen der Bio-Macht im frühen 20. Jahrhundert bestimmt wird. Ein Jahrhundert früher bereits hatte die neue »biopolitische Auftragslage« dazu geführt, dass die Koinzidenz von politischer und poetischer Form in der Lebensform, wie sie von alters her für das Epos kennzeichnend gewesen war, sich aufzulösen begann. Schon bei Goethe lässt sich beobachten, wie der »Roman individueller Entfaltung oder Bildung« in den »Roman der sie organisierenden und global operierenden Institution« übergeht, wie, mit anderen Worten, im Hinblick auf die Gestaltung und Regulierung der Lebensformen eine mächtige Gegeninstanz zur jeder naturwüchsigen Individual- oder Kollektivtypologie nicht nur auf den politischen, sondern auch auf den poetischen Plan tritt. Kafkas kalter Blick auf die Fluchtlinien, die Nietzsche aus dem Feld des verwalteten und institutionell regulierten Lebens hinaus entwirft, ergibt sich nun geradezu zwangsläufig aus dem Umstand, dass er auf beiden Ebenen unmittelbar in jenem historischen Prozess engagiert war, der das klassische Spannungsverhältnis zwischen individueller Biographie und institutioneller Verwaltung des Lebens in ein dynamisches Feld der Ununterscheidbarkeit überführt. Indem seine Romane keine Lebensgeschichten mehr aufschreiben, sondern die Verfahren der Diskursivierung des Lebens protokollieren, richtet sich Kafkas Augenmerk zwangsläufig auf die einsetzende Transformation der auf den großen Einschließungen (Gefängnis, Krankenhaus, Kaserne, Fabrik) basierenden Disziplinarmacht in eine auf der Durchdringung sämtlicher Lebensmilieus basierenden Kontrollmacht. Deren Grundgedanke kündigte sich im Rahmen der Rechtswissenschaft mit dem 1910 von Eugen Ehrlich gegründeten Seminar für ›lebendes Recht‹ an, und fand auch in den Debatten um eine ›lebende Verwaltung‹ sein Echo. Er konkretisierte sich im Leitbild der ›lebenden Anstalt‹, jener Doppelstrategie aus radikaler Anwendung der Betriebs- und Unfallstatistik und einer laufenden ›halbamtlichen‹ Verständigung mit den versicherten Unternehmern über ihre betrieblichen Gegebenheiten, mit der Robert Marschner, seit 1908 der neue Direktor, und Franz Kafka, seit 1910 sein für dieses Reformprojekt wichtigster leitender Beamter, die Prager Arbeiter-Unfall-Versicherungs-Anstalt für das Königreich Böhmen zu modernisieren versuchten. Vogl zeichnet nach, wie die entscheidenden machttechnologischen Innovationen der neuen Kontrollmacht zugleich den diegetischen Raum der Kafka'schen Romane definieren, wie seine Berufsarbeit im Dienste der staatlichen Lebensverwaltung seine außerdienstlichen Aufzeichnungen jenseits aller bekannten Vertragsverhältnisse grundlegend informiert. Hier wie dort bewegen sich seine Figuren in einem Binnenraum ohne Außen, der eine einzige Schwellenzone darstellt; in dem die Abwesenheit haltbarer Normen zur prinzipiellen Unabschließbarkeit der administrativen und juridischen Verfahren (die daher in ihm miteinander verschmelzen) führt; und in dem Entscheidungen nur als nach einem Prinzip des fehlenden

Grunds funktionierende, okkasionelle Ereignisse möglich sind. Noch vor jeder expliziten, zitativen, allusiven oder transformativen Bezugnahme auf Nietzsche, so wäre hier zu notieren, unterlaufen Kafkas nächtliche Protokolle durch die in ihnen verzeichnete, »konstitutive Entformung bzw. Deformation« von poetischer Form und Lebensform die maßgeblichen typologischen, topologischen, und werttheoretischen Voraussetzungen Nietzsches, lassen sie insbesondere seinen Zarathustra als neuen Don Quichotte erscheinen.

Als Fluchtpunkt der Kontrollmacht gilt heute die Bio-Informatik und mithin das Projekt, das Leben nicht nur von außen, disziplinierend und regulierend, zu *erfassen*, sondern es von innen, durch die »Einschreibung von Mechanismen in die Organisation des Lebenden« selbst zu *programmieren*. Der Beitrag von *Bernhard Dotzler* zeigt, dass es keineswegs einer retrospektiven Metaphorisierung bedarf, um Kafkas Schreiben auch und gerade einen signifikanten Ort in einer Archäologie der Bio-Informatik zuzuweisen – als eine jener »weiteren Quellen«, die über die engere Wissenschaftsgeschichte hinaus auch die soziologische Dimension dieser neuen Machttechnologie erschließbar macht. In dieser Perspektive lässt sich dann beobachten, wie die *pervasiven*, die Gesellschaft durchdringenden Techniken und Organisationen der Biopolitik, die noch die Erzählwelt des *Verschollenen* dominieren, in der weiteren Abfolge der Kafkaschen Romane nach und nach verschwinden, um einer mehr geahnten als gewussten Einsicht in einer *invasiven* Macht zu weichen, »die nicht bloß von außen uns beherrscht, sondern in unserm Innern unser Leben regierte. Während aber das biopolitisch verwaltete Leben der Bevölkerungen durch die *Statistik* beherrscht wird, regiert die *Stochastik* das bio-informatisch durchdrungene Einzelleben: nämlich in Gestalt der Irrtümer, Auslassungen und Vertauschungen, die sich bei den Übertragungen der Codes ereignen. Das Gegenstück zum statistischen Durchschnittsmenschen oder, in Nietzsches Typologie, dem »Heerdenmenschen«, bildet hier kein vornehmer Typus der Selbst-Überwindung, sondern eben jenes unüberschreitbare, weil durch keinen äußerlichen Raum definierte Regime der »kleinen Zufälle, welche den Tod bringen« (KSA 4, S. 55f.) (oder, vorläufig, das Leben bestimmen), von dem Zarathustra im Ton der äußersten Verachtung spricht. Im Übrigen spielt auch im Hinblick auf diesen statistisch-stochastischen Doppelfokus Kafkas Schreiben ›an zwei Schreibtischen‹, dem ›im Büro‹ und dem ›im Zimmer‹, eine wichtige Rolle. Als spezifische Differenz der beiden Schreibsituationen macht Dotzler den der letzteren vorbehaltenen Modus der *Ahnung* sichtbar, in dem allein das in Kafkas Tagen noch namenlose bio-informatische Wissen prozessiert werden konnte. Literatur definiert hier ihr Verhältnis zur Wissenschaft weder als bloßen Reflex noch auch nur als Verfahren experimenteller Variation, sondern als ein an der Grenze zwischen Begriff und Chiffre, zwischen Prognostik und Vision sich bewegendes Vor-Wissen.

Auch im anschließenden Beitrag erweist sich Kafkas Literatur als Medium eines solches Vor-Wissens. *Gerhard Neumann* liest Kafkas *Bericht für eine Akademie* im doppelten Kontext einerseits der zeitgenössischen Explorationen, die die Arbeiten von Darwin, Nietzsche und Freud im Grenzgebiet zwischen Tier und

Mensch ausgelösten haben, und andererseits der heutigen, wesentlich durch die Möglichkeiten und Verheißungen der Bio-Informatik informierten lebenswissenschaftlichen Debatten. Dabei wird zunächst deutlich, dass Kafkas Affenbericht nicht nur wesentliche Elemente anthropologischer (De Waal) und philosophischer Spekulationen (Agamben, Sloterdijk), etwa über die wesentlich hybride Verfassung des Menschen antizipiert; wichtiger noch erscheint Neumanns Beobachtung, dass Kafkas Affe bereits die von heutigen Wissenschaftshistorikern (Bühler und Rieger) beschriebene Funktion des Tieres als »Agent eines neuen Wissens vom Menschen« bzw. als »Forschungsfigur« einnimmt. Anders als bei Nietzsche, so ließe sich vor diesem Hintergrund pointieren, steht bei Kafka der auf Schriftquellen beschränkten Genealogie keine Lebensphilosophie zur Seite, die doch noch einen Durchgriff auf das Leben selbst verheißen würde. Seine Bio-Poetik ist nicht mehr und nichts anderes als Beschreibung von Verfahren und, nicht zuletzt, ein schriftgebundenes Verfahren zur Umschrift von Beschreibungen.

Lektüre/Umschrift

Die Beiträge der zweiten Sektion nähern sich Nietzsche und Kafka als Angelpunkten einer Geschichte des modernen Schreibens und seiner tragenden Verfahren der Entzifferung, der Transkription und des Selbstkommentars. *Hubert Thüring* rekonstruiert Nietzsches Biographie auf der Folie einer Genealogie des Schreibens: Seine Ontogenese als Autor spannt sich von der Referenz auf den globalen Text (die Selbstverortung als »Kind des Textes« im bzw. durch das Jugendwerk) über die Imitation klassischer Schreibnormen, das wissenschaftlich-philologische Exzerpieren klassischer Texte und das ›wilde‹ Kompilieren zeitgenössischer Mode-Texte in enger Nähe zum Massenjournalismus bis hin zur Selbstreferenz des nackten Schreibens (in den Notizheften der Spätphase).

Dieses durch keinerlei Tradition mehr versicherte Schreiben sucht der zunehmenden Kolonisierung der Sprache durch die rhetorischen Routinen der Rotationspresse (dem »Lumpenjargon der Jetztzeit« [KSA 1, S. 228]) und dem mitlaufenden Gemurmel des Paragrammatischen eine störungsfreie und im vollen Doppelsinne »erste Sprache« (KSA 6, S. 300) entgegenzusetzen, zu deren Rezeption ihre Leser/Hörer folglich Organe und Organisation erst noch auszubilden hätten.[6] Sein doppelter Einsatz, eine »sprachskeptisch motivierte Vernunftkritik« und eine »Lebensphilosophie in psychologischer und biopolitischer Hinsicht«, basiert auf der Einsicht in die gegenseitige Bedürftigkeit von philologischer und genealogischer Kritik und liefert demnach eine starke Begründung

6.   Signalisiert das Oxymoron eines ›hörenden Auges‹ (es wird bereits in der Vorrede des Zarathustra formuliert: »Muss man ihnen erst die Ohren zerschlagen, dass sie lernen, mit den Augen hören?«) und sein Gegenstück, das ›sehende Ohr‹ (im *Ecce homo*) als unwahrscheinliches Syntagma den Durchgriff der Schrift auf das Leben, so handelt es sich doch auch hier nur um die Umschrift einer Passage aus O. Liebermanns Schrift *Kant und die Epigonen* – verbleibt mithin die Beschwörung einer ›ersten‹ Sprache im unüberschreitbaren Feld der zweiten‹ (s. Hans Erich Lampl: »Auf den Spuren des Lesers Friedrich Nietzsche«, in: *Nietzsche-Studien* 22 (1993), S. 295–303; S. 295).

für »Nietzsches notorische Übertragung der Bildfelder von Sprache und Leib aufeinander«.

Eine eigentümliche Dialektik zwischen reiner Selbstbezüglichkeit und schwellenloser Offenheit »für das Gerede, die Diskurse, die Vorahnungen und blinden Spekulationen« lässt *Malte Kleinwort* als hervorstechendes Merkmal des Spätstils beider Autoren sichtbar werden. Es ist nach Kleinwort gerade die – in dem nach der Desillusionierung der globalen Textreferenz allein noch verbleibenden lokalen, autobiographischen Selbstbezug auftretende – Rückkopplung der Autor-Funktion auf sich selbst, die jene Schwächung der auktorialen Oberstimme bewirkt, welche schließlich das Eindringen ungeordneter Diskursmassen und regeln in den intertextuellen Raum (Echo-Raum) eines gegebenen Matrixtextes ermöglicht. Es ist also gerade jene autotelische Dimension des Schreibens (das Prinzip des ›für Keinen‹), die einige Autoren des Dekonstruktivismus bemüht haben, um dem Eindringen der »frischen Luft« des Kontexts in den figuralen Raum des literarischen Texts zu wehren,[7] die diesen für jene ›moderne‹, mitlaufend reflektierte Vielstimmigkeit aufschließt (das Prinzip des ›für Alle‹). Unterhalb des »Störtons der Rückkopplung« wird dieser figurale Raum gleichsam zu einem Konferenzraum, dem sich in unterschiedlichen Lektüren unterschiedliche Dialoge ablauschen lassen. Allerdings liefe es auf eine analytische Verkürzung hinaus, wollte man mit dieser Zulassung des Paragrammatischen in die Analyse literarischer Texte die Autorfunktion auf eine kontingente Faltung im intertextuellen Raum reduzieren. Vielmehr verdeutlicht der Vergleich zwischen Nietzsche und Kafka in dieser Hinsicht, dass es durchaus unterschiedliche auktoriale Haltungen und Strategien gegenüber dem unvermeidbaren Risiko des Paragrammatischen gibt – so steht der sprichwörtlichen Verwechslungs*angst* des *Zarathustra* und dem Autor-Ich des *Ecce homo* die Verwechslungs*komödie* in den späten Texten Kafkas unmittelbar gegenüber.

Was Kafka betrifft, so lässt sich hinter den auktorialen Verwechslungsspielen eine gleichermaßen raffinierte wie mitlaufend reflektierte Bewirtschaftung des paragrammatischen Raums beobachten. Die drei folgenden Beiträge legen unterschiedliche Dimensionen der Intertextualität des Kafkaschen Werks frei, die jeweils auf zugrunde liegende Verfahren der Umschrift zeitgenössischer Quellen und Diskurse verweisen. Die literarische Tradition der Junggesellen-Figur mit ihrem Bezug auf die doppelte (komplementäre) Problematik der organischen Reproduktion des menschlichen Lebens (in der Familie) und die Reproduktion der Schrift (im Büro) steht im Zentrum des Aufsatzes von *Timothy Attanucci*. Dabei wird insbesondere augenfällig, dass Kafkas Texte (hier: *Blumfeld, ein älterer Junggeselle*) genau deshalb in höchst spezifischer Weise auf andere Autoren (Stifter, Flaubert) zu ›antworten‹ vermögen, weil anders als für jene ›Büro‹ und ›Schreibtisch‹ für Kafka nicht allein Elemente in einem durch die literarische Tradition des 19. Jahrhunderts etablierten figuralen Diagramm sind, sondern

---

7. Paul de Man: *Allegorien des Lesens*, Frankfurt a.M. 1988, S. 33; für eine Umkehrung der de Man'schen Allegorien der Unlesbarkeit in Agenten der Lesbarkeit plädiert Baßler: *Kulturpoetische Funktion*, S. 284.

zugleich Schaltstellen zu außerliterarischen Diskursen und Schreibtechniken bezeichnen.

Dass demzufolge nicht – wie nach Foucault für Flaubert – die Bibliothek, sondern die Verwaltung das primäre Referenzmedium des Kafka'schen Phantastischen bilden, legen auch die Beiträge von *Wolf Kittler* und Philipp Theisohn nahe. In seiner detaillierten synoptischen Lektüre des Roman-Erstlings (*Der Verschollene*) mit den Bestimmungen des *Allgemeinen Bürgerlichen Gesetzbuchs für das Kaisertum Österreich* hinsichtlich des Rechtsverhältnisses zwischen unehelichen Eltern und Kindern weist Kittler nach, dass nicht nur das Sujet und einzelne Szenen des Romans, sondern dessen gesamte narrative Bewegung ganz wesentlich von der in diesen gesetzlichen Bestimmungen geregelten Differenz zwischen dem Akt der Zeugung und dem Status der Vaterschaft gesteuert wird – dass also Kafkas Roman aus einer vom Autor kalkulierten Transformation der (in ihrer konkreten Wörtlichkeit als Rechtsdokument verstandenen) Gesetze des Landes in das Gesetz seines Schreibens hervorgebracht wird. Auch Kafkas Schreiben folgt demnach der chiastischen (auf das Schreiben wie auf das Leben bezogenen) Verschränkung von Philologie und Genealogie, die Thüring bei Nietzsche als erkenntnismethodische Grundfigur ausmacht.

Die Untersuchung von *Philipp Theisohn* basiert auf einer vergleichbaren Synopse, insofern hier die Frage der Regulierung biologischer Reproduktionsverhältnisse durch Schriftverfahren nicht im Bezug auf ein einzelnes Dokument, sondern im weiteren Horizont eines – als komplexes Korpus von Dokumenten überlieferten – zeithistorischen Diskurses behandelt wird: des zionistischen Kolonisationsdiskurses und seiner Familienpolitik, dessen Dokumente sich mit verblüffender Auflösungsschärfe als maßgeblicher Echotext zu Kafkas *Schloß*-Roman erweisen. Als zentrale Problemkonstellation ergibt sich hier wie dort der Zusammenhang von Bodenbearbeitung (extensiv oder intensiv) und Genealogie (Wanderarbeiter ohne oder Kleinbauer mit Familie), ein Komplex, der im Übrigen auch die unmittelbare protokollarische Nähe des Erzählfragments *Forschungen eines Hundes* zum vorher und nachher entstandenen *Schloß*-Romans konstituiert. Unterhalb seiner messianischen Dimension erweist sich so auch der Zionismus als »Metier des Versicherungsangestellten«: als ein Projekt nämlich, das »den Kafka nur mühevoll zugänglichen Komplex jüdischer Wissens-, Schreib- und Glaubenstradition in eine logistische und ökonomische Aufgabe [im biopolitisch wie geopolitisch großen Maßstab; BW] überführt« und dessen Risiken und Unwägbarkeiten an Kafkas ›zweitem Schreibtisch‹, (dem nächtlichen Arbeitsplatz des Schriftstellers) protokolliert und verhandelt werden. Die Figur des Landvermessers erfüllt in Theisohns Lektüre in äußerster Perfektion den poetologischen Auftrag, der bereits dem Amerika-K. (Karl Rossmann) und allen folgenden familialen Schwellen-Figuren erteilt war: Sie erzeugt zum einen jene *Rückkopplung* zum auktorialen Ich, die das Eindringen der Stimmen und Diskurse der Zeit in den figuralen Raum des Romans ermöglicht (Kleinwort; s.o.); und sie produziert zugleich eine *dialogische Spur* im Hinblick auf das Gewirr dieser Stimmen, der sich, die entsprechende Vorsicht vorausgesetzt, Fetzen einer auktorialen Botschaft entnehmen lassen.

Kafkas Nietzsche-Spiel

Die hier skizzierten Verhältnisse sind in Rechnung zu stellen, wenn man sich der Frage des ›Einflusses‹ Nietzsches auf Kafka oder der ›Bezugnahme‹ Kafkas auf Nietzsche zuwendet. Mehr noch, in dem von Kafka inszenierten Dialog zwischen den beiden Autoren erfahren die poetologischen Bedingungen modernen Schreibens insofern ihre Zuspitzung, als sich hier die Begegnung zwischen dem ›größten Ausstrahlungsphänomen der Geistesgeschichte‹ und ihrem ›größten Absorptionsphänomen‹ (um Benns Wort über Nietzsche auf Kafka zu wenden) ereignet. Auch und besonders hier bedarf es daher eines ökologischen Blicks auf das intertextuelle Feld: eines Blicks, der nicht allein das auktoriale Kalkül fokussiert, nach dem Kafkas literarische Protokolle an Nietzsches Kulturkritik und sein Umwertungs-Projekt anschließen, sondern der auch das vielstimmige Gemurmel zu ›hören‹ (sic) vermag, mit dem der intertextuelle Dialog zwischen beiden Autoren in unauflösbarer Resonanz steht.

Andreas Kilcher zielt ins Zentrum des — theoretischen wie methodischen — Problems, das mit dieser Begegnung aufgegeben ist, indem er Kafkas ›Nietzsche-Spiel‹ am Punkt seines intensivsten Selbstbezugs und, möglicherweise, auch seiner größten kulturpolitischen Brisanz aufgreift: an den zeitgenössischen Debatten um die Nachahmung als biologisches, kulturelles und ästhetisches Phänomen. Nietzsches gegen den Platonismus gewendete »Engführung von ästhetischer Mimesis und biologischer Überlebenskunst« (durch Mimikry), sein Beharren auf der anthropologisch bedingten Unhintergehbarkeit der »Täuschung« findet ihren Grund zwar in der mit dem Namen Darwin verbundenen Entriegelung der ontologischen Sperre zwischen Tier und Mensch; doch führt die tierisch-menschliche »Verstellungskunst« nach Nietzsche keineswegs zu einem *survival of the fittest*, sondern ganz im Gegenteil zu einer Herrschaft der Schwachen über die Starken. Den hierin begründeten kulturellen Generalverdacht gegen jede Art der Nachahmung bündelt Nietzsche im Individualtypus des Schauspielers sowie im Kollektivtypus der Juden, die ihm als »Volk der Anpassungskunst par excellence gelten«. Im figuralen Horizont der Erzählung *Bericht für eine Akademie*, die bereits von Kafkas Zeitgenossen als »eine ›Komödie‹ der [jüdischen] Assimilation« gelesen wurde, rekonstruiert Kilcher die je verschiedene Aufnahme dieses Generalverdachts in den drei Hauptrichtungen der zeitgenössischen Rede über den kulturellen Status des Judentums: dem Antisemitismus, dem Assimilationismus und dem Zionismus. Dabei wird augenfällig, dass trotz der für Leser unübersehbaren Intimität zwischen den beiden Autoren ein Dialog gleichsam ›von Gipfel zu Gipfel‹ nur als gelehrte Abstraktion zu isolieren wäre. Immer schon redet, gerade an den intimsten, raffiniertesten, unwahrscheinlichsten, oder, philologisch gesprochen, ›schlagendsten‹ Resonanz-Punkten, eine Vielzahl anderer Stimmen mit. In letzter Konsequenz hieße das freilich, dass eine angemessene ›Lektüre‹, noch über den eingangs geforderten ökologischen Blick (Dialog/Rauschen) hinaus, nicht mehr die Beziehung des Matrix-Textes zu diesem oder jenem Echo-Text zu fokussieren, sondern die

Verknüpfungsoperationen und deren diskurs- und kulturtechnische Effekte, die jener *zwischen* diesen erzeugt, zu protokollieren und zu kommentieren hätte.

Dass freilich auch und gerade der Blick auf den anderen Brennpunkt, also auf das ›intim‹ dialogische Verhältnis zwischen Kafka und Nietzsche, neue Erkenntnisse zu befördern vermag, belegt der Beitrag von *Stanley Corngold*. Innerhalb dieses Dialogs eröffnet Corngolds Ausgangspunkt, der ›Gnostizismus‹ als kulturelle Problemchiffre, eine überraschende Sicht auf die bislang identifizierten ›Echo‹-Kategorien der Reproduktion, der Genealogie und der Überschreitung. Auf der Grundlage einer detaillierten Rekonstruktion der These Eric Voegelins, nach der Nietzsches Projekt des Übermenschen der Logik eines säkularen Gnostizismus folge, kehrt nun die bereits eingangs behandelte konstitutive Schwäche als Eigenschaft jener »Kinder des Lichts« wieder, die durch ein Leben in sexueller Enthaltsamkeit ihre Empfänglichkeit für die göttlichen Funken erhalten hatten – deren Produktivität mithin an eine ›empfangende‹ und ›transformierende Weitergabe‹ von Signalen gebunden war, wie sie Aby Warburg für die Historiker-Künstler Nietzsche und Burckhardt als typisch erkannt hat.[8] Es liegt dabei auf der Hand, dass Nietzsches in diesen Zusammenhang gestellten »Mandarinen mit chinesischem Pinsel«, die, selbst schwach, ihrerseits »stets nur abziehende und erschöpfte Gewitter zu zeichnen vermögen, in Kafkas Figur des chinesischen Historiker-Architekten und seinen Untersuchungen über »längst verflogene Gewitterwolken« (NSF I, S. 346) empfangen und transformiert worden ist. Doch Corngolds Rekonstruktion zielt in eine andere Richtung bzw. tiefer: Wenn sich zeigen lässt, dass die neo-gnostische Konstellation auch für Kafkas Selbstreflexionen eine zentrale Rolle spielt,[9] dann finden wir Nietzsches Optimismus im Hinblick auf die Ersetzbarkeit der biologischen Fortpflanzung durch die künstlerische bei Kafka radikal negiert: Entgegen dem landläufigen, zunächst von Max Brod und zuletzt von der »physiobiographischen« Branche der Kafka-Forschung bemühten Substitions- bzw. Sublimierungs-Narrativ gilt das Verdikt der »Kleinigkeit« in beiden Sphären der Reproduktion, derjenigen des ›Penis‹ ebenso wie der des ›Pinsels‹. Anders als Nietzsche wusste Kafka: »es gibt keinen gnostischen Ersatz für Kinder.«

Wenn, *Benno Wagner* zufolge, Kafkas intimes und pausenloses Zwiegespräch mit Nietzsche bereits seine frühen Schreibversuche maßgeblich informiert,[10] so beschränkt sich der Einsatz dieses Gesprächs keineswegs auf die Fragen der Reproduktion und der Produktivität von Zeichen, Menschen und Werten. Vielmehr interessiert sich Kafka von Beginn an, also noch vor dem Beginn seiner Laufbahn als Unfallversicherungsjurist, für die dem Umwertungs- und Züchtungsprojekt seines Gegenübers inhärenten Gefahren und Risiken. Warburg hat, mit Bezug auf Burckhardt, das Berufsrisiko des Sehers in seiner konstitutiven Schwäche, seiner reinen Empfänglichkeit unter Ausschaltung schützender Se-

---

8. Vgl. Raulff: *Wilde Energien*, a.a.O., S. 127.
9. Dazu ausführlich Stanley Corngold: *Lambent Traces: Franz Kafka*, Princeton 2004.
10. Für Kafkas experimentelle Nutzung des Prager Laurenziberges als veritablen Menschenpark s. Benno Wagner: »Zarathustra auf dem Laurenziberg. Quételet, Nietzsche und Mach mit Kafka«, in: Marcus Krause, Nicolas Pethes (Hg.): *Literarische Experimentalkulturen. Poetologien des Experiments im 19. Jahrhundert*, Würzburg 2005, S. 225–242.

lektion erkannt (»Die Frage ist, ob der Sehertypus die Erschütterungen seines Berufes aushalten kann«[11]). War Kafkas Berufswahl, wie Wagner nahelegt, von solchen Erwägungen beeinflusst, so wird er nach seinem Eintritt in die Arbeiter-Unfall-Versicherungsanstalt für das Königreich Böhmen in Prag zum Experten für Berufsrisiken aller Art und Zahl, mitsamt deren nicht nur individuellen, sondern auch sozialen und kulturellen Schadensfolgen. In seiner poetologisch gewendeten Diskursanalyse führt Wagner vor, wie Kafkas »Poetik des Unfalls« das Referential der Unfallversicherung den tragenden Kategorien und Verfahren von Nietzsches ›gefährlichem Denken‹ unterlegt und wie die Transkriptionen und Proliferationen dieses Denkens im Diskurs der Weltkriegspropaganda in Kafkas einzigartigem Projekt einer Kulturversicherung‹ wieder absorbiert werden: indem nämlich Kafka durch seine paradoxogene Anspielungspoetik zentraler Nietzsche'scher Denk- und also Sprachbilder von Medien der Dissoziation in Medien der Assoziation umfunktioniert, in imagologische Rudimente eines transethnischen Sozialvertrags jenseits der Grenzen der Sozialversicherung.

Nietzsche und Kafka, so viel sollten diese einleitenden Ausführungen bereits andeuten, haben mit ihren Schriften weit mehr geschaffen als bloße *Interpretationen* der Moderne.[12] Beider Projekte verstehen und reflektieren sich vielmehr als Interventionen in die Organisation des Lebens und in die Verfahren und Techniken der Schrift in einer Epoche, deren Formation in vieler Hinsicht für die Diagnose unserer Gegenwart virulent bleibt: Das betrifft den Zerfall bzw. die Transformationen jener ›Versicherungsgesellschaft‹, deren Entstehungsphase in Nietzsche und Kafka prominente Beobachter bzw. Agenten hatte; die anhaltenden ethnischen Konflikte an den Peripherie der ehemaligen Donaumonarchie; die digitale Remediatisierung des kulturellen Archivs, die die damalige Remediatisierung der Bibliothek durch die alle sozialen Beziehungen durchdringende Verwaltung und die aufkommenden elektronischen Medien erst beobachtbar werden lässt; und schließlich die beginnende Programmierung und Operationalisierung einer Lebensschrift als Bio-Informatik. Der im vorliegenden Band verhandelte Problemkomplex kann deshalb heute, 125 Jahre nach der Geburt Kafkas und der ersten Niederschrift des *Zarathustra*, zugleich als historisches Gegenstandsfeld betrachtet und als optisches Instrument für die Diagnose unserer Zeit verwendet werden.

★★★

Der vorliegende Band geht auf eine Tagung zurück, die im November 2006 im Rahmen des von der Alexander-von-Humboldt-Stiftung geförderten Transcoop-Projekts *Kafkas virtuelle Mediathek* (http://www.kafkabureau.net/dasprojekt-virtuellemediathek.html) in Zusammenarbeit mit dem Kolleg Friedrich Nietzsche in Weimar stattfand. Dem Kolleg sowie unserem amerikanischen Kooperationspartner, dem Department of Germanic Languages and Literatures

---

11. Burckhardt-Übungen, Notizbuch, 1927, zit. nach Raulff: *Wilde Energien*, a.a.O., S. 125.
12. So eine Leitthese von Wiebrecht Ries: *Nietzsche/Kafka. Zur ästhetischen Wahrnehmung der Moderne*, Freiburg/München 2007.

der Princeton University, danken wir für die Bereitstellung zusätzlicher Mittel. Die Finanzierung dieses Bandes wurde durch Mittel der Humboldt-Stiftung gesichert. Für ihre Unterstützung bei der organisatorischen Vorbereitung der Tagung sind wir Rüdiger Schmidt-Grépaly und Maxi Kupetz zu Dank verpflichtet; ebenso Ramona Jäger und Roman Widder für die Redaktion der Texte.

Friedrich Balke
Joseph Vogl
Benno Wagner

I. LEBENSSCHRIFT

Joseph Vogl

Lebende Anstalt

I.

Literatur und Leben treffen sich im Gemeinsamen der Form. Poetische Form und Lebensform haben eine Geschichte, in der sich die Differenzierung der einen im Unterschied der anderen – und umgekehrt – wiederholt. Was dort Gattungen von Gattungen sondert, kehrt hier als Einteilung von Arten und Gattungen zurück und appelliert an ein Unterscheidungsvermögen, das ein überlebensfähiges Ganzes konstatiert. So jedenfalls hat es Aristoteles einmal in seiner *Poetik* und am Beispiel des Epos formuliert. »Was die erzählende und nur in Versen nachahmende Dichtung angeht«, heißt es bei ihm, »so ist folgendes klar: man muss die Fabeln wie in den Tragödien so zusammenfügen, dass sie dramatisch sind und sich auf eine einzige, ganze in sich geschlossene Handlung mit Anfang, Mitte und Ende beziehen, damit diese, in ihrer Einheit und Ganzheit einem Lebewesen *[zoon]* vergleichbar, das ihr eigentümliche Vergnügen bewirken kann«.[1] Diese lebensfähige Gattung vermeidet das Übermäßige; und wie das Schöne beim Lebewesen darin besteht, dass seine Teile zu einem einheitlichen Ganzen gefügt sind und es überdies eine bestimmte, überschaubare Größe, eine übersichtliche Anordnung *(eusynopton)* besitzt, so bildet sich die poetische Form in der nämlichen Weise und übt sich in der Kunst der Überschaubarkeit und Begrenzung – in der Kunst des Fortlassens dessen, was allzu unfasslich, verworren und unübersichtlich erscheint.[2] Die Formen des Lebens wie der Kunst konstituieren sich hier an der gemeinsamen Grenze des Monströsen.

Das zeigte sich in anderer Weise schon am Epos aller Epen, in dem sich die Gattung durch die Verhandlung einer Gattungsfrage selbst definiert. Wenn nämlich in der *Ilias* des Homer Achilles zum Urtyp aller epischen Helden wird, so deshalb, weil die Erzählung an ihm das Menschenmaß, die Menschenart und nicht zuletzt die Gattung des *zoon politikon*, des politischen Lebens erprobt. Beginnend mit dem göttlichen Zorn des Achilles, der ihn nach drüben, auf die andere Seite der Irdischen zieht, und hinführend zu Achilles' tierischer Raserei, die ihn mit seinem Gemetzel diesseits des Menschlichen davontreibt – zwischen diesen beiden Seiten der Maßlosigkeit, zwischen dem Göttlichen und dem Bestialischen, sucht das Epos am Ende jene Gestalt, die sich dem Leben in Gemeinschaft, dem politischen Leben und der Menschen-Form fügt. Wer kein Teil der Polis oder des Staates ist und von Natur außerhalb lebt, so heißt es in der *Politik* des Aristoteles und mit Verweis auf die *Ilias*, kann nur außermensch-

---

1. Aristoteles: *Poetik*, 1459a.
2. Ebd., 1450b.

liches Leben, weniger oder mehr als ein Mensch, nämlich Tier oder Gott sein: »Ohne Geschlecht und Gesetz, ohne eigenen Herd«.[3] Die Gattung des Epos formiert sich somit als Gattungsfrage, als Frage nach dem Gesetz der Gattung überhaupt. Sie bildet sich im Versuch, die Gattung des menschlichen – und das heißt: des politischen – Lebens zu überprüfen; politische und poetische Form koinzidieren im Kriterium der Lebens-Form.

Wenn sich hier nicht nur ein Wechselspiel zwischen physischer, poetischer und politischer Morphologie, sondern eine Korrespondenz von Institution und Erzählweise eingestellt hat, so werden Zusammenhänge dieser Art eine besondere Wendung im Zeichen jener moderneren Zeiten und Regierungsweisen erhalten, die man *biopolitische* nennen kann. Nach Foucault lässt sich der Charakter dieses Zeitalters seit dem 18. Jahrhundert als die Überkreuzung zweier Serien, zweier strategischer Reihen beschreiben. Sofern nämlich die Geburt der Bio-Macht in der Moderne vor allem darin besteht, dass sie das soziale Feld nach Maßgabe einer Hegung und Optimierung aller Lebensprozesse organisiert, verknüpfen sich dabei mikro- und makropolitische Prozeduren, die sich am Gegenstand, in der Adresse des Lebens verdichten und wechselseitig verstärken: einerseits eine Serie, die vom Körper, vom Organismus über das Individuum und die Disziplinen bis zu den Institutionen aufsteigt; andererseits eine Reihe, die von der Bevölkerung, von den Populationen über biologische Prozesse (der Reproduktion) und Regulierungsmechanismen zum Staatswesen führt. Der Anpassung der Machtmechanismen an das Einzelleben, an den Körper mittels Disziplin und in lokalen Milieus steht eine zweite Anpassung an Bevölkerungsphänomene, an biosoziale Massenereignisse gegenüber. Das ergibt – wie Foucault in den Vorlesungen über die *Verteidigung der Gesellschaft* schreibt – ein »organisches institutionelles Ganzes«: »eine Organo-Disziplin der Institution«, die sich um eine »Bio-Regulierung durch den Staat« ergänzt.[4] Spätestens im 19. Jahrhundert hat sich damit eine politische Funktion oder Verarbeitungsweise installiert, in der eine Mikrophysik der Kräfte, die individualisierenden Technologien des Körpers sich mit der Beobachtung großer Massen und Masseneffekte koordinieren. Individuelles Leben und biologische Gesamtprozesse werden in einen ebenso spannungsvollen wie effizienten Zusammenhang gebracht und lenken den Blick auf jene Mechanismen und Institutionen, welche die Kontrolle einzelner Leben und Lebensläufe mit der Steuerung von Bevölkerungsentwicklungen verknüpfen.

Es verwundert daher nicht, dass sich in dieser biopolitischen Auftragslage auch das Verhältnis von Leben und Literatur, von Lebens-Form und poetischer Form auf neue Weise sortiert und sich in einem besonderen *bio-graphein*, in einer spezifischen Aufzeichnungsweise manifestiert, die auch gattungspoetisch auffällig wird. Ein Verfahren dieser Art zeigt sich nicht zuletzt am deutschen Modellroman selbst, und die Koordinierung von bio-graphischem Einzelprozess und

---

3. Aristoteles: *Politik*, 1253a; Homer: *Ilias*, IX, 64–65. – Vgl. hierzu Lars Friedrich: *Der Achill-Komplex. Versuch einer dekonstruktiven Gattungspoetik*, Diss. Berlin 2005, S. 39–94, insbesondere S. 84–91.
4. Michel Foucault: *In Verteidigung der Gesellschaft. Vorlesungen am Collège de France (1975–76)*, Frankfurt a.M. 1999, S. 289.

sozialer Totalität kann man als poetologische Funktion desjenigen Textes ausmachen, dessen Schluss wie kaum ein anderer das Ganze der Romanform reflektiert. Denn die Turmgesellschaft in *Wilhelm Meisters Lehrjahren* hat ja nicht nur
mit unsichtbarer oder höherer Hand die Lebensgeschichte des Protagonisten regiert, vorangebracht und gewissermaßen geschrieben; sie hat sich nicht nur auf
eine diskrete Steuerung von Kräften und Individuen spezialisiert; und sie hat
nicht nur jene providentiellen Bahnen entworfen, auf denen sich die Einzelnen
– und sei es gegen ihren Willen – entfalten und individualisieren. Diese Turmgesellschaft stellt sich am Schluss auch als jenes Archiv des Lebens, als jener Auf-
zeichnungsapparat heraus, der die Lebensgeschichten der gesamten *Sozietät*
sammelt, speichert und in eine übersichtliche Anordnung bringt. Dieser Turm
wird damit zum Inbegriff der Vernetzung aller zufälligen Ereignisse, zum Ort
gelenkter Kontingenz, der für die höchste Dichte in den Verbindungen zwischen allen Individuen und Lebenslagen einsteht, zum Ort, der diese Verbindungen herstellt und repräsentiert. Die Korrektur der Lebenswege, die Registratur ihres Zusammenhangs, schließlich der übersichtliche Plan – mit diesen
Prozeduren wird das allgemeine *bio-graphein* des Turms zu jenem Organ, das der
Roman selbst ist, es nimmt am Ende von *Wilhelm Meisters Lehrjahren* ebendiese
Lehrjahre Wilhelm Meisters in sich auf und kann eine endlos rekursive und
endlos sich verdichtende Lektüre der mannigfaltigen Lebensprozesse initiieren.
Dieser Turm zieht die verstreuten Lebensläufe zu einer globalen Übersicht
zusammen, das ist seine biopolitische Funktion; und er wird damit solidarisch
mit dem Romangefüge selbst – so diktiert er die Organisation der poetischen
Form.[5] Hier hat sich – im Zeichen neuer Regierungstechnologien – die Form
des Lebens in der Gattungsform des Romans wiederholt. Wollte man Institutionen allgemein als stabilisierende Darstellungsprogramme des Lebens in Gesellschaft definieren, so wäre diese Romanform das entsprechende poetologische
Äquivalent. Der Roman individueller Entfaltung oder Bildung geht über in den
Roman der sie organisierenden und global operierenden Institution.

2.

An Goethes Projekt lässt sich durchaus eine Station in der Genese dessen erkennen, was man *Institutionenroman* nennen kann. Während allerdings dieser
Entstehungsprozess und nicht zuletzt die Poetik des Entwicklungs- und Bil-
dungsromans dadurch gekennzeichnet sind, dass einzelne Lebensgeschichten und
allgemeine Zusammenschau, (auto-)biographische Ursprungsperspektiven und
institutionelles Passepartout in prekärer Spannung zueinander verharren und
einigen Übersetzungsaufwand verlangen, hat gerade Kafkas Literatur eine
wechselseitige Adsorption vollzogen und präsentiert individuelle Lebenssubstrate

---

5. Bernhard Dotzler: *Papiermaschinen. Versuch über Communication & Control in Literatur und Technik*,
Berlin 1996, S. 596.

ausschließlich in institutionell kodierter Form.[6] Die »Verteidigungsschrift« etwa, die Josef K. im *Proceß* einmal als autobiographisches Projekt avisiert, wird ganz und gar durch Prozess und Gericht motiviert, sie wird überdies auch nicht wirklich geschrieben und dokumentiert mit diesem Suspens die reine Vorgängigkeit des institutionellen Programms. Es heißt:

>»Er wollte darin eine kurze Lebensbeschreibung vorlegen und bei jedem irgendwie wichtigern Ereignis erklären, aus welchen Gründen er so gehandelt hatte, ob diese Handlungsweise nach seinem gegenwärtigen Urteil zu verwerfen oder zu billigen war und welche Gründe er für dieses oder jenes anführen könnte. [...] Die Eingabe bedeutete freilich eine fast endlose Arbeit. Man musste keinen sehr ängstlichen Charakter haben und doch leicht zu dem Glauben kommen, dass es unmöglich war, die Eingabe jemals fertig zu stellen. Nicht aus Faulheit oder Hinterlist, [...] sondern weil in Unkenntnis der vorhandenen Anklage und gar ihrer möglichen Erweiterungen das ganze Leben in den kleinsten Handlungen und Ereignissen in die Erinnerung zurückgebracht, dargestellt und von allen Seiten überprüft werden musste« (P, S. 149, S. 170).[7]

Die besondere Wendung dieses Verfahrens liegt darin, dass es nichts als eine Lebens-Schrift oder Lebens-Beschreibung zweiter Ordnung bietet. Kafkas Roman dokumentiert nicht – wie Goethes *Wilhelm Meister* – die Spur oder den Weg eines Lebenslaufs, sondern jene Verfahren und Mechanismen, die zur Durchdringung, zur Formgebung des Lebens in der Schrift aufrufen. Die strukturelle Endlosigkeit des Romans – oder: die endlose Auswicklung seiner Gattungsform – verdankt sich hier jener biopolitischen Macht des Minutiösen, die das Leben zu einer infinitesimalen Selbstaussage stimuliert; und sie lässt Prozess und Lebensprozess in einer gewissen Ununterscheidbarkeit koinzidieren. Dass es sich hier allerdings nicht einfach um ein aufgeschriebenes Leben handelt, dass vielmehr die Aufschreibung des Lebens selbst verhandelt wird, geht mit der gattungspoetischen Besonderheit zusammen: dass man es in Kafkas Romanen weniger mit Romanerzählungen, als eben mit der Diskursivierung von Romanen zu tun hat. Erzählt werden die Verfahren einer Instanz, die das Einzelleben institutiert.[8]

Wenn in den Romanen Kafkas Institutionen an die Stelle der (auto-)biographischen Perspektive treten und erzählerisch die Lebensbeschreibung kassieren, so ist dies allerdings auch mit einem veränderten institutionellen Format verknüpft. Diese Wendung scheint die notorische Beobachtung von Gilles Deleuze zu bestätigen, der in Kafkas Literatur einen Übergang von den Gestalten einer älteren Disziplinarmacht zu den Formen einer neuen Kontrollmacht erkennt, einen Übergang, der wohl einige Konsequenzen für die biopolitische Erfassung und Verwaltung des Lebens wie für das literarische Schreibprojekt und die Frage

6. Rüdiger Campe: »Kafkas Institutionenroman. *Der Proceß, Das Schloß*«, in: Rüdiger Campe, Michael Niehaus (Hg.): *Gesetz. Ironie. Festschrift für Manfred Schneider*, Heidelberg 2004, S. 197–208.
7. Vgl. ebd., S. 197–199.
8. Ebd., S. 199; zur Diskursivierung des Romans bei Kafka vgl. Ulf Eisele: *Die Struktur des modernen Romans*, Tübingen 1984.

der Gattung besitzt.[9] Einen Hinweis darauf mag die Funktionsweise jener behördlichen Apparate bei Kafka geben, die nur bedingt mit den kanonischen soziologischen Beschreibungen bürokratischer Herrschaft zusammenpasst: sei es mit jenem »stahlharten Gehäuse« etwa, von dem Max Weber gesprochen hatte, das die Entstehung des modernen Verwaltungsstaats begleitet, das »gesamte Alltagsleben« in seinen Betrieb einspannt und dazu beiträgt, dass sich die Organisation der Macht von älteren, personalen und traditionalen Bindungen löst und rationalisiert; oder sei es mit jenem von Alfred Weber skizzierten »riesenhaften ›Apparat‹«, der das soziale Leben überhaupt in seine »Kammern, Fächer und Unterfächer« einsaugt und mit dem »Gift der Schematisierung« durchdringt, ein »riesenhaftes rechnerisches Etwas«.[10] Demgegenüber verzeichnet Kafkas Literatur – insbesondere im *Schloß*-Roman – einige Anomalien, die zum Teil wenigstens in eine andere Richtung weisen. Damit ist nicht nur die Tatsache gemeint, dass bei Kafka eher die irrationalen Elemente der Bürokratie ausgestellt werden, dass man es bei ihm meist mit schäbigen, kindlichen, schmutzigen Behördenvertretern zu tun hat, dass sich hier weniger eine Entzauberung der Welt, als eine Bürokratisierung des Himmels dokumentiert. Vielmehr lassen sich drei strukturelle Besonderheiten oder Prinzipien verzeichnen, die Kafkas Institutionen und ihre Funktionsweise unverwechselbar machen.

Erstens kennen die Bürokratien des Gerichts oder des Schlosses kein Außen. Alles und jeder gehört zum Schloss oder Gericht; die Behörden fallen mit der Gesellschaftsmaschine zusammen, sie durchdringen die Wünsche und Begierden, sie erzeugen kein abgeschlossenes und überschaubares Ganzes, sondern ein kontinuierliches, endloses Immanenzfeld ohne Außengrenze. Damit stellt sich eine topographische Unsicherheit ein, die die institutionelle Struktur allgemein und insbesondere die symbolische Ordnung des *Schloß*-Romans prägt. Denn einerseits wird K. vom ersten Satz dieses Romans an niemals die Grenze zum Schloss hin überschreiten, er wird immer wieder – wörtlich und im übertragenen Sinn – *abgelenkt*, um an dessen Peripherie herumzustolpern. Andererseits konnte man gleich zu Beginn erfahren, dass man im Dorf bereits im Schloss sei und dass derjenige, der im Dorf wohnt und übernachtet, »gewissermaßen im Schloß« (S, S. 8) wohne und übernachte. Gehört somit das Dorf irgendwie zum Schloss, so gehört allerdings das Schloss nicht unbedingt zum Schloss. Was immer von ihm erzählt wird, lässt nur die Schlussfolgerung zu, dass man nicht im Schloss ist, wenn man sich dort befindet. Gewiss, so heißt es einmal, kann man wohl die Grenze zum Schloss überschreiten und die Schlosskanzleien betreten; »aber sind die Kanzleien das eigentliche Schloß? Und selbst wenn Kanzleien zum Schloß gehören«, sind es dann die Kanzleien, die man »betreten darf?«. Natürlich – so heißt es weiter – kommt man in Kanzleien, »aber es ist doch nur ein Teil aller, dann sind Barrieren und hinter ihnen noch andere Kanzleien«. Es ist kei-

---

9. Gilles Deleuze: »Postskriptum über die Kontrollgesellschaften«, in: *Unterhandlungen 1972–1990*, Frankfurt a.M. 1993, S. 254–262.
10. Max Weber: *Wirtschaft und Gesellschaft. Grundriss der verstehenden Soziologie*, Tübingen 1972, S. 125, 128; Alfred Weber: »Der Beamte«, in: *Die Neue Rundschau* 21. Jg., H. 4, 1910, S. 1321–1339 (zit. nach AS-M, S. 385).

neswegs verboten, »geradezu weiterzugehen«, und diese Barrieren darf man sich »auch nicht als eine bestimmte Grenze vorstellen«. Barrieren sind nämlich »auch in den Kanzleien«, in die man gehen kann; es gibt also Barrieren, die man »passiert«, und »sie sehen nicht anders aus« als die, über die man »noch nicht hinweggekommen ist«. Und deshalb ist auch »nicht von vornherein anzunehmen, daß sich hinter diesen letzteren Barrieren wesentlich andere Kanzleien befinden« als diejenigen, in denen man bereits war (S, S. 275). Und so weiter. Von Barrieren gerät man nur an weitere Barrieren, von überschrittenen Grenzen an neue; und was man überschritten hat, kehrt in gleicher Weise wieder, ohne Anfang und Ende. Man kommt nie ins Schloss und ist immer schon dort. Das Schloss ist nichts anderes als die Schwelle zum Schloss.

Das ergibt einen seltsam strukturierten Raum, der Markierungen und Grenzen setzt, um sie sogleich wieder zu löschen: einen *gekerbten* Raum, der sich in einen *glatten* verwandelt; einen *glatten* Raum, auf dem Marken und Einschreibungen wie auf offener See dahin treiben. Wie es eigentlich keine wirkliche Grenze zwischen Dorf und Schloss gibt, so präsentiert sich das Schloss nicht als umgrenzter Topos, sondern weist selbst nur eine endlose Serie von Barrieren und Grenzen auf. Alle Grenzziehungen sind immer schon oder nie überschritten, schwinden in der Überschreitung, führen auf weitere Grenzlinien, die sich im Unübersichtlichen verlieren. Die Grenzen, die vom Rand des Romans auf das Innere der Schloss-Topographie verweisen, ordnen, trennen und unterscheiden den Raum nicht. Sie markieren und de-markieren zugleich und organisieren den gesamten (symbolischen) Raum des Romans als eine Art Schwellenzone.

Wie also das Schloss fern und doch überall ist, so findet man auch das Gericht im *Proceß* einerseits nicht und andererseits doch gleich nebenan. Im Grunde bewegen sich die K.s im *Schloß* wie im *Proceß* in einem grenzenlosen Reich der Grenze; und der endlose Schwellen- oder Übergangsraum, der eben keine scharfe Grenzlinie kennt, mag durchaus die Dämmerung eines gewissen Wartezustands auszeichnen, der sich zwischen einem Nicht-Mehr und einem Noch-Nicht ausbreitet und im Unbestimmten, Fließenden liegt, wie Walter Benjamin bemerkte: »Die Schwelle ist ganz scharf von der Grenze zu scheiden. Schwelle ist eine Zone. Wandel, Übergang, Fluten liegen im Worte ›schwellen‹«.[11] Genauer noch aber ist diese Schwelle – zumindest bei Kafka – Element eines Raums, der weniger topographisch als topologisch funktioniert. So liegt in Kafkas Übergangs- oder Schwellenraum die Anweisung zur Produktion dessen vor, was man Atopos nennen könnte: weder ein bestimmter Ort, noch ein Nicht-Ort, sondern ein entorteter Ort, eine räumliche Lage, die jeden bestimmten Platz ins Wanken und Gleiten bringt. Der Raum, den Kafkas Institutionen besetzen, hat also weder Außengrenze noch festen Boden oder Grund überhaupt und kennt die dauerhaften Einschreibungen eines Ordnungs- und Ortungsraums nicht.

---

11. Walter Benjamin: *Das Passagen-Werk*, in: ders.: *Gesammelte Schriften*, hg. v. Rolf Tiedemann u. Hermann Schweppenhäuser, Band V, 1, Frankfurt a.M. 1982, S. 618.

Zweitens. Das zeigt sich auch in der Wirkungsweise dieser Bürokratien, die auf seltsame Art unscharf und indirekt bleibt. Es gibt keine strengen Grenzziehungen, Gebote oder Verbote, es gibt keinen apparathaften Widerstand, nur die Beschwerlichkeiten des Lebens selbst und eine gewisse Gesetzlosigkeit. So zeichnet sich die Intervention des Gerichts in Josef K.s Leben dadurch aus, dass es an seinen Routinen nichts ändert und den Prozess »fast wie von selbst auf seiner Bahn« ablaufen lässt (P, S. 124); einmal heißt es: »Das Gericht will nichts von Dir. Es nimmt Dich auf wenn Du kommst und entläßt Dich, wenn Du gehst« (P, S. 304). Und im *Schloß* wird diese behördliche Arbeit, der »amtliche Verkehr« mit den Institutionen, folgendermaßen charakterisiert:

> »Dadurch [...], dass die Behörden K. von vornherein in unwesentlicheren Dingen [...] weit entgegenkamen, nahmen sie ihm die Möglichkeit kleiner leichter Siege und mit dieser Möglichkeit auch die zugehörige Genugtuung und die aus ihr sich ergebende gut begründete Sicherheit für weitere größere Kämpfe. Statt dessen ließen sie K. [...] überall durchgleiten, wo er wollte, verwöhnten und schwächten ihn dadurch, schalteten hier überhaupt jeglichen Kampf aus und verlegten ihn dafür in das außeramtliche, völlig unübersichtliche, trübe, fremdartige Leben« (S, S. 93).

Für die Grundsätze der institutionellen Funktion bedeutet das schließlich zweierlei. Einerseits scheint sie gesetzlos und modular zu agieren und folgt einem Prinzip der fehlenden Norm. Andererseits aber zweifelt sie an der Haltbarkeit von Anfangsgründen und Abschlussgedanken sowie an der Gültigkeit eines letzten oder ersten Worts. Kafkas behördlicher Apparat ist entscheidungsscheu – die berühmte amtliche Scham: »amtliche Entscheidungen sind scheu wie junge Mädchen« (S, S. 273) – und umgeht die Macht der Dezision. Wie im *Proceß* die Präferenz des Verfahrens von der »wirklichen« über die »scheinbare« Freisprechung zur endlosen »Verschleppung« (P, S. 205) abgelenkt wird und in eine prozessuale Unaufhörlichkeit übergeht, so lässt sich insgesamt wohl weniger von einem legitimierten Prozess als von einer *Legitimation durch Verfahren* sprechen: von einer Prozedur, die auf ihre eigene Fortsetzbarkeit angelegt ist, in offenen Milieus operiert, Ereignismöglichkeiten kanalisiert, auf feste Kriterien verzichtet, ihre Form aus sich selbst heraus generiert und insgesamt auf »Konfliktdämpfung«, auf die »Schwächung und Zermürbung der Beteiligten«, auf die »Umformung und Neutralisierung ihrer Motive« im Laufe des Verfahrens setzt.[12] Die institutionelle Struktur ist nicht von klaren Einschnitten und strengen Unterscheidungen charakterisiert; sie wird nicht über starre Grenzen, Zwänge, Gebote und Verbote organisiert; in ihr gilt vielmehr eine Minimierung disziplinärer und normativer Ordnungslasten – und nicht zuletzt die Verhinderung von Entscheidung schlechthin: »Eine amtliche Entscheidung ist [doch] nicht etwas wie

---

12. Niklas Luhmann: *Legitimation durch Verfahren*, Frankfurt a.M. 1983, S. 4; auf diese Korrespondenz hat aufmerksam gemacht Arne Höcker: *Literatur durch Verfahren. Beschreibung eines Kampfes*, in: Arne Höcker, Oliver Simons (Hg.): *Kafkas Institutionen*, Bielefeld 2007, S. 235–253 (diesem Band verdankt der vorliegende Beitrag zahlreiche Anregungen); ebenso Niels Werber: »Bürokratische Kommunikation: Franz Kafkas Roman *Der Proceß*«, in: *The Germanic Review* 73/4, 1998, S. 309–327.

z.B. diese Medizinflasche, die hier auf dem Tischchen steht. [...] Und gibt es
denn überhaupt eine schliessliche Entscheidung? Um sie nicht aufkommen zu
lassen, sind ja die Kontrollämter da« (S-A, S. 211). Diese Institution, die eigentlich nur aus »Kontrollbehörden« besteht (S, S. 104), operiert indirekt und modular, und das wäre ein zweites Element ihrer Funktionsweise: Sie folgt der
Unabschließbarkeit ihrer Verfahren.

Mit diesen Merkmalen hängt auch zusammen, dass sich Kafkas Behörden –
drittens – als Reservoir und Geltungsraum von Zufallsereignissen präsentieren.
Ihr Procedere wird nicht durch einen stringenten Zusammenhang von Ursache
und Wirkung, von Entscheidung und Begründung diktiert. Der »große Ge-
richtsorganismus«, so heißt es im *Proceß*, stellt eine »Verbindung« von allem mit
allem her und bleibt »gewissermaßen ewig in Schwebe« (P, S. 160); und der
Schloß-Roman hat dazu einmal eine kleine Expertise gegeben. Sie lautet:

> »Und nun komme ich auf eine besondere Eigenschaft unseres behördlichen Apparats
> zu sprechen. Entsprechend seiner Präcision ist er auch äußerst empfindlich. Wenn eine
> Angelegenheit sehr lange erwogen worden ist, kann es, auch ohne dass die Erwägungen
> schon beendet wären, geschehen, dass plötzlich blitzartig an einer unvorhersehbaren
> und später auch nicht mehr auffindbaren Stelle eine Erledigung hervorkommt, welche
> die Angelegenheit, wenn auch meistens sehr richtig, so doch immerhin willkürlich ab-
> schließt. Es ist, als hätte der behördliche Apparat die Spannung, die jahrelange Aufrei-
> zung durch die gleiche vielleicht an sich sehr geringfügige Angelegenheit nicht mehr
> ertragen und aus sich selbst heraus ohne Mithilfe der Beamten die Entscheidung getrof-
> fen. Natürlich ist kein Wunder geschehen, und gewiß hat irgendein Beamter die Erle-
> digung geschrieben oder eine ungeschriebene Entscheidung getroffen, jedenfalls aber
> kann wenigstens von uns aus, von hier aus, ja selbst vom Amt aus nicht festgestellt wer-
> den, welcher Beamte in diesem Fall entschieden hat und aus welchen Gründen. [...]
> Nun sind wie gesagt gerade diese Entscheidungen meistens vortrefflich, störend ist an
> ihnen nur, dass man, wie es gewöhnlich die Sache mit sich bringt, von diesen Entschei-
> dungen zu spät erfährt und daher inzwischen über längst entschiedene Angelegenheit
> noch immer leidenschaftlich berät« (S, S. 110).

Diese Behörde, so könnte man folgern, operiert auf ungefähre Weise im Un-
gefähren, sie unterbricht die klare Verbindung zwischen Grund und Geschehen
und erweist sich als schwebender, lose gekoppelter Zusammenhang von mehr
oder weniger zufälligen Ereignissen. In ihr hat sich die Welt der Ereignisse vom
Bereich ihrer Gründe und Ursachen gelöst; und das wäre demnach ein drittes
Prinzip dieser Kafka-Institution: Sie hat okkasionellen[13] Charakter und funktioniert nach einem Prinzip des fehlenden Grunds.

Kafkas Institutionen ermessen also einen Binnenraum ohne Außen, folgen der
Unaufhörlichkeit ihres Verfahrens und umschließen einen Ereigniskomplex, der
sich vom Bezirk hinreichender Gründe separiert. Mit weicher Segmentierung,

---

13. Vgl. dazu Friedrich Balke: »Fluchtlinien des Staates. Kafkas Begriff des Politischen«, in: Friedrich
Balke, Joseph Vogl (Hg.): *Gilles Deleuze – Fluchtlinien der Philosophie*, München 1996, S. 150–178.

mit informellen und modularen Strukturen sind Kafkas Institutionen einerseits keine Instanzen, sie manifestieren sich eher als ein Schwinden oder Abflachen der institutionellen Form überhaupt, wie es am Beginn des *Schloß*-Romans von der Schloss-Gestalt selbst angezeigt wird: anfangs ebenso »deutlich umrissen« wie »frei und leicht empor« ragend, dann verwittert und unscharf in den Konturen, schließlich völlig »unsicher, unregelmäßig, brüchig wie von ängstlicher oder nachlässiger Kinderhand gezeichnet« (S, S. 16–18), ein richtungsloses Gemenge von Strichen. Andererseits wird mit Kafkas Arrangement jener Unschärfebereich aufgesucht, in dem sich die Unterscheidung zwischen institutioneller Form und instituierter Substanz, zwischen vitalem Prozess und Behörde, zwischen »Amt« und »Leben« löscht. Das ist schließlich Kafkas Version moderner Bio-Macht: »Nirgends noch hatte K. Amt und Leben so verflochten gesehen wie hier, so verflochten, daß es manchmal scheinen konnte, Amt und Leben hätten ihre Plätze gewechselt« (S, S. 94).

3.

Man mag im »Verlust der Schwerpunkte« und im »Herumtaumeln der Zentren« bei Kafka jene Desorganisation oder jene Überforderungslast erkennen, die Arnold Gehlen mit dem Zerfall von Institutionen verbunden sah.[14] Genauer noch aber dokumentiert sich darin ein neues institutionelles Profil. Wie sich der Umbau von Gesellschaften am Auffälligsten wohl in Verwaltungsstrukturen dokumentiert, scheint auch die besondere Gestalt von Kafkas Behörden mit einem Wandel in der Administration des Lebens zu korrespondieren, mit einer Regierung, die sich von Gesetz, Disziplin und Norm gleichermaßen distanziert. Zeitgenössische Organisationstheoreme behaupten dementsprechend den »fließenden Charakter« von politischen Regulationssystemen[15] oder nehmen eine »Allorganisation« oder »Allkontrolle« in den Blick, die mit der Inklusion aller Lebensvorgänge zugleich eine Auflösung distinkter Grenzziehungen und unverrückbarer symbolischer Barrieren verfolgt.[16] Damit ist eine *Politik des Lebens* gemeint, die sich auf eine Optimierung von Vitalprozessen hin ausrichtet, weniger mit direkten Interventionen und stabilen Rechtsnormen als mit flexiblen Korrekturen, Aussteuerungen und Rückkopplungen operiert. Eine Lebenspolitik dieser Art hat in Kafka selbst einen nicht unbedeutenden Vertreter und Funktionär gefunden; es geht dabei – wie eine jüngere Kafka-Forschung herausgestellt hat – nicht zuletzt um die Einrichtung und Funktionsweise einer neuen Regierungstechnologie, es geht um die Gestalt des versicherten Lebens, es geht um die regierungstechnische Funktion des Versicherungswesens, mit dem sich Kafka praktisch und theoretisch befasste. Kann man die lange Entstehung der

14. Arnold Gehlen: »Mensch und Institution«, in: ders.: *Anthropologische Forschung. Zur Selbstbegegnung und Selbstentdeckung des Menschen*, Reinbek 1961, S. 72–73.
15. Jakob von Uexküll: *Staatsbiologie. Anatomie – Physiologie – Pathologie des Staates*, Hamburg 1933 (erste Auflage 1920), S. 14.
16. Georg Selety: *Die Politik des Lebens*, Wien u.a. 1918, S. 9ff., S. 161 (mit Dank an Benno Wagner für diesen Hinweis).

Versicherung als einen Prozess begreifen, in dem sich statistische Verfahren, Wahrscheinlichkeitskalkül, Normalitätsabschätzung und die Figur des Durchschnittsmenschen schließlich zu einem universellen Steuerungsinstrument der Vorsorgestaaten verdichten, zu einer universellen Politik bzw. Bio-Politik, mit der moderne Gesellschaften die Beziehung zu sich selbst verwalten, so lassen sich – mit François Ewald[17] – wenigstens vier elementare Operationen dieser Politik verzeichnen.

So wird hier zunächst die ältere Rechtsfiktion des Gesellschaftsvertrags durch die Realität eines neuen Solidarvertrags abgelöst. Über die Versicherungstechnologie hängen alle mit allen zusammen, das mögliche Übel eines jeden wird zu jedermanns Anteil. Zweitens geschieht dabei eine sanfte Inklusion. Die Versicherungstheoretiker des 19. Jahrhunderts haben das immer wieder unterstrichen: Versicherung ist der Modus einer Vergesellschaftung, die niemanden an seinen Platz bindet, Mobilität und Beweglichkeit mit größter Kontrolle des sozialen Felds verknüpft. Drittens geht es dabei um eine bestimmte Perspektive auf alle Ereignisse des Lebens und der Gesellschaft. Während das Recht nach Ursachen, Gründen und Verschuldungen fragt, werden versicherungstechnisch vor allem Ereignisse verknüpft: Ereignisse, die passieren, mit Ereignissen, die nicht geschehen sind. Wie immer die einzelnen handeln und mit welchen Gründen sie das tun – die Versicherung korreliert Ereignisse mit Ereignissen, registriert ihre Frequenz, kalkuliert ihre Wahrscheinlichkeit und löst sie von Kausalserien ab. Die Welt der sozialen Ereignisse hat sich von der Welt der individuellen Ursachen und Motive gesondert. Schließlich hat sich damit auch der Begriff von Gesetz oder Norm transformiert. Der schlagende bzw. zwingende Charakter von Gesetz und Norm wird vom modularen Charakter des Mittelwerts, der Normalität und des Normalen abgelöst. Die Norm ist nicht mehr präskriptiv und das beste Maß, sondern postskriptiv und eine Nach- bzw. Mitschrift dessen, was alle gemeinsam – ob sie es wollen oder nicht – hervorbringen. Die Individuen handeln ganz und gar frei und gehorchen doch einem allgemeinen Gesetz.

Man hat bereits nachgewiesen, wie Kafka vor allem in seinen späteren Texten eine Präsenz des statistischen Blicks verfolgt und die Wechselfälle des versicherten Lebens zum Problem narrativer Ereignisse macht;[18] und wenn man Kafka selbst einen »Bürokraten mit großer Zukunft« oder den »größte[n] Theoretiker der Bürokratie« nennen wollte,[19] so verweist das auch auf eine Tätigkeit, mit der

17. François Ewald: *Der Vorsorgestaat*, Frankfurt a.M. 1992.
18. Vgl. etwa Benno Wagner: »Poseidons Gehilfe. Kafka und die Statistik«, in: *Marbacher Magazin* 100/2002, S. 109–130; ders.: »Kafkas Krankheit. Rasterfahndung in Briefen«, in: Tanja Nusser, Elisabeth Strowick (Hg.): *Rasterfahndungen. Darstellungstechniken – Normalisierungsverfahren – Wahrnehmungskonstitution*, Bielefeld 2003, S. 119–135; ders.: »Die Majuskel-Schrift unseres Erdendaseins. Kafkas Kulturversicherung«, in: *Hofmannsthal-Jahrbuch zur europäischen Moderne* 12/2004, S. 337–363; ders.: »Kafkas phantastisches Büro«, in: Klaus R. Scherpe, Elisabeth Wagner (Hg.): *Kontinent Kafka. Mosse-Lectures an der Humboldt-Universität zu Berlin*, Berlin 2006, S. 104–118; ders.: »Metamorphosen des Opfers bei Franz Kafka«, in: Höcker, Simons (Hg.): *Kafkas Institutionen*, a.a.O., S. 73–90; Burkhardt Wolf: »Zwischen Tabelle und Augenschein. Abstraktion und Evidenz bei Franz Kafka«, in: Sibylle Peters, Martin Jörg Schäfer (Hg.): ›*Intellektuelle Anschauung*‹. *Figurationen von Evidenz zwischen Kunst und Wissen*, Bielefeld 2006, S. 239–257.
19. Gilles Deleuze, Félix Guattari: *Kafka. Für eine kleine Literatur*, Frankfurt a.M. 1976, S. 28; dies.: *Tausend Plateaus. Kapitalismus und Schizophrenie 2*, Berlin 1992, S. 291.

er sich in verschiedenen amtlichen Schriftsätzen um eine theoretische Fassung der Versicherung, ihres Charakters als Institution und Behörde bemühte. Das betrifft insbesondere – und am Beispiel der Prager Arbeiter-Unfall-Versicherungs-Anstalt – den amtlichen Verkehr zwischen Anstalt und Versicherten, die Struktur dieser Beziehungen. In verschiedenen Schriftsätzen und Berichten zur Organisationsweise der Anstalt hat Kafka nicht nur eine optimierte statistische Erfassung und eine Justierung administrativer Abläufe angemahnt – Maßnahmen zur »Besserung der Anstaltsgebahrung«, die aus dem »tote[n] Körper« der Institution »neue[s] Leben in der Verwaltung der Anstalt« (AS, S. 255) erwecken sollen. Er hat vielmehr den zukunftsfähigen Begriff einer lebenden Anstalt, einer »lebendigen Institution« geprägt, ein Konzept, das er in einem Vortrag vor den Mitgliedern des Gablonzer Gewerbe- und Handelsgenossenschaftsverbandes am Abend des 29. Septembers 1910 präsentierte und erläuterte. Dieser Text Kafkas ist nicht erhalten, die zentralen Überlegungen wurden in einem Bericht der *Gablonzer Zeitung* aus Nordböhmen wiedergegeben. Es lässt sich darin allerdings ein sehr prägnantes Aperçu für eine Theorie moderner Institutionen erkennen: »Ein Fehler sei es noch«, so heißt es dort in der Nachricht über Kafkas Vortrag, »daß die Arbeiter-Unfallversicherungsanstalt mit ihren Mitgliedern in einem nur sehr notdürftigen Verkehre stehe, auch die Korrespondenz sei sehr trübseliger Art und die Jahresberichte würden nicht beachtet. Dieser Zustand sei kein guter und liefere nicht den Boden, den die lebendige Institution brauche. Die Anstalt strebe selbst mit allen Kräften danach, ein anderes Verhältnis zwischen sich und den Mitgliedern herzustellen. Anstalt und Mitglieder seien doch eigentlich eins. Aber es herrsche eine gewisse Animosität gegen die Anstalt. Das solle anders werden. Ein reger Verkehr zwischen Anstalt und Mitgliedern sei vor allem nötig und werde von der Anstalt angebahnt. Die Reorganisation des Kontrolldienstes solle erfolgen und Sorge getragen werden, daß die Kontrolle nicht mehr so plötzlich vorgenommen werde. Jeder Neueinreihung in die Gefahrenklassen würden künftig Unterhandlungen mit den Unternehmern vorausgehen.« (AS-M, S. 643.)

Das wäre also der Umriss eines neuen institutionellen Formats, den Kafka ausgehend vom Beispiel der Unfallversicherungspflicht für böhmische Unternehmer entwirft. Mit dem Konzept einer lebenden Anstalt hat er sich an jüngste regierungstechnische Innovationen herangewegt und literarisch wie sachlich, poetologisch wie amtlich deren Funktionsweise dekliniert. Demnach ist diese lebendige Institution mit versicherungstechnischem Auftrag eben kein *stahlhartes Gehäuse* und kein Schematismus, sondern eine Behörde mit unscharfen Rändern. Sie errichtet keine Demarkation zwischen staatlicher Ordnungsmacht und Gesellschaft, macht den Unterschied zwischen Amt und Leben nicht. Ihre Wirksamkeit ist vielmehr ubiquitär, ihr »Boden« das biosoziale Feld, und sie folgt dem Prinzip einer umfassenden Inklusion: Die Anstalt und ihre Mitglieder, die Versicherten, sind »doch eigentlich eins«. Ihr Management operiert postheroisch, unterläuft scharfe Grenzen, minimiert Widerstände und »Animositäten« und setzt auf einen »Verkehr«, der die wechselseitige Anpassung von Kontrolle und Kontrollierten optimiert. Ihr »Kontrolldienst« respektiert schließlich das

Maß einer probabilistischen Rationalität und nimmt mit seinen »Unterhandlungen« weniger eine Durchsetzung von Gesetz oder Norm, sondern Normalitätsabschätzungen vor. Kafkas lebende Anstalt ist, so ließe sich das zusammenfassen, eine Erfindung moderner Normalisierungsgesellschaften, arbeitet an der Fusion von Staat und Gesellschaft, nimmt das Leben in Gesellschaft überhaupt in den Blick und garantiert gerade mit fortlaufender Registratur und Kontrolle höchste Durchlässigkeit und Mobilität.

4.

Die Korrespondenz von Institution und poetischer Form dokumentiert sich in Kafkas Literatur also in einer doppelten Wendung, die einerseits in der Durchdringung biographischer Substrate, andererseits in der Ununterscheidbarkeit von Verwaltungs- und Lebensereignissen besteht. An dieser Stelle beginnen die älteren Disziplinarmechanismen sich aufzulösen und weichen den losen Kopplungen einer lebendigen Institution, die Hierarchien, Befehlsketten und Entscheidungswege lockert und sich in Unbestimmtheiten, Zufälligkeiten, unvorhersehbaren Wirkungen manifestiert: keine geschlossenen, sondern offene Milieus, keine umgrenzten Anstalten, sondern lebendige Austauschprozesse, keine stabilen Normen, sondern kontinuierliche Modulationen und Normalitätsabschätzungen, keine Ausschlüsse und Verstoßungen, sondern eine grenzenlose Inklusion, keine disziplinäre Überwachung, sondern fortlaufende Kontrollen. Die Suche nach Schuld, Gesetz und Normsystem ist in dieser institutionellen Struktur anachronistisch geworden und erscheint zuweilen als groteske Residualform älterer Individuationsprogramme: »Er verfiel auf den Gedanken [...] man verheimliche ihm die Schuld weil er nicht genug zahle« (S, S. 336). Tatsächlich sind Kafkas K.s – so sehr sie an persönliche Zuschreibung und Verantwortlichkeit appellieren – an keiner ihrer Bewegungen gehindert und scheinen gerade mit diesen Bewegungen im indirekten und dauerhaften Kontakt mit den zuständigen Behörden zu sein. Auf ihnen liegt nicht der lauernde Blick einer disziplinierenden Instanz, viel eher vielleicht das ebenso interessierte wie distanzierte Augenmerk einer Macht, die die Einzelnen nur registriert, sofern sie als Partikel einer allgemeinen Bewegung erscheinen. Über diesen Blick heißt es einmal in einem Erzählfragment: »Es ist kein scharfer prüfender sich einbohrender Blick, wie man ihn auf einen Einzelnen richten kann, sondern es ist ein nachlässiger, schweifender, allerdings unablässiger Blick, ein Blick, mit dem man etwa die Bewegungen einer Menschenmenge in der Ferne beobachten würde« (NSF II, S. 279).

Ausgehend von der Überlegung, dass sich das Verhältnis von Literatur und Leben – in einer langen abendländischen Geschichte – auch an einem Verhältnis von Genre, Genus und Gattung, von Lebensform und poetischer Form ablesen lässt, muss man bei Kafka wohl eine konstitutive Entformung bzw. Deformation hier wie dort konstatieren. Und sofern sich mit dem Begriff der Gattung – nach Derrida – sofort eine Grenze zieht und eine Norm ankündigt,[20] bildet die Brücke zwischen beiden die Institution, d.h. ein Programm, das Vitalprozesse zu einem Leben in Gesellschaft formiert. Wie sich bei Kafka die institutionelle Gestalt defiguriert und entgrenzt, wie sie verfließt und informell wird, um sich – etwa im *Schloß* – in dauerhaften Modulationen und Transformationen wiederzufinden, so nimmt auch die Erzähl- bzw. Romanform Maß an der inneren Unabschließbarkeit ihres Verfahrens, an ihrer Unförmigkeit. Nur ein einziges und letztes Mal, am Beispiel des *Urteils*, hat Kafka sich mit seiner Literatur an eine gattungsmäßige Geschlossenheit, an ein vollendetes und überschaubares Ganzes erinnert, »wohlgebildet vom Anfang bis zum Ende« (T, S. 227) – eine Erinnerung, die eben seine Literatur selbst nurmehr aus größter Ferne teilt. Ganz konsequent hat sie darum, in dieser Fluchtlinie, auch ein Leben erprobt, das weder menschlich noch gattungsmäßig gefasst und begrenzt bleibt. In der Auflösung der institutionellen Form zeichnet sich schließlich ein indefinites Leben ab, eine dauerhafte Missbildung oder *Kreuzung*,[21] die eben Genre, Genus und Genealogie gleichermaßen durchkreuzt und Erlösung weder in einer Lebens-Form noch im Gattungsformat findet: »Ich habe ein eigentümliches Tier, halb Kätzchen, halb Lamm. […] Nicht genug damit, dass es Lamm und Katze ist, will es fast auch noch Hund sein. […] Es hat beiderlei Unruhe in sich, die von der Katze und die vom Lamm, so verschiedenartig sie sind. Darum ist ihm aber seine Haut zu eng. Vielleicht wäre für das Tier das Messer des Fleischers eine Erlösung« (NSF I, S. 372–374).

20. Jacques Derrida: »Das Gesetz der Gattung«, in: *Gestade*, Wien 1994, S. 245–248, hier: S. 248.
21. Vgl. Marianne Schuller: »Lauter Kreuzungen«, in: Anne von der Heiden, Joseph Vogl (Hg.): *Politische Zoologie*, Zürich, Berlin 2007, S. 15–22.

Friedrich Balke

Die Kraft des Minimums
Szenarien des Ressentiments bei Nietzsche und Kafka

>»Mehr als Trost ist: Auch du hast Waffen.«
>Franz Kafka, *Tagebücher* (T, S. 926)

1. Kleine Dinge: Nietzsches und Kafkas Kräftelehren

Ich möchte ganz im Sinne einer der vielen Umwertungen Nietzsches mit den »kleinen Dingen« beginnen. Die »Vitalpolitik« Nietzsches werde ich daher zunächst nicht auf der Ebene diskutieren, auf der sie bei Nietzsche als »große Politik« begegnet: »Erst von mir an giebt es auf Erden grosse Politik. —« (KSA 6, 366). Ich glaube, dass Nietzsches Kriege nicht die ganze Wahrheit über seine Politik sind: »es wird Kriege geben, wie es noch keine auf Erden gegeben hat« (ebd.). Natürlich ist Bismarcks Wohlfahrtsstaat, also jene Bio-Staatsmacht, die menschliche Energie aneignet und für ihre Zwecke kanalisiert, die eigentliche Zielscheibe der »großen Politik«[1] und der letzten Wutausbrüche des Philosophen. Kafka und Nietzsche, so argumentiert Wagner, finden im Widerstand gegen diese Bio-Macht und damit in der Figur einer gewissen ›Unversicherbarkeit‹ oder ›Gefährlichkeit‹ den gemeinsamen Boden für ihre sehr unterschiedlichen Denk- und Schreibprojekte. Mit einer Formulierung von Gilles Deleuze und Félix Guattari ließe sich sagen, dass Nietzsche bei der Organisation dieses Widerstandes zu unvorsichtig ist. Er geht »mit einer allzu gewaltsamen Gebärde« vor und sprengt daher die »Schichten unklug in die Luft«, so dass er am Ende »selber getötet« wird oder »in einem schwarzen Loch« versinkt. Kafka verstand es dagegen, »sich auf einer Schicht einzurichten, mit den Möglichkeiten [zu] experimentieren«, Fluchtlinien zu erproben, ohne »wild drauflos [zu] destratifizieren«.[2] Er operiert mit dem Instrumentarium der Risikotechnologie, die ihm sein Bureau-Job zur Verfügung stellte, weshalb er sich bekanntlich nie entscheiden konnte, sich ausschließlich der Literatur zu widmen oder in der Literatur ›das ganz Andere‹ der beruflichen Praxis zu sehen.[3] Nun zeigt allerdings gerade die Vitalpolitik Nietzsches, dort wo ihr Gegenstand der eigene Körper ist, wie vorsichtig auch der Philosoph gelegentlich vorzugehen vermochte: Bevor er die großartige Frage beantwortet, warum er ein Schicksal (für die Menschheit) ist, muss er, der so gerne zu Wortbildungen mit »groß« greift, sich zunächst intensiv

---

1. Vgl. den Beitrag von Benno Wagner in diesem Band.
2. Gilles Deleuze, Félix Guattari: *Tausend Plateaus. Kapitalismus und Schizophrenie 2*, Berlin 1992, S. 221.
3. Ebd., S. 222.

mit all den »kleinen Dingen« beschäftigen, die nur ihn selbst und seine körperlichen Idiosynkrasien betreffen, deren Beachtung eines Philosophen auf den ersten Blick so unwürdig ist. Mit den »kleinen Dingen« befasst er sich symptomatischerweise in dem Abschnitt von *Ecce homo*, der mit »Warum ich so klug bin« überschrieben ist – die Klugheit steht offenbar in Zusammenhang mit den »kleinen Dingen« so wie die »großen Dinge« im Abschnitt über das »Schicksal« gesagt werden:

> »Man wird mich fragen, warum ich eigentlich alle diese kleinen und nach herkömmlichem Urtheil gleichgültigen Dinge erzählt habe; ich schade mir selbst damit, um so mehr, wenn ich grosse Aufgaben zu vertreten bestimmt sei. Antwort: diese kleinen Dinge – Ernährung, Ort, Clima, Erholung, die ganze Casuistik der Selbstsucht – sind über alle Begriffe hinaus wichtiger als Alles, was man bisher wichtig nahm. Hier gerade muss man anfangen, u m z u l e r n e n« (KSA 6, S. 295).

Kafka steht unübersehbar in der Nachfolge dieser *physiologischen* Umwertung der Philosophie, die Nietzsche auf allen Ebenen seines Denkens praktiziert, getreu der Maxime eines Philosophierens am Maßstab des Leibes. Die Umwertung aller Werte hat ihre Pointe in dieser Aufmerksamkeit für das, was bislang in Europa, wie Nietzsche sagt, als das ›Niedrigste‹ und ›Verächtlichste‹ galt. Die Herkunft im Sinne der Genealogie Nietzsches, darauf hat Foucault in seinem *Nietzsche*-Essay hingewiesen, hat immer mit dem Leib zu tun: »Sie schreibt sich in das Nervensystem, in das Temperament, in den Verdauungsapparat ein. […] Der Leib – und alles, was den Leib berührt – ist der Ort der *Herkunft*: am Leib findet man das Stigma der vergangenen Ereignisse, aus ihm erwachsen auch die Begierden, die Ohnmachten und die Irrtümer; […] Am Leib löst sich das Ich auf (das eine substantielle Einheit vorgaukeln möchte). Er ist eine Masse, die ständig abbröckelt. Als Analyse der Herkunft steht die Genealogie also dort, wo sich Leib und Geschichte verschränken.«[4]

Der Leib – eine Masse, die ständig abbröckelt, das scheint mir zugleich eine präzise Formel für das Körperempfinden Kafkas zu sein, oder sagen wir besser: für den Tenor der Beschreibungen, die Kafka von seinem Körper vor allem in den Tagebüchern anfertigt. Das Kleine bei Nietzsche und Kafka, zu dem sich so viele Sätze zitieren ließen, hat bei beiden zunächst den Sinn einer fundamentalen Schwächung und Kraftlosigkeit, einer Verkleinerung, die bei beiden allerdings aus einer alles andere als resignativen Perspektive konstatiert wird. Die sorgfältige Beobachtung des eigenen Körpers und körperlicher Vermögen bzw. Unvermögen zielt darauf ab, einen Hebel zu finden, um den Schwächsten in den Stärksten zu verwandeln. Nietzsche und Kafka, damit ist nichts Neues gesagt, sind zunächst einmal schwach und krank, ihre Briefe und Tagebuchnotizen, also die von ihnen angefertigte Protoliteratur, sind voll von physiologischen Zustandsbeschreibungen, die, mit Nietzsche gesprochen, »den niedrigsten Punkt [ihrer] Vitalität« (KSA 6, S. 264) anvisieren. Schlaflosigkeit, Kopfschmerzen, Erbre-

---

4. Michel Foucault: *Von der Subversion des Wissens*, Frankfurt a.M. 1978, S. 91.

chen: Ihre Existenz entfaltet sich bei beiden als eine Kette von »schlechten Tagen«:[5] »Ein Anfall der bittersten Art (mit vielem Erbrechen) - - - Immer krank, ganz zerstörter Magen. Nun, ich will aushalten«,[6] schreibt Nietzsche Ende März 1879 auf einer Postkarte an Overbeck; und wenig später an die Mutter und die Schwester: »Meine Lieben, seitdem habe ich unbeschreiblich gelitten. Ein 4tägiger und ein 6tägiger Anfall der allerhärtesten Art – Erbrechen über Erbrechen dabei (woraus Ihr schließen mögt, wie furchtbar die Schmerzen waren).«[7] 1881 hat es Nietzsche bereits satt, »das alte Lied meiner körperlichen Notzustände«[8] zu singen, aber natürlich hört dieses Lied niemals auf: »Sehr leidend«,[9] ließe sich als das wiederkehrende Motto über unzählige Briefe schreiben, es erweist sich über weite Strecken als eine Art Synonym für Nietzsche.

Auch bei Kafka sind es keineswegs bloß die »schrecklichen letzten Zeiten, unaufzählbar, fast ununterbrochen«, die ihn »für alles unfähig außer für Schmerzen« machen (T, S. 925). Bereits ziemlich zu Beginn seiner Tagebuchaufzeichnungen finden wir eine längere Bemerkung, in der er sich keine Illusionen über ein »Haupthindernis meines Fortschritts« macht: »Sicher ist, daß ein Haupthindernis meines Fortschritts mein körperlicher Zustand bildet. Mit einem solchen Körper läßt sich nichts erreichen. Ich werde mich an sein fortwährendes Versagen gewöhnen müssen« (T, S. 263). Das von Foucault beschriebene Abbröckeln der Körpermasse geht bei Kafka so weit, dass er sich morgens »ohne Zusammenhang«, also aufgelöst vorfindet, nichts anderes als seine »Stirn« fühlend. Die literarische Transposition seiner Schwäche erzeugt eine komische Figur, deren Komik aus der Disproportionalität von Körpergröße (Umfang) und physiologischer Kraft resultiert: »Mein Körper ist zu lang für seine Schwäche«, das Herz nicht stark genug, »das Blut über die ganze Länge dieser Beine hin stoßen zu können« (T, S. 263). »Mein Blut läuft langsam« (KSA 6, S. 265), findet sich bei Nietzsche ein Echo zu dieser scherzhaften Selbstbeobachtung Kafkas. Aber selbst wenn sein Körper weniger »auseinandergezogen« wäre, könnte er, so schließt Kafka diese Reflexion ab, vermutlich nichts »leisten, da er doch vielleicht, selbst wenn er zusammengedrängt wäre, zuwenig Kraft hätte für das, was ich erreichen will« (T, S. 264). Kafkas Magen ist wie der Nietzsches »verdorben« (T, S. 266), wie bei Nietzsche werden bei ihm die gewohnten Krankheitssymptome beständig erfinderischer (»Neuer Kopfschmerz, noch unbekannter Art« [T, S. 753]), der Schlaf ist stets schlecht und »elend« (T, S. 756) und selbst da, wo er sich wider Erwarten für kurze Zeit einstellt, ist er »unruhig«; die Kraft, über die er noch verfügt, verbraucht sich »im Warten« und »Nichtstun«, (T, S. 773) es ließen sich, wie Kafka selbst schreibt (Weihnachten 1915) »1000 Eintragungen gleichen Inhalts aus den letzten 3–4 Jahren« vorstellen: »Werde die Kopfschmerzen nicht mehr los. Ich habe wirklich mit mir gewüstet« (T, S. 775). »Statistisch«, heißt es in einem Brief Nietzsches von 1880: »ich hatte 118 schwere Anfallstage; die

---

5. Friedrich Nietzsche: *Sämtliche Briefe. Kritische Studienausgabe in 8 Bänden*, 5. Bd., hg. v. Giorgio Colli u. Mazzino Montinari, München 1986, S. 144. Vgl. auch S. 375, 377, 381, 383, 385, 386, 387.
6. Ebd., S. 400. Vgl. auch aus demselben Zeitraum S. 375, 377, 381, 383, 385, 386, 387.
7. Nietzsche: *Sämtliche Briefe*, 5. Bd., a.a.O., S. 386.
8. Nietzsche: *Sämtliche Briefe*, 6. Bd., a.a.O., S. 105.
9. Nietzsche: *Sämtliche Briefe*, 5. Bd., a.a.O., S. 387.

leichteren habe ich nicht gezählt.«[10] Und wie Nietzsche schließlich mit Jacob Burckhardt »sprechen« bzw. ihn um Entbindung von den professoralen Pflichten bitten muss,[11] wird Kafka Ende 1915 bei seinem »Chef« vorsprechen, um »Urlaub« zu nehmen und nimmt sogar das »Wort ›Kündigung‹« (T, S. 775f.) in den Mund. »Damals«, schreibt Nietzsche rückblickend in *Ecce Homo*, » – es war 1879 – legte ich meine Basler Professur nieder, lebte den Sommer über wie ein Schatten in St. Moritz und den nächsten Winter, den sonnenärmsten meines Lebens, als Schatten in Naumburg. Dies war mein Minimum: ›Der Wanderer und sein Schatten‹ entstand währenddessen« (KSA 6, S. 264).

Auch dies scheint mir eine auf Nietzsche und Kafka gleichermaßen zutreffende Beobachtung zu sein: Beide erweisen sich als *produzierende Minima*. Als mit unendlich schwachen oder geschwächten Körpern ausgestattete Autoren, die ›nichts zuzusetzen‹ haben, schreiben sie ihre Texte. Prekäre Körper sind ihre »Entstehungsheerde« (KSA 5, S. 259). Die *Morgenröte*, Nietzsches nächstes Buch, nimmt er rückblickend als einen weiteren Beweis dafür, dass sich bei ihm »selbst Exuberanz des Geistes« nicht nur »mit der tiefsten physiologischen Schwäche« vertrage, »sondern sogar mit einem Exzeß von Schmerzgefühl«. Und er fügt der Anschaulichkeit halber hinzu: »Mitten in Martern, die ein ununterbrochener dreitägiger Gehirn-Schmerz samt mühseligem Schleimerbrechen mit sich bringt, – besass ich eine Dialektiker-Klarheit par excellence und dachte Dinge sehr kaltblütig durch, zu denen ich in gesünderen Verhältnissen nicht Kletterer, nicht raffinirt, nicht k a l t genug bin« (KSA 6, S. 265). Das Leben unter den Bedingungen des Minimums ist die Bedingung der Möglichkeit einer eminenten Produktivität, weil das Minimum nicht so sehr eine vollständige Abwesenheit der Kraft meint als ihren Abzug von den Funktionen, in die sie gemeinhin investiert ist: der kostspieligen und viel Energie bindenden Aufrechterhaltung des körperlichen Wohlbefindens sowie der dazu notwendigen beruflichen Existenz, also der »Schichten« und Funktionalitäten, die eine bestimmte soziale und kulturelle Ordnung definieren. Die Kraft des Minimums ist eine zweckentfremdete, konzentrierte, von der sozialen Oberfläche abgezogene Kraft, die Schwäche die Voraussetzung für eine aus der Verschiebung und Übersetzung der übriggebliebenen Kraft entstehende Stärke. Was man gewöhnlich »Gesundheit« nennt, absorbiert zuviel Kraft, die dort fehlt, wo sie für ungewöhnliche, riskante intellektuelle Operationen benötigt wird.

Wenn Nietzsche also die Krankheit – oder, wie er sagt – die *décadence* als philosophische Produktivkraft rehabilitiert, dann liegt das Paradox seiner – kleinen wie großen – Vitalpolitik darin, dass er die Krankheit selbst noch einmal einer diskriminierenden Unterscheidung unterwirft und auf diesem Wege den *décadent*-Philosophen zugleich in der Rolle des *biopolitischen Polizisten* vorführt. Ausgerechnet dort, wo sich Nietzsche zum Fürsprecher der kleinen Dinge, der »Grundangelegenheiten des Lebens selber« macht, konstituiert er eine Gruppe von Menschen, die sich vormals, unter der unangefochtenen Herrschaft des

---

10. Nietzsche: *Sämtliche Briefe*, 6. Bd., a.a.O., S. 6.
11. Nietzsche: *Sämtliche Briefe*, 5. Bd., a.a.O., S. 411f.

Christentums und seiner ideologischen Verlängerung noch über den Tod Gottes hinaus, zu den »ersten« zählen durften, als »Ausschuß der Menschheit, Ausgeburten von Krankheit und rachsüchtigen Instinkten: sie sind lauter unheilvolle, im Grunde unheilbare Unmenschen, die am Leben Rache nehmen … Ich will dazu der Gegensatz sein«. Und zur Überraschung seiner Leser fügt er mit Blick auf sich selbst hinzu: »Es fehlt jeder krankhafte Zug an mir; ich bin selbst in Zeiten schwerer Krankheit nicht krankhaft geworden; […] ich empöre durch mein blosses Dasein Alles, was schlechtes Blut im Leibe hat…« (KSA 6, S. 296f.). Nietzsche unterscheidet eine »grosse Krankheit«, die er mit allen Mitteln bekämpft, von jener Krankheit, die er weiterhin im Rahmen dessen spielen lässt, was er die »grosse Gesundheit«[12] nennt. Deren Maxime lautet: »Man darf keine Nerven haben …« (KSA 6, S. 297). Während sich daher bei Nietzsche so gut wie keine (ihn selbst betreffende) Einträge zu den Begriffen »Angst« oder »Sorge« finden – man muss erst Heidegger abwarten, der sie zum Zentrum seiner Daseinsanalytik machen wird –, während er also seine Schwäche ausdrücklich nur im Register der *Physiologie*, niemals aber der *Neurologie* oder *Psychopathologie* einträgt – »Ein Arzt, der mich länger als Nervenkranken behandelte, sagte schliesslich: ›nein! an Ihren Nerven liegt's nicht, ich selber bin nur nervös‹« (ebd., S. 265) –, dominieren Angst und Sorge (u.a. auch über die Institutionen der Sorge) die Semantik der Kafkaschen Selbstbeschreibung. Nietzsche hat die »Katastrophe«, wie seine Biographen dann formulieren werden, für sich kategorisch ausschließen wollen: also genau jenen Nervenzusammenbruch, der ihn dann auf den Straßen Turins ereilen sollte und in dessen Verlauf er sich ausgerechnet mit jenem menschlichen »Ausschuß« identifiziert,[13] von dem er sich noch in *Ecce Homo* durch Welten getrennt wusste. Overbeck trifft den vormaligen Philosophen in Turin als den »Possenreißer der neuen Ewigkeiten« an, und bemerkt erschüttert, dass er, »der unvergleichliche Meister des Ausdrucks, außerstande war, selbst die Entzückungen seiner Fröhlichkeit anders als in den trivialsten Ausdrücken oder durch skurriles Tanzen und Springen wiederzugeben.«[14]

Ich möchte diesen ersten Teil meiner Überlegungen mit einer Formulierung Kafkas aus einem Brief an Milena abschließen, der mir die Problematik Nietzsches *in nuce* zu verhandeln scheint. Kafka schreibt in dem Brief von einer »Eigentümlichkeit, die mich von allen mir Bekannten nicht wesentlich, aber graduell sehr stark unterscheidet«,[15] und wir können hier an die Stelle der nicht weiter genannten Bekannten durchaus auch den Namen Nietzsches einfügen. »Ein typisch morbides Wesen«, schreibt Nietzsche, »kann nicht gesund werden,

12. Sie wird definiert als »eine solche, welche man nicht nur hat, sondern auch beständig noch erwirbt und erwerben muss, weil man sie immer wieder preisgiebt, preisgeben muss!…« (KSA 3, S. 636).
13. »Ich bin Prado, ich bin auch der Vater Prado […]. Ich wollte meinen Parisern, die ich liebe, einen neuen Begriff geben – den eines anständigen Verbrechers. Ich bin auch Chambige – auch ein anständiger Verbrecher«, schreibt Nietzsche Anfang Januar 1889 aus Turin an Jacob Burckhardt. Prado war wegen des Mordes an einer Prostituierten zum Tode verurteilt worden, Chambige wegen eines ähnlichen Tötungsdelikts zu sieben Jahren Zwangsarbeit. (Nietzsche, *Sämtliche Briefe*, 8. Bd., a.a.O., S. 578.)
14. Curt Paul Janzen: *Friedrich Nietzsche. Biographie in drei Bänden*, München 1995, Bd. 3, S. 39.
15. Franz Kafka: *Briefe an Milena. Erweiterte und neu geordnete Ausgabe*, hg. v. Jürgen Born und Michael Müller, Frankfurt a.M. 1992, S. 294.

noch weniger sich selbst gesund machen; für einen typisch Gesunden kann umgekehrt Kranksein sogar ein energisches *Stimulans* zum Leben, zum Mehr-leben
sein« (KSA 6, S. 266). Nietzsche muss die Morbidität aus seiner Selbstdefinition
des Kranken ausschließen, um der Krankheit einen vitalen ›Nutzen‹ (energisches
Stimulans) abzugewinnen. Kafka dagegen ist ein »typisch morbides Wesen«, das
keineswegs von sich sagen könnte, »d a s s m a n i m G r u n d e g e s u n d i s t«
(ebd.); Kafkas Krankheit ist vielmehr so beschaffen, dass sie ihm keinerlei gesicherte Kraft-Reserve lässt, aus der man – im Sinne der *Vornehmheit*, die Nietzsches Ideal ist – unablässig schöpfen könnte. Diese Krankheit bedeutet, »dass mir
keine ruhige Sekunde (!) geschenkt ist, nichts ist mir geschenkt, alles muß erworben werden«.[16] Aber genau dazu, heißt es weiter, und, wie ich meine, in di-
rekter Kritik an der nietzscheanischen Maxime »was ihn nicht umbringt, macht
ihn stärker» (KSA, S. 267), habe ich »nicht die geringste Kraft, ich kann nicht die
Welt auf meinen Schultern tragen, ich ertrage dort kaum meinen Winterrock.
Diese Kraftlosigkeit ist übrigens nicht etwas unbedingt zu beklagendes; welche
Kräfte würden für diese Aufgaben [mit Nietzsche gesprochen: für eine »große
Politik«; FB] hinreichen! Jeder Versuch hier mit eigenen Kräften durchkommen
zu wollen, ist Irrsinn und wird mit Irrsinn gelohnt.«[17] Soviel von Kafka zum Fall
Nietzsche.

Kafka bestreitet jede Möglichkeit, den »Weg«, »den ich gehen will«, »aus Eigenem« gehen zu können; er bestreitet aber keineswegs die Gehbarkeit dieses We-
ges! »So wenig als möglich s i t z e n ; keinem Gedanken Glauben schenken, der
nicht im Freien geboren ist und bei freier Bewegung« (KSA 6, S. 281). Auch
Kafka liebte das *Spazierengehen* – und es scheint mir im Hinblick auf Nietzsches
Plädoyer für das ambulante Denken geschrieben, wenn Kafka den gerade ange-
führten Brief an Milena noch um einen Zusatz verlängert, in dem er dieses Dasein ohne Kraftreserven, das er ist, eben am Fall des Spaziergangs erläutert.
Nietzsche, gibt Kafka dort zu verstehen, kann das gefährliche Leben nur preisen,
weil er die *Risiken*, die noch hinter den unscheinbarsten, alltäglichsten und un-
gefährlichsten Praktiken lauern, ignoriert. Er weiß sich eben im Kern als eine
»reiche Natur« (KSA 6, S. 273), während Kafka sich als einen erfährt, dem *alles
fehlt*. Man stelle sich vor, so Kafka, jemand müsse vor einem Spaziergang sich
nicht bloß waschen und kämmen, »sondern auch noch, da ihm vor jedem Spaziergang alles Notwendige immer wieder fehlt, auch noch das Kleid nähn, die
Stiefel zusammenschustern, den Hut fabrizieren, den Stock zurechtschneiden
usw. Natürlich kann er das alles nicht gut machen, es hält vielleicht paar Gassen
lang, aber auf dem Graben z.B. fällt plötzlich alles auseinander und er steht nackt
da mit Fetzen und Bruchstücken. [...] Und am Ende stößt er noch in der Eisen-
gasse auf einen Volkshaufen, welcher auf Juden Jagd macht.«[18] Jemand, der von
der Angst geplagt wird, im Verlaufe eines Spaziergangs plötzlich nackt da zu stehen, wäre zweifellos der Inbegriff eines Subjekts, das ›Nerven zeigt‹, weil ihm
die Sicherheit selbst in den elementarsten Lebensvollzügen und alltäglichen

16. Ebd.
17. Ebd.
18. Ebd., S. 295.

Selbstverständlichkeiten abhanden gekommen ist. Indem Kafka in seinem Text die Unwahrscheinlichkeit des Spaziergänger-Zwischenfalls mit der historisch-politisch realen Möglichkeit eines antisemitischen Pogroms koppelt, lässt er jedoch keinen Zweifel daran, dass der soziale Lebenszusammenhang und seine ›Normalitäten‹, also das, was Nietzsche die »Daseins-Voraussetzung« (KSA 6, S. 275) nennt, nicht an einem Mangel an Gefahr, sondern an ihm eigenen katastrophischen Entsicherungspotentialen ›krankt‹. Nietzsches letzte Spaziergänge in Turin waren solche Spaziergänge, bei denen plötzlich alles auseinander fällt und der Spaziergänger nackt da steht und um seinen guten Ruf – im Falle Nietzsches: als Artist oder Ausdrucksspezialist – zu fürchten hat. In seinem berühmten Brief an Jacob Burckhardt vom 6. Januar 1889 erwähnt Nietzsche, dass er »an zerrissenen Stiefeln« leidet und beschreibt u.a. wie er »in diesem Herbst [...] zwei Mal bei meinem Begräbnisse zugegen war«, nämlich »so gering gekleidet als möglich.«[19]

Die Nacktheit freilich weist noch auf einen anderen Aspekt der Krankheit hin, den Nietzsche trotz aller ostentativ auf die eigene Kappe genommenen Dekadenz für seinen Fall zurückweist. Als »einen letzten Zug meiner Natur« weist er nämlich auf eine »vollkommen unheimliche [!] Reizbarkeit des Reinlichkeits-Instinkts« hin: »der viele verborgene Schmutz auf dem Grunde mancher Natur, vielleicht in schlechten Blut bedingt, aber durch Erziehung übertüncht, wird mir fast bei der ersten Berührung schon bewußt«. Weil er »unter unreinen Bedingungen« umkomme, »schwimme und bade und plätschere ich gleichsam beständig im Wasser, in irgend einem vollkommen durchsichtigen und glänzenden Elemente« (KSA 6, S. 275f.). Da Nietzsche sich nicht nur mit einer reichen, sondern auch mit einer reinen Natur begabt weiß, muss er die Existenz im durchsichtigen Element des Wassers nicht fürchten, anders gesagt: kann er sich sicher sein, dass die Exhibition seiner Nacktheit keinerlei Skandal verursacht. Kafka ist sich da weit weniger sicher, wie die eindringliche Reflexion auf eine ihm besonders peinliche bzw. peinigende Nacht mit einem Ladenmädchen lehrt. Zwar bringt diese Nacht in einem Hotel den »ewig jammernden Körper« zum Schweigen, aber nur um den Preis, dass das Mädchen anschließend zur »bösen Feindin« wird, weil sie »in aller Unschuld eine winzige Abscheulichkeit gemacht hat (nicht der Rede wert), eine kleine Schmutzigkeit gesagt hat (nicht der Rede wert), aber die Erinnerung blieb, ich wusste im gleichen Augenblick, dass ich das nie vergessen werde«.[20] Mit dieser Formulierung gibt sich Kafka aus der Perspektive der *Genealogie der Moral* als ein Mensch des Ressentiments zu erkennen, der eine Kränkung niemals vergessen kann und sich unablässig dafür an seinem Feind (oder an Stelle des unerreichbaren Feindes stellvertretend an sich selbst) zu rächen gezwungen ist. »Das Ressentiment, aus der Schwäche geboren«, schreibt Nietzsche in *Ecce Homo*, »Niemandem schädlicher als dem Schwachen selbst, – im andern Falle, wo eine reiche Natur die Voraussetzung ist, ein ü b e r f l ü s s i g e s Gefühl« (KSA 6, S. 273). Kafka vermag in der geschilderten Episode nicht

---

19. Nietzsche: *Sämtliche Briefe*, 8. Bd., a.a.O., S. 578.
20. Kafka: *Briefe an Milena*, a.a.O., S. 197f.

Herr über dieses Gefühl zu werden, er kann das »Abscheuliche« und »Schmutzige« nicht von »dem Ganzen« trennen, mit dem es »innerlich aber sehr notwendig« zusammenhänge. Ja, schlimmer noch: Kafka kann dieses »kleine Zeichen«, diese »kleine Handlung«, dieses »kleine Wort« nicht nur nicht vergessen, er identifiziert es sogar als die retroaktive Ursache für sein eigenes Handeln. Diese »kleine Schmutzigkeit« war es, die ihn »mit so wahnsinniger Gewalt in dieses Hotel gezogen hatte, dem ich sonst ausgewichen wäre mit meiner letzten Kraft«.[21] Man begreift, warum die Nacktheit des Spaziergängers für Kafka eine ganz andere ›Katastrophe‹ signalisiert als für den Besitzer eines zwar beständig unter akuten Schmerz- und Schwächeanfällen leidenden, aber konstitutionell intakten, ›reinen‹ Körpers.

Nietzsche und Kafka teilen eine bestimmte Konzeption der Kräfte und des Kräfteverhältnisses. Diese Konzeption basiert auf dem Paradox, dass noch der Schwächste über genug Kräfte verfügen kann, um sich nicht nur der Herrschaft der Starken zu entziehen,[22] sondern diese Herrschaft durch eine Umwertung der Werte einem irreversiblen Delegitimierungs- oder Erosionsprozess zu unterwerfen. Die Starken, so gibt die Perspektive des Ressentiments auf das Phänomen der Macht zu verstehen, sind die eigentlich Schwachen, weil sie nicht in souveräner Weise über ihre Stärke verfügen. Sie sind nicht in der Lage, die Ausübung eines Vermögens von diesem Vermögen selbst zu trennen, um es zu kontrollieren: »Von der Stärke verlangen, dass sie sich n i c h t als Stärke äussere, dass sie n i c h t ein Überwältigen-Wollen, ein Niederwerfen-Wollen, ein Herrwerden-Wollen, ein Durst nach Feinden und Widerständen und Triumphen sei, ist gerade so widersinnig als von der Schwäche verlangen, dass sie sich als Stärke äussere.« Nietzsche zufolge gibt es bekanntlich »kein ›Sein‹ hinter dem Tun, Wirken, Werden: ›der Täter‹ ist zum Tun bloß hinzugedichtet – das Tun ist alles.« Es steht dem Starken *eben nicht frei*, »schwach, und dem Raubvogel, Lamm zu sein« (KSA 5, S. 279f.). Aber, was in der Theorie bzw. im Hinblick auf die Vorstellung tierischer Gattungen und ihrer Grenzen immerhin gelten mag, gilt

---

21. Ebd., S. 198.
22. Zu den Taktiken dieser Stärke des Schwachen vgl. Franz Kafka: *Brief an den Vater* (NSF II, S. 143–217). Kafka macht sich durchweg die Nietzscheanische Unterscheidung der beiden grundlegenden »Typen« zunutze, wenn er die Vater-Sohn-Figuration entwirft: der Sohn »ein schwächlicher, ängstlicher, zögernder, unruhiger Mensch«, »Du dagegen ein wirklicher Kafka an Stärke, Gesundheit, Appetit, Stimmkraft, Redebegabung, Selbstzufriedenheit, Weltüberlegenheit, Ausdauer, Geistesgegenwart, Menschenkenntnis, einer gewissen Großzügigkeit« (NSF II, S. 146), allesamt Attribute, die Nietzsches Charakteristik »starker, voller Naturen« entspricht. Kafka lässt die Figur des Vaters alle Register eines impulsiven, hemmungslosen Gebarens ziehen. »Ich war ja schon niedergedrückt durch Deine bloße Körperlichkeit«, schreibt er im *Brief* (»Ich mager, schwach, schmal, Du stark, groß, breit.« [NSF II, S. 151]). Wenn Kafka dann vom Körperlichen auf die »geistige Oberherrschaft« zu sprechen kommt, werden die ironischen Töne immer stärker: »In Deinem Lehnstuhl regierst Du die Welt« (NSF II, S. 152). Und obwohl der Sohn seine Position im Verhältnis zum Vater – dem »riesigen Mann« – als die eines »Nichts« beschreibt, der imaginierten Drohung der Vernichtung ausgesetzt (NSF II, S. 149), weiß er sich ihm gegenüber mit den Mitteln und Fähigkeiten des ressentimentalen Typs (nach Nietzsche) ausgerüstet, der *beobachtet* und *nichts vergisst* und deshalb am Ende auch einen Bericht in Form eines Briefes abfassen kann, für den er in und mit seinem Leben genug ›Daten‹ gesammelt hat: »Um mich Dir gegenüber nur ein wenig zu behaupten, zum Teil auch aus einer Art Rache fing ich bald an kleine Lächerlichkeiten, die ich an Dir bemerkte, zu beobachten, zu sammeln, zu übertreiben« (NSF II, S. 166).

eben, wie Nietzsches eigene Genealogie der jüdisch-christlichen Umwertung der (antiken) Werte (die in der Renaissance noch einmal für einen historischen Augenblick »mit unerhörter Pracht« auferstehen) (ebd., S. 287), nicht für Kulturen, die zeigen, wie es den Schwachen gelingt, die Position der Starken zu okkupieren oder die Starken daran zu hindern, zu tun, was sie müssen. Nietzsches Formel für dieses Problem lautet: »Wer von ihnen einstweilen g e s i e g t hat, Rom oder Judäa? Aber es ist ja gar kein Zweifel: man erwäge doch, vor wem man sich heute in Rom selber als vor dem Inbegriff aller höchsten Werte beugt« (ebd., S. 286f.). Nietzsches *große Politik* steckt in dem unscheinbaren »einstweilen«: Seine Umwertung der Werte versteht sich als *Umwertung einer vorausgehenden Umwertung* und damit zugleich als ultimative Korrektur an einer kulturellen Fehlentwicklung grandiosen Ausmaßes.

Anders als Nietzsche verschwendet Kafka keine Zeit mit der Illusion einer »vornehmen Wertungsweise«, die dem Ressentiment, als dem, was man wieder und wieder fühlt, selbst dann noch, wenn sein Anlass längst vergangen ist, völlig entgegengesetzt ist. Kafka kann sich nicht mit der Position des »Wohlgeborenen« und »Wohlgeratenen« identifizieren, die »eigentliche Reaktion, die der That« (ebd., S. 270), ist ihm versperrt, sie steht aber ohnehin niemandem offen – außer in der Phantasie. Im Übrigen ist dem Ressentiment, was Nietzsche eben unter dem Gesichtspunkt seiner ›perversen‹ Erfindungskraft als die Leistung von Kultur schlechthin erörtert, keineswegs eine historische Wirkungsmächtigkeit versperrt. Der »Sklavenaufstand in der Moral« hat sich ja als erfolgreich erwiesen. Es sind zwei Aspekte der Kräftelehre Nietzsches, die sich bei Kafka wiederfinden:

Erstens: Für Nietzsche wie für Kafka »wäre es geradezu absurd, die Kraft singulär zu denken«. Beide machen einen bestimmten Gebrauch vom Konzept der Distanz: Die Distanz ist das differentielle Element, »das in jeder Kraft enthalten ist und wodurch sich jede auf andere Kräfte bezieht«. Eine Kraft ist demzufolge stets eine Kraft, »die sich auf eine andere [anwesende oder abwesende] Kraft bezieht« – und mir scheint, dass wir an dieser Stelle zum Kern der gemeinsamen Vitalpolitik Nietzsches wie Kafkas vordringen: »Der Sinn von etwas besteht in dessen Verhältnis zu einer Kraft, die sich seiner bemächtigt«.[23] Die Geschichten, in die die Protagonisten in Kafkas Romanen verwickelt sind, funktionieren häufig nach dem Modell einer Wirkung von Kräften, die selbst durch zeitweise Niederlagen nicht annulliert werden können und die zu ihrer Stabilisierung auf eine *Assoziation* mit der überlegenen und als feindlich markierten Kraft (statt auf ihre Abstoßung) hinarbeiten. »Die Macht, die jemand ausübt, variiert nicht entsprechend der Macht, die jemand hat, sondern entsprechend der Anzahl anderer Personen [und man darf hinzufügen: anderer Dinge, Artefakte und Mittler, FB.], die in die Komposition eintreten.«[24] Latours Begriff der Komposition für den primären Mechanismus der stets verteilten Macht bezeichnet zugleich die semiotisch-protokollarische Dimension des Kafkaschen Schreibens. Die literarische Komposition seiner Texte zielt nicht auf eine wie immer verfremdete Reflexion

23. Gilles Deleuze: *Nietzsche und die Philosophie*, Hamburg 1991, S. 12.
24. Bruno Latour: »Die Macht der Assoziation«, in: Andréa Belliger, David J. Krieger (Hg.): *ANThology. Ein einführendes Handbuch zur Akteur-Netzwerk-Theorie*, Bielefeld 2006, S. 196.

über die Macht, sondern zeichnet komplexe Handlungsketten nach, »wo von jedem Punkt gesagt werden kann, dass er agiert«,[25] selbst wenn seine Rolle scheinbar durch eine Situation extremer Machtasymmetrie festgeschrieben ist. Dieses Modell einer Kraft, die, so schwach oder geschwächt sie sein mag, nicht aufhört, sich auf eine andere, ihr überlegene Kraft zu beziehen, um sie in das eigene Handlungsrepertoire einzufügen und so in ihren Dienst zu stellen (sie zu ›delegieren‹) oder auch nur: um sie zu beschäftigen, von sich abzulenken, hat Kafka in einer Tagebucheintragung vom Dezember 1921 in folgendes Bild übersetzt, das nicht zufällig den Inbegriff überlegener Macht, den Vater und dessen bedingungslose Gewalt über den Sohn, wie sie im römischen Recht verankert ist, zum Ausgangspunkt wählt. Die römisch konzipierte Macht des Vaters ist absolut, weil sie nicht »als Sanktion einer Schuld« verstanden werden kann, und eben deshalb als »*das* Modell der politischen Macht im allgemeinen«[26] fungiert. Kafka transformiert diese juridische Konzeption in ein dynamisches Modell, das keinen Zweifel an der strukturellen Überlegenheit des Vaters lässt, aber die Beziehung zu ihm dennoch als eine des fortwährenden Kampfes imaginiert: »Letzthin die Vorstellung, daß ich als kleines Kind vom V. besiegt worden bin und nun aus Ehrgeiz den Kampfplatz nicht verlassen kann alle die Jahre hindurch, trotzdem ich immer wieder besiegt werde« (T, S. 875).

Zweitens: Das Ressentiment ist die Macht dessen, was Kafka einmal »diese innere Verschwörung gegen mich«[27] nennt. Für Nietzsche sind die Menschen des Ressentiments Verschwörer gegen das römische Ideal, das Christentum ist ganz buchstäblich die Macht, die aus den Katakomben kommt und von da aus in das Imperium eindringt. Während Nietzsches »Fluch auf das Christentum« seinen Grund in der Fähigkeit der Schwachen hat, ihre Schwäche »zum V e r d i e n s t e« umzulügen (KSA 5, S. 281), während er also den Angriff des Christentums als eine Verschwörung der Schwachen gegen die Starken fingiert, zielt Kafkas Formel der »inneren Verschwörung gegen mich« auf das Paradox eines Willens zur Macht, dessen Existenz den Schwachen *überrascht*. Der Wille zur Macht ist es, der sich im Schwachen selbst gegen sein spontanes Selbstbewusstsein ›verschwört‹ und ihn zwischen den Polen der Beinahe-Nichtigkeit und der punktuellen Souveränität oszillieren lässt: Die »innere Verschwörung gegen mich«, so Kafka in einem Brief an Milena vom Juni 1920, gründet sich darauf, »daß ich, der ich im großen Schachspiel noch nicht einmal Bauer eines Bauern bin, weit davon entfernt, jetzt gegen die Spielregeln und zur Verwirrung alles Spiels auch noch den Platz der Königin besetzen will – ich der Bauer des Bauern, also eine Figur, die es gar nicht gibt, die gar nicht mitspielt – und dann vielleicht gleich auch noch den Platz des Königs selbst oder gar das ganze Brett und dass wenn ich das wirklich wollte, es auf andere unmenschlichere Weise geschehen

---

25. Bruno Latour: *Eine neue Soziologie für eine neue Gesellschaft. Einführung in die Akteur-Netzwerk-Theorie*, Frankfurt a.M. 2007, S. 103f.
26. Giorgio Agamben: *Homo sacer. Die souveräne Macht und das nackte Leben*, Frankfurt a.M. 2002, S. 97f.
27. Kafka: *Briefe an Milena*, a.a.O., S. 75.

müsste«.[28] Anders als Nietzsche glaubt, lassen sich Stärke und Schwäche, Kraft und Ohnmacht, Vermögen und Unmögliches nicht auf individuelle (Christus, Dionysos) oder kollektive Subjekttypen (Römer, Juden) verteilen, sie bezeichnen vielmehr Momente oder Punkte innerhalb einer von vielen gestalteten Komposition, die einer beständigen Transformations-, Übersetzungs- und Verschiebungsdynamik mit ihren plötzlichen Maßstabswechseln[29] unterliegt. Kafkas Schreiben ist eine dimensionierende Aktivität. Seine Texte führen vor Augen, dass der jeweilige »Maßstab die Leistung der Akteure selbst ist« und keine vorausgesetzte Theorie, keine Theologie oder Soziologie diese maßstabsetzende, dimensionierende Aktivität substituieren kann. Im *Schloß* ist es die Wirtin, die K. gegenüber, der die ›politischen‹ Dimensionen der Dorf/Schloss-Gemeinschaft durcheinanderbringt, auf die Beachtung der Maßstäbe und Rangfolgen dringt, als deren Expertin sie sich erweist. K. sieht sich wie der Philosoph des Übermenschen mit einer Einschätzung konfrontiert, die vom Ort eines angemaßten panoramatischen Wissens[30] formuliert ist: »Sie verlangen Unmögliches.« Und auf K.s Frage: »Warum ist es unmöglich?«, antwortet die Wirtin mit einer ausschweifenden »Erklärung«, die zugleich die Funktion einer »erste[n] Strafe« erfüllt, was etwas über den performativen Sinn von Panoramen besagt:

»Ich gehöre zwar nicht zum Schloß und bin nur eine Frau und bin nur eine Wirtin hier in einem Wirtshaus letzten Ranges – es ist nicht letzten Ranges, aber doch nicht weit davon – und so könnte es sein, daß Sie meiner Erklärung nicht viel Bedeutung beilegen, aber ich habe in meinem Leben die Augen offen gehabt [die Beglaubigung des panoramatischen Anspruchs der Erklärung, FB] und bin mit viel Leuten zusammengekommen [...]. Sie z.B. verdanken es doch nur seiner [ihres Mannes, FB] Nachlässigkeit – ich war an dem Abend schon müde zum Zusammenbrechen – daß Sie hier im Dorf sind, dass Sie hier auf dem Bett in Frieden und Behagen sitzen [...]« (S, S. 78f.).

Die Wirtin will K. zu verstehen geben, dass der Schlossbeamte Klamm »niemals mit ihm sprechen wird, was sage ich ›wird‹, niemals mit ihm sprechen kann«. Das ›wird‹ schließt immerhin die Möglichkeit eines solchen Gesprächs nicht aus, weshalb sie es nicht stehen lassen kann und sich korrigieren muss:

»Hören Sie Herr Landvermesser. Herr Klamm ist ein Herr aus dem Schloß, das bedeutet schon an und für sich, ganz abgesehen von Klamms sonstiger Stellung, einen sehr hohen Rang. Was sind Sie [...]. Sie sind nicht aus dem Schloß, Sie sind nicht aus dem Dorfe, Sie sind nichts. Leider aber sind Sie doch etwas, ein Fremder, einer der überzäh-

---

28. Ebd., S. 75f.
29. »Wenn es so etwas gibt, was man nicht anstelle der Akteure leisten kann, so ist es das, zu entscheiden, wo sie auf einem Maßstab einzuordnen wären, der vom Kleinen zum Großen reicht, denn bei jeder Wendung ihrer vielen Versuche, ihr Verhalten zu rechtfertigen, mobilisieren sie die gesamte Menschheit, Frankreich, den Kapitalismus, die Vernunft, während sie eine Minute später wieder einen lokalen Kompromiss eingehen« (Latour: *Eine neue Soziologie für eine neue Gesellschaft*, a.a.O., S. 318).
30. Zum Funktionsweise des Panoramas als des Mediums der Inszenierung ›totaler Ansichten‹ vgl. ebd., S. 323ff.

lig und überall im Weg ist, einer wegen dessen man immerfort Scherereien hat, […],
einer dessen Absichten unbekannt sind […]. Mit Schmerz habe ich gehört, daß Frieda
Sie hat durchs Guckloch schauen lassen, schon als sie das tat, war sie von Ihnen verführt.
Sagen Sie doch, wie haben Sie überhaupt Klamms Anblick ertragen. Sie müssen nicht
antworten, ich weiß es, Sie haben ihn sehr gut ertragen. Sie sind ja gar nicht imstande
Klamm wirklich zu sehn, das ist nicht Überhebung meinerseits, denn ich selbst bin es
auch nicht imstande« (ebd., S. 79f.).

Die Rede der Wirtin produziert ein Panorama, in dem die Abstände bzw.
›Ränge‹ und Kräfte klar verteilt sind. Ausgerechnet die Inhaberin eines *Lokals* hat
jenen »Instinkt für den Rang«, von dem Nietzsche sagt, dass er, »mehr als
alles, schon das Anzeichen eines hohen Ranges ist« (KSA 5, S. 217): hier K.,
ein Nichts, dort Klamm, »ein Herr aus dem Schloß«, dessen Anblick nicht zu ertragen wäre, wenn man die Augen hätte, ihn wirklich ›zu sehn‹. Im *Zarathustra*
sind es die »letzten Menschen«, von denen Nietzsche wiederholt sagt, dass
sie »blinzeln« (KSA 4, S. 19f.), weil sie den vornehmen Typus und sein strahlendes Glück nicht ertragen. Die Wirtin weiß, dass es »heilige Erlebnisse giebt, vor
denen sie die Schuhe auszuziehn und die unsaubere Hand fern zu halten hat«
(KSA 5, S. 218) – K. dagegen mangelt es völlig an diesem ›Instinkt‹ für das Au-
ßeralltägliche und seine charismatische Potenz. Nicht weil er ihn ›zu erhaben‹
macht, ist er außerstande, den Schlossbeamten zu sehen, sondern weil ihm das
Sensorium für seine Bedeutung, seine ›Ranghöhe‹ fehlt. Deshalb kann er Klamm
»gut ertragen« und findet auch an seinem Wunsch zu einem Gespräch mit dem
Beamten nichts Ungewöhnliches. Als Überzähliger gehört er überhaupt keiner
sozialen Rangstufe an und hat sich eben deshalb auch nicht ein bestimmtes Po-
sitionsgefühl ›angezüchtet‹. Dieser Mangel an sozialem Sein und *sense of one's
place*, dieses Minimum an ›Kraft‹ oder Vermögen ist allerdings nur auf den ersten
Blick ›nichts‹, weshalb die Wirtin zähneknirschend einräumen muss: »Leider
aber sind Sie doch etwas« – und es ist genau dieser Status eines *undefinierbaren Etwas* (»dessen Absichten unbekannt sind«), der der sammelnden, rahmenden, rei-
henden, ordnenden und organisierenden Tätigkeit, die das Panorama der Macht
erzeugt, eine Grenze setzt und sie mit einem Außen konfrontiert, das ihren sozialen Klassifizierungs- und Hierarchisierungsanspruch als imaginär erweist.[31]

31. Weshalb Panoramen »nicht allzu ernst genommen werden sollten, da solche kohärenten und voll-
ständigen Berichte zu den blindesten, lokalsten und parteiischsten Gesichtspunkten werden können«
(Latour: *Eine neue Soziologie für eine neue Gesellschaft*, a.a.O., S. 325). Dass Kafka ausgerechnet eine
Wirtin zum Sprachrohr einer solchen panoramatischen Weltsicht macht, unterstreicht nicht nur die
›Lokalität‹ der Produktion von Panoramen; mit dem durch Schmutz und Promiskuität markierten
Lokal spielt Kafka zugleich auch auf Nietzsches Frage an »– Will Jemand ein wenig in das Geheimniss
hinab- und hinunter sehn, wie man auf Erden Ideale fabriziert? Wer hat den Muth dazu?...
Wohlan! Hier ist der Blick offen in diese dunkle Werkstätte« (KSA 5, S. 281).

2. ›Kleine Frauen‹: Kafkas Analytik des Ressentiments

»Es gibt keinen Liberalismus ohne die Kultur der Gefahr«, heißt es in Foucaults Vorlesungen zur *Geschichte der Gouvernementalität*. Und ohne Nietzsche zu zitieren, fährt er fort: »Man kann sagen, dass die Devise des Liberalismus ist, ›gefährlich zu leben‹.«[32] Diese Devise, ein Zitat aus dem berühmten Aphorismus 283 *(Vorbereitende Menschen)* der *Fröhlichen Wissenschaft*, hat einen doppelten Sinn, der Nietzsches gesamte Rhetorik der Gefahr kennzeichnet. Dabei handelt es sich um einen performativen Widerspruch insofern, als die Gefahr, die gesucht und beschworen, zu der aufgerufen wird, *zugleich* die Gefahr ist, vor der unablässig gewarnt werden muss und deren Existenz den Philosophen zu den höchsten Erwartungen an die Zukunft des Menschen, aber auch zu den äußersten Abwehrmaßnahmen berechtigt. Um es in Nietzsches Sprache zu sagen: Auf der einen Seite die Aufrufe von der Art »Baut eure Städte an den Vesuv! Schickt eure Schiffe in unerforschte Meere! Lebt im Kriege mit Euresgleichen und mit euch selber!« (KSA 3, S. 526); auf der anderen Seite die unablässige Warnung vor der »größten Gefahr«, die den Gesunden von den Kranken, den Starken von den Schwachen droht, wobei zu den Starken eben auch jene »Räuber und Eroberer« der Erkenntnis rechnen, als deren Fürsprecher sich Nietzsche versteht, also diejenigen, die die Gefahr des Erkennens ohne Rücksicht auf ihr eigenes Schicksal zu tragen bereit sind. In dieser systematischen Ambivalenz der liberalen Haltung zur Gefahr kann man die Auswirkung ihrer Verwandlung in die Figur des *Risikos* erkennen, das es zugleich einzugehen und zu versichern gilt: »›Gefährlich zu leben‹, das bedeutet, dass die Individuen fortwährend in eine Gefahrensituation gebracht werden oder dass sie vielmehr darauf konditioniert werden, ihre Situation, ihr Leben, ihre Gegenwart, ihre Zukunft usw. als Träger von Gefahren zu empfinden. Und dieser Anreiz der Gefahr ist, glaube ich, eine der wichtigsten Implikationen des Liberalismus.«[33] Nietzsche spielt auf diese machtökonomische Lage an, wenn er den Menschen ausdrücklich als »d a s kranke Tier« definiert: Der Mensch ist der »große Experimentator mit sich«, weil er es »satt« hat,[34] »oft genug« (KSA 5, S. 367) und setzt damit all das aufs Spiel, was eine bestimmte etablierte Lebensform an Sicherheiten garantiert. Die Krankheit ist also nicht nur die Auswirkung einer grandiosen kulturellen Fehlentwicklung, sie ist auch konstitutionell und muss daher beständig von sich selbst unterschieden werden. Der Mensch *ist* krank, von sich aus, insofern die kulturelle Höherentwicklung das Opfer seiner ›Gesundheit‹ von ihm verlangt. Er ist also bereits krank, bevor er auf »die Krankhaften« trifft, die ›letzten Menschen‹, die sich der Lehre des Übermenschen verweigern und die Nietzsche als eine gewissermaßen soziologisch abgrenzbare Gruppe den Gesunden gegenüberstellt: Ohne erkennbaren Elan der Selbstüberschreitung verfolgt diese Gruppe ausschließlich die Steigerung ihres

---

32. Michel Foucault: *Geschichte der Gouvernementalität II. Die Geburt der Biopolitik.* Vorlesung am Collège de France (1978–1979), Frankfurt a.M. 2004, S. 102.
33. Foucault: *Geschichte der Gouvernementalität II*, a.a.O., S. 101.
34. Im *Hungerkünstler* greift Kafka diese Figur des Satthabens auf und macht sie zum Objekt einer literarischen Risikoanalyse.

Wohlbefindens und stellt damit eine ganz andere, philosophisch und politisch nicht hinnehmbare Gefahr dar.

Dort, wo Nietzsche die Gefahr als ein *fait social* erörtert, tut er das, wie ich an anderer Stelle gezeigt habe, stets im Rahmen des Pastoratsmodells.[35] Nietzsches Aufnahme des Pastoratsthemas lässt eine veränderte Einstellung zur Rolle der Gefahr und des Gefährlichen erkennen: Der Pastor wird von Nietzsche deshalb mit einer fortgesetzten Polemik überzogen, weil er die Herde um jeden Preis vor der Gefahr bewahren will und zu diesem Zweck den definitiven Verzicht auf jeglichen eigenen Willen verlangen muss. Der Übermensch Nietzsches erweist sich als die umgewertete Figur der »lapsi«, also der Schafe, die sich von der Herde – in immer höhere Regionen – entfernen und verloren zu gehen drohen. Ihnen gilt die ganze Sorge des Hirten, des Funktionärs der Herde. Zarathustra präsentiert sich deshalb als der seltsame Hirte, der die Schafe von der Herde »weglockt« (KSA 4, S. 25f.), sie nicht vor Gefahren beschützt, sondern neuen, ungeahnten Gefahren aussetzt, unkalkulierbaren Risiken, vor denen sie sich bewähren müssen. Das äußerste Risiko aber für diese ›Weggelockten‹ bleibt das der ›Ansteckung‹ durch die Kranken, die keinerlei Risiko einzugehen bereit sind und von denen die Gesunden daher »getrennt«, genauer: »a b g e t r e n n t« (KSA 5, S. 371) werden müssen, wie Nietzsche hervorhebt. Der Aufstieg in die höchsten Höhen erweist sich damit zugleich als eine Flucht vor denen, die nicht mitgehen können oder sollen. Die »gute Luft« (ebd.) der Höhen ist der *gesuchte* Gegensatz zur »Kranken-Luft« (ebd., S. 367) und erhält seinen Sinn nur aus dieser Gegenüberstellung. Das »P a t h o s   d e r   D i s t a n z« (ebd., S. 371), das Nietzsche in diesem Zusammenhang bemüht, scheint alle Überlegungen zu den Risiken und der ›Absturzgefahr‹ derer, die sich in die höchsten Höhen zurückziehen, zu erübrigen.

Es ist auffällig, dass Nietzsche in der Figur des »asketischen Priesters« das Kafkasche Problem der Versicherbarkeit kultureller Risiken unter Rückgriff auf dieselbe Bildlichkeit erörtert, die er für seine eigene Wirksamkeit als des Philosophen, der den Übermenschen bringt, in Anspruch nimmt. »Ich bin kein Mensch, ich bin Dynamit« (KSA 6, S. 365). Über die Vorsicht im Umgang mit Dynamit gibt es bei Nietzsche durchaus etwas zu lernen, wenn er den asketischen Priester als jenen »seltsamen Hirten« charakterisiert, der die Herde gegen sich selbst verteidigt: »er kämpft klug, hart und heimlich mit der Anarchie und der jederzeit beginnenden Selbstauflösung innerhalb der Heerde, in welcher jener gefährlichste Spreng- und Explosivstoff, das R e s s e n t i m e n t, sich beständig häuft und häuft. Diesen Sprengstoff so zu entladen, dass er nicht die Heerde und nicht den Hirten zersprengt, das ist sein eigentliches Kunststück, auch seine oberste Nützlichkeit; wollte man den Werth der priesterlichen Existenz in die kürzeste Formel fassen, so wäre geradewegs zu sagen: der Priester ist der R i c h t u n g s - V e r ä n d e r e r des Ressentiment« (KSA 5, S. 373). Mit Blick auf den

---

35. Vgl. Friedrich Balke: »Die Figuren des Verbrechers in Nietzsches Biopolitik«, in: *Nietzsche-Studien. Internationales Jahrbuch für die Nietzsche-Forschung* 32 (2003), S. 171–205 sowie: ders.: »Wölfe, Schafe und Ochsen. Nietzsches liberale politische Zoologie«, in: Anne von der Heiden, Joseph Vogl (Hg.): *Politische Zoologie*, Zürich und Berlin 2007, S. 197–218.

Sprengstoff, der Nietzsche sein will, scheint sich für den Philosophen merkwürdigerweise eine solche Reflexion auf die Abwendung der drohenden (Selbst-)Destruktivität zu verbieten. Die einzige Versicherung gegen die Gefahren, die der ›übermenschlichen‹ Existenz drohen, liegt für Nietzsche in einer archaischen Politik der Segregation und damit in einer aktiven Betreibung der »Selbstauflösung der Herde« auf dem Wege der Herstellung einer Beziehung zu dem, was zuvor radikal beziehungslos gemacht worden ist und so »der eigenen Abgesondertheit überlassen und zugleich dem ausgeliefert [wird], der es verbannt und verlässt«.[36] Während der asketische Priester das Ressentiment dadurch bekämpft, dass er den ›Leidenden‹ die Möglichkeit versperrt, andere für ihr Unglück verantwortlich zu machen, weist Nietzsche jede Notwendigkeit zurück, »Heiland, Hirt und Anwalt der kranken Heerde« zu sein, ist ihm die »H e r r s c h a f t ü b e r L e i d e n d e« (KSA 5, S. 372) kein lohnendes Objekt der politischen Sorge.

Wenn die Herrschaft über die Menschen des Ressentiments kein politisches *enjeu* ist, dann verschwindet aber doch das Ressentiment, oder um es mit Kafkas Erzählung *Eine kleine Frau* zu sagen, der »Ärger« nicht einfach, so wenig dieser Ärger seine Virulenz durch eine Politik des »Wegblicken[s]« (KSA 5, S. 271) aus angemaßter Überlegenheit einbüßt. Auf die »kleine Frau« als Subjekt des Ressentiments ist Kafka durch Nietzsches Konstruktion eines Zusammenhangs zwischen Weiblichkeit und dem »Ehrgeiz dieser ›Untersten‹« (ebd., S. 369) gekommen, die danach dürsten, »Richter« oder »Henker« zu sein:[37] »Das kranke Weib in Sonderheit: Niemand übertrifft es in Raffinements, zu herrschen, zu drücken, zu tyrannisieren« (ebd., S. 370). Den Kampf der Kranken gegen die Gesunden nennt Nietzsche einen »*stille[n]* Kampf zumeist mit kleinen Giftpulvern, mit Nadelstichen, mit tückischem Dulder-Mienenspiele, mitunter aber auch mit jenem Kranken-Pharisäismus der l a u t e n Gebärde, der am liebsten ›die edle Entrüstung‹ spielt« (ebd., kursiv FB). Die »kleine Frau« Kafkas beherrscht dieses ganze Repertoire: »schweigend, nur durch die äußern Zeichen eines geheimen Leides will sie die Angelegenheit vor das Gericht der Öffentlichkeit« bringen, obwohl doch dieses Leid weder ein *fundamentum in re* hat noch ein justiziabler Gegenstand ist; die kleine Frau beherrscht aber ebenfalls die »laute Gebärde«, etwa wenn sie demjenigen, dem sie die Schuld an ihrem Leid gibt, ihr »vergrämtes Gesicht« zeigt, wenn sie den »prüfenden Blick« mit dem »klagenden Aufschauen zum Himmel«, dem »Einlegen der Hände in die Hüften« verbindet, »um sich zu festigen«, wenn sie schließlich »in der Empörung das Bleichwerden und Erzittern« zur Schau stellt (DzL, S. 328). Die – möglicherweise trügerische – Sicherheit des Erzählers, mit seiner bloßen Hand »ganz leicht diese kleine Sache [den Ärger der kleinen Frau und sie selbst, FB] verdeckt« halten zu können, ändert nichts an dem beunruhigenden Gegensatz, mit dem im letzten Satz

---

36. Agamben: *Homo sacer*, a.a.O., S. 119.
37. Wobei die Kopplung von »Frau« und »klein« die Gefahr noch verschärft, denn: »die Verkleinerung und Ausgleichung des europäischen Menschen birgt u n s r e grösste Gefahr, denn dieser Anblick macht müde... Wir sehen heute Nichts, das grösser werden will« – und auch nicht größer zu werden *braucht*, um seine kulturell desaströse Wirkung auszuüben (KSA 5, S. 278).

der Erzählung die Versicherung, »mein bisheriges Leben ruhig [...] fortsetzen« zu können, auf das Bild der ›tobenden Frau‹ trifft (ebd., S. 333).

»›Irgend jemand muss schuld daran sein, dass ich mich schlecht befinde‹«, fasst Nietzsche die Überzeugung des ressentimentalen Menschen zusammen; die Betäubung des Schmerzes durch Affekt bediene sich des »ersten besten Vorwand[s]« (KSA 5, S. 374). Genau in dieser Position befindet sich Kafkas Erzähler. Er ist nichts als der *Vorwand* für diesen Affekt der kleinen Frau, der im Verlaufe der Erzählung seinen Maßstab wechselt und von einer nichtigen Leidenschaft zu einer ins Riesenhafte wachsenden Angelegenheit wird, mit der sich die ganze »Welt« befasst. Die Ursachenforschung des Erzählers jedenfalls geht an dieser Übersetzungsleistung der kleinen Frau vorbei und bleibt ohne jedes Ergebnis, selbst die vorstellbare »Beseitigung« der Ursache auf dem Wege des Selbstmords würde die »Unzufriedenheit« der kleinen Frau, die eine »grundsätzliche« ist, nicht »beseitigen« (DzL, S. 328):

> »Ich habe oft darüber nachgedacht, warum ich sie denn so ärgere; mag sein, daß alles an mir ihrem Schönheitssinn, ihrem Gerechtigkeitsgefühl, ihren Gewohnheiten, ihren Überlieferungen, ihren Hoffnungen widerspricht, es gibt derartige einander widersprechende Naturen, aber warum leidet sie so darunter? Es besteht ja keine Beziehung zwischen uns, die sie zwingen würde, durch mich zu leiden. Sie müßte sich nur entschließen, mich als völlig Fremden anzusehen, der ich ja auch bin und der ich gegen einen solchen Entschluß mich nicht wehren, sondern ihn sehr begrüßen würde, sie müsste sich nur entschließen, meine Existenz zu vergessen, die ich ihr ja niemals aufgedrängt habe oder aufdrängen würde – und alles Leid wäre offenbar vorüber« (ebd., S. 322f.).

Kafka investiert Nietzsches Typus des vornehmen, ressentimentfreien Menschen in die Figur seines Erzählers, der sich nicht durch eine »imaginäre Rache« schadlos halten muss, der Ja zu sich selber sagt, statt, wie die Sklaven-Moral, »Nein zu einem ›Ausserhalb‹, zu einem ›Anders‹, zu einem ›Nicht-selbst‹« (KSA 5, S. 270). Der Erzähler täuscht sich über den ressentimentalen Typus, der ja dadurch definiert ist, dass er eine (eingebildete) Kränkung niemals vergessen kann, sie stets aufs Neue empfinden (*re-sentire*) muss und sich unablässig für sie an ihrem vermeintlichen Verursacher zu rächen versucht. Die kleine Frau kann ihren Ärger nicht einfach herunterschlucken: »sie kümmert nichts anderes als ihr persönliches Interesse, nämlich die Qual zu rächen, die ich ihr bereite, und die Qual, die ihr in Zukunft von mir droht, zu verhindern« (DzL, S. 323). Der Erzähler versucht sich in einer Art defensiv gewendeten »vornehmen Wertungsweise«, indem er dem Menschen des Ressentiments rät, wozu dieser unfähig ist: ihn als »völlig Fremden« anzusehen, das Verhältnis zu ihm als das einer Nicht-Beziehung zu behandeln, so wie die Vornehmen alles, was nicht zu ihrer Sphäre gehört, mit Gleichgültigkeit, »Leicht-Nehmen« oder eben »Wegblicken« behandeln. Die kleine Frau, die über die »Scharfsinnigkeit« des Ressentiments verfügt, müsste »meine Unschuld, meine Unfähigkeit, selbst bei bestem Willen ihren Forderungen zu entsprechen«, einsehen. Und der Erzähler fügt hinzu: »Gewiß sieht sie es ein, aber als Kämpfernatur vergißt sie es in der Leidenschaft des Kampfes, und meine unglückliche Art, die ich aber nicht anders wählen kann, denn sie ist mir nun einmal so gegeben [dem Raubvogel steht es nicht frei, ein Lamm zu sein, FB], besteht darin, daß ich jemanden, der außer Rand und Band geraten ist, eine leise Mahnung zuflüstern will« (DzL, 328).

Kafkas Erzählerfigur ist sowohl im Hinblick auf ihre unveränderliche »Art« als auch auf ihre, allerdings gespielte, Emotions- oder Affektlosigkeit, ihren ›guten‹ (›moralinfrei-guten‹) Willen dem Bild des vornehmen Typus nachempfunden, dessen Überlegenheit über die gemeinen oder ›kleinen‹ Leute sich niemals in Hass äußert und der es nicht nötig hat, sein »Objekt zum eigentlichen Zerrbild und Scheusal umzuwandeln«. Selbst wo sich ein solcher Adel vom gemeinen Volk abhebt, dürfe man doch nicht übersehen, so Nietzsche, »wie sich fortwährend eine Art Bedauern, Rücksicht, Nachsicht einmischt und anzuckert« (KSA 5, S. 271); anders allerdings als bei Nietzsche kann aus dieser Rücksichtnahme des Erzählers auf die außer Rand und Band geratene kleine Frau nicht auf ein Übermaß an »Frohgefühl« geschlossen werden, weil sich der Erzähler eben als Objekt des Ressentiments und seiner *verfolgenden* Beobachtung weiß. Die Stärke und Unbeeinflussbarkeit dieses Ressentiments gibt ihm zu ständiger Sorge Anlass:

»Daß ich mit den Jahren doch ein wenig unruhig geworden bin, hat mit der eigentlichen Bedeutung der Sache gar nichts zu tun; man hält es einfach nicht aus, jemanden immerfort zu ärgern, selbst wenn man die Grundlosigkeit des Ärgers wohl erkennt; man wird unruhig, man fängt an, gewissermaßen nur körperlich, auf Entscheidungen zu lauern, auch wenn man an ihr Kommen vernünftigerweise nicht sehr glaubt« (DzL, S. 332).

Mit dem Begriff der »Entscheidung« hat Kafka die Sphäre des Politischen – im Text durch die ungreifbaren Instanzen der »Öffentlichkeit« und der »Welt« markiert – als den Ort der Übersetzung des scheinbar nichts als idiosynkratischen Ärgers einer »kleinen Frau« und damit einer »kleinen« in eine große Sache benannt. »Und die Entscheidung selbst«, heißt es im Text, »warum benenne ich sie mit einem so großen Wort?« (ebd., S. 331). Kafka verhandelt das Problem, das Gilles Deleuze und Félix Guattari als die »körperlose Transformation« analysieren, also die Verwandlung dessen, was nur Tun und Leiden ist, in einen Ausdruck, in eine »Aussage«, die Transposition eines Seins oder Zustands in ein juristisches Gefüge, das, etwa im Rahmen eines Gerichtsurteils, mit einem Schlag einen Angeklagten in einen Verurteilten verwandelt und seinem Leben damit ein völlig anderes institutionelles Statut verleiht. Die Zustände und Vermischungen der Körper, die Passionen und Aktionen, sind das eine, die »Entscheidungen«, als was ein bestimmter Zustand zu gelten habe, das andere. Je »kleiner« der Erzähler die Sache macht, je größer wird die Sorge, dass sie am Ende doch in ein »Verfahren« mündet, das eine nichtzuständige Instanz führt und aus dem der Angeklagte wohl »nicht unbeschädigt« (ebd., S. 332) hervorgehen wird. Die Spekulationen des Erzählers über die Reaktionen der Öffentlichkeit auf den »Ärger« der kleinen

Frau bewegen sich zwischen der Antizipation der »vollständigen Endgültigkeit« eines Richtspruchs (ebd., S. 325) und der – allerdings zögernden, defensiven – Rechtfertigung seines Daseins:

> »Ich bin kein so unnützer Mensch, wie sie [die kleine Frau, FB] glaubt; ich will mich nicht rühmen und besonders in diesem Zusammenhang; wenn ich aber auch nicht durch besondere Brauchbarkeit ausgezeichnet sein sollte, werde ich doch gewiß nicht gegenteilig auffallen; nur für sie, für ihre fast weißstrahlenden Augen bin ich so, niemanden andern wird sie davon überzeugen können« (ebd.).

Kurz vor dem Ende der Erzählung, als die Sorge über die sozialmoralische Dynamik des Ressentiments wächst, das von der »kleinen Frau«, der »kleine[n] Richterin« durch »einige Aufpasser, eben die fleißigsten Nachrichten-Überbringer« (ebd.) zu der namenlosen Menge, den »Leuten« getragen wird, die »sich in der Nähe herumtreiben und gern eingreifen würden, wenn sie eine Möglichkeit dazu finden würden« (ebd., S. 331), kurz vor dem Ende der Erzählung erneuert der Erzähler noch einmal sein Vertrauen in die Öffentlichkeit, in deren »vollem Licht« er »seit jeher lebe« und die ihn »längst als ihr achtungswertes Mitglied« anerkannt habe. »Das ist der heutige Stand der Dinge, der also wenig geeignet ist, mich zu beunruhigen« (ebd., S. 332). Liest man allerdings genauer, dann erweist sich die vermeintliche Anerkennung des Erzählers durch die Öffentlichkeit als eine rhetorische Figur, als ein Begehren nach gesicherter Anerkennung, das in der Vorstellung eines »Diploms« Ausdruck findet, »in welchem mich die Öffentlichkeit längst als ihr achtungswertes Mitglied erklärt« hat. Ein solches »Diplom« ist aber ein durch und durch imaginäres Zertifikat, schlicht deshalb, weil die Öffentlichkeit keine formale Institution ist, die Diplome ausstellt, auf deren Grundlage sich ein bestimmter Status dauerhaft behaupten ließe.

An die Stelle der Tat treten im ressentimentalen Machtgefüge die Beobachtung und der Blick – der ressentimentale Typus konstruiert sein Glück künstlich »durch einen Blick« auf seine Feinde; der Erzähler fürchtet dementsprechend, dass es der kleinen Frau und ihrem »weißstrahlenden Augen« gelingt, ihren Blick auf die Öffentlichkeit zu übertragen: Kafkas Wortspiel mit dem Richten eines anonymen Blicks und dem Richten als kollektivem Urteilsakt verifiziert unmittelbar den von Nietzsche herausgestellten Zusammenhang von ressentimentaler Wahrnehmungs- und Urteilsform: »Vielleicht hofft sie sogar, daß, wenn die Öffentlichkeit einmal ihren vollen Blick auf mich *richtet*, ein allgemeiner öffentlicher Ärger gegen mich entstehen und mit seinen großen Machtmitteln mich bis zur vollständigen Endgültigkeit viel kräftiger und schneller *richten* wird, als es ihr verhältnismäßig doch schwacher privater Ärger imstande ist« (ebd., S. 325, kursiv FB). Kafkas Text beschreibt das Ressentiment als eine Bewegung, die ihren Ausgangspunkt in einem ›kleinen‹ Akteur nimmt, dem es gelingt, seine maßlose Wut so publikumswirksam zu inszenieren, dass sie an allen offiziellen Institutionen, die das Strafmonopol ausüben, vorbei die Öffentlichkeit selbst und damit die ganze »Welt« in einen Gerichtshof verwandeln, der ein Urteil zu fällen *droht* – nicht über eine verbrecherische Tat, sondern über eine »unglückliche

Art« (ebd., S. 328) –, ein kommendes Urteil, von dem man nicht weiß, wann es kommt, ja nicht einmal, ob es überhaupt kommen wird: »Ruhiger werde ich der Sache gegenüber, indem ich zu erkennen glaube, daß eine Entscheidung, so nahe sie manchmal bevorzustehen scheint, doch wohl noch nicht kommen wird« (ebd., S. 330). Da dem ressentimentalen Typus, wie Nietzsche schreibt, »die eigentliche Reaktion, die der Tat, versagt ist«, kann er sich nur »durch eine imaginäre Rache schadlos halten« (KSA 5, S. 270). Das Tätigsein reduziert sich im Fall der »leidenden kleinen Frau« auf die wirkungsmächtige Darstellung ihrer periodisch wiederkehrenden ›ohnmächtigen‹ »Wutanfälle«, deren Ohnmacht aber – auf dem Wege ihrer öffentlichen Zurschaustellung – eine ungeahnte kollektive Handlungsmacht entfalten kann,[38] deren manifeste Ausübung allerdings nicht mehr in den Rahmen des Textes fällt, sondern von den politischen Massenbewegungen der Zwischenkriegszeit übernommen wird.

Obwohl Nietzsche den Zusammenhang zwischen dem Ressentiment und dem Gericht sowie der Strafjustiz in der *Genealogie der Moral* breit diskutiert, lässt er die Frage nach den Sicherungen, die ein Übergreifen der (›privaten‹) Affekte und Passionen auf die Sphäre der (›öffentlichen‹) »Entscheidungen« verhindern, offen. Er bewundert den asketischen Priester für seine Fähigkeit, der Richtung des Ressentiments eine Änderung zu geben, nur halbherzig und kann daher der ›gemeinen‹ Wertungsweise, um die zu kümmern dem zukünftigen Philosophen jedenfalls verwehrt ist, nur durch Gesten einer imaginären Exklusion (Nicht-Hinsehen, Abtrennen) Herr zu werden versprechen, obwohl solche Gesten das Ressentiment nur ins Unabsehbare steigern und den »wohlgeratenen Typus« einer noch größeren Gefahr aussetzen. Die »vornehme Wertungsweise« ist von Nietzsche eigens erfunden worden, um das Ressentiment typologisch als seinen Gegensatz zu verfestigen und die ›eigene Position‹ davon freizuhalten. Diese Wertungsweise liegt dem hilflosen Rat des Kafkaschen Erzählers an die kleine Frau zugrunde, ihn doch »als völlig Fremden« anzusehen. Weil Nietzsche den Begriff der Herrschaft und seine »große Politik« von der »kranken Herde« abkoppeln möchte, weil er »seine ungeheure historische Mission« nicht mehr wie diejenige des asketischen Priesters als »Herrschaft über Leidende« (KSA 5, S. 372) begreift, so dass die Leidenden mit ihren Affekten sich selbst überlassen bleiben, heizt er die Dynamik des Ressentiments an und verwandelt es in das »Dynamit«, dem sein eigenes philosophisches Unternehmen und er selbst zum Opfer fallen.

---

38. »ich habe sogar den Verdacht, daß sie sich – wenigstens zum Teil – nur leidend stellt, um auf diese Weise den Verdacht der Welt auf mich hinzulenken« (DzL, S. 324).

Bernhard J. Dotzler

»Nur so kann geschrieben werden«
Kafka und die Archäologie der Bio-Informatik

> »Selbst als das Wort *Behörde* geschaffen wurde, waren noch Dichter am Werk.«
> Martin Walser, *Der Augenblick der Liebe*

I.

Wie Borges einmal angemerkt hat, ist nichts auf der Welt einer symbolischen Deutung fähig, nicht einmal die Träume, und schon gar nicht das Werk Kafkas. Die Allegorese verkleinere dieses Werk, indem sie es einreiht in eine schlechte literarische Normalität. Wer Kafka liebe, lasse ihm jene »bessere Einsamkeit«, die allein seine »Glorie« ausmachte.[1]

Nach einer anderen Bemerkung ersehnten Kafkas Figuren sämtlich nur eines: ihren Platz in einer Ordnung zu finden, sei es im Universum, im Gefängnis oder in der Irrenanstalt. Kafka selbst schrieb über den letzteren Ort halb spöttisch, halb indigniert: »Letzthin sagte mir ein Tribuna-Leser [nachdem dort eine Übersetzung von *Unglücklichsein* erschienen war], ich müßte große Studien im Irrenhaus gemacht haben. ›Nur im eigenen‹ sagte ich, worauf er mir noch Komplimente wegen des ›eigenen Irrenhauses‹ zu machen suchte«.[2]

Ganz in diesem Sinne erzählt Borges an einer dritten Stelle »von einem Mann, der sich aufmacht, ein Abbild des Universums zu schaffen. Nach vielen Jahren hat er eine kahle Wand bedeckt mit Bildern von Schiffen, Türmen, Pferden, Waffen und Menschen, und erst im Augenblick seines Todes stellt er fest, daß er ein Abbild seines eigenen Gesichts gezeichnet hat. Dies könnte für alle Bücher gelten [...].«[3]

Und schließlich das Gegenstück, das Borges zu Kafkas »besserer Einsamkeit« erfand: Nachdem er ihn »anfangs für so einzigartig wie den Phönix der rhetorischen Lobeshymnen« gehalten habe, habe er (Borges) seine (Kafkas) »Stimme« immer deutlicher in anderen, früheren Texten wiedererkannt, bei einigen »Vorläufern« also, die Kafkas Werk sich »*erschafft*« habe, wie zum Beispiel eine der *Unliebsamen Geschichten* von Léon Bloy, deren Figuren »mit Erdgloben, Atlanten, Eisenbahnfahrplänen und Koffern überreich ausgestattet sind«, und die doch »sterben, ohne je aus ihrem Geburtsort herausgekommen zu sein«.[4]

1. Jorge Luis Borges: »Die Alpträume und Franz Kafka«, hier nach: Carlos Garcia: »Borges und Kafka«, in: *The Kafka Project*: http://www.kafka.org/index.php?id=194,236,0,0,1,0 (9.10.06).
2. Franz Kafka: *Briefe an Milena*, Frankfurt a.M. 1986, S. 183.
3. Jorge Luis Borges: »Borges über Borges«, in: ders.: *Gesammelte Werke*, München 1980ff., Bd. 9, S. 58.
4. Jorge Luis Borges: »Kafka und seine Vorläufer«, in: ders.: *Gesammelte Werke*, Bd. 5/II, S. 114–117.

2.

Tatsächlich sind Kafkas Figuren dergestalt Reisende – der *Verschollene*, der Forschungsreisende der *Strafkolonie*, der zweite der *Elf Söhne*, auch Gregor Samsa –, aber der Blick in die Welt, für den sie einstehen, verdankt sich in erster und letzter Instanz einer »fieberhaften« Lektüre von Reiseliteratur.[5] Statt für Bewegung in der Welt steht Kafkas Werk damit für eine Vernetzung mit der Welt. Und es gehört zu den konstitutiven Paradoxa dieses Werks, dass es gerade im strengsten Rückzug auf sich selbst oder die »bessere Einsamkeit« seine Vernetzung erreicht.[6] »Nur so kann geschrieben werden«, heißt der aus den Tagebüchern bekannte Triumph dieses Selbstbezugs: »Nur so kann geschrieben werden, nur in einem solchen Zusammenhang, mit solcher vollständigen Öffnung des Leibes und der Seele« (T, S. 461).

Berühmt, wie dieser Tagebuch-Eintrag wurde, ist auch das Ereignis bekannt, auf das er sich bezieht: die Niederschrift der Erzählung *Das Urteil* in der Nacht vom 22. auf den 23. September 1912. Trotz der Bekanntheit dieser Tagebuchstelle, sei kurz noch einmal auf sie eingegangen.

Die unmittelbar auf die Erzählung folgende Notiz schreibt also das Ereignis des Schreibens selber auf:

»Diese Geschichte ›das Urteil‹ habe ich in der Nacht vom 22 zum 23 von 10 Uhr abends bis 6 Uhr früh in einem Zug geschrieben. Die vom Sitzen steif gewordenen Beine konnte ich kaum unter dem Schreibtisch hervorziehn. Die fürchterliche Anstrengung und Freude, wie sich die Geschichte vor mir entwickelte wie ich in einem Gewässer vorwärtskam. Mehrmals in dieser Nacht trug ich mein Gewicht auf dem Rücken. Wie alles gewagt werden kann, wie für alle, für die fremdesten Einfälle ein großes Feuer bereitet ist, in dem sie vergehn und auferstehn (T, S. 460).«

Protokollsätze, die die Behauptung, sie hätten von allem zu schweigen, von dem sich nicht reden ließe, kraft ihrer Faktizität Lügen strafen. Allem voran tragen sie den Titel der Erzählung nach, denn die durchgehende Niederschrift der Erzählung setzt titellos und um so unvermittelter ein, als die vorhergehende Tagebucheintragung nur lapidar über den alltäglichen, wenn auch bekanntlich für Kafkas Schreibprozesse nicht unwichtigen Schriftverkehr Buch führt: »Briefe an Löwy und Frl. Taussig gestern, an Frl. Bauer und Max heute.« Sodann bezeugen sie, wie sehr die Erzählung vor jedem Leser ihren Verfasser gefesselt hat: »Die vom Sitzen steif gewordenen Beine«, die gleichzeitig ein Bild der Zufriedenheit abgeben, wenn man sich einer Eintragung erinnert, die Kafka an früherer Stelle vorgenommen hat: »Das Bild der Unzufriedenheit, das eine Straße darstellt, da jeder von dem Platz, auf dem er sich befindet, die Füße hebt, um wegzukommen« (T, S. 432). Und schließlich halten sie fest, was auf dem Spiel steht: »Wie

---

5.   Vgl. Benno Wagner: »›Die Majuskel-Schrift unsres Erden-Daseins‹. Kafkas Kulturversicherung«, in: *Hofmannsthal-Jahrbuch* 12/2004, S. 327–363, hier: S. 354.
6.   Vgl. Bernhard J. Dotzler: »Kafka zwischen den Medien«, in: Joachim Paech, Jens Schröter (Hg.): *Intermedialität – Analog/Digital*, München 2007, S. 181–192.

alles gewagt werden kann…«. Brod hatte hier »gesagt« statt »gewagt« ediert: »Wie alles gesagt werden kann…«, und das ist insoweit eine sinnfällige Korruptele, als das von Kafka festgehaltene Wagnis ja in der Tat die Form des Sagens betrifft: »Nur so kann geschrieben werden«.

Diese Form oder eben ihr Wagnis scheint nun vorab der Innerlichkeit des sprechenden Subjekts zu gelten: »Nur so kann geschrieben werden, nur in einem solchen Zusammenhang, mit solcher vollständigen Öffnung des Leibes und der Seele.« Aber Kafkas Tagebuch bejubelt im Weiteren nicht so sehr eine vermeintlich authentische Leib- und Seelenoffenbarung als vielmehr das Gesagte, das Geschriebene als solches. Die Schrift, die von Leib und Seele erneut Besitz ergreift, statt bloß ihnen Ausdruck zu verleihen. So weiß der nächste *Das Urteil* betreffende Tagebucheintrag zu berichten: »Gestern bei Baum vorgelesen […]. Gegen Schluß fuhr mir meine Hand unregiert und wahrhaftig vor dem Gesicht herum. Ich hatte Tränen in den Augen« (T, S. 463).

Statt Hermeneutik also, statt Auslegung, der Diskurs und seine Äußerlichkeit, seine Effekte. Im *Verschollenen* hat Kafka diesen Gegensatz etwa in der Episode der Entlassung Karls aus dem Hoteldienst dargestellt. Da ist zunächst die Unmöglichkeit der Verteidigung oder das Regime der Hermeneutik als Verhängnis:

»Es ist unmöglich sich zu verteidigen, wenn nicht guter Wille da ist«, sagte sich Karl und antwortete […] nicht mehr […]. Er wußte, daß alles was er sagen konnte, hinterher ganz anders aussehen würde als es gemeint gewesen war und daß es nur der Art der Beurteilung überlassen bliebe, Gutes oder Böses vorzufinden« (V, S. 245).

Sodann folgt als Gegenbild die Schaltzentrale der über Karl in dieser Situation gebietenden Macht, die Portiersloge. Es ist der reine Datenverkehr, der hier herrscht, bei den durch die Schiebefenster Auskunft gebenden Unterportiers nicht anders als bei den sechs weiteren Unterportiers an den sechs Telefonen. Hier das schiere »Durcheinander von Sprachen« und dazu noch das Gewirr immer mehrerer gleichzeitig Sprechender (V, S. 255f.), da die

»neuesten Telephone, für die keine Telephonzellen nötig waren, denn das Glockenläuten war nicht lauter als ein Zirpen, man konnte in das Telephon mit Flüstern hineinsprechen und doch kamen die Worte dank besonderer elektrischer Verstärkungen mit Donnerstimme an ihrem Ziele an. Deshalb hörte man die drei Sprecher an ihren Telephonen kaum und hätte glauben können, sie beobachteten murmelnd irgend einen Vorgang in der Telephonmuschel, während die drei anderen wie betäubt von dem auf sie herandringenden, für die Umgebung im übrigen unhörbaren Lärm die Köpfe auf das Papier sinken ließen, das zu beschreiben ihre Aufgabe war« (V, S. 261).

Fast wie stumm die einen, wie taub die anderen, und doch auch so, gerade so Teil eines gleichermaßen effizienten wie sinnfreien Kommunikationszusammenhangs (kein Wort, das hier über die Kommunikate verloren würde) – auf diese Weise regiert also die Kommunikation ihre Subjekte. Nicht umsonst reduziert sich vorab das Wirken der bei Kafka so wichtigen Behörden auf die Rede als solche, wenn anders es deren »Art« ist, wie der Roman seinen Helden im Anschluss beobachten lässt (V, S. 278), »das was sie sahen noch eigens zu fragen. (Wie hatte sein Vater bei der Beschaffung des Reisepasses über die nutzlose Fragerei der Behörden sich ärgern müssen.)«

3.

Bezogen auf die Frage der Bio-Informatik und deren Archäologie steht Kafka damit am Schnittpunkt beider Linien ihrer Heraufkunft.

Da ist zum einen die Linie der Bio-Politik, der Bio-Macht. Foucault hat bekanntlich nicht nur die maßgeblichen Stichworte, sondern auch extensive Analysen zu dieser Geschichte der biopolitischen Durchdringung des Gesellschaftskörpers geliefert und diese bis an den Punkt vorangetrieben, an dem die »Bio-Politik der Bevölkerung« als Kollektivsubjekt und die »politische Anatomie des menschlichen Körpers«, also der regulierende und disziplinierende Durchgriff auf die Individualsubjekte, voneinander unterscheidbar und dadurch aufeinander beziehbar werden.[7] Die Bio-Macht ist danach als Transformation der vorgängigen *Souveränitätsgesellschaften* in *Disziplinargesellschaften* zu begreifen, die, je mehr man sich der Gegenwart nähert, zu *Kontrollgesellschaften* geraten.[8] »Sterben machen und leben lassen«, hieß die Formel der souveränen Macht, während die Bio-Macht umgekehrt daraufhin wirkt, »leben zu machen und sterben zu lassen«. Die Bio-Macht funktioniert »versicherungsartig«[9] und hat in der Tat im Versicherungswesen einen ihrer wirkungsvollsten Agenten. Sie verfügt nicht souverän über den Tod, indem sie den Tod zu verfügen das Recht hat, sondern sie hat am Leben ihre Angriffsfläche – am Leben als Gattungssubstanz und an den Leben in der Vielzahl der Einzelfälle. Geburtenraten, Gesundheitspflege, Krankenvorsorge, Altersfürsorge, Sterblichkeitsreduktion…: Die Technologie der Bio-Macht ist die der Bürokratie; ihr Wissen das der Statistik, die »gleichzeitig vermassend und individuierend«[10] operiert. Seit Adolphe Quételets *Physique Sociale* von 1835 gibt es jenen »Durchschnittsmenschen«, als den Benjamin Karl Roßmann intuitiv erkannte.[11] Seit dem Großeinsatz von Herman Holleriths »Lochkartenbuchhaltungsmaschinen«[12] ab 1890 erfreut sich dessen Verwaltung –

7. Michel Foucault: *Der Wille zum Wissen. Sexualität und Wahrheit 1*, Frankfurt a.M. 1977, S. 166.
8. So die Terminologisierung bei Gilles Deleuze: »Postskriptum über die Kontrollgesellschaften«, in: ders.: *Unterhandlungen 1972–1990*, Frankfurt a.M. 1993, S. 254–262.
9. Michel Foucault: »Leben machen und sterben lassen« [1976], in: *Lettre International* 20 (1993), S. 62–67.
10. Deleuze: »Postskriptum«, in: *Unterhandlungen*, a.a.O., S. 258.
11. Vgl. Walter Benjamin: »Franz Kafka. Zur zehnten Wiederkehr seines Todestages«, in: ders.: *Gesammelte Schriften*, Frankfurt a.M. 1991, Bd. II.2, S. 418, und dazu Benno Wagner: »›… in der Fremde, aus der Sie kommen…‹. Die Geburt des Schreibens aus der Statistik des Selbstmords«, in: Hansjörg Bay, Christof Hamann (Hg.): *Odradeks Lachen. Fremdheit bei Kafka*, Freiburg 2005, S. 193–228, hier: S. 201ff.
12. So die Bezeichnung durch den Nacherfinder Gustav Tauschek: *Die Lochkartenbuchhaltungsmaschinen meines Systems*, Wien, November 1930.

während zunächst (ab 1833) die Karteikarte zugleich individuierende und kollektivierende Maßnahmen prozessierte[13] – gleichsam »elektrischer Verstärkungen«. Und Kafka wusste um diesen Sachverhalt des amplifizierten »social survey work«,[14] war er doch nicht nur (als Versicherungsjurist) hauptberuflicher »Experte für Bio-Verwaltung«,[15] sondern hatte schon als Jurastudent »Allgemeine und österreichische Statistik« bei Heinrich Rauchberg gehört,[16] der als der vormalige Leiter der ersten elektrifizierten Volkszählung Europas die »neue Aera statistischen Betriebs« mit eingeleitet hatte. Der »experimentale Charakter der Statistik« schrieb Rauchberg damals, könne sich fortan »energischer entwickeln«; die »analytische Durchbildung des Stoffes« sei nun »von allen materiellen Schranken befreit«.[17] Die Bio-Politik, heißt das, hatte fortan ihre Informatisierung erfahren und begriffen.

Zur Bio-Informatik im engeren Sinn verdichtet sich dieselbe Art von Wissen indes erst am vorläufigen Ende einer zweiten Linie, die, statt die Individuen, Körper, Leben in den Raster statistischer Datensätze zu integrieren, diesen Raster in den Körper, die Biologie einfügt. Aus der von heute aus möglichen Retrospektive ist das epistemologische Fundament dieser Entwicklung leicht benannt: Die Biologie wäre nicht, was sie ist, hätte nicht auch sie der Materialismus der Information (und nicht mehr der Energie) ergriffen (was übrigens von Freeman Dyson sogar einmal für den Metabolismus, und nicht nur die Replikation, dargelegt wurde).[18] Weil dies aber geschah, gibt es die moderne Genetik als »allgemeine Theorie lebender Systeme«, derzufolge »das Lebende nach der Art eines im [Zell-]Kern niedergelegten Programms« funktioniert. Die Zelle operiert »wie eine Rechenmaschine«; »alles vollzieht sich so, als ob angesichts eines beliebigen Stimulus eine Konsultation des Programms erfolgte, Informationen übermittelt, Anweisungen weitergegeben, Befehle umgesetzt würden.«[19]

Der Begriff der »Bio-Informatik«, um den es hier geht, umfasst damit mehr als die »Bioinformatik« im Speziellen, das heißt: mehr als nur die apparative Kombination von Computertechnologie, Mathematik und Molekularbiologie, also etwa die Verwendung der »number-crunching power of computers« zur DNS-Sequenzierung.[20] Den »Charakter einer Informationswissenschaft« hat die Bio-

13. Vgl. Michel Foucault: *Überwachen und Strafen. Die Geburt des Gefängnisses*, Frankfurt a.M. 1977, S. 363.

14. S. Lilley: »Machinery in Mathematics«, in: *Discovery* 5–6 (1945), S. 150–156 u. 182–185, hier: S. 154.

15. Wagner: »Die Majuskel-Schrift…«, in: *Hofmannsthal-Jahrbuch*, a.a.O., S. 353 – zu Kafka und Rauchberg s. Wagner: »… in der Fremde, aus der Sie kommen…«, in: *Odradeks Lachen*, a.a.O., S. 203, bzw. AS 897.

16. Siehe Kafkas »Absolutorium«, AS: Materialien auf CD-ROM, 852.

17. Heinrich Rauchberg: »Die elektrische Zählmaschine und ihre Anwendung, insbesondere bei der österreichischen Volkszählung«, in: *Allgemeines Statistisches Archiv* 2 (1891–92), S. 78–126, hier: S. 78 u. 109f.

18. Freeman Dyson: *Die zwei Ursprünge des Lebens*, Hamburg 1988.

19. Michel Foucault: »Wachsen und vermehren«, in: *Schriften in vier Bänden – Dits et Ecrits*, Frankfurt a.M. 2001ff., Bd. II, S. 127f.

20. Joel B. Hagen: »The Origins of Bioinformatics«, in: *Nature Reviews Genetics* 1 (2000), S. 231–236, hier: S. 232. – Zur Sicht auf diese »Bioinformatik« und deren Verbindung(en) zu übergreifenden kulturellen Mustern vgl. etwa Thimothy Lenoir, Casey Alt: »Ströme, Prozesse, Falten. Überlagerungen

logie auch im Kern ihres Gegenstands »mehr und mehr«[21] angenommen. Bio-Informatik ist die »Einschreibung von Mechanismen in die Organisation des Lebenden«[22] selbst. Sie ist die Unmöglichkeit, den Organismus *nicht* »als Botschaft«[23] zu sehen (und sei dies im Modus der Kritik an der Metapher). Sie ist eine »Revolution in der Optik« und eine »Revolution im Objekt« – aus beiden Gründen gibt es heute »weder eine Biologie ohne Maschinerie noch eine ohne Rechner« –, sie ist eine »Veränderung in der Weise, den Organismus zu betrachten« (Optik), und ihn betreffende »Fragen zu formulieren, die die Beobachtung beantworten muß« (Objekt).[24]

Das Lebende, der Organismus ist so zum Gegenstand eines Wissens geworden, dessen Fundamentaltheorem nach Foucault darin besteht, »daß hier die Reaktionen selbst die Interpreten sind: es gibt keine Leser, es gibt keinen Sinn, nur ein Programm und eine Produktion.« Im und durch den genetischen Code, durch seine Transkriptionen und Reduplikationen vollzieht sich selbstredend kein hermeneutisches Lesen und Schreiben. Vollzogen wird vielmehr der Code als solcher, der Code als Vorschrift – einschließlich der »Irrtümer, Auslassungen, Vertauschungen«, die sich bei seiner Übertragung ereignen, »vergleichbar den Fehlern oder unfreiwilligen Erfindungen eines Schreibers, der einen Augenblick lang zerstreut ist«. Die Biologie, so Foucault, lehrt uns daher, dass der Zufall uns »durchdringt: sie lehrt uns, daß die Würfel uns regieren«.[25]

Wie von außen die Statistik, herrscht damit von innen die Stochastik. Bio-Politik realisiert sich sowohl im verwalteten als auch im durchdrungenen Leben. *Les rapports de pouvoir passent à l'intérieur de corps*, wie die Schlagzeile eines Foucault-Interviews pointierte: Die Molekularbiologie beantwortet auf ihre Weise sehr direkt die Frage, »wie die Machtverhältnisse materiell in die Dichte der Körper übergehen können«.[26] Bis zu einem gewissen Grad kann ihr »strenges wissenschaftliches Wissen« einen »politischen Sinn« *gegen* gewisse Setzungen der Bio-Macht annehmen, etwa gegen »die Vorstellung von einer menschlichen Rasse«.[27] Gerade die Genetik gemahnt an das von Heidegger wieder aufgegriffene Wort Nietzsches, der Mensch sei »das noch nicht festgestellte Tier«.[28]

zwischen Bioinformatik und zeitgenössischer Architektur«, in: Henning Schmidgen u.a. (Hg.): *Kultur im Experiment*, Berlin 2004, S. 37–81.
21. Michel Serres, Nayla Farouki (Hg.): *Thesaurus der exakten Wissenschaften*, Frankfurt a.M. 2001, S. 411.
22. Georges Canguilhem: »Zur Lage der biologischen Philosophie in Frankreich« (1947), in: ders.: *Wissenschaft, Technik, Leben. Beiträge zur historischen Epistemologie*, Berlin 2006, S. 23–39, hier: S. 39.
23. Norbert Wiener: *The Human Use of Human Beings: Cybernetics and Society*, London 1954², S. 95, zitiert bei François Jacob: *Die Logik des Lebenden. Eine Geschichte der Vererbung* [1970], Frankfurt a.M. 2002, S. 270, hiernach wiederum zitiert bei Georges Canguilhem: *Die Logik des Lebenden und die Geschichte der Biologie* (1971), in: *Wissenschaft, Technik, Leben*, a.a.O., S. 85–102, hier: S. 95.
24. Georges Canguilhem: »Zur Geschichte der Wissenschaften vom Leben seit Darwin« [1977], in: ders.: *Wissenschaftsgeschichte und Epistemologie. Gesammelte Aufsätze*, Frankfurt a.M. 1979, S. 134–153, hier: S. 153, mit Canguilhem: »Die Logik des Lebenden und die Geschichte der Biologie«, in: *Wissenschaft, Technik, Leben*, a.a.O., S. 91.
25. Foucault: »Wachsen und Vermehren«, in: *Schriften*, a.a.O., Bd. II, S. 127 u. 124 – annähernd wörtlich nach Jacob: *Logik des Lebenden*, a.a.O., S. 305 (Kapitel: »Kopie und Fehler«).
26. Michel Foucault: »Die Machtverhältnisse gehen in das Innere der Körper über«, in: *Schriften*, a.a.O., Bd. III, S. 302.
27. Michel Foucault: »Bio-Geschichte und Bio-Politik«, in: *Schriften*, a.a.O., Bd. III, 126–128.

Gleichwohl (oder mit Nietzsche: eben deshalb) gilt auch für sie, in ihrer bio-informatischen Verfasstheit, das Heidegger-Wort von der Information als In-Formation.[29] Bio-Informatik bedeutet »technisch und politisch die Möglichkeit [...], das Leben nicht nur zu gestalten, sondern das Leben sich vermehren zu lassen, Lebendes herzustellen, Monster herzustellen, äußerstenfalls unkontrollierbare und universell zerstörende Viren herzustellen«. So hat ab Mitte des 20. Jahrhunderts auf der einen Seite die Atomphysik mit der »Macht, die Atombombe herzustellen und einzusetzen« zu einem »Exzeß des souveränen Rechts über die Bio-Macht« geführt wie auf der anderen Seite die Molekularbiologie zu einem »Exzeß der Bio-Macht über das souveräne Recht«.[30]

Unterhalb dieses Extrems, an dem die Bio-Informatik gänzlich mit der Bio-Macht eins wird, und das heißt: jedenfalls die Genese des bio-informatischen Wissens betreffend, sind vielerlei Überkreuzungen dieser Linie der intrinsischen Informatisierung mit jener der extrinsischen Statistifizierung und Bürokratisierung zu vermuten. Schon bevor Computer auf die riesigen Datenmengen der Genomprojekte angesetzt werden konnten, wurden umfangreiche biometrische Datenbanken errichtet und Algorithmen ihrer Auswertung implementiert; noch vor jeder Genkartierung waren phänotypische Daten wie Körpergröße, Augenfarbe oder Blutgruppe Erfassungs- und damit Verwaltungsmerkmale. Während jedoch die Geschichte der Verwaltungstechniken inzwischen einige Aufmerksamkeit fand, harrt die Archäologie der Bio-Informatik noch ihrer Inangriffnahme. Bei Foucault, dem sich die Frage der Bio-Politik verdankt, finden sich nur wenige verstreute Bemerkungen. Man könne, lautet an einer Stelle der durchaus gängige Datierungsvorschlag, den Beginn des 20. Jhs. als »Geburtsdatum« der Genetik festhalten.[31] Seit dem Beginn des 19. Jahrhunderts, heißt ein anderer, schon interessanterer Hinweis, vollziehe sich im medizinischen Wissen die Operation, Botschaften aus dem Rauschen auszufiltern, das »die Krankheit« aussendet. Das medizinische Wissen, seitdem, operiere als die »Konstitution eines Codes«, und so stellten sich ihm – bereits, aber auch erst seitdem – »ähnliche Probleme, wie man sie auch anderswo antreffen kann, insbesondere in Fachgebieten, die sich entweder direkt mit der Sprache befassen oder mit Gebilden, die wie Sprache funktionieren«: Probleme, die daher »auf der Grundlage von Begriffen neu durchdacht werden« müssten, welche »aus der Sprachanalyse und der Datenverarbeitung stammen«.[32]

Einem solchen Hinweis zufolge würde also auch diese Linie in etwa soweit zurückreichen wie die Linie der verwaltungstechnischen Bio-Politik. Ihre genauere Rekonstruktion steht aber noch aus. Ungeklärt ist auch, auf welcher Ebene, oder sogar im Plural: auf welchen Ebenen die ›Rückschau‹ anzusetzen hätte. In

28. Martin Heidegger: »Die Herkunft der Kunst und die Bestimmung des Denkens« [1967], in: ders.: *Denkerfahrungen,* Frankfurt a.M. 1983, S. 135–149, hier: S. 143. – Heideggers Beispiele an dieser Stelle sind mit Atomphysik und Biochemie dieselben, auf die dann Foucault zurückkommen wird.
29. Vgl. Martin Heidegger: *Der Satz vom Grund* [1957], Pfullingen 1986, S. 203: »Indem jedoch die Information in-formiert, d.h. benachrichtigt, formiert sie zugleich, d.h. sie richtet ein und aus.«
30. Foucault: »Leben machen und sterben lassen«, in: *Lettre International,* a.a.O., S. 65.
31. Michel Foucault: »Titel und Arbeiten«, in: *Schriften,* a.a.O., Bd. I, S. 1072.
32. Michel Foucault: »Botschaft oder Rauschen?«, in: *Schriften,* a.a.O., Bd. I, S. 718–722.

ihrer disziplinären Zurichtung kann die Bio-Informatik wohl nicht weiter zu-
rückverfolgt werden als bis zu Erwin Schrödingers theoretischem Einfall, von
»einer Art Code«[33] der Vererbung zu reden, oder – in der Laborpraxis – bis zu
Frederick Sangers Entschlüsselung der 51 Aminosäuren des Botenstoffs Insulin
ab 1945, wobei die hier materiell werdende Theorie immerhin um einige Jahr-
zehnte weiter, mindestens bis an den Jahrhundertbeginn zurückdatiert werden
kann.[34] Diese Zusammenhänge aufzuarbeiten, würde wohl genügen, um die
Umstandslosigkeit zu verstehen, mit der zum Beispiel John von Neumanns
Automatentheorie vom Nervensystem, als dem seinerzeit schon traditionellen
Fundament informatischer Mensch-Maschinen-Bezüge, zum Gen, als neuer Ex-
emplifizierung, übergehen konnte.[35] Ihr neurophysiologischer Anwendungsfall
verwandelte das vormals so hochmütige menschliche Ich in einen, wie Claude
Lévi-Strauss formulierte, »Kampf zwischen einer Gesellschaft, welche aus Milli-
arden von Nerven unter dem Termitenhügel des Schädels besteht, und meinem
Körper, der ihm als Roboter dient«. Die Bio-Informatik genbiologischer Prove-
nienz unterwirft es nicht minder einer solchen »Soziologie neuer Art«, und
gleichfalls »von innen her«.[36] Um diese »soziologische« Dimension historisch zu
ergründen, reicht die engere Wissenschaftsgeschichte aber nicht hin. Zur Beschreibung der allgemeineren Wissensform, innerhalb deren ein Wissen zu
Wissenschaft gerinnt, müssen andere – vielleicht im doppelten Wortsinn: weitere – Quellen hinzugezogen werden. Kafkas Werk ist eine davon.

4.

Für Realphantasien des bürokratisch Absurden ist Kafka ja ebenso berüchtigt,
wie ihr Rückhalt in der im 19. Jahrhundert entstandenen Bio-Macht der Statistifizierung von Mensch und Gesellschaft inzwischen als unstrittig gelten kann. Es
gibt die Behörden, Kanzleien, Apparate und Organisationen, die in erster und
letzter Instanz nichts als ebendies: Organisationen sind und daher, wie etwa im
Falle des Naturtheaters von Oklahoma, durchaus als *pervasiv* zu bezeichnen sind.
Jeden, heißt es, kann dieses Theater brauchen, »jeden an seinem Ort« (V, S. 387),
und jeden beschriftet es buchstäblich mit selbigem Ort, ob quer über die Brust
oder durch eine Binde um den Arm:

»In einer Ecke […] saß […] ein Herr, dem ein breites weißes Seidenband mit der Aufschrift: Führer der 10ten Werbetruppe des Teaters von Oklahoma quer über die Brust
gieng« (V, S. 404).

33. Erwin Schrödinger: *Was ist Leben?* [1944], München – Zürich 2001, S. 56.
34. Vgl. Hagen: »The Origins of Bioinformatics«, in: *Nature Reviews Genetics,* a.a.O.; vgl. auch Canguilhem: »Zur Geschichte der Wissenschaften vom Leben seit Darwin«, in: *Wissenschaftsgeschichte,*
a.a.O., S. 144.
35. John von Neumann: »Allgemeine und logische Theorie der Automaten« [1951], in: *Kursbuch 8*
(1967), S. 139–175.
36. Claude Lévi-Strauss: *Traurige Tropen* [1955], Frankfurt a.M. 1978, S. 411f.; vgl. ders.: »Die Mathematik vom Menschen« [1955], in: *Kursbuch 8* (1967), S. 176–188.

»Da alles hier seinen ordentlichen Gang nahm, hätte es Karl nicht mehr so sehr bedauert, wenn auf der Tafel sein wirklicher Name zu lesen gewesen wäre. Es war alles sogar überaus sorgfältig eingerichtet, denn am Fuß der Treppe wurde Karl schon von einem Diener erwartet, der ihm eine Binde um den Arm festmachte. Als Karl dann den Arm hob, um zu sehn was auf der Binde stand, war dort der ganz richtige Aufdruck ›technischer Arbeiter‹« (V, S. 409).

Oder, versteht sich, *Der Proceß*: Die Unheimlichkeit der Gerichtsbehörde ist darin ebenso offenkundiges Thema, wie der Roman deshalb schon an der Oberfläche als Experiment auf die genannten drei Machtformen entzifferbar wird. Josef K.s Hinrichtung ist einerseits der *souveräne* Akt einer Todesurteilsvollstreckung, andererseits die denkbar »beschämendste Angelegenheit« (»es war, als sollte die Scham ihn überleben«, P, S. 312), ein disqualifizierend-disqualifizierter Tod, kein strahlendes Ritual, sondern versteckte Tat (»Ein kleiner Steinbruch, verlassen und öde…«, P, S. 310) – so, wie der Tod unter dem Regime des *Lebenmachens*, als dessen Grenze, »wieder auf die Seite des Privaten zurückfällt, des Allerprivatesten«.[37] Gleichzeitig kann man zentrale Romanmotive mit Deleuze als Andeutung sowohl der *Disziplinar-* als auch der *Kontrollgesellschaft* auffassen:

»Kafka, der schon an der Nahtstelle der beiden Gesellschaftstypen stand, hat im *Prozeß* die fürchterlichsten juristischen Formen beschrieben: Der *scheinbare Freispruch* der Disziplinargesellschaften (zwischen zwei Einsperrungen) und der *unbegrenzte Aufschub* der Kontrollgesellschaften (in kontinuierlicher Variation) sind zwei sehr unterschiedliche juristische Lebensformen.«[38]

Vor diesem Hintergrund ist es im selben Maß trivial wie kongenial, wenn Orson Welles' *Prozeß*-›Verfilmung‹ (THE TRIAL, USA 1963) eine Großrechenanlage ins Zentrum der ins Bild gesetzten Verwaltungstätigkeit des Protagonisten rückt und ihr (im zugehörigen Dialog) zugleich die Unlösbarkeit des Anklagerätsels aufbürdet (Abb. 1).[39] Zweifellos, wie oben angerissen, haben Kafkas Phantome des Sozietären einen Bezug zu reeller Datenverarbeitungstechnologie (und die Computer, sei der Vollständigkeit halber erinnert, gehen partiell auf Holleriths Erfindung zurück).

Dabei kommt Technik in Kafkas Text schon kaum mehr expressis verbis vor. Wären die drei Romane in ihrer Unabgeschlossenheit nicht als einander synchrone Schreibprojekte, sondern als diachrone Schreibentwicklung zu sehen, könnte man den *Verschollenen*, den *Proceß* und das *Schloß* als allmähliche Verdrängung der Technik aus Kafkas Motivwelt begreifen. Der Amerika-Roman, oh *brave new world*, hätte seine Hauptfigur am liebsten noch Ingenieur werden lassen, lässt sie am Ende immerhin »technischer Arbeiter« sein und ihr bis dahin einiges an zeitgenössischer *High-Tech* (Schreibtische, Fahrstühle, Telefonanlagen)

---

37. Foucault: »Leben machen und sterben lassen«, in: *Lettre International,* a.a.O., S. 63f. – Dass K.s Hinrichtung zugleich erkennbare Züge eines (Tier-)Opfer-Rituals aufweist, bleibt hiervon unberührt.
38. Deleuze: »Postskriptum«, in: *Unterhandlungen,* a.a.O., S. 257.
39. Zur Kongenialität vgl. Gilles Deleuze: *Das Bewegungs-Bild. Kino I,* Frankfurt a.M. 1989, S. 39.

Abb. 1: *http://www.oldroads.org/images/ trial.jpg* (4.9.2007).

begegnen. Die Welt des *Schlosses* dagegen ist, bis auf das Telefon, eine zurück-gebliebene Welt, ähnlich dem *Landarzt*-Szenario (wiederum bis auf das Tele-fon). Als Entwicklung in Kafkas Schreiben unterstellt, entspräche diese womöglich einer wachsenden – bio-informatischen – Einsicht, dass das und die Leben nicht allein von außen regiert, sondern auch von innen her technologisch verwandelt werden.

Jedenfalls gibt es eine solche Dimension in Kafkas Werk. Die Verhaftung K.s, die ihn äußerlich in keiner Weise gefangen setzt, bestimmt doch fortan jeden sei-ner Schritte. Dies sagt, ohne größere Korrekturen im Manuskript, die Erzählung ausdrücklich, aber auch schon die erste Zeile des Manuskripts legt von der ge-nauen Wortwahl Zeugnis ab. »Sie sind verhaftet, gewiß, aber das soll Sie nicht hindern Ihren Beruf zu erfüllen. Sie sollen auch in ihrer gewöhnlichen Lebens-weise nicht gehindert sein«, erfährt K. durch den Aufseher, um gleich darauf von sich zu erfahren, wie sehr er, in eben dieser Situation, »doch [hatte] hingenom-men sein müssen, von den Aufsehern und den Wächtern« (P, S. 26f.). K., noch einmal, ist nicht »gefangen«, sondern »verhaftet«, wie die Korrektur des Roman-anfangs im Manuskript, genau jene durch genau diese Vokabel ersetzend, über-deutlich macht:

> »Jemand mußte Josef K. verleumdet haben, denn ohne daß er etwas Böses getan hätte, war er eines Morgens gefangen« (P: A, S. 161).

> »Jemand mußte Josef K. verleumdet haben, denn ohne daß er etwas Böses getan hätte, wurde er eines Morgens verhaftet« (P, S. 7).

Es ist nicht zuletzt die notorische – ja, man darf hier wohl sagen: gerichtsnoto-rische – Selbstverkennung des Subjekts, die von da, also von Anfang an auf dem romanexperimentellen Prüfstand steht. »Dann ist das Verhaftetsein nicht sehr schlimm«, lautet der Irrtum K.s, und weiter: »Es scheint aber dann nicht einmal die Mitteilung der Verhaftung sehr notwendig gewesen zu sein« (P, S. 26). Als ob nicht gerade die Mitteilung die Verhaftung, und genauer: jener spezifische Festnahmemodus wäre, durch den aus der mitgeteilten »Verhaftung« das fortan unentrinnbare »Verhaftetsein« resultiert, unentrinnbar im selben Maß, in dem es grundlos und daher unergründbar (»ohne daß…«), kontingent also (»eines Morgens«), von außen hereinbricht, dabei aber das Äußere so gut wie unberührt lässt, um vielmehr ganz das Innere zu durchdringen: In-Formation.

Diese Art der In-Formation, des (mit Foucault) das Subjekt durchwirkenden Würfelwurfs, des unverständlich-unverstehbaren Zufalls beherrscht Kafkas Literatur – »ich bin nichts anderes und kann nichts anderes sein« (B 13–14, S. 261) – nahezu restlos. Die Verwandlung, die Gregor Samsa eines Morgens an sich feststellen muss, ist ein anderer solcher Würfelwurf. Oder die Exilierung Karl Roßmanns nach Amerika.[40] Oder der Selbstmord Georg Bendemanns wie das »Fehlläuten der Nachtglocke« (DzL, S. 261), dem der Landarzt in sein Unglück folgt. Gewiss ist die *Verwandlung* nicht evolutionsbiologisch-genetisch zu denken. (Die Verwandlung, heißt das, sei hier nicht als Mutation lächerlich gemacht.) Es geht auch nicht um den Würfel, den Zufall als solchen; nicht (obschon auch) um die Zufälle allein. Aber es geht bei Kafka um die In-Formierung sowohl der Körper im statistischen Plural als auch des Körpers als lebenswissenschaftlicher Entität. Um die »unregierte Hand«, von der das Tagebuch berichtet – wenn anders diese Geste beim Vorlesen des *Urteils* nur deshalb »unregiert« heißt, weil nicht der, der sie ausführt, sondern der Text sie regiert. »Gegen Schluß fuhr mir meine Hand unregiert und wahrhaftig vor dem Gesicht herum« – diese Handlung, oder besser: dieser Vorgang, wiederholt ja nur die wilde Geste des Vaters am Ende der Erzählung: »Seinen Arm schwang er vor Begeisterung über dem Kopf« (DzL, S. 59).

5.

Die Schrift also, die vom Körper Besitz ergreift. Unter den jüngeren filmischen Annäherungen versucht sich diejenige Steven Soderberghs diesbezüglich in größtmöglicher Direktheit. »Vom Schreiben mich mit Gewalt zurückgehalten«, notiert der Tagebucheintrag Kafkas, der von seiner Lesung des *Urteils* berichtet: »Heute abend mich vom Schreiben weggerissen. Kinematograph im Landestheater« (T, S. 463). Nicht an diesem Abend, häufig aber zog es Kafka bei solchen Gelegenheiten vorab in die »Schundfilms« seiner Zeit: Die weisse Sklavin, Nick Winter und der Diebstahl der Mona Lisa.[41] Soderberghs Kafka (USA 1991) beerbt deren Tradition als B-Movie-Travestie. Als wäre *Das Schloß* ein Schauerroman – aber ist er das nicht? –, setzt Soderberghs Film das Schloss als finstren Ort in Szene, der über Kafkas Wirken im Großen und Ganzen waltet und im Besonderen dann die *location* abgibt, auf der dem

---

40. »Bei Kafka gibt es keine Ausbreitung der Welt, in die der Vorgang dann hineingestellt wird, keine Anbahnung«, so bereits Martin Walser: *Beschreibung einer Form. Versuch über Kafka* [1951/61], Frankfurt a.M. 1992, S. 86: »lediglich ›Amerika‹ enthält noch Andeutungen einer solchen Anbahnung.« In diesem Fall gibt es also zwar eine Vorgeschichte, die das Geschehen plausibilisiert: die Verführung Karl Roßmanns durch das Dienstmädchen und seine daraus resultierende Vaterschaft – dazu Wolf Kittler in diesem Band. Aber das verschiebt das Moment der Kontingenz eben nur vom Handlungsbeginn in die Vorgeschichte. Deren nähere Schilderung beschreibt die Verführung als schiere Vergewaltigung (und das nicht erst wegen der Rechtsfolgen) und diese als »Teil seiner [Karl Roßmanns] selbst« und reine, widerliche Äußerlichkeit zugleich (V, S. 43).
41. Vgl. Hanns Zischler: *Kafka geht ins Kino,* Reinbek 1996.

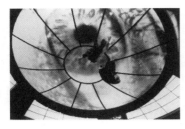

Abb. 2: *http://victorian.fortunecity.com/vermeer/287/ kafka1.gif* (4.9.2007).

Filmhelden wie dem Zuschauer eine Art zweiter Frankenstein begegnet (Abb. 2). Wie in der *Strafkolonie* tötet die zur Verbesserung des Menschengeschlechts errichtete Maschinerie ihren Agenten. Zuvor aber sieht man ihn am geöffneten Schädel eines noch lebenden, menschlichen Versuchstiers experimentieren – es war das »Jahrzehnt des Gehirns«, in dem der Film in die Kinos kam.

Unter dem Gesichtspunkt der In-Formation, so war es diesem Jahrzehnt aber schon im Voraus ins Stammbuch geschrieben worden, weist das »Studium des Nervensystems« große »Ähnlichkeiten« mit der »gegenwärtige[n] Behandlung der Probleme der Genetik« auf.[42] Und Kafkas Schriften wiederum stellen eine Realisierung dieser Probleme dar, wenn auch freilich nicht in der Motivik der B-Movie-Art. Motivisch liegen wohl am ehesten der darwineske *Bericht für eine Akademie* und die degenerative Enumeration der *Elf Söhne* nahe. Wörtlich wird der zweite Sohn durch »irgendein in seinem Blut irrendes Gift« charakterisiert, das zugleich die »Anlage seines Lebens« ist und sie durchkreuzt, ein körperlicher »kleiner Fehler nur, gewiß«, der jedoch auch »eine ihm irgendwie entsprechende kleine Unregelmäßigkeit seines Geistes« bedingt (DzL, S. 285f.). Ebenfalls wörtlich heißt es im *Bericht*, dass es in Rotpeter »rechnete«, als ihm ein evolutionärer Sprung aus dem »Affentum« (DzL, S. 299) hinein »in die Menschengemeinschaft« die »Richtung« seiner weiteren Entwicklung »ein für allemal« vorgab (DzL, S. S. 311). »Ich rechnete nicht«, spricht Rotpeter zwar, aber die Negation betrifft nur die Rolle des Subjekts, das also nicht aktiv die Szene beherrscht, sondern passiv erleidet: »unter dem Einfluß meiner Umgebung verhielt ich mich so, wie wenn ich gerechnet hätte« (DzL, S. 307). Auf diese Weise ereilt ihn sein Sprachvermögen als die Dressur, die am Ende keine gewesen sein soll (den Anblick eines »dressierten Tieres« oder die Wiederkehr des Verdrängten erträgt Rotpeter nicht, DzL, S. 313), sondern das »Eindringen der Wissensstrahlen von allen Seiten ins erwachende Hirn« (DzL, S. 312) – Senatspräsident Schreber lässt grüßen.

Als Verdichtung zum bio-informatischen Erzählmotiv kann ferner der Strafapparat in der von Soderbergh ja auch alludierten *Strafkolonie* begriffen werden. Wie der Affe rechnet auch diese Maschine nicht, es ist keine Rechenmaschine, aber alles in ihrer Wirkungsweise, ihr reibungsloses Funktionieren nicht anders als die Möglichkeit von Störungen, heißt sorgfältigst *berechnet*, und das in jeder erdenklichen Hinsicht –

---

42. W. Grey Walter: *Das lebende Gehirn: Entwicklung und Funktion,* Köln – Berlin 1961, S. 21.

– mechanisch:

»Bis jetzt war noch Händearbeit nötig, von jetzt aber arbeitet der Apparat ganz allein. [...] Es kommen natürlich Störungen vor; ich hoffe zwar, es wird heute keine eintreten, immerhin muß man mit ihnen *rechnen*« (DzL, S. 204f.; meine Hervh.).

– statistisch:

»Es darf natürlich keine einfache Schrift sein; sie soll ja nicht sofort töten, sondern *durchschnittlich* erst in einem Zeitraum von zwölf Stunden; für die sechste Stunde ist der Wendepunkt *berechnet*« (DzL, S. 217f.; meine Hervh.).

– juridisch:

»Ich kenne den Kommandanten. Ich verstand sofort, was er mit der Einladung bezweckte. Trotzdem seine Macht groß genug wäre, um gegen mich einzuschreiten, wagt er es noch nicht, wohl aber will er mich Ihrem, dem *Urteil* eines angesehenen Fremden aussetzen. Seine *Berechnung* ist sorgfältig [...]« (DzL, S. 227f.; meine Hervh.).

Entsprechend geht es um die Frage, die eine Variante in Kafkas Tagebuch formuliert:

»›Wie?‹ sagte der Reisende plötzlich. War etwas vergessen? Ein Wort? Ein Griff? Eine Handreichung? Sehr möglich. Höchstwahrscheinlich. Ein grober Fehler in der *Rechnung*, eine grundverkehrte Auffassung, ein kreischender tintenspritzender Strich geht durchs Ganze. Wer stellt es aber richtig?« (T, S. 823f.; meine Hervh.)

Der alternative Schluss, an dem die Tagebuchnotizen laborieren, stellt eine der für Kafkas Erzählungen typischen »Tier-Werdungen«[43] an den Horizont. Der Reisende wird buchstäblich, was er denkt: »Ich will ein Hundsfott sein, wenn ich das zulasse.‹ Aber dann nahm er das wörtlich und begann auf allen Vieren umherzulaufen« (T, S. 822). Auch ohne diesen Ausgang handelt die Geschichte indes von der Buchstäblichkeit der Schrift als Machtergreifung über den Körper, und wo der Reisende einen »groben Fehler in der Rechnung« vermutet, fällt vorab die fehlerlose Folgerichtigkeit auf: Folgerichtigkeit der dargestellten maschinellen Abläufe wie der Darstellung, also der Narration – auch sie »eine Maschine«[44] – selber. Jeder Einspruch, fürchtet der die Maschine vorführende Offizier, würde das Verfahren nur verwirren, und so ereignet es sich denn durch

---

43. Vgl. Gilles Deleuze, Félix Guattari: *Kafka. Für eine kleine Literatur,* Frankfurt a.M. 1976, S. 19ff. Vor dem Hintergrund der Bio-Informatik stellt das Tier-Werden freilich *noch* weniger als nach Deleuze und Guattari die Möglichkeit einer »intensiven Flucht [...] aus [...] der Bürokratie« (ebd., S. 22) dar; nicht erst im zweiten Schritt »zum Scheitern verurteilt«, ist es dieses vielmehr schon im Ansatz: statt »daß es dem Tier-Werden niemals gelingt, sein Versprechen einzulösen« (S. 23), wird es überhaupt niemals ein solches Versprechen gewesen sein.

44. Das moderne Kunstwerk »ist eine Maschine und funktioniert in solcher Weise«, schrieb Deleuze über Proust (hier nach Wagner: »Die Majuskel-Schrift...«, in: *Hofmannsthal-Jahrbuch,* a.a.O., S. 352) und gemeinsam mit Guattari über Kafka: »Ein Mensch, der schreibt, ist [...] ein Maschinenmensch« (Deleuze, Guattari: *Kafka,* a.a.O., S. 13).

die Einwände des Reisenden in der Tat. Und die »Verwirrung« (DzL, S. 213), die also entsteht, ist ihrerseits in sich stringent. »Die Schuld ist immer zweifellos« (DzL, S. 212), lautet erstens das Grundprinzip des Strafverfahrens; durch den, ja im Apparat »geschieht Gerechtigkeit« (DzL, S. 226). Ausgerechnet die Ausführung des in der Folge über den Offizier verhängten Urteilsspruchs »Sei gerecht!« (DzL, S. 238) führt dann jedoch zur Selbstzerstörung der Maschine. So scheint sich zweitens ein Widerspruch abzuzeichnen: Der die Gerechtigkeit vollstreckende Automat scheitert daran, gerecht zu sein. Tatsächlich »geschieht« auch keine Gerechtigkeit, sondern blanker Mord; statt wie sonst den Delinquenten durch flächendeckende Tätowierung seines Urteils zu Tode zu foltern, spießt die Maschine den Offizier kurzerhand auf (DzL, S. 244f.). Damit aber siegt drittens doch, wo nicht die Gerechtigkeit, so immerhin die logische Konsequenz der »Rache« (241), indem ja das zuvor gefällte »Urteil« (DzL, S. 222, 228) des Reisenden den Offizier auf das (bildlich gesprochen) Schafott dieser Maschine brachte und dieses »Urteil« lautete, dass das Gerichts- und Exekutionsverfahren »zweifellos« (DzL, S. 222, 235) ungerecht sei. Erneut »zweifellos«! »Die Schuld ist immer zweifellos«! Das Ende wiederholt den Anfang, sich zurückbiegend zur Wahrheit des Paradoxes oder zum Paradox der Wahrheit, deren ungewisse Gewissheit die Variante einer Variante zugleich fixiert und ausgestrichen hat: »Und wenn auch alles unverändert war, der Stachel war doch da, krumm hervorragend aus der geborstenen Stirn, als lege er irgendein Zeugnis für irgendeine Wahrheit ab« (T, S. 823; T: A, S. 391).

Unabhängig von der Frage nach den möglichen realen Vorbildern für Kafkas Strafmaschine[45] ist sie also jedenfalls eine logische Maschine. Daher die mehrfach betonte Zweifellosigkeit. Die Unwiderleglichkeit, die dieser idealen Maschine eignet wie – im Idealfall – Kafkas Schreiben. Dieser Gewissheit steht freilich die Ungewissheit des Geschriebenen selbst gegenüber. Die Ungewissheit, um genauer zu sein, nicht des Geschriebenen, also der Schrift, sondern des Inhalts der Schrift. »Findest Du im ›Urteil‹ irgendeinen Sinn, ich meine irgendeinen geraden, zusammenhängenden, verfolgbaren Sinn? Ich finde ihn nicht und kann auch nichts darin erklären« (B13–14, S. 201), schrieb Kafka ausgerechnet über diejenige seiner Erzählungen, die ihm die Gewissheit der »Zweifellosigkeit« (T, S. 463) seines Schreibens gegeben hatte: »Nur so kann geschrieben werden […]« Nicht anders sind in der *Strafkolonie* die Gerichtsurteile wie das Urteil des Reisenden wie die Urteilsvollstreckung durch den Strafapparat förmlich zwingend. Nur die bei der Exekution vollzogene »Inschrift im Körper« (DzL, S. 215) ist es nicht. »Es darf natürlich keine einfache Schrift sein« (DzL, S. 217), erklärt der Offizier. Die Wunden des Verurteilten entziffern sie wohl (DzL, S. 220), aber der Reisende vermag es nicht. Zweimal dieselbe Szene, dieselben Wendungen sogar:

---

45. Vgl. Wolf Kittler: »Schreibmaschinen, Sprechmaschinen. Effekte technischer Medien im Werk Franz Kafkas«, in: ders., Gerhard Neumann (Hg.): *Franz Kafka: Schriftverkehr,* Freiburg 1990, S. 75–163, hier: S. 116ff., sowie Bernhard J. Dotzler: »Pervasive Bureaucracy: The Case of Herman Hollerith«, und Benno Wagner: »Connecting Cultures: Heinrich Rauchberg, Franz Kafka, and the Hollerith Machine«, beide in: *Austriaca* 60 (2005), S. 45–67.

»Lesen Sie‹, sagte der Offizier. ›Ich kann nicht‹, sagte der Reisende. ›Es ist doch deutlich‹, sagte der Offizier. ›Es ist sehr kunstvoll‹, sagte der Reisende ausweichend, ›aber ich kann es nicht entziffern‹« (DzL, S. 217).

»Lesen Sie‹, sagte er. ›Ich kann nicht‹, sagte der Reisende, ›ich sagte schon, ich kann diese Blätter nicht lesen‹« (DzL, S. 238).

So buchstäblich die *Strafkolonie* daher von der Schrift als Inschrift des Körpers erzählt, die Pointe geht doch darüber hinaus. Als Tötungsmaschine exekutiert der Strafapparat despotisch-souveränes Recht. Zwar in-formiert er den Körper wie die Bio-Macht, dabei sterben machend operiert er jedoch zugleich an der Grenze, an der die Macht über das Leben endet. Dieses wird Zielpunkt erst mit der Zweideutigkeit, die mit der Eindeutigkeit der Maschine einhergeht, im Ganzen wohl sogar erst mit ihrer Selbstzerstörung, erst mit dem Tod, den der Offizier auf sich nimmt, seinem Opfertod also, um die Stimmigkeit seiner Gerichtsbarkeit (»Sei gerecht!«) am eigenen Leib zu demonstrieren – erst, kurz gesagt, mit der seltsamen Nachgeschichte, mit der die Erzählung endet.

Der Strafapparat, weiß man bis dahin schon, ist oder war in der Kolonie, wie der Reisende sie besucht, nicht unumstritten. Er war vielmehr das Erbe eines »alten Kommandanten« (DzL, S. 224), dem eine »neue milde Richtung« der aktuellen Kommandantur »fast feindselig« (DzL, S. 223) gegenübersteht. Erklärtermaßen steht der Apparat damit am Wendepunkt zweier Rechtsordnungen, zweier Machttypen. Dieser Zwischenstellung, so der Offizier, verdankt sich das Moment der Ungewissheit: »Wenn Sie heute, also an einem Hinrichtungstag, ins Teehaus gehen und herumhorchen, werden Sie vielleicht nur zweideutige Äußerungen hören« (DzL, S. 224). Eben dort, im Teehaus, spielt dann die Nachgeschichte nach dem Opfertod des Offiziers, nach der Selbstzerstörung der Maschine. Das Grab des alten Kommandanten soll in diesem Teehaus zu finden sein, und »wirklich« (DzL, S. 247) entdeckt der Reisende unter einem der Tische einen Grabstein. Dessen Inschrift stellt vor keinerlei Entzifferungsprobleme, bis auf das eine: Es ist eine »Aufschrift mit sehr kleinen Buchstaben«. Um sie zu lesen, muss der Reisende vor ihr »niederknien«. Er muss sich, heißt das, auf diese wiederum wörtliche Weise zum Subjekt der Schrift machen, die im Übrigen die Wiederkehr des alten Kommandanten prophezeit, den alten Kommandanten mithin als Messias verkündet: »Glaubet und wartet!« An die Stelle der Schrift, die tötet, tritt damit zuletzt eine Schrift, die erstens (gemäß dem vertrauten religionsgeschichtlichen Schema) ein zukünftiges neues Leben verspricht und zweitens von den jetzt Lebenden Besitz ergreift. Die Maschine, die auf den Körper schreibt, hat ebenso äußerlich ihren, wenn man so sagen kann, (Un-)Geist aufgegeben, dieser ihr Geist aber wirkt, statt zu töten, inwendig fort.

6.

In den weiteren Motivkreis gleicher Art fällt auch die Wunde im *Landarzt* – eine Wunde »so übel nicht. Im spitzen Winkel mit zwei Hieben der Hacke geschaffen« (DzL, S. 260).

Fasst man den berühmten letzten Satz vom »Fehlläuten der Nachtglocke« (DzL, S. 261) als Schlüssel der Erzählung auf, ist unmittelbar klar, dass es sich zum einen um eine Medien-Geschichte handelt wie zum anderen um die Story einer Falle, die dem Ich-Erzähler gestellt wird. Die »Nachtglocke« ist das Telefon,[46] das, wie alle technischen Telekommunikationsmedien, die Distanzen auf Null reduziert (wie den Hinweg des Arztes zu seinem Patienten) *und* sie verabsolutiert (der unendliche Rückweg). Als »Fehlläuten« erweist sich der Fernruf zu dem Patienten »in einem zehn Meilen entfernten Dorfe« (DzL, S. 252), weil dieser Patient keiner ist, sondern zuerst gesund, dann unrettbar dem Tode geweiht (in beiden Fällen also kein Fall für einen Arzt). Und nur als Falle begriffen, erklären sich die auf den Notruf folgenden Geschehnisse mit schöner Folgerichtigkeit. Der Notruf erreicht den Arzt »in großer Verlegenheit«, da er ohne Pferde ist. Mit einem Mal aber sind Pferde da, und das sogar mit und daher wohl von dem Pferdeknecht, der sie sogleich vor den Wagen spannt, mit dem er den Arzt geradezu von seinem Grundstück verjagt. Die Wunde, um die es geht, ist daher zunächst das Mädchen Rosa, das der Arzt für seinen Noteinsatz »hingeben« (DzL, S. 257) muss. Dann erst wird Rosa zu der rosa Wunde (DzL, S. 258), die er an seinem Patienten entdeckt. Auch diese Verletzung bleibt ihm noch äußerlich, doch nötigt sie ihn zu der Flucht, auf der er die Unmöglichkeit seiner Rückkehr erkennen und seine »blühende Praxis« verloren geben muss (DzL, S. 261) – »ein Nachfolger bestiehlt mich«: So schließt sich (wenn auch »ohne Nutzen«) die Falle, und die Wunde geht damit nun wohl durchaus ins Innerste des Landarztes, dessen Geschichte mit unbestimmtem und hierdurch, in diesem Fall, verallgemeinerndem Artikel *Ein Landarzt* heißt.

Deutlich endet die Erzählung gleichnishaft, wenn sich ihr Ich zuletzt »dem Froste dieses unglückseligsten Zeitalters ausgesetzt« (DzL, S. 261) sieht. In dieser Gleichnishaftigkeit geht es nicht darum, irgendeinen »geraden, zusammenhängenden, verfolgbaren Sinn« zu vermitteln; gäbe es solchen Sinn, bräuchte es das Gleichnis nicht. Es geht vielmehr darum, im Medium der Schrift *auszuführen*, welche »Mächte«, wie Georg Simmel gerade zur Zeit der ersten Schreibansätze Kafkas formulierte, »in die Wurzel wie in die Krone des ganzen geschichtlichen Lebens eingewachsen sind, dem wir in dem flüchtigen Dasein einer Zelle angehören«.[47] Der »jetzige Entwicklungsmoment«, schrieb Simmel, scheine in soziologischer Hinsicht

---

46. Vgl. Kittler: »Schreibmaschinen, Sprechmaschinen«, in: *Franz Kafka*, a.a.O., S. 149ff., mit dem Nachweis, dass es im damaligen Fernmeldewesen »einen besonderen Telefonanschluß« unter der Bezeichnung »Nachtruf« gab.
47. Georg Simmel: »Die Großstädte und das Geistesleben« [1903], in: ders.: *Soziologische Ästhetik*, Darmstadt 1998, S. 119–133, hier: S. 133.

»demjenigen in der Wissenschaft vom organischen Leben zu entsprechen, den der Beginn der mikroskopischen Untersuchung bezeichnete. War die Untersuchung bis dahin auf die großen, entschieden gesonderten Körperorgane beschränkt, deren Form- und Funktionsverschiedenheiten sich ohne weiteres darboten, so zeigte sich nun erst der Lebensprozeß in seiner Bindung an seine kleinsten Träger, die Zellen, und in seiner Identität mit den zahllosen und unaufhörlichen Wechselwirkungen zwischen diesen. Wie sie sich aneinander heften oder sich zerstören, sich assimilieren oder sich chemisch beeinflussen – dies erst lässt allmählich einsehen, wie der Körper seine Form bildet, sie erhält oder ändert. Die großen Organe, in denen diese fundamentalen Lebensträger und ihre Wechselwirkungen sich zu makroskopisch wahrnehmbaren Sondergebilden und Leistungen zusammengefunden haben: Herz und Lunge, Magen und Niere, Gehirn und Bewegungsorgane – würden den Zusammenhang des Lebens niemals begreiflich gemacht haben, wenn nicht jene unzähligen, zwischen den kleinsten Elementen sich abspielenden Vorgänge, die von den makroskopischen gleichsam erst zusammengefaßt werden, sich als das eigentliche, fundamentale Leben enthüllt hätten.«[48]

Schreiben, wenn es sich denn auf diese »zelluläre« Ebene richtet, hätte damit den Charakter von Grundlagenforschung. Und: Es müsste sich nicht nur auf diese Ebene richten als etwas, von dem es handelt, sondern auch sich selbst auf ihr situieren. Es müsste, mit anderen Worten, seine dementsprechende Gleichnishaftigkeit auch autoreferentiell entfalten. Kafkas *Hungerkünstler* ist ein solches poetologisches Gleichnis.

Wie viele andere Erzählungen des Nietzsche-Lesers Kafka (*Auf der Galerie* zum Beispiel) versetzt auch diese die Frage der Kunst in eine Artisten-Welt, die Welt des Zirkus als einen Bezirk »von einander immer wieder ausgleichenden und ergänzenden Menschen und Tieren und Apparaten« (DzL, S. 343). Hier verhandelt die Erzählung zwei voneinander zu unterscheidende, doch aufeinander bezogene Probleme: zum einen den Kunstwert der exponierten Fähigkeit des Hungerns, zum anderen die Differenz von äußerem Schein und innerer Wahrheit. Der Gang der Handlung, soweit von einer solchen die Rede sein kann, ist um die erste Frage zentriert. Anstoß des Erzählens ist der »Umschwung« von einer geschätzten Kunst »in scheinbarem Glanz« (DzL, S. 341) zur unbeachteten Darbietung – so konstatiert es bereits der erste Satz: »In den letzten Jahrzehnten ist das Interesse an Hungerkünstlern sehr zurückgegangen« (DzL, S. 333), und so auch nimmt die Erzählung in der Mitte ihren zweiten Anlauf: »Denn inzwischen war jener erwähnte Umschwung eingetreten […]« (DzL, S. 342). Es ist, einmal mehr, die Geschichte eines Urteils (auch im *Landarzt* fällt das Wort, DzL, S. 255), in diesem Fall des Urteils, das »die Welt« (DzL, S. 344) ausgerechnet in jenem Moment über den Hungerkünstler spricht, als er zum ersten und letzten Mal rein in seiner Kunst aufgeht. Bis dahin hatte sein Impresario das Hungern nach vierzig Tagen stets abgebrochen, und »Photographien« schienen ihm Recht zu geben, zeigten sie doch »den Hungerkünstler an einem vierzigsten Hunger-

---

48. Georg Simmel: »Soziologie der Sinne« [1907], in: ders.: *Soziologische Ästhetik*, a.a.O., S. 135–149, hier: S. 135.

tag, im Bett, fast verlöscht vor Entkräftung« (DzL, S. 342). Nun dagegen, im zweiten Teil der Erzählung, hungert der Hungerkünstler immer weiter, aber –: »Man gewöhnte sich an die Sonderbarkeit [...], und mit dieser Gewöhnung war das Urteil über ihn gesprochen« (DzL, S. 346f.).

Vorher wie nachher geht das Urteil allerdings fehl. Die Photographie, dieses Paradigma objektiver Bezeugung, zeigt nicht, um wieviel ausdauernder der Hungerkünstler immer schon hätte hungern können und wollen. Und das unausgesetzte Hungern gerät unter den Verdacht von Schwindel und Lüge, weil niemand die an den Käfig angeschlagene Zahl der nahrungslosen Tage glauben mag, die Zahl, die tatsächlich falsch, weil veraltet ist, aber »dümmste Lüge« nur insofern, als sie unter-, nicht übertreibt (DzL, S. 347). In beiden Fällen besteht also eine Diskrepanz zwischen der irreführenden Objektivierung und der Wahrheit des Subjekts, zwischen dem Phänotyp und dem Genotyp des Hungerkünstlers, könnte man sagen, denn zu der genannten Diskrepanz kommt verschärfend noch diejenige hinzu, dass, was »kein Eingeweihter sonst wußte«, das Hungern für diesen Hungerkünstler »die leichteste Sache von der Welt« war (DzL, S. 337). Es ist nicht nur ›kleine Kunst‹ (im Sinne von Kleinkunst), es ist sogar keine Kunst, dass er hungert. Mit der ironischen Folge, dass ihm das erhoffte »Erstaunen« (DzL, S. 344) des Publikums doch auch wieder zu Recht vorenthalten bleibt.

So hat das Geschehen zwei einander widersprechende, dabei aber komplementär aufeinander verweisende Seiten. Von außen besehen, wird das Hungern verkannt, doch verkehrt sich der Irrtum in Wahrheit. Inwendig bleibt die Verkennung ungerecht. Der Hungerkünstler, heißt es, »arbeitete ehrlich, aber die Welt betrog ihn um seinen Lohn« (DzL, S. 347). Sich hungernd zu zeigen, gesehen, bestaunt zu werden, heißt sein »Lebenszweck« (DzL, S. 345). Was jedoch sollte, ihn betrachtend, zu sehen sein? »Versuche, jemandem die Hungerkunst zu erklären! Wer es nicht fühlt, dem kann man es nicht begreiflich machen« (DzL, S. 347). Und noch vor jeder Erklärung ist allein schon das Faktum ungewiss. Niemand, so der Bericht, »konnte aus eigener Anschauung wissen, ob wirklich ununterbrochen, fehlerlos gehungert worden war; nur der Hungerkünstler selbst konnte das wissen, nur er also gleichzeitig der von seinem Hungern vollkommen befriedigte Zuschauer sein« (DzL, S. 337). Ihm aber bleibt sogar noch diese Befriedigung versagt, denn er wiederum weiß zugleich, dass er nicht unehrlich, aber mit Notwendigkeit handelt, wie er handelt. Er hungert, und das Hungern fällt ihm kinderleicht, weil er »nicht anders« kann (DzL, S. 348). Als Zuschauer von innen repräsentiert der Hungerkünstler eben diese innerste Nötigung, deren letztes Geheimnis nichts anderes als der reine Zufall ist: reine Kontingenz, nicht Wesen seiner Kunst, sondern innere Leibesbeschaffenheit. Der Hungerkünstler hungert –: »weil ich nicht die Speise finden konnte, die mir schmeckt«, sagt er, und wie die Erzählung ihn dies bekennen lässt, unterstreicht nicht umsonst die Körperlichkeit dieser Informationsübermittlung: Er »hob das Köpfchen ein wenig und sprach mit wie zum Kuß gespitzten Lippen gerade in das Ohr des Aufsehers hinein, damit nichts verloren ginge« (DzL, S. 348f.).

7.

Das Gegenbild zum Hungerkünstler ist am Ende der Erzählung ein junger Panther, der in den Käfig gegeben wird, nachdem jener mit seiner Kunst eins geworden ist und sich zu Tode gehungert hat. Ihm schmeckt die Nahrung, ihm kommt die »Freude am Leben« mit »starker Glut aus seinem Rachen«, noch im Käfig scheint er »die Freiheit mit sich herumzutragen« (DzL, S. 349) – aber er ist keines der sonst bei Kafka üblichen Tiere, sondern eher wohl Rilkescher Art, jedenfalls ›zoologisches‹ Tier. Sein »Gang geschmeidig starker Schritte«, sein »Tanz von Kraft«,[49] kurz eben: die in ihm verkörperte Freiheit *ist* dieser Körper – dieser »zum Zerreißen ausgestattete Körper« (DzL, S. 349) –, ist nichts als diese Konstitution, ist also Gegenbild, aber darin auch genaues Pendant zum Hungerkünstler.

Als Pendant aus dem genuin Kafkaschen Bestiarium folgt auf den *Hungerkünstler* die letzte von Kafka noch selbst in Druck gegebene Erzählung: *Josefine, die Sängerin*. Auch sie eine ungewisse Künstlerin. Auch sie eine Profession ausübend, zu der sie »innere Folgerichtigkeit« (DzL, S. 372) treibt, die am Ende aber »gar keine Fertigkeit, sondern eine charakteristische Lebensäußerung« (DzL, S. 352) ist – und deshalb vielleicht keine Kunst, vielleicht gerade die Kunst. Für diese Unentscheidbarkeit verwendet die Erzählung den Begriff der »Ahnung«, der sich, einmal auf ihn aufmerksam geworden, als zentral für Kafkas Poetologie erweist. »Ist es denn überhaupt Gesang?« fragt sich der Erzähler, stellvertretend für das gesamte *Volk der Mäuse*, und kommentiert weiter:

»Trotz unserer Unmusikalität haben wir Gesangsüberlieferungen; in den alten Zeiten unseres Volkes gab es Gesang; Sagen erzählen davon und sogar Lieder sind erhalten, die freilich niemand mehr singen kann. Eine Ahnung dessen, was Gesang ist, haben wir also, und dieser Ahnung nun entspricht Josefinens Kunst eigentlich nicht« (DzL, S. 351).

Ob Josefine Gesang produziert – die Überlieferung bestätigt es nicht und nicht die Ahnung. Wie hier aber beide Arten, etwas zu wissen oder nicht zu wissen, aufeinander bezogen werden, ergibt eine Konstellation, die sich mehrfach bei Kafka findet. So gibt es im »Oktavheft D« eine Miniatur über die sieben Weltwunder und die notorische Erweiterung ihrer Liste um ein achtes. Hierfür beruft Kafka sich wiederum auf das »Ahnungsvermögen«:

»Die geschriebene und überlieferte Weltgeschichte versagt oft vollständig, das menschliche Ahnungsvermögen aber führt zwar oft irre, führt aber, verläßt einen nicht. So ist z.B. die Überlieferung von den sieben Weltwundern immer von dem Gerücht umgeben gewesen, daß noch ein achtes Weltwunder bestanden habe und es wurden auch über dieses achte Wunder verschiedene einander vielleicht widersprechende Mitteilungen gemacht, deren Unsicherheit man durch das Dunkel der alten Zeiten erklärte« (NSF I, S. 374f.).

49. Rainer Maria Rilke: »Der Panther« [1902], in: ders.: *Sämtliche Werke in zwölf Bänden*, Frankfurt a.M. 1976, Bd. II, S. 505.

Dieses »Dunkel der alten Zeiten« schließt die Notiz in sich ab, indem es sie auf ihren Anfang über das Versagen der überlieferten Weltgeschichte zurückbiegt. Zugleich stellt es eine Verbindung zu Kafkas *Neuem Advokaten*, Dr. Bucephalus, her. Bucephalus, das frühere Streitross Alexanders des Großen, hat sich vom »Getöse der Alexanderschlacht« abgewandt und »liest und wendet« nun »die Blätter unserer alten Bücher.« Einst von der »weltgeschichtlichen Bedeutung«, das älteste Weltreich der abendländischen Geschichte erobern zu helfen, hat Bucephalus aufgehört, die Welt zu durchmessen, um stattdessen Historiker oder Schriftgelehrter zu sein (DzL, S. 252). Es ist eine Figur der Einkehr, die er somit verkörpert, eine Figur der Introversion, Introjektion, In-Formation.

Ein Vorgang der Introjektion – wie der Ahnung – ist aber dann auch Gegenstand der Reflexion *Auf der Galerie* im gleichen Erzählungsband (auf den *Neuen Advokaten* folgt der *Landarzt*, dann die *Galerie*):

»Auf der Galerie

Wenn irgendeine hinfällige, lungensüchtige Kunstreiterin in der Manege auf schwankendem Pferd vor einem unermüdlichen Publikum vom peitschenschwingenden erbarmungslosen Chef monatelang ohne Unterbrechung im Kreise rundum getrieben würde, auf dem Pferde schwirrend, Küsse werfend, in der Taille sich wiegend, und wenn dieses Spiel unter dem nichtaussetzenden Brausen des Orchesters und der Ventilatoren in die immerfort weiter sich öffnende graue Zukunft sich fortsetzte, begleitet vom vergehenden und neu anschwellenden Beifallsklatschen der Hände, die eigentlich Dampfhämmer sind – vielleicht eilte dann ein junger Galeriebesucher die lange Treppe durch alle Ränge hinab, stürzte in die Manege, riefe das: Halt! durch die Fanfaren des immer sich anpassenden Orchesters.

Da es aber nicht so ist; eine schöne Dame, weiß und rot, hereinfliegt, zwischen den Vorhängen, welche die stolzen Livrierten vor ihr öffnen; der Direktor, hingebungsvoll ihre Augen suchend, in Tierhaltung ihr entgegenatmet; vorsorglich sie auf den Apfelschimmel hebt, als wäre sie seine über alles geliebte Enkelin, die sich auf gefährliche Fahrt begibt; sich nicht entschließen kann, das Peitschenzeichen zu geben; schließlich in Selbstüberwindung es knallend gibt; neben dem Pferde mit offenem Munde einherläuft; die Sprünge der Reiterin scharfen Blickes verfolgt; ihre Kunstfertigkeit kaum begreifen kann; mit englischen Ausrufen zu warnen versucht; die reifenhaltenden Reitknechte wütend zu peinlichster Achtsamkeit ermahnt; vor dem großen Salto mortale das Orchester mit aufgehobenen Händen beschwört, es möge schweigen; schließlich die Kleine vom zitternden Pferde hebt, auf beide Backen küßt und keine Huldigung des Publikums für genügend erachtet; während sie selbst, von ihm gestützt, hoch auf den Fußspitzen, vom Staub umweht, mit ausgebreiteten Armen, zurückgelehntem Köpfchen ihr Glück mit dem ganzen Zirkus teilen will – da dies so ist, legt der Galeriebesucher das Gesicht auf die Brüstung und, im Schlußmarsch wie in einem schweren Traum versinkend, weint er, ohne es zu wissen« (DzL, 262f.).

Zweimal die gleiche Szene, einmal als schöner Schein, einmal als die grausame Wahrheit der äußeren (durch die Peitsche) wie inneren (durch die Lungensüchtigkeit) Getriebenheit. Diese Wahrheit ahnt der Besucher noch durch die Verführung durch jenen Schein hindurch. Darum, »ohne es zu wissen«, weint er. Spiegelbildlich zu dem der Kunstreiterin, resultiert also auch sein Verhalten – zu weinen, statt einzugreifen, nicht zu wissen, aber zu ahnen – aus einer Introjektion des Scheins wie der Wahrheit, kurz: In-Formation.

Wie einen »schweren Traum«, ergriffen und weinend – so hat man bis heute nicht aufgehört, Kafka zu lesen. Dabei käme es nur darauf an, hinunter zu eilen und »Halt!« zu rufen, um nicht bloß zu erahnen, um vielmehr zu erkennen, wie zumal für sein Schreiben gilt, dass es nicht nur Wissen transportiert, sondern es prozessiert.[50] Es ist das Wissen um die Macht, die nicht bloß von außen uns beherrscht, sondern in unserm Innern unser Leben regiert. Dieses Wissen rumort im Begriff der Ahnung. »9. XI. 11 vorgestern geträumt: lauter Teater, ich einmal oben auf der Gallerie, einmal auf der Bühne« (T, S. 239), notiert das Tagebuch, die Konfiguration des späteren Prosastücks als Szenerie der eigenen Schreibübungen entfaltend. Und in den Briefen an Felice Bauer hält Kafka über seine doppelte Schreiberexistenz als Versicherungsbeamter und als Dichter fest: »Mein Schreibtisch im Bureau war gewiß nie ordentlich, jetzt aber ist er von einem wüsten Haufen von Papieren und Akten hoch bedeckt, ich kenne beiläufig nur das, was obenauf liegt, unten ahne ich bloß Fürchterliches« (B00–12, S. 296).

8.

Sein Bureauschreibtisch brachte Kafka in Berührung mit dem »socialen Versicherungswesen«, mit »Versicherungsfragen von allgemeiner Wichtigkeit«. Der »Apparat« seiner »Anstalt« – an Felice: »der Arbeiter-Unfall-Versicherungs-Anstalt (nicht Gesellschaft, Liebste!)« (B00–12, S. 262) – ist zweifellos mustergültig für mancherlei »komplicierten Betrieb«, der in Kafkas Werk zu finden ist: Muster »so weitreichender und in sich verzweigter Tätigkeit« (NSF I, S. 177f.; AS 167f.), wie die Bio-Macht bürokratischer Art sie darstellt.

Die Übergänge zwischen dem Schreibtisch im Bureau und dem des literarischen Schreibens sind fließend, auch wenn Kafka eher die Opposition beider unterstreicht. Die Unordnung auf jenem, sagt er im zitierten Brief, sei durch »dieses Schreiben« entstanden. Aber auch »dieses Schreiben«, auch der literarische Schreibtisch bietet kein anderes Bild, zumindest wie ihn das Tagebuch zeigt. Der Schreibtisch ist Kafkas »Teater«, wie eine frühe Notiz verrät, die wie so viele um nichts anderes bekümmert ist, als »das Recht zu schreiben« der Unmöglichkeit zu schreiben abzutrotzen. »Das bin ich«, endet die Notiz (T, S. 139), die eben so beginnt:

---

50. Frei nach Roland Barthes – vgl. dazu Bernhard J. Dotzler: »Ordnungen des Wissens: Neuere deutsche Literatur«, in: Claudia Benthien, Hans Rudolf Velten (Hg.): *Germanistik als Kulturwissenschaft. Eine Einführung in neue Theoriekonzepte*, Reinbek 2002, S. 103–123.

»Jetzt habe ich meinen Schreibtisch genauer angeschaut und eingesehen, daß auf ihm nichts Gutes gemacht werden kann. Es liegt hier so viel herum und bildet eine Unordnung ohne Gleichmäßigkeit und ohne jede Verträglichkeit der ungeordneten Dinge, die sonst jede Unordnung erträglich macht. Sei auf dem grünen Tuch eine Unordnung wie sie will, das durfte auch im Parterre der alten Teater sein« (T, S. 137).

Kein Unterschied zwischen den beiden Schreibtischen, soweit. Es werden ja auch auf dem einen wie auf dem anderen Fragen der Bio-Macht verhandelt. Der Unterschied ist nur, dass auf dem literarischen Schreibtisch neben dem bürokratischen Wissen bereits auch das entstehende bio-informatische Wissen verarbeitet wird – früher, als es seinen Namen bekam, weshalb es allein »geahnt« werden, d.h. im Modus der »Ahnung« prozessiert werden konnte.

Dabei hat Kafka nicht etwa Science-fiction geschrieben. Seine Romane verzichten weitestgehend darauf, »mehr oder weniger direkt, mehr oder weniger symbolisch die moderne Welt« abzuschildern, »ihre Trübseligkeit oder ihre Härte, die Übel der Maschinismen und der Bürokratie«; sie verzichten auf jede »realistische oder symbolistische Metaphorik«, um vielmehr »die ganze Gewalt eines bürokratischen, polizeilichen, justiziären, ökonomischen oder politischen Eros voll zu treffen«.[51] Das ist das eine Moment: das der bio-politischen Semiose als Macht *über* die Körper. Das andere Moment ist das der Semiose, der Codierung, Codiertheit *im* Körper, und auch dieses Moment erschließt sich motivisch nur in Andeutungen (wie den skizzierten), während es vielmehr die Schreibweise insgesamt prägt. Das weitreichende und in sich verzweigte Versicherungswesen findet seine »Ausdrucks-Maschine« in den rhizomatischen Verkettungen der drei »große[n], endlose[n]« Romane: »In ihnen ist die Maschine nicht mehr mechanisch oder verdinglicht, sondern sie verkörpert sich in hochkomplexen sozialen Verkettungen, die es gestatten, mit *menschlichen* Figuren, *menschlichen* Maschinenteilen und Rädern *unmenschliche* Wirkungen von Gewalt und Verlangen zu erzielen«.[52] Aber das Werk Kafkas ist endlos in und mit allen seinen Teilen. Vom Aphorismus über die abgeschlossene oder auch schlicht aus einem größeren Schreibzusammenhang ausgekoppelte Erzählung bis zum abgebrochenen Roman ist jeder einzelne Text nur Segment *eines* seinem Umfang nach endlichen, prinzipiell aber unabschließbaren Schriftgewebes. »Nur so kann geschrieben werden…«: Es ist ein Schreiben, bemüht, sich »in alle Weltrichtungen auszubreiten« (T, S. 37). Ein Schreiben ohne Anfang und Ende: »Alle Dinge nämlich die mir einfallen, fallen mir nicht von der Wurzel aus ein, sondern erst irgendwo gegen ihre Mitte« (T, S. 14). Ein Schreiben um alles und nichts oder nichtssagend, wenn man nach seiner Bedeutung fragt, und deshalb zu allem fähig, also vollkommen, wenn man es an sich selbst betrachtet:

»Die besondere Art meiner Inspiration in der ich Glücklichster und Unglücklichster jetzt um 2 Uhr nachts schlafen gehe [sie wird vielleicht, wenn ich nur den Gedanken

51. Deleuze, Guattari: *Kafka*, a.a.O., S. 53f.
52. Ebd., S. 52 u. 55.

daran ertrage, bleiben, denn sie ist höher als alle früheren] ist die, daß ich alles kann, nicht nur auf eine bestimmte Arbeit hin. Wenn ich wahllos einen Satz hinschreibe z. B. Er schaute aus dem Fenster so ist er schon vollkommen« (T, S. 30).

Bevor da ein Muster ist, ist es also das Rauschen, aus dem Kafka seine Sätze ausfiltert. Irgendwo aus der Mitte herausgegriffene Fragmente. Für diese Bedeutung des Rauschens steht motivisch *Josefine, die Sängerin*. Motivisch handelt *Der Bau* vom bloßen Geräusch. Motivisch situieren sich der vierte und der sechste der *Elf Söhne* in ihrem Sprachgebaren zwischen der prägnanten Sentenz und bloßem Geplapper. Und dann sind da auch noch die beiden »Telephonhörmuscheln«, die »als Nachrichten vom ›Pontus‹ […] nichts und nichts […] als einen traurigen, mächtigen, wortlosen Gesang und das Rauschen des Meeres« hören lassen (B13–14, S. 55). Doch über dergleichen Motivanklänge hinaus ist Kafkas Schreiben insgesamt Ausfilterung signifikanter Zeichenketten aus Ketten endloser Signifikanten, und *so*, mehr noch durch seine Schreibweise als durch seine Motivik, realisiert es seine Ahnung von der inwendigen Macht des Codes.

9.

Man hat, was Kafka dergestalt in den Schubladen seines Schreibtisches entstehen ließ, am von ihm selbst statuierten Gegensatz »großer Litteraturen« vs. »kleiner Litteraturen« (T, S. 326) zu begreifen versucht. Man hat von jeher – das heißt: sobald es publik zu werden begann – die Sprengkraft seines unbeirrbaren wie ihm selbst verzweifelt unbegreiflichen Schreibprojekts gegenüber der literarischen Tradition bemerkt. *Für eine kleine Literatur.*

> »Was innerhalb großer Litteraturen unten sich abspielt und einen nicht unentbehrlichen Keller des Gebäudes bildet, geschieht hier im vollen Licht, was dort einen augenblicksweisen Zusammenlauf entstehen läßt, führt hier nichts weniger als die Entscheidung über Leben und Tod aller herbei« (T, S. 322).

Diese »kleine Literatur«, so lässt sich aus Kafkas Fragmenten rekonstruieren, ist ihrerseits eben grundsätzlich fragmentarisch: nicht »Weltsprache«, sondern ein »Treiben der Sprache«, in dem nur »Bruchstücke bekannter Sprachgesetze« herrschen (NSF I, S. 189). Sie trennt nicht zwischen Kunst und Politik und Alltagsleben; orientiert an der Vorstellung einer »Körper-Kunst« versteht sie sich stattdessen als Literatur, »die mitten im Leben ›steht‹, ja dieses Leben selbst *ist*«.[53] Man darf es beim Wort nehmen, wenn Kafka einmal zur Metapher des Organismus greift:

---

53. Gerhard Neumann: »Eine höhere Art der Beobachtung‹. Wahrnehmung und Medialität in Kafkas Tagebüchern«, in: Beatrice Sandberg, Jakob Lothe (Hg.): *Franz Kafka: Zur ethischen und ästhetischen Rechtfertigung,* Freiburg 2002, S. 33–58, hier: S. 52.

»Anfang jeder Novelle zunächst lächerlich. Es scheint hoffnungslos, daß dieser neue noch unfertige überall empfindliche Organismus in der fertigen Organisation der Welt sich wird erhalten können, die wie jede fertige Organisation danach strebt sich abzuschließen. Allerdings vergißt man hiebei, daß die Novelle falls sie berechtigt ist, ihre fertige Organisation in sich trägt, auch wenn sie sich noch nicht ganz entfaltet hat; darum ist die Verzweiflung in dieser Hinsicht vor dem Anfang einer Novelle unberechtigt; ebenso müßten Eltern vor dem Säugling verzweifeln, denn dieses elende und besonders lächerliche Wesen hatten sie nicht auf die Welt bringen wollen. Allerdings weiß man niemals, ob die Verzweiflung die man fühlt die berechtigte oder die unberechtigte ist. Aber einen gewissen Halt kann diese Überlegung geben, das Fehlen dieser Erfahrung hat mir schon geschadet« (T, S. 711).

Freilich ist das Bild hier wohl nicht zuletzt der von Kafka nie ganz verabschiedeten Idealvorstellung eines in sich geschlossenen Sprachkunstwerks – der Novelle – geschuldet. Aber das Problem des Anfangs gemahnt an die Ausschnitthaftigkeit aller Literatur. Durch sie gibt es die Chance, dass »wahllos« jeder Satz gelingt, aber auch die stets so berechtigte wie unberechtigte Verzweiflung ob seiner Lächerlichkeit. Kafkas Schreibweise »beginnt mit dem Sagen und sieht oder begreift erst später«:[54]

»Kein Wort fast das ich schreibe paßt zum andern, ich höre wie sich die Konsonanten blechern an einander reiben und die Vokale singen dazu wie Ausstellungsneger. Meine Zweifel stehn um jedes Wort im Kreis herum, ich sehe sie früher als das Wort, aber was denn! ich sehe das Wort überhaupt nicht, das erfinde ich« (T, S. 130).

Kafkas »kleine Literatur« ist durch und durch Worterfindung dieser Art. Von Balzacs groß angelegtem Projekt, die »Pariser Bevölkerung« als einen »gesellschaftliche[n] Organismus« zu schildern,[55] bis zu Fontanes mildem Spott auf die »Normalnovelle«[56] hielt die Statistifizierung als *sujet* Einzug in die Literatur. Demgegenüber wird mit Kafka und der modernen Literatur das stochastisch regierte Wortmaterial selber zum Subjekt des Schreibens. In ihm das Wissen zu entdecken, das ein solches Schreiben nicht bloß abbildet, sondern realisiert, bleibt die noch unerledigte Aufgabe.

---

54. Deleuze, Guattari: *Kafka,* a.a.O., S. 40.
55. Honoré de Balzac: »Das Mädchen mit den Goldaugen«, gleichzeitig mit Quételets *Physique sociale* erschienen, hier nach: ders.: *Die menschliche Komödie. Gesamtausgabe in zwölf Bänden,* München 1998, Bd. VI, S. 329f.
56. Theodor Fontane: *Der Stechlin* [1899], München 1995, S. 300.

Gerhard Neumann

Der Affe als Ethnologe
Kafkas Bericht über den Ursprung der Kultur und dessen kulturhistorischer Hintergrund

»Das Nachmachen, das Äffische, ist das eigentlich und ältest Menschliche [...]
Kein Thier ist so sehr Affe als der Mensch.—«
Friedrich Nietzsche[1]

»Vergewaltigung der Natur ist ein starkes Ingrediens unserer Kultur seit hundert Jahren.«
Hugo von Hofmannsthal, *Buch der Freunde*[2]

I

Die Erkundung der Grenze zwischen Mensch und Tier und die Einwirkung dieser Grenzbestimmung auf die Konzepte von Anthropologie und Humanismus in der Moderne ist, wenn man die aktuelle Diskussion in der Literatur- als einer Kulturwissenschaft in Betracht zieht, ganz ohne Frage zu einem der wichtigsten Themen geworden. Und es ist dabei doch, wenn man es genau nimmt, schon immer, intermittierend, ein solches Kulturthema gewesen. Der große französische Naturforscher Buffon hat es bereits im 18. Jahrhundert konstatiert. Er schreibt: »S'il n'existaient point d'animaux, la nature de l'homme serait encore plus incompréhensible.«[3]

Es ist ja ganz zweifellos, dass solche Grundfragen, wie die nach der Grenze zwischen Mensch und Tier, im Lauf der Jahrhunderte immer wiederkehren – und immer wieder neu bearbeitet werden. Zugleich ist es aber völlig unklar, wann und warum sie plötzlich in den Fokus der Aufmerksamkeit geraten und wann sie – für wie lange – wieder daraus verschwinden.[4] So ist es auch mit dem Thema der Bestimmung des Verhältnisses zwischen Mensch und Tier; oder soll man besser sagen, der Bestimmung des Anteils von Natur und Kultur in jedem der beiden Protagonisten? Worin liegt das tiefere Interesse dieser Fragestellung und dieser Abgrenzung oder Zäsurensetzung? Welche Funktion gewinnen sie im Bereich der neuerdings wieder geführten Humanitäts-Diskussion?[5]

1. Friedrich Nietzsche, KSA 9, S. 55.
2. Hugo von Hofmannsthal: *Buch der Freunde*, hg. von Ernst Zinn, Frankfurt a.M. 1965, S. 58.
3. Giorgio Agamben: *Das Offene. Der Mensch und das Tier*, Frankfurt a.M. 2003, hier Motto S. 9.
4. Die Wissenschaftshistorikerin Lorraine Daston ist dieser Frage in einer faszinierenden Studie nachgegangen: Lorraine Daston: *Eine kurze Geschichte der wissenschaftlichen Aufmerksamkeit*, München 2001 (= Carl Friedrich von Siemens Stiftung, Reihe »Themen«, Bd. 71).
5. Peter Sloterdijk: *Regeln für den Menschenpark. Ein Antwortschreiben zu Heideggers Brief über den Humanismus*, Frankfurt a.M. 1999.

Das Feld der Vermutungen, die angestellt werden, ist groß; die Thesen, die darin aufgerichtet werden, sind kaum auf einen Nenner zu bringen. Eines allerdings scheint unbestritten: Die Frage, wie Tier und Mensch sich zueinander verhalten, hat in unserer Gesellschaft etwas mit der Gewalt, die in eben dieser Gesellschaft herrscht, und ihrem hierarchischen Ordnungsanspruch zu tun – dem Hochmut des Menschen gegenüber anderen natürlichen Wesen. Dabei kann man, auf der einen Seite, das Thema in einem sehr weiten Rahmen fassen; also als die Frage nach den Anteilen des Animalischen und des Gesellschaftlichen in jenem ›animal sociale‹, als das man den Menschen seit Aristoteles verstehen will. Auf der anderen Seite aber kann man das Thema im engeren Sinne behandeln: als die zugespitzte Frage nach dem Verhältnis von Mensch und Affe als zweier nah verwandter Spezies des Tierreichs im Feld der Natur.[6] Es ist ganz offensichtlich, dass diese doppelte Frage in der gegenwärtigen Situation der Anthropologie wie der Philosophie hohe Konjunktur besitzt und wieder einmal, im Feld des sogenannten ›Humanismus‹, heftig diskutiert wird – wie ja schon an manchen anderen Krisenpunkten der kulturellen Entwicklung.[7] So besaß diese Frage beispielsweise schon um 1900 eine beträchtliche Brisanz: angestoßen durch die Gedanken Darwins, durch Nietzsche und durch Sigmund Freud und deren verschieden geartete Interessen am Lebenswissen. Denn darum, um diese Frage nach dem Lebenswissen, geht es ja offensichtlich in diesem Kontext: Wie lässt sich Leben bestimmen und definieren zwischen Natur und Kultur, im Spannungsfeld zwischen Ökonomie, Politik und Verwaltung (und ihren strategischen Institutionen)? Lässt sich Leben, durch Ausdifferenzierung seiner ›natürlichen‹ und ›kulturellen‹ Anteile, systematisch erforschen und kulturpolitisch überhaupt noch ›in den Griff‹ bekommen?

Ich möchte mich in meinen folgenden Überlegungen auf die genannte Krise um 1900 konzentrieren und dabei vor allem zwei exemplarische literarische Texte betrachten, die dieses Problem kulturkritisch – oder ethnographisch – ausbeuten; Texte also, die diese brisante Debatte um das Verhältnis von Affe und Mensch, die mögliche Grenzbestimmung zwischen ihnen, aufgreifen und, wie mir scheint, neu und eigenwillig beleuchten. Es sind zwei Texte, die die genannte Krise um die Bestimmung des ›Humanen‹, zeitlich gesehen, gewissermaßen ›einrahmen‹: Da ist einerseits Gustave Flauberts frühe Erzählung *Quidquid volueris*, die er, wie überliefert ist, am 8. Oktober 1837 beendete;[8] die er also mit sechzehn Jahren schrieb, die aber ihre literarhistorische Wirkung erst später entfaltete; und da ist andererseits Franz Kafkas gattungskritisch schwer zu klassifizierender Text *Ein Bericht für eine Akademie*, den dieser 1917 verfasste und in dem Erzählungenband *Ein Landarzt* veröffentlichte.[9]

---

6. Es gibt auch die Möglichkeit, diese Zuspitzung zu verdoppeln: etwa auf das Verhältnis von Affe und Hund zum Menschen hin. Es wäre die Zuspitzung auf die Bedrohung durch das Eigene-Fremde einerseits (Affe), die Affirmation durch einen Identitätsgaranten andererseits (Hund). Vgl. hierzu Gerhard Neumann: »Der Blick des Anderen. Zum Motiv des Hundes und des Affen in der Literatur«, in: *Jb. der dt. Schillergesellschaft* XL (1996), S. 87–122.
7. Dazu die genannten Studien von Sloterdijk und Agamben.
8. Gustave Flaubert: *Œuvres complètes*, Vol. I: *Œuvres de jeunesse*, édition présentée, établie et annotée par Claudine Gothot-Mersch et Guy Sagnes, Paris 2001, S. 243–272.

Bevor ich mich diesen beiden literarischen Texten zuwende, möchte ich aber die aktuelle Wissenslage (wie sie sich um das Jahr 2000 darstellt) über das Affe-Mensch-Verhältnis in ihren Kontroversen skizzieren und den zugehörigen kulturhistorischen Hintergrund dieses Ausdifferenzierungsprozesses andeuten. Dabei sind drei voneinander abweichende Positionen zu berücksichtigen. Da ist, auf der einen Seite, die Anthropologie und Verhaltensforschung, die sich auf die Archäologie der Entwicklung von Primaten stützt; da ist, auf der anderen Seite, die Philosophie mit ihrer Bemühung um eine Position des Menschen in der Geschichte der Biopolitik einerseits, des ›Humanismus‹ andererseits; und da ist, zwischen dem anthropologischen und dem philosophischen Feld angesiedelt, die Position von Wissenschaftshistorikern, die diejenige Geschichte des Wissens zu rekonstruieren versuchen, die durch und über die Figur des Tieres erzeugt wurde, also aus dem Wechselbezug zwischen Wissensinstrument und Wissensobjekt heraustritt. Innerhalb dieses komplexen Fragerahmens möchte ich auf vier Autoren und ihre disziplinär verschieden verankerten Positionen aufmerksam machen. Da ist auf der einen Seite der Verhaltensforscher Frans de Waal mit seinem jüngsten Buch *Der Affe in uns. Warum wir sind, wie wir sind*.[10] De Waal hat seit 1991 schon drei andere einschlägige Bücher veröffentlicht.[11] Da ist, von philosophischer Seite, und de Waal gegenüber, Peter Sloterdijk, der die Frage nach der Verwandlung des Sapiens-Tiers in den Sapiens-Menschen – als Frage nach dem noch möglichen neuen ›Humanismus‹ – in ihrer langen Geschichte erneut aufgegriffen hat: in seinem Essay *Regeln für den Menschenpark* von 1999.[12] In die gleiche Richtung, aber mit dem Akzent auf den (im Foucaultschen Sinne) ›biopolitischen‹ Umständen der Tier/Mensch-Geschichte, argumentiert der italienische Autor Giorgio Agamben, der mit seinem Buch *Das Offene. Der Mensch und das Tier* von 2003 Aufsehen erregt und auch Kritik geerntet hat.[13] Weder verhaltenstheoretisch, noch philosophisch, sondern vielmehr wissenschaftshistorisch ausgerichtet ist dann die Studie von Benjamin Bühler und Stefan Rieger, die, mit Bezug auf Nietzsche, den Begriff des ›Übertiers‹ ins Spiel bringt: mit dem Blick auf die Figur des Tiers und seine Benutzung als Agent eines neuen Wissens vom Menschen.[14]

Zunächst also ein Blick auf die Thesen von Frans de Waal. De Waals Erkenntnisziel ist eine Archäologie der Entwicklung des Menschen, seiner aggressiven wie seiner empathischen sozialen Grundeinstellung, im Laufe der Evolution. Da Menschen und Menschenaffen von einem einzigen gemeinsamen biologischen Typus herzuleiten sind und die Menschenaffen sich von dieser langen Entwicklungslinie früher abgespalten haben als die Menschen, lässt sich, so de Waal, das

9. Vgl. hierzu meinen Aufsatz: »*Ein Bericht für eine Akademie*. Kafkas Theorie vom Ursprung der Kultur«, in: Franz Kafka: »*Ein Landarzt*«. *Interpretationen*, hg. von Elmar Locher und Isolde Schiffermüller, Bozen 2004, S. 275–293.
10. Frans de Waal: *Der Affe in uns. Warum wir sind, wie wir sind*, München 2006.
11. Frans de Waal: *Wilde Diplomaten*, München 1991; *Der gute Affe*, München 1997 sowie *Der Affe und der Sushi-Meister*, München 2002.
12. Sloterdijk: *Regeln*, a.a.O.
13. Agamben: *Das Offene*, a.a.O.
14. Benjamin Bühler, Stefan Rieger: *Vom Übertier. Ein Bestiarium des Wissens*, Frankfurt a.M. 2006.

Erbpotential, das der Mensch aus der Vergangenheit mitgebracht hat, noch am gegenwärtigen Verhalten der Affen-Primaten ablesen: also durch asynchrone Präsenz verschiedener entwicklungsgeschichtlicher Zustände. An die Stelle der Spekulation über Ursprünge, die fruchtlos bleibt, da sie der Forschung historisch unzugänglich sind, tritt so die Beobachtung von jetzt noch, zeitversetzt, bestehenden Zuständen in der Entwicklung des »bipolaren Menschenaffen«,[15] wie de Waal den Menschen nennt. Die Reservate, in denen Menschenaffen beobachtet werden können, erweisen sich nämlich, so gesehen, als Konserven eines früheren Zustands in der menschlichen Entwicklung. Sie sind – im Sinne der hier vorliegenden Fragestellung – der Ort, wo unser Fremdes, das zugleich unser eigenster Kern ist, uns, den Menschen, in der Natur gegenübertritt. »Das Leben der Affen in der Natur«, schreibt de Waal, ist uns »unersetzlich«. »Das alles zu verlieren hieße, ein großes Stück unserer Selbst zu verlieren«[16] und zwar, weil dieses Leben der Affen unser evolutionäres Erbe repräsentiert. Ökologie wäre, so gesehen, eine Form der Archäologie des menschlichen Ursprungs.

Als Protagonisten dieses archäologischen Szenarios über die Entwicklung der komplexen menschlichen Verhaltensfigur dienen de Waal aber zwei der vier existierenden Menschenaffen-Spezies:[17] die Schimpansen auf der einen Seite, als die zur Gewalt neigenden Primaten; die (erst 1926 entdeckten oder aus den Schimpansen ausgegrenzten) Bonobo andererseits, als die zur Friedfertigkeit, zu Empathie und zu sexueller Versöhnungslust geneigten Menschenaffen.[18] Beide, einander entgegengesetzten, Verhaltens-Codices, Gewalt-Einsatz und Empathie im kommunikativen Verkehr, seien, so der Primatenforscher, in der menschlichen Verhaltensstruktur auf höchst brisante Weise verkoppelt. Daher nennt de Waal den Menschen denn auch den »bipolaren Menschenaffen« und sein Überleben in der Gesellschaft einen riskanten »Balanceakt« zwischen beiden Verhaltensweisen, der aggressiven wie der empathischen.[19]

Aus dieser Grundüberlegung leiten sich bei de Waal dann verschiedene Erkenntnisse ab. Erstens: Die menschliche Sozialorganisation sei charakterisiert durch dreierlei. Zunächst durch Einsatz von Gewalt, in welchem männliche Bindungen eine wichtige Rolle spielen – dies hat der Mensch mit dem Schimpansen gemeinsam. Der Menschenverkehr sei ferner bestimmt durch das Aushandeln von friedfertigen Übereinkünften, in denen weibliche Bindungen wichtig sind – dies hat der Mensch mit den Bonobo gemeinsam. Die menschliche Sozialorganisation erfolgt schließlich durch die Bildung einer Kernfamilie – dies zeichnet den Menschen allein aus; denn Primaten bilden keine Familien.[20]

---

15. De Waal: *Der Affe in uns*, a.a.O., S. 295.
16. Ebd., S. 311. Um dieses Thema, das die brisanten Fragen von Anthropologie, Darwinismus, Menschenrechten, Tierschutz, Ökologie und Vegetarianismus einschließt, kreist Coetzees Roman *Elisabeth Costello*, der die Vortragsreise einer Wissenschaftlerin mit einem Vortrag über Franz Kafkas *Bericht für eine Akademie* zum Gegenstand hat: J.M. Coetzee: *Elisabeth Costello*, New York 2003.
17. Tiersein und Menschsein bedeutet: sich in ein Klassifikationssystem finden. Die vier Primaten-Spezies sind: Orang-Utan; Gorilla; Schimpanse; Bonobo. Die Ausdifferenzierung dieses letzteren ist für de Waal entscheidend für die Positionierung des Menschen in der Primaten-Evolution.
18. De Waal: *Der Affe in uns*, a.a.O., S. 303.
19. Ebd., S. 295.
20. Ebd., S. 152.

Zweite Erkenntnis: Kulturen der Gewalt und der Aggression wie Kulturen der Friedfertigkeit und des Konflikte-Lösens kommen gleichermaßen in der ›Natur‹ vor. Dabei und daher sind unsere Gesellschaften ein Balanceakt zwischen zwei Verhaltenstypen: dem Hierarchie erzwingenden Typus, wie er im Schimpansen verkörpert ist, und dem Hierarchie abschwächenden Typus, wie er sich im Bonobo repräsentiert findet.[21] Das heißt aber: Der Mensch, der »bipolare Menschenaffe«, erweist sich als ein Hybrid, ein Mischwesen. Wir Menschen haben nicht nur einen, schreibt de Waal, sondern »zwei innere Affen«,[22] mit denen wir uns zu arrangieren haben. Aus diesen beiden genannten Einsichten folgt aber zuletzt ein Drittes: »Unsere Moral«, behauptet de Waal, »ist ein Produkt desselben Ausleseprozesses, der auch unsere Aggressivität und unser Konkurrenzverhalten formte.«[23]

Abschließend ist, im Zusammenhang mit dieser von de Waal beschriebenen Gewinnung von Einsichten, noch ein methodischer Aspekt hervorzuheben, den de Waal geltend macht.[24] Er betont, dass er seine Einsichten und Resultate nicht mittels des Kausalitätsprinzips gewinnt, also aus einem beobachteten Prozess ein Erkenntnisprodukt ableitet, sondern dass, wie er schreibt, »Prozeß und Produkt verschiedene Dinge«[25] sind; also Resultate sich emergent einstellen und erst nachträglich eine Sinnfigur aus dem beobachteten Prozess emaniert.[26] So weit der Verhaltensbiologe Frans de Waal. Ihm gegenüberzustellen ist nun der italienische Philosoph Giorgio Agamben und, in einem weiteren Schritt, Peter Sloterdijks kulturphilosophischer Ansatz.

Agamben macht seinerseits einen Vorschlag für die Neubestimmung des Verhältnisses von Mensch und Tier und gelangt, wie de Waal, zur Auffassung des Menschen als eines Hybrids, eines Mischwesens mit dysfunktionalen Verhaltens-Mehrwerten. Aber anders als de Waal arbeitet er nicht mit einer Kompromissformel von Aggressivität und Friedfertigkeit, sondern mit der kultur-pessimistischen Devise vom Menschen als Artefakt, als einer ›anthropologischen Maschine‹, in der Körper und Geist, Animalisches und Humanes, Organismus und Technizität auf unberechenbare, aber gleichwohl manipulierbare Weise verschränkt werden. Diese ›anthropologische Maschine‹ sei das Produkt biopolitischer Strategien.

Der Mensch sei, so Agamben weiter, von Zäsuren durchschnitten, die auf immer andere Weise Animalisches und Humanes in ihm voneinander zu trennen suchen – ohne dass diese je anderen Zäsuren durch Beobachtung der ›Natur‹ legitimiert würden.[27] Da die moderne Welt im Zeichen der Biopolitik,[28] also der

21. Ebd., S. 323.
22. Ebd.
23. Ebd., S. 324.
24. Dieses Problem steht im Mittelpunkt der ›Kulturtheorie‹ des Affen Rotpeter in Kafkas *Bericht für eine Akademie*.
25. De Waal: *Der Affe in uns*, a.a.O., S. 50f.
26. De Waal nennt die kausale Argumentation den ›Beethoven-Fehler‹ – aus einer verkommenen Wohnung lasse sich die glasklare Struktur der Musik nicht ohne weiteres ableiten.
27. De Waal sieht eine Legitimierung solcher Zäsuren durch Beobachtung beispielsweise in der Ausgrenzung der Bonobo aus den Schimpansen – oder der Differenz, die den bipolaren Menschenaffen ›durchschneidet‹.

strategischen Verwaltung und Ausbeutung von Leben, steht, sind es nicht natürliche oder naturwissenschaftliche Kriterien, sondern politische und ökonomische Interessen, die je und je bestimmen, wie und wo die Grenze zwischen Mensch und Tier verläuft, ja, wo sie (mehr oder minder willkürlich) anzusetzen sei. Der Mensch, so schreibt Agamben, ist dasjenige Tier, »*das sich selbst als menschlich erkennen muß, um es zu sein*«.[29] Im Grunde arbeitet also der Mensch, wenn er so, nämlich als Beglaubigungsinstanz seines humanen Selbst, verstanden wird, an nichts anderem als daran, diese Differenz zwischen Tier und Mensch auszustellen und vorzuzeigen: als eine willkürlich, nach massiven gesellschaftlichen Interessen ausgehandelte Grenze – über deren Bestimmung er als Individuum freilich keinesfalls frei verfügt. Man könnte also mit Agamben sagen: Die Antwort auf die Frage nach dem Ursprung des Menschen erfolgt nicht aus einer Archäologie der Evolution, wie de Waal sie vorschlägt; sondern diese Antwort auf die Frage nach dem Ursprung des Menschen *ist* eben gerade nichts anderes als die gegenwärtige, politisch und ökonomisch konstruierte (sich selbst in ihrer Zwiespältigkeit ausstellende) anthropologische Maschine.[30] Der Mensch: ein Hybrid aus Organismus und Technik, ein ›Cyborg‹, wie ein von Donna Haraway geprägter Begriff es ausdrückt;[31] also ein von Steuerungssystemen und von ›natürlichen‹ Trieben unberechenbar gelenkter ›Organismus‹.

Die Überlegungen von Peter Sloterdijks *Regeln für den Menschenpark* gehen, im Unterschied zu Agamben, nicht von der Idee der Biopolitik, sondern von der Kulturgeschichte des ›Humanismus‹ seit den griechischen und römischen Anfängen aus. Es handle sich bei dieser Geschichte, so Sloterdijk, um so etwas wie eine Anthropodizee:[32] also um die Bestimmung des Menschen angesichts des Spannungsfelds zwischen seiner biologischen Offenheit, seiner moralischen Ambivalenz und der aus beidem resultierenden Mechanismen seiner Selbstregulierung. Zugleich gehe es dabei um die Medienfrage, also die Mittel, »durch deren Gebrauch sich die Menschen selbst bilden zu dem, was sie sein können und sein werden«.[33] Diese Anthropodizee entwickle sich nun aber in zwei »großen Erzählungen«, einer natur- und einer sozialgeschichtlichen; dem Werden zu einem weltoffenen, weltfähigen Tier auf der einen Seite, dem Gezähmtwerden zu dem ›sich zusammennehmenden‹ Menschen auf der anderen.[34] Die erste Erzählung berichtet vom Abenteuer der Hominisation, dem Exodus des »Sapiens-Tiers« aus der Natur, der »Aufsprengung der biologischen Geburt zum Akt des Zur-

---

28. Agamben entlehnt diesen Begriff den Schriften von Michel Foucault: »Der moderne Mensch ist ein Tier, in dessen Politik sein Leben als Lebewesen auf dem Spiel steht.« (Michel Foucault: *Der Wille zum Wissen. Sexualität und Wahrheit I*, Frankfurt a.M. 1983, S. 171).
29. Agamben: *Das Offene*, a.a.O., S. 36.
30. Ebd., S. 37–41.
31. Donna Haraway: »Ein Manifest für Cyborgs. Feminismus im Streit mit den Technowissenschaften«, in: Donna Haraway: *Die Neuerfindung der Natur. Primaten, Cyborgs und Frauen*, Frankfurt a.M., New York 1995, S. 33–72; zu Hybriden s. vor allem S. 33f. und 67f.
32. Rechtfertigung des menschlichen Daseins in der Welt angesichts von dessen ambiger, gut-böser Grundstruktur (Sloterdijk: *Regeln*, a.a.O., S. 19).
33. Ebd.
34. Ebd., S. 33.

-Welt-Kommens«[35], sodass der Mensch als das Wesen erscheint, »das in seinem Tiersein und Tierbleiben gescheitert«, der Offenheit ausgesetzt und daher welt-fähig ist.[36] Die zweite Erzählung handle dann, wie Sloterdijk sich in Heidegger-schen Termini ausdrückt, vom Einzug des »Sapiens-Menschen«[37] in das Haus des Seins – und zwar im doppelten Sinne aufgefasst: nämlich in die Behausung der Sprache und in die Behausung als Architektur.[38] »Mit der Zähmung des Men-schen durch das Haus beginnt zugleich«, so schreibt Sloterdijk, »das Epos von den Haustieren. Deren Bindung an die Häuser der Menschen jedoch ist nicht bloß eine Sache von Zähmungen, sondern auch eine von Abrichtungen und von Züchtungen.«[39] Zähmung des Sapiens-Tiers also und Züchtung des Sapiens-Menschen, die einander wie Exodus aus der Natur und Einzug in die Kultur entsprechen, die einander wie Frage und Antwort gegenüberstehen. In solcher Kohabitation von Tier und Mensch formiert sich damit, so Sloterdijk, ›Wahr-nehmen‹ und ›Erkennen‹ der Welt, also ›Theorie‹, als im doppelten Zeichen von Zähmung und Züchtung stehendes Lebenswissen. Dabei ist, so Sloterdijk, der Zusammenhang von Häuslichkeit und Theoriebildung von entscheidender Be-deutung. »Die Fenster [werden zu] Lichtungen der Mauern, hinter denen die Menschen zu theoriefähigen Wesen wurden.«[40] Aufs Ganze gesehen kann, so Sloterdijk weiter, gesagt werden, dass sich in der Gegenwartskultur ein »Tita-nenkampf« zwischen den zähmenden und den bestialischen Impulsen und ihren jeweiligen Medien abspielt.[41] In der Umstellung vom Geburtenfatalismus zur optionalen Geburt und pränatalen Selektion gebe sich die zunehmende Mani-pulation biologischer Risiken zu erkennen.[42] Und Sloterdijk resümiert: »Was sich als Nachdenken über Politik präsentiert, ist in Wahrheit eine Grundrefle-xion über Regeln für den Betrieb von Menschenparks« – in Analogie zu ›Tier-parks‹, zu ›zoologischen Gärten‹ verstanden.[43]

Die Autoren Benjamin Bühler und Stefan Rieger schließlich suchen in ihrem Buch *Vom Übertier*, das 2006 erschien, eine dritte Position in der Beobachtung der Grenze zwischen Mensch und Tier auszumachen, die sich weder der natur-wissenschaftlichen Verhaltensforschung eines de Waal, noch der Kulturphiloso-phie eines Sloterdijk oder Agamben zuschlagen lässt. Bühler und Rieger gehen nämlich zunächst von der Beobachtung in der modernen Wissenskultur aus, dass sehr verschiedene Disziplinen – Naturwissenschaft, Theologie, Psychologie, Anthropologie, Philosophie und noch manche anderen, wie die Literaturwis-senschaften – in ihrer Argumentation auf die Differenz zwischen Mensch und Tier rekurrieren: als ein strategisches Kernparadigma.[44] Im Mittelpunkt ihrer

35. Ebd.
36. Ebd., S. 34. In Heideggers Terminologie, auf die auch die Studie Agambens zurückgreift, sind Mineralien weltlos, Tiere weltarm und Menschen weltoffen.
37. Sloterdijk: *Regeln*, a.a.O, S. 33.
38. Ebd., S. 35.
39. Ebd.
40. Ebd., S. 36f.
41. Ebd., S. 46.
42. Ebd.
43. Ebd., S. 48.
44. Bühler, Rieger: *Vom Übertier*, a.a.O., S. 7.

Überlegungen steht nun aber ein Menschenbild, das nicht mehr vom Hochmut gegenüber anderen Seinsarten geprägt ist, sondern mit dem Homo sapiens als einem ›Mängelwesen‹ (Arnold Gehlen), als einem ›Prothesengott‹ (Sigmund Freud) rechnet, der durch Kultur- und Medientechniken nachholt, was ihm die ›Natur‹ versagt hat. Die beiden Autoren proben also eine Inversion der Blickrichtung auf das Menschenwissen und seine Gewinnung in der Kultur. Wissen über den Menschen wird, so Bühler und Rieger, nicht aus der diesem organisch möglichen Beobachtung und Reflexion gewonnen, sondern umgekehrt aus der Wissensfigur des Tiers − im Sinne einer ›Bionik‹ (wie sie schon Leonardo da Vinci praktizierte), einer Wissenschaft, die aus der Natur für die Technik lernen will. »Wissenschaftler sehen durch die Augen der Tiere auf den Menschen«,[45] so Bühler und Rieger, und was sie sehen, sind die Defizite dieser Menschen. Die Wissensfigur des Tieres wird zur Denkfigur, zur Forschungsfigur.[46] Das heißt aber, dass die Bühne für das Szenario des Bezugs zwischen Tier und Mensch nicht mehr der Zoologische Garten oder das Variété ist, sondern die moderne Ordnung des Wissens selbst, ihre Apparate und Institutionen. Daraus erwächst eine »kybernetische Anthropologie«,[47] in der sich der Mensch als »nicht festgestelltes Tier« (KSA 5, S. 81) erweist. Erst am Tier wird deutlich, »was Komplexität bei Menschen und Maschinen heißt«.[48] Hiermit nehmen die Verfasser Bezug auf eine These Georges Canguilhems, die lautet, dass es sich, bei Tieren als Versuchsobjekten, um die »Rückwirkung des Objekts des Wissens auf die Konstitution des Wissens« handle.[49] Während Tiere in der Fabel, im Emblem, in den Märchen und Tiergeschichten als Agenten einer Anthropologisierung des Tieres wirkten, so die Verfasser, erwiesen sich diese bei wissenschaftlichen Experimentanordnungen als Agenten und Operatoren neuer Forschungsrichtungen − wie beispielsweise der Erkundung der DNA-Analyse.[50] Es komme also darauf an, so folgern Bühler und Rieger aus ihren vorausgehenden Überlegungen, eine dritte ›große Erzählung‹ (im Sinne Sloterdijks) zu verfassen: eine Geschichte jenes Wissens also, das in der Menschenwelt erst durch und über die Figur des Tieres erzeugt wurde. Nur so werde die Herkunft des Wissens aus dem Leben gekennzeichnet und kulturell verortet.

---

45. Ebd., S. 9.
46. Als Beispiele dienen Bühler und Rieger die Drosophila-Fliege als ›Erkenntnisorgan‹ für die DNA-Struktur, Zitteraal oder Biene, aber auch der Hund, für die Erkenntnis von Orientierungs- und Behauptungsweisen in der Welt, die dem Menschen nicht zugänglich sind. Der Affe als Wissensagent, wie er für die Verhaltensforschung von de Waal in Anspruch genommen wird, wird von Bühler und Rieger nur in Hinsicht auf die legendären Affenexperimente des Primatenforschers und Gestaltpsychologen Wolfgang Köhler in der Forschungsstation für Anthropoiden auf Teneriffa, die von der Preußischen Akademie der Wissenschaften 1912−1920 unterhalten wurde, berücksichtigt (ebd., S. 280ff.).
47. So Stefan Rieger: *Kybernetische Anthropologie. Eine Geschichte der Virtualität,* Frankfurt a.M. 2003.
48. So ebd., S. 471.
49. Bühler, Rieger: *Vom Übertier,* a.a.O., S. 10, und Georges Canguilhem: *La connaissance de la vie,* deuxième édition revue et augmentée, Paris 1975, S. 39.
50. Diese Einschränkung auf die Naturwissenschaft möchte ich nur ungern gelten lassen. Wie Kafkas *Bericht für eine Akademie* zeigt, kann auch eine *literarische* Darstellung des Tiers als Wissensfigur zu demjenigen führen, was ich eine Wissenspoetik nenne − das Tier wird als Agent einer neuen Anthropologie gezeigt, als ›Ethnologe jener Kultur‹, die vom Menschen bewohnt wird.

Aus diesen drei Blicken aus verschiedenen Richtungen, die sich auf die labile Grenze zwischen Tier und Mensch, Affe und Mensch richten, erwächst ein komplexes Bild des Problems der Ursprungserzählungen. De Waal, der Verhaltensbiologe, argumentiert mit einer Archäologie der Evolution. Indem er die asynchrone Präsenz der Entwicklung von Affenmensch und Menschenaffe nutzt, ermittelt er die Modellierung des Erbguts, das im Menschen, als dem ›bipolaren Menschenaffen‹, wirksam ist. (Sein Konzept steht also im Zeichen der Archäologie.) Agamben geht es um die Geburt des Menschen aus dem Tier durch Strategien der Biopolitik und ihrer religiösen, machtpolitischen wie ökonomischen Institutionen und Maschinen. Nach Agamben wird die Demarkationslinie zwischen Tier und Mensch durch Machtinteressen manipuliert, aber nicht legitimiert. (Der Leitbegriff, unter dem seine These steht, ist der der anthropologischen Maschine.) Sloterdijk geht es in erster Linie um die Humanisierung des Menschen durch geschriebene Philosophie – und die beiden Kräfte der Zähmung und der Züchtung, die in ihr wirksam werden; und zwar in einer Doppelerzählung des Exodus aus der Natur und des Eintritts in die Kultur, als das Haus des Seins verstanden: also der Sprache und der Architektur, in seinem Verständnis. (Leitformel ist hier der Prozess kultureller Narration.) Bühler und Rieger schließlich konzentrieren ihre Aufmerksamkeit auf eine ›andere‹, aus dem Tier erst erlangte oder zu erlangende Geschichte des Wissens. Sie beobachten die Nutzung des tierischen Organismus durch den Menschen zur Wahrnehmung und Erkenntnis einer Lebensstruktur, die dem Menschen ohne die Wissensfigur des Tieres, ohne den Blick durch dessen Augen gewissermaßen, nicht möglich gewesen wäre. Das Tier wird so zum Instrument (oder genauer zum Agenten) der Erkenntnis menschlichen Lebens. (Die Devise dieses theoretischen Ansatzes lautet: Das Tier fungiert als Wissensfigur.)

II

Es ist ganz offensichtlich so, dass, seit Darwin, die Frage nach dem Verhältnis von Mensch und Tier sich zuspitzt auf die Erkundung des Ursprungs des Menschen; ein Motiv, das im 19. Jahrhundert vielleicht zur wichtigsten Kulturfrage überhaupt wird. An diese Frage nach dem Ursprung sind aber noch zwei andere Problem- und Interessenpunkte geknüpft: die Erkundung der Entstehung und Herausbildung des Subjekts, als der eigentlichen abendländischen Errungenschaft des Humanen einerseits; die Erkennung der Möglichkeit und Funktion des kulturellen Gedächtnisses als Arbeit an Herkunft und Ursprung des Menschen als geschichtsfähigem Wesen andererseits.

Aber gleichzeitig steht dieses komplexe Problem natürlich im Zeichen einer grundsätzlichen Aporie. Das hat niemand anders genauer gesehen als Sigmund Freud. Er schreibt in seiner kulturthematischen Schrift mit dem Titel *Totem und Tabu*: Da der Ursprung kultureller Entwicklung – also der Augenblick der Menschwerdung aus dem Tier – in einer historisch uneinholbaren Vorzeit liegt, welche direkt »niemals Gegenstand der Beobachtung« werden kann,[51] ist nur eines möglich: nämlich das ›*Erzählen*‹ des Ursprungs, sein nachträgliches Fingieren. Der Mensch hat also gleichsam die Aufgabe, seine Herkunft, als das Ursprünglich-Unbegreifliche, im Rückblick plausibel zu machen; sich mithin eines rekursiven Denkmodells für das Erzählen des Ursprungs zu vergewissern. »Der Mensch«, so drückt es, wie schon zitiert, Agamben aus, sei »dasjenige Tier, das sich selbst als menschlich erkennen muß, um es zu sein.«[52] Man könnte also auch sagen: Da es keine naturwissenschaftlichen Beweise gibt, treten poetische, politische und ökonomische Narrative des Ursprungs an deren Stelle. Diese Narrative allein, die ›großen Erzählungen‹, gewinnen beglaubigende Kraft. Freuds eigene Ursprungserzählung von der Darwinschen Urhorde und der Vatertötung in ihr ist genau ein solches fiktiv-legitimierendes Narrativ.

Ein eifersüchtiges Alpha-Männchen behält alle Weibchen der Horde für sich – um es in der Terminologie der Primatenforschung auszudrücken. Die Söhne revoltieren, töten den Vater, verinnerlichen seine Kraft. Nachträglich stellt sich dann das Bewusstsein der Schuld ein. Erst durch sie wird Leben erzählbar. Die Ethik der Familie, der Unantastbarkeit von Vater und Mutter, ist geboren. Die ödipale Urszene ›steht‹. Das Gesetz ist da, vor das das Erzählen treten kann. Der Ursprung des Menschen aus dem Tier hat sich ereignet. Die Primaten ›bleiben zurück‹. Denn sie kennen keine Familie und keine ödipale Ordnung, kein Gesetz. Das menschliche Ich, das Individuum hat so in einer Parallelaktion die Bühne der Kultur betreten: als Familienwesen. Im Lauf seiner Geschichte, die eine Bewusstseinsgeschichte ist, wird dieses menschliche Ich, das sich autonom glaubt, aber dann drei Kränkungen, wie Sigmund Freud sich ausgedrückt hat, hinnehmen müssen und zu erzählen haben:[53] an der Achillesferse des menschlichen Individuums leidend, um es mit Kafka im *Bericht für eine Akademie* zu sagen: »An der Ferse aber kitzelt es jeden, der hier auf Erden geht: den kleinen Schimpansen wie den großen Achilles« (DzL, S. 300).

Die erste Kränkung für die Bildung des Menschen-Ich in der Kultur erfolgt, so Freud, durch die kopernikanische Wende, als die Minimierung des Menschen im Universum: Die Erde steht nicht mehr im Mittelpunkt des Kosmos, der Mensch ist ein unbedeutendes Partikel in der Welt. Die zweite Kränkung geschieht durch Darwins Entdeckung der Entstehung von Affe und Mensch aus derselben biologischen Wurzel – eine Kränkung, die die Grenze zwischen Tier und Mensch aufzuheben droht. Schließlich ist da aber die dritte Kränkung, die aus Freuds eigener psychoanalytischer Lehre sich ableitet: der Psychoanalyse, die ja dem Ich abspricht, ›Herr im eigenen Haus zu sein‹; also die bewusste Ich-Instanz durch die Entdeckung des Unbewussten entmachtet. Dabei ist es die zweite, die biologische Kränkung, die ihrerseits, historisch gesehen, in einer lan-

---

51. Sigmund Freud: »Totem und Tabu«, in: Sigmund Freud: *Gesammelte Werke*, hg. von Anna Freud u.a., Bd. 9, Frankfurt a.M. 1999, S. 171.
52. Agamben: *Das Offene*, a.a.O., S. 36.
53. Sigmund Freud: »Eine Schwierigkeit der Psychoanalyse«, in: Sigmund Freud: *Gesammelte Werke*, Bd. 12: *Werke aus den Jahren 1917–1920*, Frankfurt a.M. 1968, S. 3–12.

gen Reihe kultureller Schocks steht, denen sich die Menschheit, in der Vorstellung von ihrem Menschentum und seiner Legitimität, ausgesetzt sah.

Schon Horst W. Janson hat in seiner großen Studie über das Motiv des Affen im Mittelalter und in der Renaissance darauf aufmerksam gemacht.[54] Die Konfiguration des Menschen mit dem Affen, so Jansons These, sei durch drei nachhaltige Schocks geprägt: hervorgerufen durch die Überlagerung des heilsgeschichtlichen durch das naturwissenschaftliche Interesse und die Spannung zwischen deren beider Wertesystemen. Ein erstes Mal erfolgt dieser Schock im Hochmittelalter, wo der Affe, durch theologische Interpretation gestützt, als teuflischer Beiwohner und Beobachter des menschlichen Sündenfalls erscheint. Eine in der Bibliothek Bodleiana in Oxford aufbewahrte Miniatur zeigt ›Adam, naming the animals‹ und den einen Apfel verzehrenden Affen als distanzierten wie teilnehmenden Beobachter dieser Kultur stiftenden Szene. (Es ist die Geburt des Affen als Ethnologen der menschlichen Kultur, als Wissensfigur also.) Ein zweiter Schock für die Menschenwürde ist dann die Entdeckung des Affen als naturgeschichtliche Doublette des Menschen, ausgelöst durch das 1699 erschienene Buch von Edward Tyson, in dem dieser die menschliche Anatomie eines Pygmäen mit derjenigen eines Affen vergleicht.[55] Der dritte Schock wird dann, wie schon erwähnt, durch Darwins Thesen ausgelöst, die er zwischen 1859 und 1871 entwickelte. Es ist dieser Hintergrund von Kränkung des Ichgefühls und massivem Identitäts-Schock, vor dem die Krise in der Auseinandersetzung um die Grenze zwischen Affe und Mensch um 1900 gelesen werden muss.

III

Ich möchte mich nun im Folgenden den beiden literarischen Texten über die Affenfigur zuwenden, die eine Schlüsselfunktion in der Wahrnehmungs- und Erkenntniskrise um 1900 einnehmen, der Erzählung *Quidquid volueris* von Gustave Flaubert und dem Text *Ein Bericht für eine Akademie* von Franz Kafka. Kafka hat Flaubert sehr hoch geschätzt, ja als seinen ›Blutsverwandten‹ bezeichnet. Es ist theoretisch möglich, aber nicht sehr wahrscheinlich, dass Kafka Flauberts *Quidquid volueris* gekannt – und als Vorlage für seinen *Bericht für eine Akademie* verwendet hat. (Über Kafkas Quellen, und wie er sie benutzte, weiß man nicht sehr viel.)[56]

54. Horst W. Janson: *Apes and Ape Lore in the Middle Ages and the Renaissance*, London 1952.
55. Zur Geschichte der Affenfigur in der Geschichte und Argumentation der Literatur vgl. die im Erscheinen begriffene Habilitationsschrift von Julika Griem: *Monkey Business. Affen als Figuren anthropologischer und ästhetischer Reflexion in populärwissenschaftlichen und literarischen Texten des 19. und 20. Jahrhunderts*, und die Publikationen von Virginia Richter: *Missing Links. Anthropological Anxiety in British Imperial Discovery Fiktion 1870–1930*, München 2005 und den Beitrag »Blurred copies of himself. Der Affe als Grenzfigur zwischen Mensch und Tier in der europäischen Literatur seit der frühen Neuzeit«, in: Hartmut Böhme u.a. (Hg.): *Topographien der Literatur. Deutsche Literatur in transnationalem Kontext. Akten des Germanistik-Symposions der DFG 2004*, Stuttgart, im Erscheinen begriffen.
56. Vgl. Walter Bauer-Wabnegg: *Zirkus und Artisten in Franz Kafkas Werk. Ein Beitrag über Körper und Literatur im Zeitalter der Technik*, Erlangen 1986.

Beide Geschichten, diejenige Flauberts und diejenige Kafkas, konzentrieren sich auf das Rätsel der Entstehung des Menschen aus dem Affen, den historisch nie einholbaren änigmatische Punkt ihrer Berührung in der Evolution.[57] Beide argumentieren mit der Vorstellung eines menschlichen Hybrids, des Mischwesens aus Tier und Mensch, des Außenseiters, der ›Kreuzung‹. Beide Geschichten handeln vor ethnographischem Hintergrund und dessen Gewaltpotential; Flauberts Text mit dem Bezug auf die Kolonialgeschichte Brasiliens; Kafkas *Bericht* mit dem Schauplatz der afrikanischen Goldküste als Ziel einer Hagenbeckschen Tierfangexpedition. Beide Erzählungen operieren mit dem Argument der Akademie, also dem natur- wie geisteswissenschaftlichen Interesse an der Mutation des Affen zum Menschen; beide machen das Tier zum Agenten kulturellen Wissens. Beide Texte dokumentieren aber gleichermaßen ethnologisches Interesse. Der Affe Djalioh in Flauberts Geschichte ist das Objekt ›wissenschaftlicher‹, ethnologischer Strategien, oder, besser gesagt, kolonialer Gewalt. Der Affe Rotpeter in Kafkas Geschichte wird – nach seiner gewaltsamen Entführung aus Afrika – selbst zum Ethnologen der europäischen Kultur: Er ist aufgefordert – als der Fremde, der er ist –, vor der menschlichen Akademie über sein äffisches Vorleben zu berichten. Der Autor blickt gewissermaßen durch seine Augen auf das Mängelwesen Mensch.

Ich richte meine Aufmerksamkeit nun zunächst auf die in ihrer Weise einzigartige Geschichte Flauberts. Flauberts *Quidquid volueris*,[58] ›Wie es dir beliebt‹, ist der Verzweiflungsschrei eines Sechzehnjährigen[59] aus familialer Isolation und Erniedrigung und handelt von Grausamkeit und Geschlechtlichkeit – in massiv kulturkritischer Absicht. Natur und Kultur, so Flauberts These, lassen sich nicht versöhnen, ganz im Sinne der französischen ›rousseauistischen‹ Schulmeinung (die der Schüler Flaubert aufgenommen haben mag), dass, in der bürgerlichen Welt, Natur, als das Gute, mit Kultur, als dem Bösen, für immer unvereinbar bleibe. Die Geschichte Flauberts hat zwei Protagonisten: den modernen eiskalten Erfolgsmenschen Paul de Monville, der skrupellos Karriere macht; und die von Poesie und Empfindung erfüllte Tier-Mensch-Kreuzung Djalioh, den Paul aus Brasilien nach Paris mitgebracht hat und als seinen Sohn aufzieht. Djalioh ist siebzehn, also etwa so alt wie Flaubert, als er die Geschichte schreibt.

Paul de Monville – damit beginnt die Erzählung – heiratet Adèle aus Mitgift- und Karrieregründen, also aus kalter Berechnung. In einer Herrenrunde am Hochzeitsabend berichtet Paul, wie er Djalioh, den Affenmenschen, in Brasilien erworben hat. Um eine ihm nicht gefügige Sklavin zu bestrafen, habe er sie mit einem Orang-Utan in einem Zimmer eingeschlossen. Das Tier habe die Sklavin misshandelt und vergewaltigt. An der Geburt des Mischwesens Djalioh sei sie dann gestorben – die Kreuzung zwischen Affe und Mensch habe er, Paul de

---

57. Vgl. hierzu Gerhard Neumann; Barbara Vinken: »Kulturelle Mimikry. Zur Affenfigur bei Flaubert und Kafka«, in: *ZfdPh*, Sonderheft zu Band 126: *Tiere, Texte, Spuren*, hrsg. von Norbert Eke und Eva Geulen, 2007, S. 126–142.
58. Der Titel ist ursprünglich ein Beispielssatz aus einer lateinischen Grammatik. Vgl. hierzu den Kommentar in Flaubert: *Œuvres*, a.a.O., S. 1284.
59. Vgl. hierzu das Riesenwerk von Jean-Paul Sartre: *Der Idiot der Familie*, Bände 1–5, Reinbek bei Hamburg 1977–1980.

Monville, hierauf als Sohn angenommen und nach Europa gebracht – als ein wissenschaftliches Kuriosum. Djalioh seinerseits ist stumm, er kann weder lesen noch schreiben, ist aber von Leidenschaft, Poesie und lyrischen Gefühlen durchdrungen (eine rousseauistische Reminiszenz an die ›gute‹ und ›poetische‹ Natur). Djalioh verliebt sich in Adèle, die inzwischen ihrerseits ein Kind geboren hat, sucht sich ihr zu nähern – und wird von ihr, als der hässliche Tiermensch, empört zurückgewiesen. Als Paul auf der Jagd ist, überfällt Djalioh Adèle und das Neugeborene, tötet das Kind, vergewaltigt und massakriert Adèle. Dann tötet er sich selbst. Paul de Monville geht ungerührt aus der Katastrophe hervor. Er hat seinen Besitz vermehrt. Er hat von der Akademie das Kreuz der Ehrenlegion erhalten: und zwar für sein kühnes wissenschaftliches Experiment der Zeugung eines Affenmenschen, dessen Skelett zuletzt im Naturhistorischen Museum ausgestellt wird.

Was Flaubert in seiner Erzählung gibt, ist eine Diagnose der zeitgenössischen Kultur. Diese Diagnose ist vernichtend. Die Frage nach dem Ursprung des Humanen wird mit einer doppelten Vergewaltigung beantwortet: einer Vergewaltigung der Natur durch die Zivilisation im wissenschaftlichen Experiment auf die Kopulation eines Orang-Utan mit einer Menschenfrau; einer Vergewaltigung der Zivilisation durch die vergewaltigte Natur, also durch Djalioh, der Adèle und das Kind Pauls tötet. Djalioh spielt mithin, durch den Mord an Adèle und an dem Kind, die Urszene seiner eigenen gewaltsamen Zeugung nach. Gleichzeitig aber inszeniert er das ödipale Drama nach, in das er durch seine Menschwerdung hineingezogen worden ist. Paul ist ja sozusagen sein biologischer wie sein symbolischer Vater, gegen den er durch Vergewaltigung der Mutter und Tötung des Bruder-Rivalen rebelliert. »Ich habe mit zwanzig das Kreuz der Ehrenlegion erhalten«, hatte Paul de Monville sich gerühmt, »und ich habe mit unüblichen Mitteln ein Kind gezeugt«: »J'ai eu la croix à vingt ans, et de plus j'ai fait un enfant par des moyens inusités«.[60]

Die paradoxe Botschaft von Flauberts Geschichte einer gewaltsamen Kreuzung zwischen Affe und Mensch lautet also: Zynische Grausamkeit, die alles Bestialische weit übersteigt, zeugt reinste, menschliche Liebe, die dann, unverstanden, ihrerseits wieder in Bestialität umschlägt. Flauberts Darstellung der Entstehung des Menschen aus dem Affen – als Geschichte des abendländischen Humanismus, von einem Gymnasiasten erzählt – endet in einer Kulturkatastrophe und spricht damit ihr Urteil über die sogenannte ›humane‹ zeitgenössische Kultur; eine Kultur, die im Zeichen des Darwinismus und seiner Idee der Evolution steht.

IV

In einem zweiten Schritt möchte ich mich jetzt Kafkas *Bericht für eine Akademie* zuwenden. Kafkas *Bericht*, der nichts wiedergibt als die fingierte Rede eines

---

60. Flaubert: *Œuvres*, a.a.O., S. 257.

Affen mit dem Namen Rotpeter über seine Menschwerdung vor der Akademie der Menschen, ist *auch* eine Erzählung über den Ursprung der Kultur: wie Freuds Erzählung über die Darwinsche Urhorde; wie Flauberts zynische Menschwerdungsphantasie *Quidquid volueris*. Die besondere Pointe von Kafkas Geschichte aber besteht darin, dass offenbleibt, ob die Menschwerdung des Affen durch Mimesis gelingt, oder ob sie bloß strategische Anpassung ist, also Mimikry, die das Überleben des Affen hinter einer Maske in der Menschengesellschaft ermöglicht.

Der Bericht des Affen wird nicht aus eigener Erinnerung Rotpeters gegeben, sondern nach dem Zeugnis der Menschen erzählt, die ihn auf seinem schweren Weg ins Menschentum begleitet haben. Denn den Ursprung, über den Rotpeter nach dem Wunsch der Akademie berichten soll, kann er nicht wissen; und zwar, paradoxerweise, gerade aufgrund seines Übertritts aus der Natur in die Kultur; also seines Hinüberwechselns aus dem Nicht-Bewussten des Tiers in das menschliche Bewusstsein. Er überlebt, weil er seine Natur-Vergangenheit vergisst; weil ihm die traumatische Verdrängung erspart bleibt.

Der Affe ist in seiner afrikanischen Heimat, der Goldküste, an der Tränke durch zwei Schüsse einer Fangexpedition der Firma Hagenbeck getroffen worden: durch den einen ins Gesicht, der ihn ›zeichnet‹, ihm, wegen der blutigen Narbe, die er zurücklässt, den Namen Rotpeter eingetragen hat; durch den anderen, in den Unterleib, der seinen Trieb diszipliniert. Als der Affe aus der Ohnmacht erwacht, findet er sich in einer Gitterkiste auf dem Deck des Expeditionsschiffs. (Es ist dies Kafkas Paradigma für das Ereignis der Kulturisation: der Exodus aus der Natur, die Geburt in die Kultur hinein ist das Erwachen im Käfig, als disziplinierender Architektur. Es ist der Blick durch das Gitter, nicht die befreiende Sicht durch das gerahmte Fenster.)

In dieser Situation beginnt der Affe zu überlegen – Gedanken, die er, wie er sagt, »mit dem Bauch ausgeheckt haben muß« (DzL, S. 304) –, wie er einen Ausweg aus dem Dilemma zwischen dem Tod bei einem Fluchtversuch auf das offene Meer einerseits und der Unterbringung als Exot im Zoologischen Garten andererseits finden könnte. Das Resultat dieses Nachdenkens: Er beschließt, Mensch zu werden – in einer Art ›emergentem‹ performativen Akt. Er lernt den Handschlag geben[61] – und damit über das Zeigen verfügen; er beobachtet ›teilnehmend‹ die Menschen in ihrem Verhalten und wird dadurch gewissermaßen zum Ethnologen; und er führt seine eigene Menschwerdung herbei, als es ihm, während ein Grammophon im Hintergrund spielt, gelingt, eine Branntweinflasche »schulgerecht« zu entkorken und »als Künstler« zu leeren (DzL, S. 310); wobei er in den Ruf »Hallo« ausbricht und das Publikum in Ehrfurcht in den Ruf einstimmt: »Hört nur, er spricht!« (DzL, S. 311) Er habe nicht die Freiheit gesucht, bekennt Rotpeter im Rückblick, er habe aber einen Ausweg gefunden. Es gebe, so sagt er, eine ausgezeichnete deutsche Redewendung – »sich in die Büsche schlagen« – und genau dies habe er getan: »Ich habe mich in die Büsche

---

61. Zum Thema der Hand als Organon des Ursprungs der Kultur und ihrer Zeichenwelt vgl. das grundlegende Werk von André Leroi-Gourhan: *Hand und Wort. Die Evolution von Technik, Sprache und Kunst,* Frankfurt a.M. 1984.

geschlagen« (DzL, S. 312). Sein weiterer Weg habe ihn, über den Erwerb der Durchschnittsbildung eines Mitteleuropäers – »ich verbrauchte viele Lehrer, ja sogar einige Lehrer gleichzeitig« (DzL, S. 312) – ins Variété geführt, wo er glänzende Erfolge feierte; in einer ökologischen Nische, wie man sagen könnte. Er habe, so der Affe zum Schluss, nichts erklären wollen. Er habe nur berichtet. Dies ist der letzte Satz des Textes:

>»Im Ganzen habe ich jedenfalls erreicht, was ich erreichen wollte. Man sage nicht, es wäre der Mühe nicht wert gewesen. Im übrigen will ich keines Menschen Urteil, ich will nur Kenntnisse verbreiten, ich berichte nur, auch Ihnen, hohe Herren von der Akademie, habe ich nur berichtet« (DzL, S. 313).[62]

Trotz dieses Bekenntnisses kann man sich fragen, wie Kafkas Text sich zur ›Erklärung‹ der Verwandlung des Affen in einen Menschen verhält: welcher Denkform er sich als ›Ethnologe‹ bedient. (Handelt es sich um jene Denkform, die der Verhaltensforscher de Waal meint, wenn er sagt, Prozess und Produkt seien nicht koordinierbar, statt einer Begründung müsse eine Erzählung, ein Narrativ einspringen? Oder ist es gar die These vom Tier als Denkfigur, wie sie Bühler und Rieger entwerfen, also die Nutzung des tierischen Organismus als Instrument der Erkenntnis?) Es ist der Affe selbst, der an einer Stelle des Textes genau über diesen Punkt reflektiert. Es handelt sich dabei um einen der seltsamsten Sätze, die im europäischen Wissensdiskurs geschrieben worden sein mögen:

>»Niemand versprach mir, daß, wenn ich so wie sie werden würde, das Gitter aufgezogen werde. Solche Versprechungen für scheinbar unmögliche Erfüllungen werden nicht gegeben. Löst man aber die Erfüllungen ein, erscheinen nachträglich auch die Versprechungen genau dort, wo man sie früher vergeblich gesucht hat« (DzL, S. 307).

Dieser Satz ist ein Widerruf der beiden in Europa gültigen Kulturkonzepte des Verstehens, der beiden großen europäischen Ordnungsmuster der Welt, nämlich der Heilsgeschichte und der Naturgeschichte, der Eschatologie einerseits und des Darwinismus andererseits – in deren Konfliktfeld die Frage nach der Grenze zwischen Mensch und Tier seit dem Mittelalter immer wieder von neuem ausgetragen wird. Das ganze Problem des Verhältnisses zwischen Mensch und Affe, so könnte man sagen, liegt in dieser Differenz, im Konflikt dieser beiden Ordnungsgrößen. Da ist, auf der einen Seite, das Muster der Heilsgeschichte, innerhalb deren, im Spiel von Verheißung und Erfüllung, die Heilstat Christi, mit dem Ziel der Humanisierung des Menschen, möglich geworden ist; und zwar im figuralen Zusammenspiel von alttestamentarischer Vorgabe und neutestamentarischer Erfüllung, des sogenannten Figuralprinzips der

---

62. Hier wird deutlich, dass der *Bericht* als Gegengeschichte zum *Urteil* konzipiert ist: Während es im *Bericht* um ein Wissens- und Beobachtungsmuster, also um eine ethnographische Strategie und die dadurch begründete Form eines »Auswegs« geht, handelt die Geschichte von der Verurteilung Georgs zum ›Tode des Ertrinkens‹, von der Familienstruktur, ihrer ödipalen Hierarchie und ihrer Zerstörungskraft.

Weltordnung, wie es Erich Auerbach in seinem Mimesis-Buch als eines der Grundmodelle des europäischen Realismus herausgearbeitet hat.[63] Da ist, auf der anderen Seite, das Ordnungsmuster der Naturgeschichte, das nach dem Vernunftprinzip von Ursache und Wirkung – von ›Prozeß‹ und ›Produkt‹, wie de Waal bemerkt – ausgelegt ist. Was nun der Affe Rotpeter gegen diese beiden konkurrierenden kulturellen Ordnungsmuster ins Feld führt, ist ein performativer Akt: der Entschluss Rotpeters, Mensch zu werden und dieses Ereignis im Reden vor der Akademie zu realisieren:[64] mit dem völlig unerklärlichen, als Holophrase zu begreifenden Sprechakt »Hallo«. »Hallo« ist die Urformel telekommunikativer Kontaktaufnahme; man sagt, es sei Edison gewesen, der diese leere Zauberformel der Verständigung erfunden habe.[65] Man könnte auch sagen: Der Affe legitimiert durch seine Ursprungserzählung das unbegreifliche wie unerklärliche performative Ereignis seiner eigenen Menschwerdung – und zwar rekursiv, das heißt in einem Grundlosigkeit suggerierenden Akt der Nachträglichkeit. Dieses Moment der Nachträglichkeit ist für die Kulturordnung der Moderne zentral: für ihre Wissensform, die sich als Narrativ, also als das Erzählen einer Ursprungsgeschichte zu erkennen gibt, als ›große Erzählung‹ von der Architektur des Humanen. Der Affe wird zum Ethnologen der Menschheitskultur. Man könnte geradezu sagen, dass Menschwerdung autopoetisch von einem Tier in Szene gesetzt wird:

> »Versprechungen für scheinbar unmögliche Erfüllungen werden nicht gegeben. Löst man aber die Erfüllungen ein, erscheinen nachträglich auch die Versprechungen genau dort, wo man sie früher vergeblich gesucht hat« (DzL, S. 307).

Narration des Ursprungs wird nachträglich zu dessen Beglaubigung. Dies ist Kafkas Version von der Inkompatibilität von Heilsgeschichte und Darwinismus. Man könnte es auch anders formulieren: Der Affe ist für Kafka dasjenige Mischwesen, dasjenige Hybrid, das selbst, performativ, die Grenze zwischen Tier und Mensch setzt und versetzt, in einem Sprechakt, der zur Handlung wird. Giorgio Agamben wird es beinahe hundert Jahre später so formulieren: Der Mensch ist dasjenige Tier, »das sich selbst als menschlich erkennen muß, um es zu sein.«[66]

Dieser Widerruf der heilsgeschichtlichen wie der naturwissenschaftlichen Denkform von Kultur durch die Fingierung einer nachträglichen Legitimierung

---

63. Erich Auerbach: »Figura«, in: Erich Auerbach: *Gesammelte Aufsätze zur romanischen Philologie,* Bern und München 1967, S. 55–92. Ferner: Erich Auerbach: *Mimesis. Dargestellte Wirklichkeit in der abendländischen Literatur,* Bern 1946.
64. In einer epochemachenden Rede hat Derrida auf die Bedeutung der Unterscheidung zwischen performativen und konstativen Sprechakten für das 20. Jahrhundert und die moderne Kultur aufmerksam gemacht. Jacques Derrida: *Die unbedingte Universität,* Frankfurt a.M. 2001: »Austins inzwischen klassische Unterscheidung von performativen *speech acts* und konstativen *speech acts* […] wird ein großes Ereignis dieses Jahrhunderts – und sie wird zunächst ein akademisches Ereignis gewesen sein« (22).
65. Vgl. Wolf Kittler: »Schreibmaschinen, Sprechmaschinen. Effekte technischer Medien im Werk Franz Kafkas«, in: Wolf Kittler, Gerhard Neumann (Hg.): *Franz Kafka: Schriftverkehr,* Freiburg 1990, S. 75–163.
66. Agamben: *Das Offene,* a.a.O., S. 36.

eines unerklärlichen performativen Ereignisses durch Narration lässt sich bei Kafka aber noch in einen weiteren, umfassenderen Zusammenhang stellen: den der Verwandlung als prägendes europäisches Kulturmuster. Es war Ovid, der dieses Argument der Verwandlung als Dynamik der Weltordnung mit seinen *Metamorphosen* unvergleichlich und unüberbietbar entwickelt hat. Ovids *Metamorphosen* stellen ein für allemal alle nur denkbaren Narrative der Verwandlung zur Verfügung – nicht nur von Tieren in Menschen und Götter und umgekehrt, sondern gewissermaßen pandemisch. Kafka schreibt sich mit seinen Texten in diese Tradition ein.[67] Man hat schon früh bemerkt, dass Kafka, wie kaum ein anderer Autor, mit Tiergeschichten und Tierverwandlungen experimentiert.[68] Offenbar sind es vor allem vier Verwandlungsmodelle, die Kafka interessieren: die Verwandlung eines Tiers in einen Menschen, wie sie sich beispielsweise im *Bericht für eine Akademie* ereignet; die Verwandlung eines Menschen in ein Tier wie etwa in der Erzählung *Die Verwandlung* – Gregor Samsa erwacht und findet sich in ein Insekt transformiert; die Verwandlung eines Menschen in ein Nichts – und die Besetzung der durch seinen Tod geöffneten Leerstelle mit einem Tier; ein Vorgang, den der Text *Ein Hungerkünstler* zum Gegenstand hat, wenn der Hungerkünstler zuletzt aus dem Käfig gefegt und durch einen jungen Panther ersetzt wird; schließlich aber die Verwandlung eines Organismus, sei es nun Mensch oder Tier, in ein Artefakt, in eine anthropologische Maschine, ein Hybrid, einen Cyborg – man denke nur an das halb organische, halb mechanische Wesen Odradek in dem Text *Die Sorge des Hausvaters* oder an die kleine, von Max Brod so genannt Geschichte *Eine Kreuzung* und das in ihr erscheinende, autobiographische Genealogie suggerierende, tierisch-allegorische Mischwesen.

Überblickt man diese Typologie, dann scheint der Affe Rotpeter am ersten wie am vierten der genannten Modelle zu partizipieren: der Verwandlung eines Tiers in einen Menschen; der Verwandlung eines Organismus in ein Hybrid aus Leben und Technik, eine Menschen-Maschine, eine Tierfigur, die zum Agenten und Instrument eines Forschungsprozesses wird. Dabei ist das Besondere und vielleicht Einzigartige von Kafkas Verwandlungsgeschichten, dass sie nach keinem der europäischen Verwandlungsmodelle – dem theologischen, dem pädagogischen, dem biologischen – gestaltet sind, sondern einem Verwandlungsschock entspringen: also dem emergenten Ereignis der unaufhebbaren Fremdheitserfahrung von Individualität, der Erfahrung der eigenen Fremdheit als derjenigen des Anderen, und umgekehrt. Der Affe ist für Kafka das kulturelle Paradigma schlechthin für den Fremdheitsschock des Menschen, einen beispiellosen Orientierungsschock. Wenn man es noch ein wenig genauer beschreiben wollte, so müsste man sagen: Verwandlungen erweisen sich bei Kafka nicht als Krisen in einem organischen Geschehen, wie es beispielsweise Erik H. Erikson

---

67. Dies ist noch wenig untersucht. Hartmut Binder: *Kafkas »Verwandlung«. Entstehung. Deutung. Wirkung,* Frankfurt a.M. und Basel 2004, ein großformatiges Buch von fast 600 Seiten, nimmt Ovid nur unter dem Aspekt von Kafkas Schullektüre in den Blick. Vgl. Gerhard Neumann: »Kafkas Verwandlungen«, in: Aleida Assmann; Jan Assmann (Hg.): *Verwandlungen. Archäologie der literarischen Kommunikation IX,* München 2006, S. 245–266.
68. Vgl. das aufschlussreiche Buch von Karl-Heinz Fingerhut: *Die Funktion der Tierfiguren im Werk Franz Kafkas. Offene Erzählgerüste und Figurenspiele,* Bonn 1969.

als ein Zusammenspiel von Identität und Lebenszyklus rekonstruiert hat;[69] sie zeigen sich nicht als ›entelechische‹ Keime, die ›lebend sich entwickeln‹, wie Goethe das Problem der Verwandlung für sich fasst; sie erweisen sich ebensowenig als Ereignisse der Transsubstantiation oder Transfiguration, wie sie die Theologie als Schlüsselereignisse der Eucharistie begreift; und sie zeigen sich nicht als Traumata im Sinne unabweisbarer Wiedergänger-Figuren, als fortgesetzte und nie arretierbare Verschiebungen und Verdichtungen von Lebensereignissen, wie Sigmund Freud sie konzipiert hatte. Sondern Verwandlungen erweisen sich für Kafka als Erfahrungen eines Selbst, das im Schock als das unheimliche Andere sich zeigt: als ein »ungeheueres Ungeziefer«, wie zum Beispiel in der Novelle *Die Verwandlung*: Nicht ›woher komme ich‹, fragt sich Gregor Samsa, auch nicht ›wohinaus will es‹, sondern – »Was ist mit mir geschehen? [...] Es war kein Traum« (DzL, S. 115).

Verwandlung ist für Kafka der ursprünglichste, voraussetzungsloseste, unbegründete und unkommentierbare Lebensschock – der nur auf eine einzige Art, nämlich performativ, aufgefangen werden kann, wie dies im *Bericht für eine Akademie* geschieht (der eine Gegengeschichte zur *Verwandlung* gibt). Um dieses Schockerlebnis, als ein fundamentales Kulturthema der Moderne, in Szene zu setzen, bedient sich Kafka der Tiergeschichte und hier, vor dem Hintergrund einer langen kulturellen Tradition, der Affenfigur. Seine doppelte Antwort lautet: Der Schock ist der Ursprung des Menschen, in seiner Nachträglichkeit erkannt. Der Schock ist mithin die einzig mögliche Antwort auf die Frage nach dem Ursprung – es gibt keinen Agenten ihrer Aufklärung. In Kafkas Rotpeter verdichtet sich also dasjenige, was man, in Fortführung von Sigmund Freuds Gedanken, die vierte Kränkung des menschlichen Individuums nennen könnte: die Erfahrung des radikalen Erklärungsnotstands; die Erfahrung des eigenen Fremden als eines Hybrids, einer Mischung aus Humanem und Animalischem, aus Organismus und Technik. Der Schock erfolgt in Gestalt des Aussetzens aller Ordnungsstrategien – ohne ästhetische Aura.[70] Er manifestiert sich in der immer unlösbarer werdenden Aufgabe, die Grenze zwischen Tier und Mensch auszumachen und sie vielleicht aufzuheben oder gar zu korrigieren; eine Grenze, die von den anonymen Kräften der Biopolitik, von institutionellen, ökonomischen und politischen Interessen, so oder so gezogen worden ist. Denn es gibt, so Kafkas Auffassung, kein Lebenswissen mehr, von dem her diese Unterscheidung zwi-

---

69. Erik H. Erikson: *Identität und Lebenszyklus. Drei Aufsätze,* Frankfurt a.M. 1966.
70. Hier wäre das Problem des Kriminalromans anzuknüpfen. Auch mit diesem Genre verfährt Kafka nach der Devise von Umkehrung und Ablenkung. Jorge Luis Borges, nach eigener Aussage nahe bei Kafka stehend, seine Vorbilder in Kriminalautoren wie Edgar Allan Poe, Conan Doyle und Gilbert Keith Chesterton sehend, hat es folgendermaßen formuliert: »Zur Verteidigung des Kriminalromans möchte ich sagen, daß er keiner Verteidigung bedarf; obwohl man ihn heute mit einer gewissen Geringschätzung liest, bewahrt er doch eine Form von Ordnung in einer Epoche der Unordnung.« Zitiert nach Jochen Vogt (Hg.): *Der Kriminalroman. Poetik. Theorie. Geschichte,* München 1998, S. 9. Dies besagt aber: Die Kontrafaktur von Romanen durch Kriminalromane inszeniert das Spiel von Ordnungsstörung und Wiederherstellung von Ordnung. Dies gilt für die Ordnung der Zeit, des Raums (unter den Stichworten Architektur, Fenster und Gefängnisgitter, Turm und Schacht, Mauerbau, Labyrinth) und der Narration (Umkehrung und Ablenkung der Zeitlinie, der Raumperspektive, der Metanarrative, die daraus sich ableiten).

schen Tier und Mensch, zwischen Natur und Kultur, zwischen Trieb und Vernunft noch getroffen werden kann. Flaubert hat in seiner bösen Satire diese Ausweglosigkeit als Katastrophe der Kultur in Szene gesetzt. Kafka hat diese ›Ausweglosigkeit‹ – durch Strategien der Umkehrung und der Ablenkung – zu einem ›Sich-in-die-Büsche-Schlagen‹ umgestaltet: so als hätte zwar nicht der Mensch, aber doch das Tier noch eine Chance, sich hinter der Maske des Menschen zu verstecken.

Philipp Theisohn

Die missratenen Söhne des Kastellans
Franz Kafka: *Das Schloß*
oder der Roman des XII. Kongresses

»Die palästinensischen Arbeiter sind gewiß eines der besten Elemente des jüdischen Volkes, ohne Zweifel idealistisch und opferwillig, aber Irrtümern unterworfen wie wir alle.«
E.-W. Levin-Epstein auf dem XII. Zionistenkongress (1921), 8. Verhandlungstag.[1]

Die Überlegung, Kafkas dritten und letzten Romanversuch in einen jüdischen Deutungshorizont zu stellen, ist nicht neu. Genau genommen reicht sie bis zu Max Brod zurück, der in seiner Kafka-Biographie (1937) davon spricht, »daß Kafka im ›Schloß‹ aus seiner jüdischen Seele hervor in einer schlichten Erzählung über die Gesamtsituation des heutigen Judentums mehr gesagt hat, als in hundert gelehrten Abhandlungen zu lesen ist«.[2] Brod liest *Das Schloß* in der Folge als ein Abbild der Diaspora. In den Gesprächen, die der Landvermesser mit den Dorfbewohnern führt, entdeckt er »die Situation der ›Völker‹ in ihrer ruhigen Ablehnung und die des Juden in seiner notgedrungenen Freundlichkeit«, K.s Stellungsuche wird ihm »ewiges Judenschicksal«, sie »atmet den illusionistischen Geist aller Assimilanten-Psychologie«.[3] Unzweifelhaft verfolgt eine derartige Lektüre ihre Ziele: Sie verortet den Text im Galuth-Diskurs des Zionismus, indem sie ihn zu einem Lehrstück des jüdischen Niedergangs im Exil stilisiert. Der Roman findet auf diese Weise seinen Platz innerhalb einer geschlossen national-jüdischen Geschichtsdeutung. Er avanciert zum äußersten Exponenten einer im Verfall begriffenen Epoche jüdischer Weltbegegnung, deren Ablösung durch das nach Palästina zurückkehrende Israel bereits im Gange ist.

Seine Umkehrung hat Brods zionistische Vereinnahmung des *Schloß*-Romans in der Feier der ›westjüdischen Zeit‹ gefunden, die spätestens seit Deleuze und Guattari zum zentralen Theorem der Kafka-Forschung geworden ist und sich mit der radikalen Scheidung des Schriftstellers Kafka vom Zionisten Kafka verbindet. Sie perspektiviert den Literaten als Abtrünnigen, als denjenigen, der sein Schreiben an die Stelle von Gemeinschaftserfahrung und Traditionsbezug setzen muss. K. erscheint in diesem Lichte als Wiedergänger Sabbatai Zwis, als Messias, der in die Tiefen der Fremdvölker hinabsteigt und dessen Geschichte »interpretiert werden muß als Versuch der Geschichtsläuterung oder als Herausforderung, die sich an die Geister einer Epoche des Betrugs und der Lüge richtet.«[4] Die

1. *Kongresszeitung* vom 9. 9. 1921, S. 6.
2. Max Brod: »Franz Kafka. Eine Biographie«, in: ders.: *Über Franz Kafka*, Frankfurt a.M. 1974, S. 9–219, hier: S. 164.
3. Ebd.
4. Giulio Baioni: *Kafka. Literatur und Judentum*, Stuttgart, Weimar 1994, S. 266f.

gnostische Allusion dieser Deutung fügt sich trefflich zu jener Tagebuchnotiz vom 16. Januar 1922, in der Kafka davon spricht, dass »[d]iese ganze Litteratur [...] sich, wenn nicht der Zionismus dazwischen gekommen wäre, leicht zu einer neuen Geheimlehre, einer Kabbala [hätte] entwickeln können« (T, S. 878). Gnosis und Zionismus werden somit zu Alternativen jüdischer Exilidentität – nur die erste aber ist der Literatur gewogen. »Die Vision vom jüdischen Tatwillen« ist für »die literarische Arbeit [...] untauglich, denn das Schreiben kann das Beobachtete nur durch perspektivische Umschichtung ändern, ohne selbst gesellschaftlich-praktische Evidenz zu gewinnen: es ist ein Akt, der die Sperrmauer zur Realität nicht durchbricht, jedoch den Zweifel daran nähren darf, ob diese Realität so substantiell ist, wie das Alltagswissen behauptet.«[5]

Wenn sie sich somit auch diametral gegenüberzustehen scheinen, so findet sich der Schlüssel beider Lesarten des *Schlosses* in der Annahme, dass der Zionismus kein eigentliches literarisches Potential besitzt. Literatur, das ist in der Fall-Linie jüdischer Tradition immer eine Insignie der Diaspora, einer Existenz, die grundsätzlich auf dem Papier und nicht auf der Erde geführt wird. Das Äußerste, was Literatur zu leisten imstande ist, bleibt die Exkulpation dieses ›unnatürlichen‹ Zustandes – hierauf zielt die zionistische Lesart Brods. Das Äußerste, was Literatur für sich selbst beanspruchen kann, ist, dass sie sich selbst genügt – dies unterstellt die gnostizistische Perspektive dem Text. In jedem Fall bleibt der Gestus des Romans ein Gestus der Diaspora, den man entweder resignativ oder affirmativ verstehen kann.

Die folgenden Ausführungen verstehen sich als Versuch, die Poetizität des *Schlosses* aus einem entgegengesetzten Blickwinkel zu beleuchten. Sie gehen nicht nur davon aus, dass der Zionismus einen ihm eigenen literarischen Gestaltungsraum konfiguriert, sondern sind auch dessen gewahr, dass Kafka diesen Gestaltungsraum bestens kannte. Für den Entstehungszeitraum des *Schloß*-Romans, der sich von Januar bis zum September 1922 erstreckt, lässt sich dies recht problemlos belegen, zumindest gilt dies für die aufmerksame Lektüre der *Selbstwehr* als einem der zentralen zionistischen Organe.[6] Der größere historische Zusammenhang unterstellt diese Lektüre wiederum der Nachbereitung des XII. Zionistenkongresses von 1921 – dem ersten Kongress nach dem Weltkrieg –, dem Kafka selbst nicht beiwohnen konnte und von dessen Berichterstattung er zumindest während seines Sanatoriumsaufenthalts in Matliary vorübergehend auch abgeschnitten war. Im Nachhall des Karlsbader Kongresses, dessen Aufbereitung durch die Kongresszeitung übernommen wird, beginnt Kafka die Arbeit am *Schloß*, und es wird zu zeigen sein, dass diese Arbeit in wesentlichen Punkten darin besteht, dem zionistischen Narrativ bis zum Moment seiner tiefsten Krise zu folgen und ihm ebendort, an seinem toten Punkt, mit einem schwerwiegenden Befund aufzuwarten.

---

5. Peter-André Alt: *Franz Kafka. Der ewige Sohn*, München 2005, S. 590.
6. Zu Kafkas Selbstwehr-Rezeption, die für den uns betreffenden Zeitabschnitt insbesondere durch die Briefe an Robert Klopstock dokumentiert ist, ausführlich Hartmut Binder: »Franz Kafka und die Wochenschrift *Selbstwehr*«, in: *Deutsche Vierteljahrsschrift für Literaturwissenschaft und Geistesgeschichte* 41 (1967), S. 283–304.

Das tiefere Verständnis dieses Analyseprozesses fußt auf der Einsicht, dass Kafka sehr wohl begriffen hat, dass die Bedeutsamkeit der zionistischen Bewegung nicht in ihren jüdischen ›Dresscodes‹, sondern in den von ihr erarbeiteten Kulturverfahren zu suchen ist, dass die Wiedergeburt der jüdischen Nation nicht in erster Linie eine Frage von Sprachlichkeit oder Religiosität, also: eine Frage von Identität, sondern eine Frage der Verwaltung und der Kommunikationstechnologie ist. Der Zionismus bleibt in erster Linie das Metier des Versicherungsangestellten, und wenn wir uns das Gros der von Kafka rezipierten zionistischen Literatur – und das sind dann nicht zuletzt auch die entsprechenden Periodika – betrachten, dann kann kein Zweifel daran bestehen, dass die oft beschworene Faszination an der zionistischen Programmatik nicht zuletzt in der einzigartigen Weise begründet ist, mit welcher der Zionismus den Kafka nur mühevoll zugänglichen Komplex jüdischer Wissens-, Schreib- und Glaubenstradition in eine logistische und ökonomische Aufgabe überführt. Dies betrifft zum einen natürlich das Projekt des Landkaufs und der Landerschließung, zum anderen aber auch die strukturelle Erfassung des Volksbestandes und dessen systematische Umfunktionalisierung für den virtuellen Staat. Es ist diese ganz praxisbezogene Ausfaltung der zionistischen Idee, welche die eigentlichen Zäsuren über das europäische Judentum vor 1933 hereinbrechen lässt, indem sie den Akt der Transformation von Diaspora zu Zion in einen mathematisch lesbaren und steuerbaren Kode verwandelt und sich hierbei auf revolutionierte Beschleunigungstechniken und weltweit uneingeschränkte Informationsakquisition stützt. Im Zentrum der Überlegungen steht dabei vor allem das Problem der Steuerung libidinöser Energie. Erst wenn das Subjekt sein Begehren ganz in den Dienst der zionistischen Administrationsmaschine gestellt hat, sprich: wenn das Begehren des Subjekts und das der Apparatur eines geworden sind, erst dann wird es einen neuen jüdischen Volkskörper geben können, der sich gegenüber den Krankheiten der Galuth immun zeigt und wieder aus sich selbst heraus produktiv wird. Die Interferenzen aber, die während dieses Aktes libidinöser Integration entstehen, bilden sowohl die Grundlage der innerzionistischen Debatte wie deren Reflexion im *Schloß*. Die Bühne öffnet sich nun für einen Archetyp biopolitischer Intervention, einen Archetyp, der nur in Palästina geboren werden konnte.

I. Jüdische Bauern – Jüdische Statistik

»Das war vor vier Jahren, mitten im Herbst. Ich war damals ein arbeitsloser Tagelöhner und auf der Suche nach Arbeit. Da kam ich eines Tages nach einem mehrstündigen, ermüdenden Marsche in einem Zentraldorfe im Kreise Tyberias an, das mich auf den ersten Blick anlockte, so daß ich beschloß, dort den ganzen Winter über zu bleiben. Das Dorf war in der ganzen Umgegend das meist bevölkerte und in einem breiten, fruchtbaren Tale gelegen, das sich am Fuße eines hohen massiven Berges ausdehnte.«[7]

---

7. Shlomo Zemach: *Jüdische Bauern. Geschichten aus dem neuen Palästina*, Wien, Berlin 1919, S. 45.

Nicht unvertraut scheint die Szenerie. Leicht könnte man in ihr eine weitere Variation jenes Eingangs erblicken, der Kafkas Landvermesser K. in das Dorf am Fuße des Schlossbergs versetzt. So führt auch den namenlosen Stellungsuchenden sein Weg zunächst in einen Gasthof und am nächsten Tag in eine Stube, in welcher er sich der »Zudringlichkeit der Bauern« (S, S. 48) erwehren muss, deren Augen »ein jedes [s]einer Glieder« »betasteten« und die ihn bezüglich seiner »Kenntnisse in der Feldarbeit« und seiner »Bedingungen« mit Fragen überhäufen – bis er schließlich von einem Großbauern in Dienst genommen wird.[8]

Tatsächlich handelt es sich natürlich hier um kein Parergon, keine verworfene Arbeitsstufe aus den kafkaschen Oktavheften, sondern um den Beginn einer Erzählung, die – »Heimweh« betitelt – sich in Shlomo Zemachs Anthologie *Jüdische Bauern – Geschichten aus dem neuen Palästina* (1919) findet. Kafka besaß diesen Band, und der Verdacht liegt nahe, dass wir es hier durchaus mit einem ernstzunehmenden Intertext des *Schlosses* zu tun haben. Im Grunde liefern Zemachs Geschichten den poetischen Referenzrahmen, über den sich Kafkas Roman überhaupt auf den zionistischen Diskurs beziehen kann. Die fortwährende Stellungsuche, das Personal, die un- und überstrukturierten Räume, das wechselseitige Anrufen, Erkennen und Verkennen, die Anhäufung verfehlter Biographien, das ›Arrangement‹ – all das finden wir hier vorgeprägt und gleichsam einem Kontext überantwortet, der das Erzählen ganz in den Dienst der Ankunft, der Vereinigung mit dem Land, der Erweckung der Erde Palästinas durch das Opfer des jüdischen Arbeiters stellt. Zum einen ist das natürlich ein martialisches Narrativ, und das Blut eines im Kampf mit den Beduinen gefallenen Bauern, das »von der Erde aufgesogen« wird und »den Boden rot gefärbt hatte«, kann zweifellos einen gewissen isotopischen Wert für sich beanspruchen. Zum anderen aber werden die Erzählungen durch ein Pathos der Verfehlung, ein ›Irregehen an Palästina‹ gezeichnet. So wird der oben eingeführte Ich-Erzähler Zeuge des Schicksals zweier aus Damaskus importierter Ochsen, die an der Fremde des Landes zugrunde gehen und gleichsam eben darin der Bauerngemeinschaft zum Zeichen ihres eigenen Verhängnisses werden. Dieses erstreckt sich über den Großteil der hier versammelten Lebensgeschichten, die nicht selten Geschichten des Wahns sind und ihre Protagonisten allmählich einem »längst vergessene[n] Gefühl«, einem »Vermächtnis der Urahnen« überantworten,[9] welches sie wechselweise in die Soziopathie, in Mord oder Selbstmord treibt.

Vervollständigt wird diese Reihe insbesondere durch einen Erzählkomplex, der es vornehmlich mit Liebschaften zu tun hat, und zwar solchen, denen der Tod zuvorkommt und die so auf immer verwehrt bleiben, und solchen, die im Grunde nur für den Moment existieren können, genauer gesagt: für jenen Moment, in dem nicht kommuniziert werden kann, weil der Trieb jedes Sprechen suspendiert hat.[10] Die Liebe ist roh und flüchtig. Darin gleicht sie den Arbeitsbedingungen, die in diesem Raum vorzufinden sind und die keine Verstetigung, keinen lebendigen Zusammenschluss des Menschen mit diesem Land zulassen,

---

8. Ebd., S. 47.
9. Ebd., S. 40.

sondern den Einzelnen dazu zwingen, das Objekt seiner Begierde immer wieder abzuspalten und zu dislozieren. Der ›Tagelöhner‹ bewahrheitet sich als eine Figur sexueller wie ökonomischer Desorganisation. Als solche avanciert er in Zemachs Erzählungen zum Repräsentanten einer Gesellschaft, der die Realisierung jenes Ideals, unter dessen Zielvorgabe sie angetreten ist – die Errichtung eines integrativen, selbstbestimmten, kommunikationsmächtigen Volkskörpers –, konstitutiv misslingen muss. Es ist den Protagonisten offensichtlich unmöglich, irgendeine Form der Selbstsorge zu entwickeln resp. den Sexus zu kultivieren. Das Erzählen bewegt sich hier unter Menschen, deren »Selbsterhaltungstrieb […] ganz verschwunden« ist.[11]

Um zu verstehen, von welchen Parametern dieses Narrativ gesteuert wird, wird man jenen Diskurs aufsuchen müssen, durch den das Judentum seine biopolitische Identität wiederentdeckt und der seine institutionelle Manifestation in der Gründung des »Vereins für jüdische Statistik« im Jahre 1902 findet. Die ›Jüdische Statistik‹, das ist von Anfang an eine messianische Kalkulation, geleitet von dem Bestreben, »die zersprengten Reste unseres unglücklichen aber zukunftsreichen Stammes auf der Erdkugel zu suchen, um sie im Rahmen eines wissenschaftlichen Werkes, das zugleich die eminenteste praktische Bedeutung hat, zu vereinigen.«[12] Für Alfred Nossig, den Diskursbegründer, ist die Demographie eine *techné* von heilsgeschichtlicher Bedeutung, insofern mit dem Übergehen der Nationalstatistik in die Hände des jüdischen Volkes es diesem möglich wird, den Raum des Exils vollends auszulesen, das eigene Schicksal zu erkennen und zu steuern. Gleich, ob »man nun eine Gruppe der jüdischen Bevölkerung in den Grenzen des von ihr bewohnten Landes kulturell und wirtschaftlich heben will, oder, sei es in philanthropischem, sei es in nationalem Sinne an eine Transplantation schreitet, stets ist es von allergrösster Wichtigkeit, über die numerischen, die physischen, die moralischen und wirtschaftlichen Verhältnisse der betreffenden Gruppe aufs genaueste informiert zu sein.«[13] Zionismus ist folglich vor allem eine Frage der Hardware, der Rechenkapazität resp. der Regulation von Datenströmen. Nur derjenige, der die Gegenwart der Galuth dekodieren kann, ist auch in der Lage, sie zu beenden. Dieser Aufgabe stellen sich in der Folge insbesondere die sozioökonomischen Analysen Arthur Ruppins,[14] Felix Theilhabers[15] und Davis Trietsch',[16] die zum einen dem Judentum als Exilgesell-

---

10. Die äußerste Form des sprachlos gelebten Triebes ist natürlich der Vampirismus, zu dessen kolonialer Logik Kafkas Roman schließlich vorstoßen wird. In Zemachs Anthologie erscheint er paradigmatisch in der Erzählung *Unter freiem Himmel*, in der das Siedlermädchen Aziza letztlich vom Arbeiter Gedalia überwältigt wird, der keine »Rechenschaft« über sein Tun ablegt, bis Azizas »flehentlich, wie um Erbarmen bittend und versöhnend zugleich« flüsternde »feine[n] Stimme« in einem »Geräusch wie von schlürfenden Lippen und [dem] Rascheln von Stroh« untergegangen ist (Zemach: *Jüdische Bauern*, a.a.O., S. 128f.).

11. Ebd., S. 40.

12. Alfred Nossig: »Jüdische Statistik. Ihre Bedeutung, Geschichte, Aufgabe und Organisation«, in: *Jüdische Statistik*, hg. vom Verein für jüdische Statistik, Berlin 1903, S. 7–22, hier: S. 22.

13. Ebd., S. 9.

14. *Die Juden der Gegenwart. Eine sozialwissenschaftliche Studie*, Berlin 1904.

15. *Der Untergang der deutschen Juden. Eine volkswirtschaftliche Studie*, München 1911.

16. *Deutschland: Tatsachen und Ziffern. Eine statistische Herzstärkung*, München 1916; *Palästina und die Juden: Tatsachen und Ziffern*, Berlin 1919.

schaft eine Untergangsprognose ausstellen, zum anderen aber in der Errichtung eines geschlossenen jüdischen Wirtschaftssystems auf der Grundlage der Landwirtschaft die Genesung des jüdischen Volkskörpers avisieren (und später dann auch supervisieren). Die Diagnosen, welche die jüdische Statistik anhand ihrer Feldstudien in Mittel- und Osteuropa trifft, bilden somit das Dispositiv, anhand dessen sich die Erwartungen bemessen lassen, welche in die Kolonisation gesetzt werden. Der Zugriff auf den Bios des jüdischen Volkes, der Eintritt seines »Lebens und seiner Mechanismen in den Bereich der bewußten Kalküle«,[17] setzt den Zugriff auf die virtuelle Staatsökonomie Palästinas voraus. Erst im Vorgriff auf den nationalen Raum lässt sich der todkranke Körper des Judentums behandeln und formen resp. von den ihn zersetzenden Kräften befreien. So ist es selbstverständlich, dass die Diaspora zwar in ihrer Gänze den Volkskörper konstituiert, dass sie aber eben nicht in ihrer Gänze an der nationalen Transformation teilhaben darf. Palästina ist vor allem anderen eine biopolitische Maschine: eine Warte, von der aus entschieden werden kann, ›was leben soll und was sterben muss‹.[18] Der Zionismus als politischer, ökonomischer und identitärer Machtapparat organisiert sich primär über die Verwaltung des Lebens. Der virulente Steuerungsaspekt für einen solchen Machtapparat aber ist der Sex.[19]

Im Vorlauf zur palästinensischen Therapie bedarf es nun einer präzisen Diagnose der Exilsituation, eine Diagnose, die für den Statistiker – in diesem Falle Theilhaber – eindeutig ausfällt: »Immer deutlicher ergaben sich aus den Zahlenreihen der dumpfe Drang und die unaufhaltsame Bewegung der Auflösung.«[20] Diese Auflösungstendenzen, die sich in einem kontinuierlichen Schwund des prozentualen Anteils der jüdischen Bevölkerung Europas dokumentieren, erklären sich an der Oberfläche durch das Schlagwort der ›Assimilation‹, das insbesondere Ruppin ins Felde führt. Was sich aber hinter diesem Prozess tatsächlich verbirgt, ist nicht allein eine kulturelle Degeneration der jüdischen Tradition (deren statistisch erfassbare Korrelate dann die Konversion oder die Mischehe wären), sondern vor allem eben auch eine sexuelle. Das Exil ist für das Judentum nicht deswegen Gefährdung, weil es dort von Feinden umgeben und politisch entmündigt ist, sondern weil sich sein Begehren zu diversifizieren und vom Körper der Nation abzulösen beginnt. Wie kein anderes Volk, so Theilhaber, findet das Judentum seine »Wurzeln […] in unzähligen Ausführungs-Bestimmungen, in vielfältigen Spekulationen praktischer Lebensklugheit und Realität bejahender Vorkehrungen, die Sexos in den Dienst Gottes und des Volkes bis zur letzten Konsequenz stellen.«[21] Die heilsgeschichtliche Bestimmung des Judentums ist somit an eine rigide Kontrolle des Begehrens gekoppelt, eine Kontrolle, die über

---

17. Michel Foucault: *Der Wille zum Wissen. Sexualität und Wahrheit 1*, Frankfurt a.M. 1995[8], S. 170.
18. Palästina selektiert nach Fähigkeit, nach Gesundheit und nach Reinheit; es strebt nach der »Ausmerzung« – wie Ruppin es formuliert – »der Antisozialen« und all derer, die »für die Gemeinschaft in Palästina eine Last sind« resp. »die wie Geschwüre am Leibe der Gruppe fressen«. Arthur Ruppin: »Die Auslese des Menschenmaterials für Palästina«, in: *Der Jude* 1918/19, S. 373–383, hier: S. 381f.
19. Vgl. Foucault: *Wille zum Wissen*, a.a.O., S. 175.
20. Felix A. Theilhaber: *Der Untergang der deutschen Juden. Eine volkswirtschaftliche Studie*, Berlin[2] 1921, S. 20.
21. Ebd., S. 10.

Jahrhunderte halachisch gedeckt war, der aber die veränderten Bedingungen des Exils spätestens seit Beginn der Emanzipation zuwiderzulaufen scheinen. Als Hauptursache des prognostizierten Untergangs der Juden sieht Theilhaber dabei keineswegs den Aspekt der Konversion, sondern den der Verstädterung. Während die moderaten Beobachter der jüdischen Bevölkerungsentwicklung lediglich Verschiebungen im Sinne einer Landflucht ausmachen können, die sich um die Jahrhundertwende insbesondere im Großraum Berlin niederschlagen, verrechnet Theilhaber prozentuale Bevölkerungsanteile miteinander und konstatiert einen progressiven Schwund. Die Stabilität der jüdischen Geburtenrate ist abhängig von der Steuerung des Sexos durch die Halacha – und die gibt es nun einmal exklusiv in den ländlichen Regionen insbesondere Osteuropas. Indem sich aber die osteuropäischen Juden in die Großstädte des Westens begeben, sind sie gezwungen, das Begehren neu zu organisieren. Das Wirtschaftssystem und die Arbeitsorganisation der modernen Städte treibt die Juden – so Theilhaber – in die Ehelosigkeit, in Spätehen und Spätgeburten, sie entzieht zudem den Nachwuchs dem Einfluss des jüdischen Sexualethos und sorgt somit für das systematische Abschwellen der jüdischen Geburtenrate. Bis zu einem gewissen Zeitpunkt konnte die Absenkung des jüdischen Bevölkerungsanteils noch durch den steten Zufluss aus den Landgemeinden ausgeglichen werden. Die nun massiv einsetzende Landflucht aber vernichtet die jüdischen Lebensressourcen und besiegelt das Ende der Heilsgeschichte als ein Verschwinden des Judentums in der Galuth.

Die Lösung des Problems (also im Grunde genommen: die Korrektur der Eschatologie) liegt dementsprechend in der Reorganisation der jüdischen Arbeitswelt, infolgedessen in den Prinzipien jüdischer Verräumlichung. Die Rückkehr des Judentums aus der Schwundfalle der Moderne führt einzig und allein über Palästina, genauer gesagt: über das von der agronomischen Statistik verwaltete und gesteuerte Palästina. Die Statistiker, welche vormals dem Exil die Diagnosen stellten, überwachen nun auch seine Therapie und gehören von Anfang an zu den führenden Kräften der Kolonisation. Die Demographie aber avanciert zum zionistischen Substitut der Halacha: sie hält das Begehren im Wartestand der messianischen Erlösung und verhindert seine Austrocknung durch die moderne Volkswirtschaft.

II. Der XII. Kongress

Kafkas erste Begegnungen mit dem Zionismus sind ganz eindeutig von diesen Überlegungen geprägt. Im Januar 1912 vermerken die Tagebücher den Besuch eines Vortrages von Theilhaber zum ›Untergang‹ (T, S. 370), vier Monate später – im Mai 1912 – berichtet Kafka von einem »ausgezeichnete[n] Vortrag von Davis Trietsch über Kolonisation in Palästina«.[22] Als Komplemente umschließen beide Vorträge die Funktionalität der jüdischen Statistik, mithin die gespaltene

---

22. Ebd., S. 423.

Prozessualität,[23] durch welche sie sich als biopolitische Maschine erst ausweist. Zum einen ist sie eine Extension des messianischen Willens, sie ermöglicht einen Zugriff auf den jüdischen Volkskörper, der in der Geschichte des Exils bisher unmöglich gewesen ist.[24] Zum anderen aber ist diese Maschine aber eben nicht im Dienst der Gegenwart, sondern unterstellt diese einer erst noch zu formenden Subjektivität,[25] eines noch zu kanalisierenden Triebes, einer virtuellen Staatlichkeit, deren Testfeld dann die Kolonisation Palästinas ist.

Die Bestandsaufnahme der hierbei erzielten Ergebnisse lässt freilich auf sich warten. Während die Reorganisation eines autarken jüdischen Wirtschaftslebens voranschreitet, ist Europa mit dem Ersten Weltkrieg beschäftigt und erst spät, erst nach der Balfour-Declaration und der Alliierten-Konferenz von San Remo (1920) kommt es nach acht Jahren wieder zu einem Zionistenkongress, der sich der Entwicklungen in Palästina annehmen kann. Hier gelangt nun auch Zemachs Sammlung wieder ins Spiel, die zum Zeitpunkt ihres Erscheinens zwangsläufig als Dokument dieser zweiten Phase des Zionismus, als literarischer Reflex der vom Jüdischen Nationalfonds (*Keren Kajemeth LeJisrael* = *KKL*) organisierten Kleinkolonisation in Palästina und ihrer strukturellen Krisis gelesen werden musste. Jenes Numinosum, das die jüdischen Siedler heimsucht und in seinen Fängen hält, entziffert sich aus der Perspektive eines Chronisten der zionistischen Bewegung sehr schnell als das Problem inadäquater Siedlungspolitik, agronomischer Fehlkalkulationen und nicht zuletzt ungeklärter organisatorischer und exekutiver Zuständigkeiten. Was sich auf dem Boden Palästinas den Kibbuzim noch als die nicht zu bannende und faszinierende Gewalt der Anciennität, als das Zusammentreffen mit einer unbekannten wie unfassbaren Vergangenheit der eigenen Existenz ausnimmt, das kann auf der Ebene der Komitees, Exekutiven und Kongresse sehr wohl verrechnet werden. Anders formuliert: Das Verhängnis, das sich über die Biographien der Kolonisten legt und vorzugsweise als Psychismus auftritt, erweist sich in einem größeren, verwalteten Rahmen als Rechenfehler, als ein Versehen der Registratur, durch welches das Projekt der messianischen Statistik ernsthaft gefährdet wird. Die Korrektur dieser Fehlkalulation steht im Vordergrund der Verhandlungen des XII. Kongresses (wie auch

23. Diese gespaltene Prozessualität dient letztendlich dazu (und das scheint mir für das zionistische Maschinen-Phantasma ganz essentiell zu sein), unterhalb der »bewußten und vorbewußten Besetzungen [...] eines bestimmten gesellschaftlichen Feldes in Ökonomie, Politik und Technik« dessen »libidinöse[n] Besetzungen« zu »manifestieren und mobilisieren«. Der Zionismus nutzt – ganz im Sinne Deleuze' und Guattaris – die in der Galuth errichteten Maschinen gerade dazu, die »konstitutiven Bedingungen« resp. die »spezifische Rationalität« der Exilgesellschaft zu unterlaufen und ihren Oberflächenstrukturen, hier also der bloßen mathematischen Repräsentation von Bevölkerungsanteilen, eine »Liebe ›zu sich selbst‹«, also eine den sozialen Comment überschreitende Wunschvorstellung zu implementieren (vgl. Gilles Deleuze, Félix Guattari: *Anti-Ödipus. Kapitalismus und Schizophrenie I*, Frankfurt a.M. 1977, S. 517f.).
24. Dieser Gedanke findet sich zuerst bei Herzl, der den Zionismus als die technisierte Reinkarnation des Sabbatianismus begreift: »Schiff sagt: das hat im vorigen Jahrhundert Einer zu machen versucht. Sabbathai! Ja, im vorigen Jahrhundert war es nicht möglich. Jetzt ist es möglich. Weil wir Maschinen haben« (Theodor Herzl: *Briefe und Tagebücher*, hg. von Alex Bein u.a., Bd. II: *Zionistisches Tagebuch 1895–1899*, Berlin, Frankfurt a.M., Wien 1983, S. 139).
25. Félix Guattari: »Maschine und Struktur«, in: ders.: *Psychotherapie, Politik und die Aufgaben der institutionellen Analyse*, Frankfurt a.M. 1976, S. 127–138.

bereits der Londoner Jahreskonferenz von 1920) und erwartungsgemäß verschränken sich hierbei volkswirtschaftliche, räumliche und biopolitische Argumentationen, die wiederum nicht zuletzt durch die jeweilige organisatorische Position der Diskutanten bestimmt werden.

Kafka hat diese Debatte, wenn auch mit Verzögerung, offensichtlich zur Kenntnis genommen. Zumindest erwähnt er in einem Brief an Robert Klopstock vom November 1921 die Kongressausgabe der Selbstwehr, die ihm »bis auf die letzte Ausgabe« – in der es »um Vorschläge für intensive Bodenbearbeitung« geht – »nicht lesenswert« erscheint (B02–24, S. 363). Gemeint ist damit aller Voraussicht nach das Referat Selig Eugen Soskins,[26] dessen leicht gekürzte Fassung – an vergleichsweise unprominenter Stelle – in der neunten Nummer der Kongresszeitung vom 9. September 1921 erschien. Soskin tritt dort (wie auch in seinen angrenzenden Veröffentlichungen)[27] nachhaltig für einen dem amerikanischen Vorbild nachempfundenen landwirtschaftlichen ›Intensivismus‹ ein, d.h. für eine permanente monokulturelle Nutzung kleiner Parzellen, die nicht zuletzt durch das besondere Klima Palästinas ermöglicht werde. Die Vorteile eines solchen Vorgehens liegen nach Soskin auf der Hand. Der Intensivismus vermindert die Konflikte mit den arabischen Nachbarn (deren Land nicht in Anspruch genommen werden muss), er gewährleistet die Ansiedlung von »viele[n] Tausende[n] von Familien« auf dem bereits in jüdischem Besitz befindlichen Land, er macht die Lohnarbeiter überflüssig (da die Parzellen allein »von der Arbeitskraft des Ansiedlers und seiner Familie« bewirtschaftet werden können) und er stellt sowohl die Selbstdeckung der Ertragsarbeit wie die Refinanzierung des Landerwerbes sicher.[28] Was sich auf staatspolitischer Ebene also *nur* als agronomisches Konzept ausnimmt, impliziert in näherer Hinsicht eine massive Umorientierung auf eben jenen Problemfeldern, die Zemachs Erzählungen erkennen ließen und die auch die zentralen Strukturmomente in Kafkas *Schloß* bilden werden. Die Kolonisation wird zum familialen Prozess umgedeutet; der Boden soll nicht länger ›verwaltet‹ und durch umherziehende, stellungsuchende Arbeiter bewirtschaftet werden. Vielmehr gründet die intakte Erschließung des Landes auf der Stiftung von intakten Familienverhältnissen resp. auf einer Rückführung des Begehrens in zeugende Produktivität. Dem entspricht im Bereich der konkreten Siedlungspolitik die terminologische wie organisatorische Ersetzung der Häuslerkolonisation durch Familiensiedlungen, der *moshvei poalim* (Arbeitersiedlungen) durch *moshvei ovdim* (Siedlungen der Arbeitenden) resp. *kibbuzim*.[29]

---

26. Binder bezieht diese Äußerung dagegen fälschlicherweise auf das Referat Arthur Ruppins, das wiederum Brod in seinem Kongressbericht für *Das Tagebuch* besonders hervorgehoben hatte (Binder: »Kafka und die Wochenschrift *Selbstwehr*«, in: *Deutsche Vierteljahrsschrift für Literaturwissenschaft und Geistesgeschichte* a.a.O., S. 286).
27. *Kleinsiedelung und Bewässerung: die neue Siedelungsform für Palästina*, Berlin 1920; *Intensive Kolonisation. Aufsätze und Reden zur Frage der jüdischen Palästina-Siedlung*, Berlin 1922.
28. Eugen Soskin: »Die intensive Kolonisation Palästinas«, in: *Kongresszeitung* vom 9. September 1921, S. 3–5, hier: S. 5.
29. Dies der Kerngedanke der agrarökonomischen Konzeption Josef Wilkanskys, vgl. Adolf Böhm: *Die zionistische Bewegung*. Bd. II: *1918 bis 1925*, Jerusalem 1937, S. 208. Die hierdurch aufgerufene Entgegensetzung von tradiertem und neuem Selbstverständnis der Kolonisation bleibt dabei keines-

Soskins Vorschläge vermögen den Kongress durchaus zu überzeugen; immerhin werden ihm zur Verwirklichung seines Projektes 20.000 Pfund in Aussicht gestellt (die freilich nie zur Auszahlung gelangen). Unter den Experten und den Vertretern des Jishuv stoßen die Pläne allerdings auf heftigen Widerstand, nicht zuletzt weil sie unverhohlen den Typus des ›Landarbeiters‹ aus der zionistischen Erzählung zu streichen und ihn durch den ›Kolonisten‹ zu ersetzen beabsichtigen.[30] Jacob Ettinger etwa spricht davon, dass Soskin, wenn er »den Satz aufstellt, eine andere Wirtschaft empfehlen, heisst die bisherige verdammen, […] vergisst […], dass das auch Leute verdammen heisst, Leute, die seit fünfzehn Jahren Siedler zu sein sich vorbereiten.«[31] Diese Anwärterschaft auf Siedlertum, die – wie auch der Agronom Salmon Dyk zuvor ausführt – beseelt ist vom »Ideal« der »kleinbürgerliche[n] Ansiedlung«,[32] wird durch Soskins Pläne durchkreuzt. Mit der anvisierten Auflösung der Arbeiterfarmen und ihrer Überführung in kleinkolonisatorische Betriebe verschwindet schließlich das von Zemach beschworene *vacuum horribilis*, jenes namenlose »Unglück«, welches »in den Feier- und Abendstunden« der Arbeiter seinen Lauf nimmt. Entziffert wird dieses Unglück in der Kongressdebatte somit als die Diskrepanz zwischen den stellungs- und bindungslosen Subjekten Palästinas, die in Ort und Tätigkeit ganz der Anonymität der Verwaltungsbehörden und deren Anforderungen unterworfen sind, und den durch Besitz und Familie fest verankerten wie eigenständigen Kolonisten.[33] Zur Verbindung von administrativem und libidinösem Kolonisationsentwurf tritt in Soskins Vorschlag noch ein drittes Moment hinzu: die Neukonzeption des Siedlungsraumes. Soskin sieht die ökonomische Krise des Jishuv maßgeblich dadurch bedingt, dass zu große Landflächen bewirtschaftet würden, die das Wanderarbeitertum unabdingbar machen und die zudem nur extensiv – also auf niedrigem Produktionsniveau – genutzt werden könnten. (In ebensolche Arbeitsverhältnisse begibt sich eben auch Zemachs Tagelöhner, dessen »Brotherr« ihn nicht zuletzt deswegen einstellt, um »in vergrößertem Maßstabe zu arbeiten«.)[34] Da der Nationalfonds nicht über genügend Geld verfügt, um sowohl große Gebiete zu erstehen als diese auch kultivieren zu können, proklamiert Soskin eine Abkehr vom großflächigen Landerwerb (wie ihn etwa die KKL-Kommission – gegen den Willen der Exekutive der WZO – im Sommer 1920 im Emek Jisrael vorgenommen hatte) und eine Hinwendung zur Errichtung kleiner unzusammenhängender Siedlungsparzellen. Fügen wir diesen Aspekt den bereits sich abzeichnenden Schemata hinzu, so erscheint uns auf Soskins Folie der palästinensische Landarbeiter als die sich durch maßlose Räumlichkeit, sexuelle Ungebundenheit und völlige Unselbständigkeit auszeichnende

---

wegs eine abstrakte Angelegenheit, sondern führt in der Auseinandersetzung um die Kibbuzim *Ein Harod* und *Tel Joseph* nicht zuletzt zur Spaltung der Arbeitsbrigade im Jahre 1923.
30. »Ich schaffe keine gottgewollte Abhängigkeit, indem ich Kolonisten und Häusler kolonisiere, die bei dem ersteren in Lohn arbeiten, sondern ich kenne nur Kolonisten!« (Soskin: »Kolonisation Palästinas«, in: *Kongresszeitung*, a.a.O., S. 3).
31. *Kongresszeitung* vom 10. September 1921, S. 2.
32. Ebd., S. 1.
33. Ebd.
34. Zemach: *Jüdische Bauern*, a.a.O., S. 48.

Gestalt, die sich nun dem im Aufgang befindenden Phänotyp des in jeder Hinsicht selbstbezogenen und definierten Kleinsiedlers gegenübersieht.

Es ist nicht zuviel gesagt, wenn wir anmerken, dass Kafkas Texte der Gestalt des nomadischen Arbeiters eine gewisse Empathie entgegenbringen; immerhin wird ihr 1917 im *Bau der Chinesischen Mauer* ein monumentales Denkmal gesetzt. Auch mag man sich in diesem Zusammenhang des Zitates erinnern, das Gustav Janouch Kafka zuschreibt und das diesen selbst als potentiellen Verwaltungsfall ausweist: den Traum, »daß ich als Landarbeiter oder Handwerker nach Palästina gehe.«[35] Letztlich besitzen derlei Hinweise unter gewissen Voraussetzungen durchaus ihren analytischen Eigenwert, sie verführen allerdings auch dazu, noch unbekannte Identitäten dieses Werkes vorschnell festzulegen. So ist unschwer zu erkennen, dass im Frühjahr 1922 mit dem ›Landvermesser‹ K. eine Existenz erschaffen wird, die dem Horizont der Kongressverhandlungen unmittelbar zu entstammen scheint. Genau genommen steht diese Figur gerade auf der Schwelle zwischen alter und neuer Kolonisationstypologie. Es handelt sich bei K. um einen jener Arbeitswilligen im Wartestand, die der Überführung in die Siedlergemeinschaft harren und von dieser Transformation die durch Soskins Programm verheißene Beendigung eines Lebens in spatialer, libidinöser und ergonomischer Zerstreuung erhoffen. In K. sehen wir uns demnach einer Aliya-Gestalt gegenüber, wie sie die zionistische Einwanderungspolitik der 10er Jahre zu Tausenden produziert: Menschen, deren Stellung und Funktion bei Ankunft noch ungeklärt ist, die entweder im »Reservoir« der Erwerbslosen verbleiben, sich gegebenenfalls »durch eigene Tätigkeit und Tüchtigkeit in Palästina eine Existenz schaffen können, sobald sie einmal an Ort und Stelle sind«, oder auch durch ihre bloße Anwesenheit dafür sorgen, dass »Arbeiten unternommen werden, die sonst unterbleiben würden.«[36] Kafkas Landvermesser, den nichts hätte »in dieses öde Land locken können, als das Verlangen hier zu bleiben« (S, S. 215), stellt im Grunde ein Experiment moderner Kolonisationspolitik dar, den literarischen Testfall für Soskins Intensivierungsprojekt, dem der Roman eine subjekttheoretische Ebene supplementiert. Findet die agronomische Umschrift Palästinas ihr Korrelat in einer neuen Subjektivität? Respektive: Finden die zur Intensivierung ausersehenen Subjekte ihren Ort, ihre Stelle in Palästina? Schließlich: Lässt sich der freigesetzte Sexos wieder in eine auf Selbstsorge bedachte jüdische Sexualkultur zurückführen? Die in der Kongressdebatte verhandelte Opposition von alter und neuer Kolonistentypologie bildet somit den Verhandlungsrahmen des *Schlosses* und es wird sich zeigen lassen, wie die sich zwischen den Typen entspannende Erlösungsstruktur – der Arbeiter im Warte-

35. Gustav Janouch: *Gespräche mit Kafka. Aufzeichnungen und Erinnerungen*, Frankfurt a.M. 1981, S. 35.
36. Arthur Ruppin: »Referat vor dem XII. Zionistenkongress«, in: *Kongresszeitung* vom 9. September 1921, S. 2. Wir haben es demnach mit einem Anstellungssystem zu tun, das grundsätzlich mit Provisorien arbeitet und darauf setzt, dass man »in der Nähe bei allem ist«, wie Olga später dem Landvermesser erläutern wird: »man kann günstige Gelegenheiten erkennen und benützen, man ist kein Angestellter, aber zufällig kann sich irgendeine Arbeit finden, ein Angestellter ist gerade nicht bei der Hand, ein Zuruf, man eilt herbei, und was man vor einem Augenblick noch nicht war, man ist es geworden, ist Angestellter« (S, S. 351).

stand der Kolonistenexistenz – geradewegs jene Handlungslinien bestimmt, die den Landvermesser K. durch den Roman führen.

III. Unter Komödianten

Der Weg, auf dem diese Figur in den Text findet, ähnelt jenem, auf dem acht Jahre zuvor der verschollene Karl Rossmann seinen Roman verlassen hatte. Es ist der Diskurs der Theatralität bzw. das Bemühen, durch das Spiel aus einer Fremdzuschreibung von Rollen in eine eigenmächtig gewählte Position zu gelangen. »Genug der Komödie« (S, S. 9) – mit diesen Worten beginnt K. im Wirtshaus den Versuch seiner Selbstbegründung vor der gräflichen Behörde. Der Anspruch, der K.s Einordnung in den Kosmos der Schlosswelt voraus liegt, ist programmatischer Natur und wird ihn fortan durch den ganzen Roman verfolgen. Des Spielens soll ein Ende sein. Keine provisorische Existenz mehr, keine Rollen, keine unsichere und undefinierte Stellung – man ist schließlich »für die Dauer gekommen« (S, S. 377).

Die Zielsetzung, kein ›Komödiant‹ sein zu wollen, wird freilich durch die Verfassung des Schlosses unterminiert. Ernst und Spiel sind hier nicht sicher voneinander zu trennen, es gibt in diesem Reich keine Position, in der man sich sicher sein kann, nicht doch einem Arrangement zu unterliegen – zu spielen. Nicht nur dem Sekretär Bürgel fehlt »der richtige Abstand«, um festzustellen, ob »der Schein tatsächlich der Wirklichkeit« entspricht (S, S. 410). Auch K. selbst kann wenig darüber hinwegtäuschen, dass er sich auf einer gigantischen Bühne bewegt und dort unentwegt auf immer neue Handlungsanweisungen, Szenarien und mit »schauspielerhaftem Gesicht« (S, S. 7) resp. mit ›Larven‹ (S, S. 216) umgehende Personen trifft. Bisweilen scheint eben doch vieles »nur Komödie zu sein« (S, S. 38) und jede Form der Selbstbestimmung tatsächlich nur einer geschickten Regieführung zu folgen. Das Schloss korrumpiert seine Subjekte, es nötigt sie zum Theater und wenn späterhin Frieda K. vorhalten wird, dass auch er im Zweifelsfall »bereit« sei, »Komödie zu spielen« (S, S. 246), dann rückt sie lediglich die »Kräfteverhältnisse« zurecht, die den »Kampf« zwischen dem Landvermesser und der Behörde bestimmen (S, S. 12).

Berücksichtigt man, dass das Wesen des Komödiantischen vorzugsweise darin besteht, die Doppeldeutigkeit von Zeichen zu verkennen (ein Verkennen, das von interessierter Seite inszeniert wird), dann lässt sich unschwer ausmachen, mit welchen Wertigkeiten hier gespielt wird. Komödie oder nicht Komödie – letztlich geht es dabei um die Entscheidung über einen Aufenthaltsstatus, um Anwärterschaft und die Frage, wer über den Raum der Kolonisation, über Arbeit, Besitz und Liebe wirklich verfügt. So mag man sich in Dorfgemeinschaften, in Familienverbänden, in Arbeitsverhältnissen oder in Intimitäten wähnen – tatsächlich geschieht in diesem Text nichts unvermittelt, gehört doch alles irgendwie ›zum Schloss‹, das als einziger Akteur »frei und unbekümmert« (S, S. 156) verfahren kann. In der absoluten Verfügungsgewalt der Behörde über den Siedlungsraum, die dessen Einwohner allesamt zu ›Spielern‹ macht, spiegelt sich das extensive Bewirtschaftungssystem der 10er Jahre, welches das koloniale Leben ganz den Berechnungen der jüdischen Nationalstatistik verschreibt. So, wie die Kanzleien und Bureaus des Schlosses systematisch die Anerkennung ihrer Klienten hintertreiben, indem sie Zuständigkeiten spalten, private und amtliche Schreiben verfassen und fortwährend »Widersprüche« ins Werk setzen – »so sichtbar daß sie beabsichtigt sein mußten« – (S, S. 41), so virtualisiert auch der Extensivismus die Besiedlung, indem er eine »Kolonisation auf Ratenzahlungen«[37] betreibt, den Bios nicht verstetigt, sondern verwaltet und dabei unentwegt provisorische Stellungen, Räume und Verbindungen schafft. Nicht vielen Figuren ist die Einsicht in diese Verhältnisse gegeben. Man muss schon in der Sippschaft des Barnabas nachfragen, um zu erfahren, dass auch, wenn es bisweilen so scheint, als ob »alle zum Schloß gehören und gar kein Abstand besteht und nichts zu überbrücken ist«, es sich nicht abstreiten lässt, »daß es gerade wenn es darauf ankommt, gar nicht stimmt« (S, S. 309). K.s Wunsch nach einer Beendigung der ›Komödie‹ zielt demzufolge darauf, genau diese Doppelsinnigkeit der Kolonisation zu durchbrechen und das Land endgültig in die Hände der Kolonisten zu legen.

In diesem Anspruch verkörpert der Landvermesser für die Bewohner dieser Welt zugleich die Bedrohung ihrer komödiantischen Existenz wie aber auch ein Erlösungsversprechen, was sich in der Vorstellung des Knaben Hans Brunswick schließlich in den Glauben übersetzt, »jetzt sei zwar K. niedrig und abschreckend, aber in einer allerdings fast unvorstellbar fernen Zukunft werde er doch alle übertreffen« (S, S. 237). Wo nahezu das gesamte Romanpersonal von einer seltsamen Körperschwäche befallen ist, dort wird K., dem »bittere[n] Kraut«,[38] immerhin »Heilwirkung« (S, S. 229) zuerkannt. Wo der Kanzleivorstand Klamm »wie ein Kommandant über den Frauen« thront (S, S. 309), dort erscheint der Landvermesser im rechten Augenblick als »ein Held, ein Mädchenbefreier« (S, S. 453). Und dort, wo man sich in einem Raum befindet, der durchweg von topographischen Verhältnissen bestimmt wird, deren Relationen nicht objektivierbar sind (insofern sie sich entweder radikal inklusiv[39] oder völlig unvermittelbar[40] gestalten), ist in der Tat ein ›Landvermesser‹ von Nöten, der diesen Raum erst durch Strukturierung zugänglich macht und ihn dadurch dem Staatswesen öffnet.

Es handelt sich somit um eine messianische Identität, von der die Eröffnung eines eigenen sozio- und sexualökonomischen Kosmos zu erwarten steht. Der Landvermesser K. ist vor allem anderen eine Wunschfigur dieser Welt, genauer:

---

37. Ruppin: »Referat«, in: *Kongresszeitung*, a.a.O., S. 4.

38. Zur intertextuellen Verknüpfung des Epithetons mit Exodus 12:8 (und darin mit dem Pessach-Seder) vgl. bereits Reinhard H. Friederich: »K.s ›bitteres Kraut‹ and Exodus«, in: *The German Quarterly* 48 (1975), S. 355–357.

39. Dies legt die Eingangsinformation nahe, derzufolge jeder, der im Dorf »wohnt oder übernachtet, […] gewissermaßen im Schloß« nächtigt (S, S. 8); ein Gedanke, der sodann in der Identifizierung der Bewohner mit dem Schloss – »[z]wischen den Bauern und dem Schloß ist kein Unterschied« (S, S. 20) – fortgeführt wird.

40. So führt die »Hauptstraße des Dorfes« ja bezeichnenderweise eben »nicht zum Schloßberg, sie führte nur nahe heran, dann aber wie absichtlich bog sie ab und wenn sie sich auch vom Schloß nicht entfernte, so kam sie ihm doch auch nicht näher« (S, S. 19).

ihre bürgerliche Perfektion d.h. die Erfüllung jenes Begehrens, welches von der Kolonialstatistik verwaltet und gehütet wird. Gerade weil sie letztlich das legitimatorische Moment der volkswirtschaftlichen Kalkulation darstellt, darf und muss man diese Figur auch von Amts wegen affirmieren, ihr bisweilen »Anerkennung« für die bisher getätigten »landvermesserischen Arbeiten« aussprechen (S, S. 187). Zugleich jedoch ist es unzweifelhaft, dass sich Behörden nicht erlösen lassen, dass sie einen erheblichen Lustgewinn aus der sie durchfließenden messianischen Energie ziehen und von dorther die Landvermesserschaft in ihrer Wirklichkeit negieren müssen. Dort, wo sich die neue kolonistische Identität bewähren müsste – in der Gemeinschaft der Ausgewanderten, im Dorf, auf dem Feld der Arbeit, in der Liebe –, dort verliert sich die Funktionalität der Kolonisation, ist eben kein Land zu vermessen. »Es ist ein Missverständnis« (S, S. 187), konstatiert K. schon früh. »[E]s ist nicht die Wahrheit« (S, S. 492), wird am Ende des letzten Kapitels die Wirtin des Herrenhofs ihm entgegnen, nachdem dieser ihr erklärt hat, was denn das eigentlich sei: ein Landvermesser.

Die Metastruktur des Romans wird somit durch das vergebliche Bemühen K.s bestimmt, der messianischen Ökonomie Realität zu verschaffen. Gegen die »schmachvolle amtliche Wirtschaft« des Schlosses (S, S. 143) führt er einen Kampf »für etwas lebendigst Nahes […], für sich selbst« (S, S. 93), mitunter für eine Identität, die nicht dazu bestimmt ist, in den Text zu gelangen, so sehr K. auch darum bittet, »auch ein Wort über mich [zu] hören«, »meine wirkliche Person, ich, der ich außerhalb der Ämter stehe« (S, S. 105). Tatsächlich ist dieses Ich bereits vollständig in den Rechnungen der Kontrollämter aufgegangen. Es spricht nicht mehr für sich selbst, sondern gehorcht den Regeln einer fremden Rede, deren Macht K. erstmals in jenem ersten Brief Klamms erspürt: »Es war das Arbeitersein. Dienst, Vorgesetzter, Arbeit, Lohnbedingungen, Rechenschaft, Arbeiter, davon wimmelte der Brief und selbst wenn anderes, persönlicheres gesagt war, war es von jenem Gesichtspunkt aus gesagt« (S, S. 42f.). K. ist längst zum Objekt der Agronomie geworden, einer Kongressrede, die zeitweilig »mit ihm wie mit einem Freien« spricht, seinen »eigenen Willen« und »seine Wünsche« zu würdigen weiß (S, S. 41), die ihn aber gerade hierin zum Komödianten werden lässt.

IV. Die Leidenschaft der Sekretäre

›Arbeitersein‹ – das ist keine Wahlentscheidung (etwa zwischen dem Status eines »Dorfarbeiters« und dem eines »scheinbare[n] Dorfarbeiter[s]« [S, S. 42]), kein Entschluss, sondern eine Frage der Typologie, der identitären Zurüstung. Die Verfügungsgewalt des Einzelnen, das Maß an Selbstkontrolle und Autarkie ist auf dem Feld der Kolonisation ganz an den Aspekt der Ausstattung, der kolonialen Requisite gekoppelt. Hier setzt nun auch die Diskursivierung des messianischen Subjekts K. ein. Präzise beginnt die Einbindung des Landvermessers in die verheerenden Strukturen der Schlossökonomie just mit der Selbstzuschreibung, über die sich K. gegenüber den Textverwaltern als Figur konstituiert. Unterziehen wir diese einer genaueren Betrachtung.

>[…] lassen Sie es sich gesagt sein, daß ich der Landvermesser bin, den der Graf hat kommen lassen. Meine Gehilfen mit den Apparaten kommen morgen im Wagen nach« (S, S. 9).

Was sich vordergründig als eine bloße Ausstellung professioneller Verfügungsgewalt ausnimmt, das entziffert sich auf dem semantischen Raster der Ausführungen Soskins als ein identitätspolitischer Widerspruch. K.s Anspruch auf die >Apparate<, das ist in der innerzionistischen Debatte ein durchaus ernstzunehmender Diskussionspunkt. Die Vertreter der extensiven Kolonisation, wie etwa Wilkansky, treten etwa dafür ein, die Arbeiter nur mit den allernötigsten Ausrüstungen zu versehen[41] und die Spezialisierung der Arbeit nach den Bedürfnissen der jeweiligen Siedlung zu richten. Der >Apparat< ist dagegen keine nomadische Erscheinung, er gehört nur denen, die bereits genau wissen, wo sie hingehen und was sie zu tun haben, den Spezialisten, dem Expertentum. So fordert dann auch Soskin, die neu ankommenden Siedler »mit den modernsten Maschinen, Geräten und Methoden zu versehen«,[42] anstatt sie weiterhin die Anbauweise der Fellachen übernehmen zu lassen, die mit der extensiven Landwirtschaft einhergeht. Stellung, Selbstverwaltung, libidinöse Kontrolle verlangt >Apparate< und es ist abzusehen, dass es gerade dieses Moment der Selbstbeschreibung K.s ist, der durch die Requisite nicht erfüllt werden kann. Als die Gehilfen vom Schlosse kommen, sind die Apparate verloren – K. hätte sie ihnen wohl besser nicht anvertrauen sollen.

Die Gehilfen nämlich entstammen ebenfalls der Soskinschen Rede, sie sind ein Produkt des Extensivismus und der übergroßen Arbeitsflächen. Wörtlich:

»Unsere Kolonisation ist bis jetzt gekennzeichnet durch den Kampf mit der Fläche und als Folge daraus, durch den Kampf mit dem Arbeiter, den der Kolonist zur Bewältigung der Fläche nötig hatte. Wir haben nicht einen Kolonisten angesetzt, sondern neben ihm und mit ihm zwei arabische und im besten Falle einen jüdischen Arbeiter. Mein System der intensiven Kolonisation sucht das alles zu vermeiden: der Ansiedler erhält eine Fläche, die ihn ernähren soll durch seiner Hände Arbeit.«[43]

Die Gehilfen stehen somit nicht nur für ein überholtes agronomisches Modell, sie sind zudem von vornherein als widerständiges Element zu verstehen, das dem Kolonisten die Organisation seiner Existenz nicht erleichtert, sondern sich ihr entgegenstellt. Die eigentliche Gefahr, die von Seiten der Arbeiterschaft droht, entgeht Soskin freilich und bleibt somit dem analytischen Blick Kafkas vorbehalten. Was im Kampf zwischen Kolonisten und Arbeitern nämlich aufeinander trifft, ist das Prinzip eines hierarchischen und kanalisierten Begehrens und eine

41. Böhm: *Die zionistische Bewegung*, Bd. II, a.a.O, S. 223.
42. Soskin: »Kolonisation Palästinas«, in: *Kongresszeitung*, a.a.O., S. 4.
43. Ebd., S. 3.

auf Synthetisierung, Entgrenzung und Zügellosigkeit programmierte Wirtschaftsform. Entlassen »aus der strengen Schloßzucht« (S, S. 199) erweisen sich die Gehilfen als Exponenten eines verwahrlosten Sexos, als »zudringliche und lüsterne Jungen« (S, S. 216), die ihrem Herren bis in die Betten folgen (S, S. 201), ihm den Zugang zur Frau verstellen und dann selbstverständlich auch nicht unbeteiligt sind, als die Verbindung mit Frieda endgültig in die Brüche geht. Was der Apparat beherrschbar machen würde – die Extension des messianischen Subjektes in jeder Dimension seines Begehrens –, das verunmöglicht die unentwegte Anwesenheit der mittellosen Arbeiterschaft, die Arbeit, Besitz und Sexualität nur als flüchtiges Gemeingut kennt, keine Familien bildet, sondern auflöst, sich nicht verstetigt, sondern wandert, nichts besitzt, sondern nur verzehrt.

Die biopolitische Dimension des sich zwischen K. und den Gehilfen entspannenden Konflikts ist freilich nur einzusehen, wenn wir des Umstandes gewahr werden, dass sich in der libidinösen Kontur der Gehilfenexistenz ihre Abkunft aus der Verwaltungsmaschine des Schlosses abzeichnet. Gibt sich die »schmutzige Familienwirtschaft« (S, S. 211), die sich zwischen K., Frieda und den Gehilfen bildet, im Lichte der Subjektproblematik schnell als ein »Oszillieren zwischen ödipaler und parasitärer Einfärbung« zu erkennen,[44] so ist nicht zu verkennen, dass die hieraus erwachsenden identitären Widersprüche ein physisches Korrelat besitzen. Die Verunklärung der Familialstellung ist ein Syndrom, das nicht nur K., sondern die Romanwelt als solche heimsucht und offensichtlich auch hier für eine allmähliche Reduktion der Lebenskräfte verantwortlich ist: eine Schwäche, die auch das junge Schuldiener-Paar ›überkommt‹ (S, S. 221), die aber wohl »keine eigentliche Krankheit« ist, sondern sich offensichtlich mit dem erzählten Raum und dessen Herrschaftsstrukturen verbindet (S, S. 230).

Die Krankenliste des Textes ist lang und beginnt bezeichnenderweise eben dort, wo wir es mit unklaren Familienkonstellationen zu tun haben: in der Szenerie des »allgemeinen Bade- und Waschraums« (S, S. 231), wo die Mutter Hans Brunswicks durch ihre Krankheitsblässe so weit aus der seltsamen Gemeinschaft von Männern und Kindern herausgehoben wird, dass sie gar nicht mehr dazuzugehören scheint (S, S. 23). Von dort setzt sich die Infektion des Figurenkatalogs fort über die Hustenanfälle des Fuhrmanns Gerstäcker (bei dessen Mutter-Sohn-Gemeinschaft der Landvermesser am Ende unterkommen wird) über die Wirtin des Brückenhofs (der K. diagnostiziert, dass die Ursache ihrer Erkrankung bei Klamm zu suchen sei [S, S. 134f.]) bis hin zum Gehilfen Jeremias, dessen ›Jämmerlichkeit‹ K. allerdings nicht auf eine ›Verkühlung‹ zurückführt, sondern für eine den Gehilfen ›eingeborene‹ Eigenschaft hält (S, S. 402). Figuren, die vom Schlosse kommen, besitzen allem Anschein nach ein degeneratives Potential, mit dem sie ihre Umgebung kontaminieren. Die Infektionswege liegen dabei offen, denn sie sind an den Sexos gebunden – sie führen über die Frauen.

---

44. Gerhard Neumann: »Franz Kafkas ›Schloß‹-Roman. Das parasitäre Spiel der Zeichen«, in: Wolf Kittler, Gerhard Neumann (Hg.): *Franz Kafka. Schriftverkehr*, Freiburg i. Br. 1990, S. 199–221, hier: S. 214.

Die planvolle Organisation der Schlosswirtschaft schließt konsequent die Praxis der Ehevermittlung ein – was, für sich genommen, keinesfalls ein biopolitisches Defizit zwingend nach sich ziehen muss. Problematisch und krankhaft wird der Vermittlungsakt erst dann, wenn die Kanzleien das Begehren nicht nur vermitteln, sondern durch ihr eigenes Begehren verunreinigen. Der Schlüssel zur Krankheitsgeschichte des Romans (der zugleich ein Schlüssel zur pathologischen Konstitution zionistischer Kolonisationsarbeit ist) liegt – keiner spricht dies offener aus als Bürgel – in der »Leidenschaft« der Sekretäre (S, S. 420). Die Verwaltung des Landes, der Arbeit, der Liebe ist durchsetzt von der Überzeugung, dass das messianische Begehren nur dann durch den Apparat der Nationalstatistik bewahrt und gelenkt werden kann, wenn es auch an diesen Apparat gebunden bleibt. Anders gesagt: wenn der Apparat selbst zum Wunschobjekt wird und darin das eigentlich Gewünschte, das Selbst, der Zugriff auf Land, Arbeit und Frauen verdrängt. Vor dem Hintergrund dieser Objektverschiebung bewahrheitet sich der Antrieb, aus dem heraus hier Administration betrieben wird, folglich als ein *Begehren des Begehrens*, also als die klassisch inzestuöse Figur, welche auch die Beziehungen zwischen den Romanfiguren grundlegend strukturiert. Das Schloss – vorrangig repräsentiert durch den Kanzleivorstand Klamm – gibt seine Töchter erst dann frei, wenn gesichert ist, dass sie ihm ›die Treue halten‹ (S, S. 127), dass sie sich eben nicht ›erlösen‹ lassen und in ein intaktes Familialsystem eingehen, sondern aus ihrer Bindung an den Schlossapparat heraus wieder nur neue inzestuöse Konstellationen aufrufen können. Die ökonomische Teilhabe an der Gemeinschaft bleibt somit immer an die Bereitschaft des kolonialen Subjekts gekoppelt, den ödipalen Anspruch des Schlosses anzuerkennen und darin seine Wünsche, seine gesamte libidinöse Energie den Behörden zu überschreiben. Umgekehrt verwirkt derjenige, der sich den Avancen der Sekretäre verschließt und ihre Briefe nicht liest, jede soziale Bindungsfähigkeit, wie am Beispiel Amalias deutlich wird. Die ›Familie‹ (und es ist bezeichnend, dass allein die Sippe des Barnabas permanent mit diesem Titel bedacht wird) erscheint als eine Lebensform, die volkswirtschaftlich nicht zu integrieren ist, die sich nur *gegen* das Wirtschaftssystem behaupten kann. Familien schlafen ›niemals‹ im Schloss (S, S. 52), es führt kein Weg in ihre Betten und dieser Mangel an Promiskuität schließt sie wie selbstverständlich aus dem Oikos aus. Der Konflikt zwischen alter und neuer Siedlungsform, zwischen extensiver und intensiver Agronomie zeigt sich hier in seiner ganzen personellen Dramatik. Wenn K. – ein Suchender, der »weit von Frau und Kind reist« (S, S. 13) – letztlich sich mit der Familie des Barnabas verbindet (S, S. 365), dann weist er sich hierin zugleich als ein Parteigänger Soskins aus und wird darin zum Agenten einer Ökonomie, von welcher der Zionismus sich die Lösung seiner Siedlungsprobleme verspricht. Demgegenüber steht ein Wirtschaftskonzept, das seine Frauen- und Arbeitsverteilung über den sublimierten Inzest steuert.[45] In Friedas Verbindung mit dem Gehilfen Jeremias, ihrem »Spielkamerad[en] aus der Kinderzeit« (S, S. 392), kehrt sich der

---

45. Es ist die Wirtin des Brückenhofs, die jene ökonomische Logik der Sublimierung offen legt, wenn sie ihr Leiden an Klamm »in Gedanken an das Wirtshaus und an die neue, vielleicht ein wenig Vergessen bringende Arbeit« (S. 131) durch eine Ehe zu ersetzen versucht.

pathogene Wesenszug extensiver Kolonisation nach außen. Dort, wo Land, Arbeit und Frauen in den Händen der Sekretäre liegen, dort wächst ein Menschengeschlecht heran, das nur einen einzigen Vater kennt: den Apparat des Begehrens, dessen Lüsternheit sich im Blick der Männer, der Knechte und Gehilfen bricht (S, S. 219). Wer immer durch die Schulen der Lust gegangen ist, in denen das Schloss seine Kinder erzieht, der kennt diesen Blick. Man flieht und begehrt ihn zugleich (S, S. 218; S. 390), er kontrolliert die nomadische Ökonomie, weist und entzieht Stellungen, platziert und deloziert Figuren, stiftet und zerschlägt die Ehen. Woher aber stammt dieser Apparat? Und woher stammen seine Kinder?

V. Der Kastellan

Vor dem Hintergrund der Debatten, die der XII. Kongress bereithält, lässt sich *Das Schloß* nun als ein erweitertes drittes Deutungsangebot der zionistischen Krisis verstehen. Weder die Konfrontation mit einer entmenschlichenden Archaik noch eine bloße Fehlberechnung seitens des Nationalfonds verantworten die Verheerung der Siedlergemeinschaft alleine. Das eigentliche Verhängnis besteht vielmehr darin, dass beide Aspekte – Defekt der Triebkontrolle und volkswirtschaftliche Kalkulation – ineinander verschränkt sind. Wenn psychische Deviation und biopolitisches Therapeutikum zusammenfallen, wenn der demographische Steuerungsapparat der Kolonisation selbst bereits ödipal besetzt ist, dann kann diese Welt nicht mehr geheilt werden. Der Landvermesser K., ›bitteres Kraut‹ und Künder eines neuen Phänotyps der Kolonisation, kommt zu spät. In diesem Sinne wird auch Soskins Projekt einer agronomischen Erlösung zwar Zustimmung und Geldgeber, aber keinen Weg in die Wirklichkeit mehr finden. Der Intensivismus mitsamt seiner räumlichen, arbeitstechnischen und familialen Konzepte bleibt eine Totgeburt.

Neben dieser durchaus drastischen Diagnose der Siedlungsarbeit hält Kafkas Roman freilich auch noch eine Anamnese bereit, anhand der sich die Urszene ermitteln ließe, in welcher die libidinöse Aufladung des organisierten Zionismus resp. die Vertreibung der Familie aus dem ökonomischen Raum Palästinas sich vollzogen hat. Vieles spricht für die Annahme, dass dieses Geschehen seinen Hintergrund in einer problematisch gewordenen Deszendenz hat – berücksichtigt man die Vorzeichen, unter denen K. seinen Weg durch das Schloss antritt. Es ist der junge Schwarzer, der seine Autorität von einem Vater ableitet, dessen Konturen schon so weit verdunkelt sind, dass niemand die Diskrepanz bemerken wird, die zwischen dem Urbild und seinem Abkömmling besteht. Erst beim näheren Hinsehen bemerkt K. die Züge des »schönen Kastellan[s]« (S, S. 15), die ihn zum Schluss kommen lassen, dass dieser in Schwarzer »einen […] mißratenen Sohn hat« (S, S. 15f.) – was wiederum den Wirt des Gasthauses zu der Richtigstellung nötigt, dass Schwarzer keineswegs der Sohn des Kastellans, sondern der Sohn eines der letzten Unterkastellane sei. Eingeführt ist somit eine vorgetäuschte Abkunft, eine durchbrochene Verwandtschaftsbeziehung, von der aus die Destabilisierung der familialen Konstellationen innerhalb des Textes ihren

Lauf nimmt. (Eine Destabilisierung, die symptomatisch mit der Frage beginnt, wie man in dieser Welt ›zur Frau kommt‹ [S, S. 16].)

Dies allein bliebe nun keine weiterreichende Erkenntnis, würde das Bild in der Gaststube nicht unweigerlich Erinnerungen an die zionistische Ikonographie, sprich: an die Fetischisierung der Herzl-Portraits auf den Kongressen und im zionistischen Devotionalienhandel wecken. Sehen wir von der das Genre des Brustbildes grundsätzlich kompromittierenden Körperhaltung des Kastellans ab[46] und nehmen allein die zweifellos Herzl alludierende Physiognomie zum Anlass, Analogien zu ziehen, so ließe sich K.s Entdeckung der falschen Verwandtschaft durchaus in den Zusammenhang der innerzionistischen Auseinandersetzungen einordnen. Bereits während des von Kafka besuchten XI. Kongresses 1913 ist der Vorwurf, dass der Kongress, die WZO, die Jewish Agency etc. sich von Herzls Zielsetzung immer weiter entfernen, allgegenwärtig. Er nimmt gleichwohl unter dem Eindruck der zunehmenden ›Ökonomisierung‹ des Zionismus während des XII. Kongresses und in seiner unmittelbaren Folge erstmals programmatische Züge an[47] und verantwortet letztlich auch die Abspaltung der Revisionisten unter Jabotinsky auf dem XIV. Kongress 1925.

Die Logik, die der Roman auf der Basis des genealogischen Abgleichs entfaltet, ist allerdings eine andere und weit von der wohlfeilen Vorstellung entfernt, es gebe die Möglichkeit einer Rückkehr zu einem wie auch immer gearteten ›geistigen Kern‹ der Bewegung oder gar eine Alternative zum Prozess ihrer Desintegration. Wir dürfen den Landvermesser wörtlich nehmen: Die Kinder des Kastellans sind nicht allein deswegen missraten, weil sie fremde Väter haben, sondern deswegen, weil sie aus der familialen Ordnung überhaupt herausgefallen sind. Die Söhne, die Töchter des Kastellans gehören dem Schloss, einer Instanz, die dazu übergegangen ist, den Bios *nicht nur zu kontrollieren, sondern von ihm zu leben*, und die aus diesem Grunde gezwungen ist, die autonome Lebensform der Familie aufzubrechen und auszusaugen. Dies sind die »Familiengeheimnisse« (S, S. 227), denen K. auf der Spur ist, über die man allerdings nichts erfahren kann und die sich doch offensichtlich mit Kindschaften verbinden, die im Schloss ihren Ausgang nehmen.

Womöglich lässt sich der Moment, in dem die Verantwortung für das Familienwohl dem Apparat überschrieben wurde, datieren. Zumindest kennt die Ge-

---

46. Tatsächlich ist für den Gestus des Kastellans kein Realsubstrat auszumachen – was ihn umso stärker als jenes »erstarrt Momentane[s]« erkennbar werden lässt, durch welches Kafkas Tableaus immer wieder den Übergang der Individuation in die »Kollektivierung« vollziehen. (Ausführlich hierzu Theodor W. Adornos »Aufzeichnungen zu Kafka«, in: ders.: *Gesammelte Schriften*, hg. von Rolf Tiedemann, Bd. 10/1, Frankfurt a.M. 1977, S. 263ff.) Im Bild des von einer augenblicklichen Schwäche gezeichneten Kastellans vollzieht sich geradewegs jene ›Organisierung‹ des familialen Subjekts, welcher der Roman nachspürt und die ihren Ausgang eben in Herzls Testament nimmt. Die Agonie des Kastellans, sein Verschwinden als Vaterfigur ist bereits kein Individualgeschehen mehr, sondern ein verfügbarer Moment, der sich beliebig reproduzieren und ausstellen lässt.
47. Hierzu genügt es, sich die von Jakob Klatzkin veröffentlichten »Forderungen an den XII. Zionistenkongress« vor Augen zu führen, die gerade in der territorialen Trennung von Aufbauarbeit und Verwaltung das Hauptproblem des Zionismus verorten und in der Verlagerung des Aktionskomitees in den Nahen Osten die einzige Option auf ›Erlösung‹ von der »gegenwärtigen Bureaukratisierung und Volksfremdheit« sehen (Jakob Klatzkin: *Forderungen an den XII. Zionistenkongress. Grundlinien eines Aktionsprogramms*, Heidelberg 1921, S. 26f.).

schichte des Zionismus nur einen solchen Vorgang: nämlich Herzls eigenes
Vermächtnis, das seine Kinder nach seinem Tod der Prokura der Zionistischen
Weltorganisation (in Person von David Wolffsohn, Moritz Reichenfeld und Johann Kremenetzky, dem Vorsitzenden des KKL) unterstellte. Das fatale Ende
dieser Erziehung[48] konnte Kafka nicht mehr kennen. Die Ablösung der Fami-
liengeschichte durch die Administration der WZO ist ihm indessen sehr wohl
bekannt gewesen und erregt an prominenter Stelle seine besondere Aufmerksamkeit. Jene nüchterne Notiz, mit der Kafka im Tagebuch die jüngste Tochter
Herzls aus der Ödnis des XI. Kongresses heraushebt (T, S. 1063),[49] kündet von
einem ersten tiefen Blick in den Abgrund der Bewegung. Der Preis, den der Zionismus zu entrichten hat, um eine ökonomische Wirklichkeit zu bekommen:
Kafka hat ihn gesehen. Das, was Freud im Angesicht des zerstörten Hans Herzl
konstatieren wird – dass nämlich der Zionismus seine Dynamik aus der Synthetisierung just jener Komplexe gewinnt, welche die psychoanalytischen Behand-
lungstechniken aufzulösen versuchen[50] –, realisiert sich in der Etablierung einer
durch psychische Deformation gesteuerten Lebens- und Wirtschaftsform. In der
Adoption der Kinder des Schlossverwalters, der nunmehr nur noch als dunkler
Schemen über den Kongressverhandlungen thront, durchlebt die zionistische
Organisation eine unabsehbare Transformation, deren Tragweite sich ihr erst
dann zu verstehen gibt, wenn aus den agronomisch verwalteten Geschöpfen
wieder Zahlen geworden sind und die Saat der ödipalen Logik auf dem Boden
Palästinas bereits aufgegangen ist.

   Der Kongress von Karlsbad sieht die Symptome, er beginnt eine alte Rechnung von neuem, taxiert seine therapeutischen Optionen und gebiert in den
Überlegungen Soskins das Phantasma eines neuen Kolonisten, eines Landver-
messers, mithin eines Menschen, von dem vieles zu erwarten steht und der wohl
eine große Zukunft besitzt – wenn auch eben eine ›fast unvorstellbar ferne‹.
Einst, wenn die palästinensischen Landarbeiter der agronomischen Verdammnis
überantwortet worden sind, wird K. übrig bleiben. Das Land, die Arbeit, die
Frauen – das alles wird dann zu haben sein. Und während dieses phantasmatische
Subjekt das narrative Kalkül des XII. Kongresses bildet, so wird der Roman des
XII. Kongresses es sich schließlich vorbehalten, daran zu erinnern, dass diese
große Zukunft an ein Vergessen gebunden ist. Oder wie Frieda es dem Landvermesser vorhalten wird: »Du hast mich niemals nach meiner Vergangenheit
gefragt« (S, S. 392).

48. Vgl. hierzu Ilse Sternberger: *Princes without a home. Modern Zionism and the strange fate of Theodor
Herzl's children 1900–1945*, San Francisco, London 1994; zur zionistischen Mythisierung der Herzl-
Deszendenz vgl. beispielhaft Zygmunt Föbus Finkelstein: »Das Erbe im Blut (Hans Herzls letzte
Nacht)«, in: ders.: *Schicksalsstunden eines Führers*, Wien, Amsterdam 1934, S. 107–123.
49. Tatsächlich stellt Kafka hier sein Gespür für den exzeptionellen Moment unter Beweis. Während
Wolffsohn zuvor jahrelang Herzls Sohn Hans vergeblich zur Kongressteilnahme zu überreden versuchte, gelingt es ihm 1913 zum ersten und einzigen Mal, eines der Herzl-Kinder – nämlich Trude –
auf einem Zionistenkongress zu präsentieren (vgl. Sternberger: *Princes without a home*, a.a.O., S. 221
und 263).
50. Vgl. hierzu Avner Falk: »Freud and Herzl«, in: *Midstream* 28 (1977), S. 3–24.

II. LEKTÜRE / UMSCHRIFT

Hubert Thüring

Der alte Text und das moderne Schreiben
Zur Genealogie von Nietzsches Lektüreweisen, Schreibprozessen und Denkmethoden

I. Einleitung

1.1. Die globale Textreferenz und ihre Auflösung

Texte, im Buch und Werk materialisiert und objektiviert, sind in verschiedenen und unterschiedlichen Kulturen ehedem mächtige Agenten der kollektiven und individuellen Verfassung gewesen. Dies nicht nur aufgrund dessen, was sie buchstäblich zu lesen und als deskriptiven, narrativen und analytischen Sinn zu verstehen geben, sondern auch aufgrund ihrer Wirkung als Idee, Vorstellung, Metapher. Aber Vorstellung, Idee, Metapher wovon? – Es ist gerade die diffuse Referenz auf ein gegliedertes und erfülltes Ganzes, mit anderen Worten die *globale* Bedeutung, die Texten und Büchern ihre Wirkmacht verleiht. Die Wirkung betrifft *litterati* wie *illitterati*, denn Texte teilen ihre durch eine globale Referenz gestiftete und gesicherte Bedeutung auch oder erst recht im mündlichen Vortrag mit, und sie ist wesentlich affektiv. Dazu bedarf es als Gegenstück eines Begehrens nach Bindung, Erfüllung, Vervollständigung und Ganzheit, eines religiösen Begehrens, das von der geistigen und seelischen Seite her betrachtet im Wesentlichen ein hermeneutisches Begehren ist. Geht man – gut genealogisch – davon aus, dass die Wirkmacht von Texten nicht erst auf dieses hermeneutisch-religiöse Begehren als einem Anthropologikum antwortet, sondern es ebenso weckt, bildet und lenkt, so setzt dies umgekehrt auch einen religiösen Umgang mit Texten voraus, insofern man unter Umgang – wiederum gut genealogisch – ein rituelles Handling und Setting von Objekten und Formeln, das heißt eine Praktik versteht.

Pierre Legendre zufolge haben wir nicht aufgehört, »Kinder des Textes«[1] zu sein, auch wenn wir so tun, als ob. Fundamentalhermeneutisch – und ergo ganz ungenealogisch – behauptet er, dass wir das gar nicht sein können, keine Kinder des Textes, es sei denn um den Preis des Menschseins selbst. Von den familiären Katastrophen des Kindsmissbrauchs bis zu globalen Katastrophen des religiös motivierten Terrorismus rechnet er die Kosten dieses Tuns-als-Ob auf, das einhergeht mit der Ignoranz jenen Wirkungen gegenüber, die wir der Loskettung des religiös-hermeneutischen Triebs von der Referenz des globalen Textes zu verdanken hätten. Demnach – und in Richtung von Giorgio Agambens Termi-

---

1. Pierre Legendre: *Leçons VI. Les enfants du Texte. Étude sur la fonction parentale des États*, Paris 1992; vgl. Clemens Pornschlegel; Hubert Thüring: »Warum Gesetze? Zur Fragestellung Pierre Legendres«, Nachwort zu: Pierre Legendre: *Das Verbrechen des Gefreiten Lortie. Abhandlung über den Vater. Lektionen VIII* (1989), Freiburg i. Br. 1998, S. 169–203.

nologie getragen[2] – wäre der globale Text das, was dem Leben eine menschliche, das heißt kollektive und individuelle Existenzform verleiht, es dem unmittelbaren Zugang entzieht, zugleich aber vor dem Zugriff schützt.

Die Auflösung der Textreferenz, als die der Prozess der Moderne erscheint, lässt sich nicht nur in einer Katastrophentheorie bilanzieren, sondern auch – jetzt wieder genealogisch – als produktiven Erkenntnisprozess verstehen (der genealogisch verstanden nicht mit der naturgesetzlichen und fortschrittsorientierten Aufklärung zusammenfällt): Sie bringt die Verfasstheit und Gewordenheit der Textreferenz hervor, deren Wirkmacht doch auch darin besteht, ebendiese Gewordenheit, das heißt ihre Wirktechnik und historische Bedingtheit vergessen zu machen, dem Bewusstsein und der Erkenntnis zu entziehen.

Die emphatische Rede von der globalen Textreferenz, wie sie Legendre führt, macht auch fast wieder vergessen, dass die Möglichkeit und Unmöglichkeit von Erkenntnis im und als Prozess der Moderne *sprachlich* indexiert ist. Tatsächlich aber kann das, was die Auflösung der Textreferenz in Bezug auf sich selbst zutage bringt, das heißt seine eigene Gemacht- und Gewordenheit, ja nur die Sprache in ihrer Materialität, Technizität und Historizität sein. Die Frage ist aber, bis zu welcher Konkretheit eine Analyse Sache und Begriff des *Textes* auf die materiellen, technischen und historischen Faktoren zu reduzieren vermag; oder umgekehrt gefragt: wieviel metaphorischer und damit hermeneutischer Vorschuss oder Rest dem Text sowohl als Begriff wie auch als Medium von Sinn dabei trotzdem belassen oder zugesprochen werden muss.

1.2. Theoretische und praktische Erkenntnisse von Text und Schreiben

Der Topos der Frage nach der hermeneutischen oder antihermeneutischen Reduzierbarkeit des begrifflichen und medialen Sinnparameters von *Text* auf besagte Faktoren ist natürlich die Sprachkrise und Sprachkritik beziehungsweise die sprachskeptisch motivierte Erkenntniskritik, welche die Forschung in der zweiten Hälfte des 18. Jahrhunderts mit Fokus auf Lichtenberg beginnen lässt. Vor allem die Dekonstruktion[3] und die Diskursanalyse[4] haben auf je einschlägige Art die sprachkritischen Argumente für die Kritik der fundamentalen Kategorien von Autor, Werk, Sinn, Idee etc. genützt. Dabei sind Sache und Begriff des Textes, selbst jenseits der Metaphorisierung oder Demetaphorisierung als Gewebe oder der Betrachtung in der medialen Konkurrenz, nie nachhaltig befragt worden.

Indes gibt es mit der wissenschaftlichen Philologie seit den dreißiger Jahren des 19. Jahrhunderts eine Disziplin, die sich der Sache des Textes angenommen und

---

2.   Gemeint ist die Unterscheidung von ›nacktem Leben‹ und ›Existenz‹, wie sie Agamben vor allem in *Homo sacer* nach der griechischen Unterscheidung zwischen *zoe* und *bios* geprägt hat, das heißt zwischen dem allen Lebewesen gemeinsamen, aber in Form der Pflanzen und Tiere vom Recht der Polis ausgeschlossenen Leben und dem vom Recht geschützten Leben des Menschen als Rechtssubjekt; vgl. Giorgio Agamben: *Homo sacer. Die souveräne Macht und das nackte Leben* (1995), Frankfurt a.M. 2002, S. 11–22.

3.   Vgl. Jacques Derrida: »Die weiße Mythologie. Die Metapher im philosophischen Text« (1971), in: ders.: *Randgänge der Philosophie*, Wien 1988, S. 205–258, Anmerkungen S. 344–355.

4.   Vgl. Friedrich A. Kittler: *Aufschreibesysteme 1800/1900*, München 1985.

dabei den Begriff des Textes auch und gerade gegen ihre Absicht der kritischen Betrachtung ausgesetzt hat. Diese Philologie, die immer schon eine Editionsphilologie gewesen ist, hat sich von Karl Lachmann bis in die jüngere Gegenwart mehr oder weniger explizit an einem Begriff des vollendeten und/oder autorisierten Werks samt aller Implikationen der Ganzheit, Geglücktheit, Sinnerfülltheit usw. orientiert. Galt es in den altgermanistischen Anfängen noch einen verlorenen ›Urtext‹ herzustellen[5] – ein Bestreben, das vom Begehren der globalen Textreferenz genährt war –, so geht es beim Umgang mit der neueren Literatur und im Zug der säkularisierten Hermeneutik und ihres individualisierten und subjektivierten Autor- und Werkbegriffs zunehmend mehr um den inneren Text, seine bewusste oder unbewusste Bedeutung.[6] Zu deren Ergründung werden, mit oder ohne Editionsabsicht, nachgelassene und nicht autorisierte Dokumente herangezogen und in verschiedenen Formen zugänglich gemacht.

Dient die vergleichende Deutung über das bessere Verständnis eines Textes hinaus editionsphilologischen Zwecken, so besteht das Ziel ideell in der (Re-)Konstruktion des vom Autor ›gemeinten‹ Textes und materiell in der Produktion eines eindimensional lesbaren Drucktextes, auch wo kein solches ›Werk‹ je vorhanden oder explizit beabsichtigt gewesen ist. Die Darstellung der sogenannten *Textgenese* erfolgt in der neueren Editionsphilologie zur Rechtfertigung der philologischen Entscheidungen bei der Textherstellung. So sehr die Philologie mit dem Anspruch der Wissenschaftlichkeit dabei auch bemüht ist, die verschiedenen Sinnparameter zu minimieren und zu kalkulieren, so folgt diese editorische Generierung von Text einer meist impliziten hermeneutischen Finalität eines wie immer supponierten oder supponierbaren Ganzen und Fertigen und unterstellt ihr den Begriff des Textes.[7]

Doch je mehr die Philologie im Zug der wachsenden Möglichkeiten der Sammlung, Erschließung und Darstellung Dokumente textgenetisch verwertet und zur Darstellung gebracht hat, desto deutlicher ist auch geworden, dass diese Dokumente, in der Regel Manuskripte und Typoskripte, nicht nur einen »*Indizienwert*« im Hinblick auf einen tatsächlich vorhandenen oder beabsichtigten Text haben, sondern auch einen eigenen »*Ausdruckswert*«.[8] Aber Ausdruck wovon? – Ex negativo ließe sich dieser Ausdruckswert schon dadurch erfassen, dass

---

5. Vgl. Karl Lachmann: Rezension (1817) von *Der Nibelungen Lied*, hg. von Friedrich Heinrich von der Hagen (1816), und von *Der Edel Stein*, getichtet von Bonerius, hg. von George Friedrich Benecke (1816), in: ders.: *Kleinere Schriften*, zwei Bände, Bd. 1: *Kleinere Schriften zur deutschen Philologie*, hg. von Karl Müllenhoff, Berlin 1876, S. 81–114, S. 81: »Wir sollen und wollen aus einer hinreichenden Menge von guten Handschriften einen allen diesen zum Grunde liegenden Text darstellen, der entweder der ursprüngliche selbst seyn oder ihm doch sehr nahe kommen muss.«

6. Diese Entwicklung vollzieht sich bis zu einem gewissen Grad im Schaffen von Lachmann selbst von der Edition der griechischen und lateinischen, den mittelhochdeutschen Texten und schließlich von Lessing; vgl. Harald Weigel: »*Nur was du nie gesehn wird ewig dauern*«. *Carl Lachmann und die Entstehung der wissenschaftlichen Edition*, Freiburg i. Br. 1989.

7. Vgl. Axel Gellhaus: »Textgenese zwischen Poetologie und Editionstechnik«, in: ders. (Hg.): *Die Genese literarischer Texte. Modelle und Analysen*, Würzburg 1994, S. 311–326; Klaus Hurlebusch: »Den Autor besser verstehen: aus seiner Arbeitsweise. Prologomenon zu einer Hermeneutik textgenetischen Schreibens«, in: Hans Zeller, Gunter Martens (Hg.): *Textgenetische Edition*, Tübingen 1998, S. 7–51, S. 22 (= Beihefte zu editio 10).

8. Hurlebusch: »Den Autor besser verstehen«, in: *Textgenetische Edition*, a.a.O., S. 22.

man sich die text(tele)ologische Tätigkeit mit ihrem Arsenal an Begrifflichkeit vor Augen führt, die den singulären Ausdruckswert der Dokumente zwecks textgenetischer Darstellung zum Verschwinden bringen muss: Die Dokumente werden in Bezug auf den vorhandenen oder herzustellenden Drucktext im Rückblick auf die ›Textgeschichte‹ und als spezifische ›Textzeugen‹ identifiziert und als verschiedene ›Vorstufen‹ und ›Varianten‹ klassifiziert, von der einsilbigen ›Notiz‹ über die ›Skizze‹, den ›Entwurf‹, die ›Reinschrift‹ bis zum ›Druckmanuskript‹. Die ›Abweichungen‹ zwischen Drucktext und Referenztext werden im ›Apparat‹ mittels ›Lemmatisierung‹ und ›diakritischen Zeichen‹ in kürzeren oder längeren ›Varianten‹ und zuordenbaren ›Fragmenten‹ dargestellt. Zudem unterscheidet man innerhalb der Handschrift aufgrund der Korrekturen, Überschreibungen, Streichungen und Einfügungen verschiedene zeitliche ›Schichten‹.[9]

Was im Hinblick auf einen idealen Autor- oder Lesetext und mit der Konzentration auf die sinngenerierende Hand- oder Maschinen*schrift* (als Sinnträger) vergessen geht, ja vergessen gemacht werden muss, was aber gerade den Ausdruckswert eines Dokuments ausmacht, sind die vielfältigen Praktiken des Schreibens und Gestaltens des Dokuments in ihrer Prozessualität. *Schreibprozesse* sind offene, dynamische und jeweils singuläre Arrangements heterogener Elemente wie Schreibmaterialien, Schreibräume, Schreibzeiten, Schreibfrequenzen, Schreibbewegungen (Fluss, Intensität), Schreibstimulantien, Schriftarten, Schriftqualität, andere zeichenhafte oder graphische, willkürlich oder unwillkürlich erzeugte Elemente wie Zeichnungen, Gekritzel, Tintenkleckse, Speise- und Getränkespuren etc. – Diese in ihrem singulären und situativen Erscheinen und komplexen Zusammenspiel als Ausdruckswert eines Dokuments wahrzunehmen, bedeutet, die eigentlich banale Beobachtung auszuformulieren, dass, wenn ein Text entstehen soll, dafür geschrieben werden muss, dass aber nicht immer ein Text entsteht, wenn geschrieben wird.[10]

1.3. Selbstthematisierung des Schreibens als Kennzeichen des modernen Schreibens

Den historischen Zerfall des Textes und das Hervortreten des Schreibens sind bis hierher von außen, von der theoretischen und praktischen Forschung her betrachtet worden. Aber dieser Prozess lässt sich auch aus der Perspektive des produktiven Schreibens, verstanden als literarische Poiesis im Allgemeinen, betrachten. Die folgenden thesenartigen Überlegungen gehen von der Frage aus, wie das Schreiben selbst zu einem dominanten Thema des Schreibens hat werden können.

Seit der Erfindung des freien Schriftstellers in der zweiten Hälfte des 18. Jahrhunderts schieben sich Schreiben und Leben zum einen aufgrund der Emanzipation des Bürgertums, zum anderen aufgrund der gesteigerten Technisierung und Ökonomisierung des Schreibakts und der Publikationsmöglichkeiten von Texten immer mehr ineinander. Schreiben wird zur existentiellen Ausdrucks-

---

9. Vgl. Wolfram Groddeck: »›Vorstufe‹ und ›Fragment‹. Zur Problematik einer traditionellen textkritischen Unterscheidung in der Nietzsche-Philologie«, in: Martin Stern (Hg.): *Textkonstitution bei mündlicher und bei schriftlicher Überlieferung*, Tübingen 1991, S. 165–175.

form und soll zugleich der ökonomischen Sicherung der Existenz dienen. In Abgrenzung von Konkurrenzmedien und trotz der technisch-medialen Ablösung der Schrift von der analogischen Körperbewegung schon im Schreibakt selbst, wie das mit der Schreibmaschine geschieht, bleibt das Schreiben die der individuellen Existenz angemessenste Ausdrucksform, erscheint gar als organische Existenzform des Lebens selbst.

10. Hier der Versuch eines knappen Forschungsüberblicks mit Akzentuierung der literaturwissenschaftlichen Schreib(prozess)forschung; zu den einzelnen Forschungsfeldern werden jeweils auch nur einzelne exemplarische Publikationen angeführt. Die Erforschung von Textgenesen hat sich seit den 1960er Jahren vor allem durch die französische *Critique génétique* und später durch die deutsche Editionstheorie und -praxis etabliert. Dagegen ist literaturwissenschaftliche Schreibprozessforschung ein Zweig, der sich erst in der zweiten Hälfte der 1990er Jahre herauszubilden begonnen hat. Wichtige Impulse sind in den letzten fünfzehn Jahren gerade von den – eigentlich der textgenetischen Forschung verpflichteten – Editionen mit der Herausgabe von begleitenden Faksimiles ausgegangen, wie etwa der Nietzsche- oder der Kafka-Edition. Diese haben, wie gesagt, die kritische Wahrnehmung für die editorischen ›Wertungen‹ (Version, Vorstufe, Fragment etc.) geschärft und die Aufmerksamkeit für das Dokumentarische und das Schreiben erhöht. Daneben haben einzelne diskursanalytische und wissenschaftsgeschichtliche Studien aufgrund der Betonung der Materialität und Technik von Kommunikation die Aufmerksamkeit auf das Schreiben verstärkt (vgl. etwa die im Anschluss an Kittlers *Aufschreibesysteme* unternommene wie Hans Ulrich Gumbrecht und K. Ludwig Pfeiffer (Hg.): *Materialität der Kommunikation*, Frankfurt a.M. 1988). – Eine beträchtliche Anzahl einzelner Forschungsbeiträge zum Schreibprozess haben die deutschsprachigen nationalen Literaturarchive mit kommentierten Publikationen von literarischen Dokumenten geliefert (vorwiegend in Periodika, aber auch in Ausstellungen bzw. Ausstellungskatalogen), allerdings ohne einen Forschungszweig mit programmatischem Charakter zu entwickeln (vgl. etwa *Marbacher Magazin* 68 [1994], 69 [1994], 72 [1995], 74 [1996], 80 [1997], 88 [1999]: *Vom Schreiben* 1–5; *Profile. Magazin des Österreichischen Literaturarchivs* 1 [1998, 1. Jg.]: *Der literarische Einfall. Über das Entstehen von Texten*, hg. von Bernhard Fetz und Klaus Kastberger; Stéphanie Cudré-Mauroux, Annetta Ganzoni, Corinna Jäger-Trees (Hg.): *Vom Umgang mit literarischen Quellen*. Internationales Kolloquium vom 17.–19. Oktober 2001 in Bern, Genève 2003). Daneben hat jüngst auch ein wissenschaftshistorisches Projekt die Rolle der Schrift und anderer graphischer Mittel in Erkenntnis- und Wissensprozessen systematisch zu erforschen begonnen (vgl. das Projekt »Wissen im Entwurf. Zeichnen und Schreiben als Verfahren der Forschung« am Max Planck-Institut für Wissenschaftsgeschichte in Berlin und am Kunsthistorischen Institut in Florenz [Max Planck-Institut] unter <http://knowledge-in-the-making.mpiwg-Berlin.mpg.de/knowlegeInThe-Making/de/index.html?language=de>; exemplarisch Christoph Hoffmann: »The Pocket Schedule. Note-taking as research technique«, in: Frederic L. Holmes, Jürgen Renn, Hans-Jörg Rheinberger (Hg.): *Reworking the Bench. Research Notebooks in the History of Science*, Dordrecht, Boston, London 2004, S. 183–202). – Gezielte Initiativen für eine programmatische Erforschung von literarischen Schreibprozessen sind wiederum von der französische Schule der *Critique génétique*, namentlich vom *Institut de textes et manuscrits modernes* (Item) mit der Zeitschrift *Genesis* und der Schriftenreihe *Textes et Manuscrits*, ausgegangen (vgl. etwa Bernhild Boie, Daniel Ferrer (Hg.): *Genèse du roman contemporain. Incipit et entrée en écriture*, Paris 1993; Louis Hay u.a.: *Le Manuscrit inachevé. Écriture, création, communication*, Paris 1986/2002). – Im deutschen Sprachraum hat man sich zunächst im Rahmen der Zeitschrift *editio* kritisch mit diesen Anregungen auseinandergesetzt; eine fruchtbare Fortentwicklung, die das Schreiben (auch wenn nicht programmatisch) mehr betont, hat das Heidelberger Institut für Textkritik mit der Zeitschrift *Text* und den im Umkreis angesiedelten Editionen und Publikationen geleistet. Eine eigentlich literarische Schreibprozessforschung betreibt seit 2000 das Projekt »Zur Genealogie des Schreibens« (vgl. Martin Stingelin: »Schreiben«, in: *Reallexikon der deutschen Literaturwissenschaft*. Neubearbeitung des Reallexikons der deutschen Literaturgeschichte, Bd. III: P–Z, gemeinsam mit Georg Braungart, Harald Fricke, Klaus Grubmüller, Friedrich Vollhardt und Klaus Weimar hg. von Jan-Dirk Müller, Berlin, New York 2003, S. 387–389; Martin Stingelin (Hg.): »*Mir ekelt vor diesem tintenklecksenden Säkulum*«. *Schreibszenen im Zeitalter der Manuskripte*, hg. in Zusammenarbeit mit Davide Giuriato und Sandro Zanetti, München 2004; Davide Giuriato, Martin Stingelin und Sandro Zanetti (Hg.): *SCHREIBKUGEL IST EIN DING GLEICH MIR: VON EISEN. (Mechanisiertes) Schreiben von 1850 bis 1950*, München 2005; Davide Giuriato, Martin Stingelin und Sandro Zanetti (Hg.): »*System ohne General*«. *Schreibszenen im digitalen Zeitalter*, München 2006). Eine historiographische Parallelunternehmung bietet Otto Ludwig mit seiner *Geschichte des Schreibens* (zwei Bände, Bd. 1: *Von der Antike bis zum Buchdruck*, Berlin, New York 2005).

Das wäre eine These, die auf einer abstrakten und idealisierten Norm beruht. Denkt man sie in eine bestimmte Richtung weiter, so lässt sie sich auch in eine Gegenthese drehen: Je enger Schreiben und Leben miteinander verflochten sind, desto prekärer muss der Schreibende auch die unvermeidlichen Stockungen in jenem Prozess empfinden, der Schreiben und Leben zur organischen Existenzform verschmelzen soll. Unvermeidlich sind diese Stockungen deshalb, weil die Existenz des modernen Schriftstellers auch aus unzähligen anderen Verrichtungen besteht, gerade und in gesteigertem Maß diejenige Schriftstellerexistenz, die auf den ökonomischen Ertrag des Schreibens zum Lebensunterhalt angewiesen ist, diesen aber mangels Erfolg nicht zu erwirtschaften vermag. Oder dann müsste er so viel schreiben, dass es ihm auch an Lese- und Lebenserfahrungen gebricht, die den Stoff des Schreibens abgeben könnten. In dieser Perspektive drohen Schreiben und Leben unendlich auseinander zu driften und die Existenz aufzuzehren.

Von daher ist es nicht erstaunlich, wenn genau diese Probleme der Organisation von Schreiben und Leben samt psychologischer Auslotung zum dominierenden Stoff des Schreibens werden, der die handlungsorientierten Erzählungen in den Hintergrund drängt. Auf diese Weise, das heißt im selbstreferentiellen oder intransitiven Schreiben,[11] das die moderne Literatur kennzeichnet, findet das Ideal einer Leben und Schreiben organisch verschmelzenden Existenzform eine sekundäre, punktuelle und prekäre Erfüllung. Und man sieht, dass die These einer Verschmelzung von Schreiben und Leben und die Gegenthese eines unendlichen Auseinanderdriftens eigentlich als Oszillation einer doppelten Bewegung betrachtet werden muss, welche die Dynamik des modernen Schreibens ausmacht.

Bis hierher habe ich drei thesenartige Linien zu ziehen versucht: zunächst die Textreferenz und ihre Auflösung in Bezug auf die Konstituierung der sozialen Existenz, sodann die theoretische und praktische Erkenntnis von Text und Schreiben in der Forschung und schließlich die ›Geschichte‹ des modernen Schreibens. Mit letzterer bin ich wieder an den Punkt zurückgelangt, wo es um das Verhältnis von Text und Schreiben in Bezug auf den Stoff des Lebens geht, mithin zur Frage, inwiefern der Zerfall der Textreferenz und das Erscheinen des Schreibens mit der Auflösung der Existenzform und der Produktion von nacktem Leben zusammenhängt. Ich werde nun diesen Parcours bis zu ebendiesem Punkt noch einmal mit Nietzsche absolvieren, um die Frage nach dem modernen Verhältnis von Leben und Schreiben im Schlusskapitel unter dem genealogischen Aspekt noch einmal kurz aufzugreifen.

---

11. Zum Begriff des intransitiven Schreibens vgl. Roland Barthes: »Écrire, verbe intransitif?« (1966/1970), in: ders.: *Le bruissement de la langue. Essais critiques IV*, Paris 1984, S. 21–31; zur Entwicklung des Begriffs der *écriture* im Œuvre Barthes' vgl. Ottmar Ette: *Roland Barthes. Eine intellektuelle Biographie*, Frankfurt a.M. 1998, S. 59–83 und S. 327–377.

2. Nietzsche im Spannungsfeld zwischen Textbegehren und Schreibfluss

2.1. Das Kind des Textes und der Schreiber seiner selbst

Friedrich Wilhelm Nietzsche ist auf jeden Fall noch als ein Kind des Textes geboren und erzogen worden, und er wollte unbedingt am globalen Text teilhaben. Im Spätsommer 1858 blickte der bald Vierzehnjährige bereits in altkluger Deutschaufsatzmanier auf seine schriftstellerische Vergangenheit zurück und kam zum Schluss: »Ueberhaupt war es stets mein Vorhaben, ein kleines Buch zu schreiben und es dann selbst zu lesen. Diese kleine Eitelkeit habe ich jetzt immer noch«.[12] Es versteht sich, dass das 136 Seiten starke, in braun-gelb gesprenkelten Deckel gebundene Heft selbst schon das Vorhaben verwirklichen sollte. Er schließt mit der Bemerkung, man möge ihm angesichts der »Größe des Werks verzeihen«, dass er »mitunter etwas nachgetragen« habe und »noch nachtragen werde« und ruft aus: »Könnte ich doch noch recht viele solche Bändchen schreiben!«[13] (Abb. 1).

Dreißig Jahre später, als Nietzsches Schreiben endete, hatte sich dieser Wunsch so ziemlich erfüllt. Von Nietzsches Hand geschrieben sind nämlich deutlich über hundert Notiz- und Arbeitshefte sowie über dreißig Mappen mit unzähligen losen Blättern erhalten. Eine Seite aus dem wohl letzten Notizheft, das Nietzsche im Herbst 1888 in Turin beschrieben hat, ist für die Frage der Wunscherfüllung symptomatisch: Was auf der Abbildung zu sehen und wohl kaum zu lesen ist, soll nach der neuen Entzifferung der neunten Abteilung in der *Kritischen Gesamtausgabe*, die den Nachlass des späten Nietzsche in hochdifferenzierter Transkription und mit Faksimiles auf CD herausgibt, Folgendes heißen: »*keine* Briefe schreiben! / *keine* Bücher lesen! / ins Café etwas mitnehmen zum / Lesen! / *Notizbuch*!«[14] (Abb. 2 und 3).

Was die früheren Ausgaben indes nicht zu sehen gaben, ist zunächst, dass man das nicht einfach lesen kann, genauer: dass *man* es eigentlich gar nicht *muss* lesen können. Denn es ist ein Schreiben, das sich als Selbstanweisung an sich selbst richtet, es bezieht sich unmittelbar auf sein eigenes Eigenleben, seine Existenzbedingungen und Existenzform. Unmittelbar ist dieses Schreiben aber nur für die Zeit ihres Ergehens, denn als Ergangenes ist es das andere des lebendigen Schreibens, tote Schrift geworden. Die Erscheinung der Schrift hinwieder verweist auf das Schreiben und seine (Lebens-)Umstände zurück: Die vier Impera-

12. Friedrich Nietzsche: *Aus meinem Leben* (August–September 1858), in: ders.: *Frühe Schriften*, fotomechanischer Nachdruck der Ausgabe *Werke und Briefe* (BAW), historisch-kritische Ausgabe, *Werke* (1854–1869), fünf Bände (unvollendet), München 1933–1940, fünf Bände, mit einer editorischen Vorbemerkung von Rüdiger Schmidt zum Nachdruck der Ausgabe, München 1994, Band 1: *Jugendschriften 1854–1861*, hg. von Hans Joachim Mette, S. 1–32, S. 11.
13. Nietzsche: *Aus meinem Leben*, S. 32.
14. N VII 4, S. 6, Faksimile und Transkription in: Friedrich Nietzsche: *Werke. Kritische Gesamtausgabe* (KGW), neunte Abteilung: der handschriftliche Nachlaß ab Frühjahr 1885 in differenzierter Transkription, hg. von Marie-Luise Haase und Michael Kohlenbach, bearbeitet von Marie-Luise Haase, Michael Kohlenbach, Johannes Neininger, Wolfert von Rahden, Thomas Riebe, René Stockmar und Dirk Setton, Berlin, New York 2001, Abteilung IX, Bd. 3 (KGW IX 3), Faksimile auf beiliegender CD.

tive sind einigermaßen raumgreifend und die Seite erscheint auch über die eigentliche Schriftgraphik hinaus durch Querstriche gestaltet. Das unterstreicht die Gesetzeskraft der Verbote und Gebote, so ephemer der Akt des Schreibens auch gewesen sein mag. Erst aufgrund der nachvollziehbaren räumlichen Gestalt kann man auch beobachten, dass diese Seite 6 des Heftes eine von mehreren Seiten am Anfang, nämlich deren fünf, und einer Seite am Ende des Heftes ist, die entweder ähnliche Anweisungen oder dann bibliographische Notizen, Notizen für Reisepläne und Stadtgänge und einige Satzsplitter zu Schreibvorhaben enthalten. Die Seiten 8 bis 59 des sechzigseitigen, vermutlich wie meistens von hinten nach vorn beschriebenen Heftes enthalten dagegen neben einem Briefentwurf hauptsächlich Einfälle und Entwürfe zu *Ecce homo*. Auf Seite 3, 4 und 60 notierte Nietzsche lebenspraktische, vorwiegend diätetische Anweisungen, von denen sich zwei, nämlich »*keine* Briefe schreiben« (S. 60) und »*keine* Bücher kaufen!« (S. 4), mit zwei Imperativen von Seite 6 im Wesentlichen überschneiden (Abb. 4 und 5).

Die deutlich weniger lesbaren Imperative von Seite 6 sind vermutlich später geschrieben und könnten – gerade wegen der unmittelbaren Beziehung – auf einen Versuch hinweisen, die Bereiche des Lesens und Schreibens einerseits und des Lebenspraktischen andererseits voneinander zu sondern. In *Ecce homo* jedenfalls statuiert Nietzsche, nachdem er verkündet hat, warum er so weise und so klug ist und indem er nun zur Erklärung übergeht, warum er so gute Bücher schreibt: »Das Eine bin ich, das Andre sind meine Schriften«.[15] Auf diese Weise scheint er den notwendigen Abstand zwischen Schreiben und Leben gerade dann aufrecht erhalten zu wollen, als er für immer zusammenbricht. Wenn man annimmt, dass er diese Seite zuletzt geschrieben hat, könnte es auch bedeuten, dass zuletzt eben nur noch die im Übrigen widersprüchlichen Imperative des Lesens und Schreibens und zuallerletzt bloß noch die Eigenemphase des Mediums übrigbleibt: »*Notizbuch!*«

Hält man nun das Schreibheft des Vierzehnjährigen und das Notizheft des Vierundvierzigjährigen nebeneinander, so kann man folgende gegenläufige Bewegungen ausmachen: Während die Jugendschrift sich bereits als Werk geriert, das darauf wartet, dass der Stoff des Lebens die Seiten füllt, schließt das Notizbuch das Leben zuletzt aus, indem es dieses aufsaugt, und schließt sich über der Selbstreferenz seines Schreibens. Das Jugendwerk schreibt sich auf den globalen Text zu, um sich in ihn einzuschreiben, das Notizheft schließt den Text in seinen materialisierten Formen als explizit lesbares Buch aus, um nur noch das nackte Schreiben zu schreiben. Die Jugendschrift beklagt den Mangel an Lebensstoff, der sie nähren soll:

> »Wenn man erwachsen ist, pflegt man sich gewöhnlich nur noch der hervorragendsten Punkte aus der frühesten Kindheit zu erinnern <!>. Zwar bin ich noch nicht erwachsen, habe kaum die Jahre der Kindheit und Knabenzeit hinter mir, und doch ist mir

---

15. *Ecce homo. Wie man wird, was man ist* (1889/1908), »Warum ich so gute Bücher schreibe 1«, in: ders.: *Sämtliche Werke. Kritische Studienausgabe* (KSA), 15 Bände, hg. von Giorgio Colli und Mazzino Montinari, München, Berlin, New York 1980, Bd. 6, S. 255–374, S. 298 (KSA 6, S. 298).

schon so vieles aus meinem Gedächtniß entschwunden und das Wenige, was ich davon weiß, hat sich wahrscheinlich nur durch Tradition erhalten.«[16]

Der filiativ-genealogische Text, der hier Tradition heißt, hat das Leben, noch bevor es die Bewegung des Schreibens schreiben kann, schon an eine vorgeformte und verbürgte Existenz verschrieben. Gleichzeitig scheint das lebenerzählende Schreiben selbst gar keine eigentliche Textform annehmen zu wollen und sich planlos und in unzähligen Brüchen zu verlaufen, wie wenn ihm zu viel Lebensstoff zuströmen würde. – Auch das Schreiben des Notizbuches zeugt von einem Mangel an Lebensstoff; doch es schließt das Leben aktiv aus. Gleichzeitig aber scheint es ebenso an dem Überfluss zu leiden, der es selbst ist, weil es zur ausschließlichen Lebensform geworden ist, die im Verstummen den Text überböte.

Die in diesen (Miss-)Verhältnissen liegende Spannung beschreibt die ontogenetische Entwicklung des Textkindes zum Notizenschreiber, die gleichzeitig als historische Entwicklung von der alteuropäischen Textreferenz zum modernen autoreferentiellen Schreiben zu begreifen wäre. Sie ist für Nietzsches ganzes Schreiben und Textschaffen konstitutiv: Es ist eine doppelte und bisweilen extreme Spannung zwischen einem unbedingten Willen zum Text, Buch und Werk einerseits und einer Schreibbewegung, die diese Absicht auf Um- und Abwegen und in Brüchen zerstreut, andererseits; und eine Spannung zwischen einem ausufernden und sich verlierenden Schreiben einerseits und einer Schreibbewegung, die den Text im Verstummen einholt, andererseits. In bestimmter Weise war diese extreme Doppelspannung die Lösung für das Problem, das Nietzsche von Anfang an und immer wieder heimsuchte: dass er ein Buch schreiben wollte, aber nicht wusste, was oder worüber er schreiben sollte. – Wie diese ›Lösungen‹ im skizzierten Spannungsfeld aussehen und in welchem Verhältnis sie zu Nietzsches Lektüren und den Inhalten seines Schreibens stehen, soll im Weiteren exemplarisch illustriert werden.

2.2. Der dichterische Mimetiker und Imitator

In seinem *Aus meinem Leben* betitelten »Bändchen« erzählt der vierzehnjährige Pfortenser auch von seinen Gedichten, von denen er gegen Ende eine Liste anlegt: 46 Gedichte verteilt auf drei Jahrgänge, vierzehn 1855–56, neun 1857, dreiundzwanzig 1858. An, so scheint es, beliebigen Stellen seiner Erzählung unterscheidet er, den Gruppen entsprechend, die Phasen seiner Dichterwerdung im Zeichen des Begehrens nach dem globalen Text. Die ersten Gedichte seien »gewöhnlich Naturscenen«, so auch bei ihm.

---

16. *Aus meinem Leben* (August–September 1858), BAW 1, S. 1. Im Folgenden stammen die in spitzen Klammern erscheinenden Zeichen entweder von den Herausgebern (als Ergänzung fehlender Zeichen) oder, wie in diesem Fall, von mir (zur Kennzeichnung der im Original oder in der Transkription so vorkommenden Schreibweise); in (bereits von den Herausgebern gesetzten) eckigen Klammern stehen im Original gestrichene Zeichen.

»Wird doch jedes jugendliche Herz von großartigen Bildern angeregt, wünscht doch
jedes diese Worte, <!> am liebsten in Verse zu bringen! Grauenhafte Seeabentheuer
Gewitter mit Feuer waren der erste Stoff zu diesen. Ich hatte keine Vorbilder, konnte
kaum mir denken, wie man einem Dichter nachahme und formte sie wie die Seele sie
mir eingab.«[17]

Diese erste, sagen wir *mimetische* Periode, wo jedes Gedicht »sprachliche Här-
ten« aufweise, sei ihm »dennoch bei weitem lieber als die zweite«, die er später
erwähnen wolle.[18] Die zweite Phase, die man *imitatorisch* nennen könnte, behandelt er zwanzig Manuskriptseiten später. Hier habe er, im Gegenzug zu den ersten »Poësien«, die »an Form und Inhalt unbeholfen und schwer« ausgefallen
seien, »in geschmückter und strahlender Sprache zu reden« versucht.

»Aber aus der Zierlichkeit wurde Ziererei und die schiller<n>de Sprache zu pfrasenar-
tiger Verblümung. Und bei diesem allem fehlte noch die Hauptsache, die Gedanken.
Jedenfalls steht deßhalb die erste Periode noch weit über der zweiten, aber man sieht
hieraus, wie man, hat man noch nicht festen Fuß gefaßt von Extrem zu Extrem wankt
und erst in der goldnen Mittelstraße seine Ruhe findet.«[19]

Schön dialektisch versuchte er folglich in der »dritten Periode« seiner »Gedichte«, die nun erst sechzig Manuskriptseiten später drankommt, »die erste und
die zweite zu verbinden, d. h. Lieblichkeit mit Kraft [zu] vereinen. In wie weit
mir dies gelungen ist, weiß ich selbst noch nicht zu bestimmen.« Sodann führt
er genauer aus, wie er diese Synthese versteht:

»Man muß überhaupt bei den <!> Schreiben eines Werks vorzüglich die Gedanken berücksichtigen; eine Nachlässigkeit im Styl verzeiht man eher, als eine verwirrte[n] Idee.
Ein Muster hievon sind die göthischen Gedichte in ihren goldklaren, tiefen Gedanken.
– Die Jugend, der noch e i g n e Gedanken fehlen, sucht ihre Ideenleere hinter ein <!>
schillernden glänzenden Styl zu verbergen. Gleicht hierin die Poësie nicht der M o -
d e r n e n Musik? Ebenso wird hieraus alsbald eine Zukunftspoësie werden. Man wird
in den eigenthümlichsten Bildern reden; man wird wirre Gedanken mit dunkeln, aber
erhaben klingenden Beweißen belegen, man wird kurzum Werke im Styl des Faust
(zweiten Theil) schreiben, nur daß eben die Gedanken dieses Stücks fehlen. Dixi!!«[20]

Der dialektische Versuch des jugendlichen Nietzsche wird hier nicht deswegen
angeführt, weil er im biographischen Sinn als eine für alles Kommende prägende
Erfahrung zu gelten hätte (aber dennoch gelten kann), sondern weil er die Ele-
mente und Gesetze der globalen Textreferenz bemerkenswert klar exponiert:
Stil und Gedanken, Form und Inhalt, Schönheit und Kraft in der dialektischen
Bewegung von gegenseitiger Überschreitung und Vermittlung, die zunächst nur

17. Ebd., S. 11.
18. Ebd.
19. Ebd., S. 15f.
20. Ebd., S. 27f.

in ihrer ontogenetischen Wirkung erscheint. Bemerkenswert ist dann aber der historische Riss, der sich Nietzsche in der Musik ankündigt, aber anscheinend auch die Dichtung betrifft. Wenn einem dabei Nietzsches *Dionysos-Dithyramben*, Nietzsches dichterisches Vermächtnis einfällt, so ist das kaum zufällig. Denn Nietzsches ästhetisches Credo oder vielmehr Discredo würde, was das Verhältnis von Form und Inhalt angeht, zu jener Zeit, 1888, wörtlich verstanden gerade das Gegenteil der Auffassung des jungen Nietzsche sein:

»Man ist um den Preis Künstler, daß man das, was alle Nichtkünstler ›Form‹ nennen, als I n h a l t , als ›die Sache selbst‹ empfindet. Damit gehört man freilich in eine v e r – k e h r t e   W e l t : denn nunmehr wird einem der Inhalt zu etwas bloß Formalem, – unser Leben eingerechnet.«[21]

Doch stellt Nietzsche hier die Unterscheidung von Form und Inhalt zusammen mit derjenigen von Kunst und Leben überhaupt infrage; das Leben (als Inhalt) soll vollständig in der Kunstform aufgehen. Dieser extreme Anspruch entspricht dem oben skizzierten Spannungsverhältnis zwischen dem ausufernden und dann versiegenden Lebenschreiben und Schreibenleben. Bis dahin sind aber noch ein paar Schritte zu beobachten: Eine Möglichkeit, die von den eigenen Gedichten nach goethescher Maßgabe und dem disparaten Prosaschreiben wegführt, eröffnet nun die Philologie.

2.3. Der philologische Buchstabierer, Exzerpator und Kompilator
Nietzsche erhielt eine klassisch-humanistische Gymnasialbildung und studierte Klassische Philologie: Für das Verhältnis von Text und Schreiben bedeutete dies zunächst und vor allem, jene kanonisierten Textformen und Textdeutungen, die das materielle und symbolische Fundament der globalen Referenz bildeten, bis ins Buchstäbliche hinein zu repetieren. Es bedeutete dann, auf der Höhe der altphilologischen Wissenschaft, lückenhafte oder brüchige Textformen mittels Konjekturalkritik der Idealform anzunähern, wie das Nietzsche etwa mit der Studie zum Danaelied des Simonides von Keos leistete.[22] Und philologischen Unterricht zu erteilen, bedeutete schließlich, die blühende altphilologische Forschung in die Vermittlung der besagten Formen und Inhalte mit einzubeziehen. Hier wurde Nietzsche nolens volens zum fleißigen Buchstabierer, Exzerpator und Kompilator, wie es der Tradition universitärer Vorlesungen entsprach.

Oder vielmehr hätte entsprechen müssen. Denn es ist bekannt, dass Nietzsche in seinen thematisch zwar traditionellen Vorlesungen mitunter auch fachfremde oder wenigstens fachrandständige Studien herbeizog, wie das romantisch inspi-

21. Nachgelassene Fragmente, November 1887–März 1888, KSA 13, S. 9f.: 11 [3].
22. Brief an Friedrich Ritschl in Leipzig, Naumburg, 12. Mai 1868, in: Friedrich Nietzsche: *Sämtliche Briefe. Kritische Studienausgabe* (KSB), acht Bände, hg. von Giorgio Colli und Mazzino Montinari, München, Berlin, New York 1986, Bd. 2, S. 279 (KSB 2, S. 279). Nietzsche hat eine viel beachetete philologische Studie zum »Danaelied« verfasst, die 1868 im *Rheinischen Museum für Philologie* (neue Folge, 23. Jg. 1868, S. 480–489) als »zur Kritik der griechischen Lyriker« unter dem Titel »Der Danae Klage« erschienen ist; vgl. KGW II/1, S. 59–74, vgl. auch den Brief an Georg Curtius in Leipzig (Entwurf), Leipzig, November/Dezember 1866, KSB 2, S. 178–180.

rierte Buch Gustav Gerbers, *Die Sprache als Kunst* von 1871 (Abb. 6). Diesem entnahm Nietzsche bekanntlich die in der Rhetorik-Vorlesung vom Winter-semester 1872/73 geäußerte Einsicht, dass

>»was man, als Mittel bewußter Kunst ›rhetorisch‹ nennt, als Mittel unbewußter Kunst in der Sprache u. deren Werden thätig waren, ja, daß die *Rhetorik eine Fortbildung der in der Sprache gelegenen Kunstmittel* ist, am hellen Lichte des Verstandes. Es giebt gar keine unrhetorische ›Natürlichkeit‹ der Sprache, an die man appelliren könnte: die Sprache selbst ist das Resultat von lauter rhetorischen Künsten[.]«[23]

Inwiefern diese Einsicht die Grenzen der klassischen Textreferenz sprengte oder vielmehr immer schon – man denke an den pseudolonginischen Traktat *Vom Erhabenen* – zu den konventionalisierten Überschreitungen gehörte, sei da-hingestellt. Auch der topische Stellenwert, den diese Einsicht in der Forschung des *linguistic turn* gespielt hat, ließe noch beide Möglichkeiten offen.

Wie Nietzsches Wirken als Basler Philologieprofessor von der zeitgenössischen Zunft wahrgenommen wurde, zeigte die Reaktion des jungen Ulrich von Wi-lamowitz-Möllendorff in seiner Erwiderung auf die 1872 erschienene *Geburt der Tragödie*, die den Titel *Zukunftsphilologie!* trägt. Wilamowitz schließt die Streit-schrift damit, dass er den »beweis für die schweren vorwürfe der unwissenheit und des mangels an Wahrheitsliebe« für »gegeben« halte. Wenn Nietzsche nun seine philologisch-historischen Ansprüche zurückziehe und eingestehe, dass seine »behauptungen [...] nicht die gemeine tageswirklichkeit, aber die ›höhere realität der traumwelt‹‹« beträfen, dann »revocire und deprecire« er »in bester Form«. »[E]ins aber fordere [er]: halte hr. N. wort, ergreife er den thyrsos, ziehe er von Indien nach Griechenland, aber steige er herab vom katheder, auf wel-chem er wissenschaft lehren soll«.[24]

Das hatte Nietzsche bereits vor Erscheinen der *Geburt der Tragödie* vorgehabt, bewarb er sich doch schon knapp zwei Jahre nach seinem Antritt als Professor für klassische Philologie in Basel in einem Brief an den Präsidenten des Erzie-hungskollegiums Wilhelm Vischer-Bilfinger um die Nachfolge Gustav Teich-müllers auf den Lehrstuhl für Philosophie.[25] Eine direkte Antwort oder anderweitige Dokumente sind nicht überliefert. Offenbar hat Vischer-Bilfinger Nietzsche geraten, von einer offiziellen Bewerbung abzusehen, da eine solche angesichts seiner altphilologischen Herkunft wie seiner biographischen und aka-demischen Jugend als Anmaßung betrachtet worden wäre.

Beim Begriff der ›Zukunftsphilologie‹ denkt man automatisch zurück an die ›Zukunftspoësie‹, die der jugendliche Nietzsche wohl mit warnendem Sinn auf-ziehen sah, weil ihr die »goldklaren, tiefen Gedanken« fehlen würden. Gewagte

23. <*Darstellung der antiken Rhetorik*> (1872/73), KGW II/4: Vorlesungsaufzeichnungen (WS 1871/72–WS 1874/75), hg. von Fritz Bornmann und Mario Carpitella, 1995, S. 413–520, S. 425.
24. Ulrich von Wilamowitz-Möllendorff: *Zukunftsphilologie! eine erwiderung auf Friedrich Nietzsches »geburt der tragödie«* (1872), in: Karlfried Gründer (Hg.): *Der Streit um Nietzsches »Geburt der Tragödie«. Die Schriften von E. Rohde, R. Wagner, U. v. Wilamowitz-Möllendorff*, Hildesheim, Zürich, New York 1989, S. 27–55, S. 55; Ergänzung in spitzen Klammern von mir.
25. Brief an Wilhelm Vischer-Bilfinger in Basel, Basel, vermutlich Januar 1871, KSB 3, S. 174–178.

Form, kühner Stil und tiefe Gedanken waren wohl auch das, was Nietzsche zur Zeit der *Geburt der Tragödie*, wenn auch in philosophischer Prosa anstreben mochte und mit *Zarathustra* in jeder Hinsicht verwirklichen wollte. Damit würde er aber zweifelsohne im globalen Text befangen geblieben sein, zählt doch Goethe mit seinem Traditionsgedanken von Erneuerung und Bewahrung zu den letzten großen Erneuerern und Bewahrern der alten Textreferenz. Doch mit der *Geburt der Tragödie* schien Nietzsche zumindest der philologisch-wissenschaftlichen Textreferenz entlaufen zu sein.

2.4. Der wilde Kompilator, Formulierer und Kritiker
Zwar exerpierte und kompilierte Nietzsche weiterhin seine Vorlesungen und Kollegien, aber die Bücher wollte und musste er nun über etwas anderes schreiben als das, was er bis noch 1879 vom Katheder lehrte. Aber worüber sollte er schreiben? – Dass die Zeit der *Unzeitgemäßen Betrachtungen* von dieser Sorge beherrscht ist, dafür gibt es bestimmt viele Indizien, nicht zuletzt beinah explizite in den Briefen.[26] Ich möchte hier drei sachdienliche nennen: Erstens orientierte sich Nietzsche am Erfolg der zeitgenössischen Popularphilosophie gerade auch, indem er sich zu deren Gegner erklärte: David Strauß, Eduard von Hartmann, Eugen Dühring hießen die damaligen Erfolgsautoren dieses Genres. Zweitens wollte sich Nietzsche ab 1872 weiterbilden und las neben den philosophischen Hypes naturwissenschaftliche Bücher, ja erklärte mitunter, in Paris Chemie studieren zu wollen. Drittens begann in dieser Zeit sein fortgesetzter Gebrauch jener Notizhefte, in denen er lebenspraktische Angelegenheiten regelte und unterwegs Einfälle notierte, weshalb er sie stets bei sich trug.

Bei seiner Weiterbildung überträgt er zunächst die philologische Methode des Exzerpierens und Kompilierens auf die Bücher, die er sich vornimmt. Und hier beginnt ihm nun das Schreiben zu entlaufen. Zum einen und qualitativ ist es die thematische Vielfalt und Unbestimmtheit, die nicht mehr in festen Textformen gefasst werden kann. Diesseits der Gebundenheit an die Themen der besagten Erfolgsbücher, lassen die *Notizhefte*, in die er, oft durch Lektüre angeregte, Einfälle schreibt, und die *Arbeitsbücher*, in denen er exzerpiert, Texte entwirft und ausformuliert, doch zwei thematische Tendenzen ausmachen, die denkmethodisch relevant sein können: Die eine ist die teils sprachskeptisch motivierte Erkenntnis- und Vernunftkritik, eine andere die Lebensphilosophie in psychologischer oder dann biopolitischer Hinsicht. Beim letzteren Thema, der Lebensphilosophie, lässt sich zeigen, dass die philologische Lese- und Schreibmethode des Exzerpierens und Kompilierens auch in quantitativer Hinsicht überfordert ist

---

26. Vgl. Brief an Hans von Bülow, der Nietzsche 1872 seine schließlich nie zustande gekommene Übersetzung von Giacomo Leopardis *Operette morali* widmen wollte und ihm 1874 vorschlägt, diese doch zu übersetzen. Nietzsche antwortet am 2. Januar 1875 aus Naumburg ablehnend, unter anderem mit der Begründung: »Ich selber nämlich verstehe gar zu wenig Italiänisch und bin überhaupt obschon Philologe doch leider gar kein Sprachenmensch (die deutsche Sprache wird mir sauer genug)« (KSB 5, S. 3). Während Nietzsches Besuch in Bayreuth vom 4. bis 15. August 1874 notierte Cosima Wagner am 14. August in ihrem Tagebuch: »Unter anderem behauptet er [Nietzsche], keine Freude an der deutschen Sprache zu finden, lieber lateinisch zu sprechen u.s.w.« Cosima Wagner: *Die Tagebücher. 1869–1883*, vier Bände, ediert und kommentiert von Martin Gregor-Dellin und Dietrich Mack, München, Zürich 1982², Bd. 2, S. 844.

und das Textprinzip sprengt: Von Eugen Dührings Buch *Der Werth des Lebens* von 1865, dessen Wirkung auf Nietzsche auch jenseits der expliziten Bindung an den Autornamen man nicht anders als immens bezeichnen kann, fertigt Nietzsche 1875 in einem Arbeitsheft sage und schreibe sechzig Seiten Exzerpte an (Abb. 7). Die Nah- und und Fernwirkungen der Dühring-Rezeption sind erheblich: Macht er sich zunächst wichtige Argumente wie den Ursprung des Rechts aus der Rache und das Prinzip des Gleichgewichts im Recht zu eigen,[27] so wendet er sich in *Zur Genealogie der Moral* (1887) in scharfem Ton gegen Dührings reaktive Konzeption des Rechts als Rache und gegen seinen Antisemitismus. Es ist jedoch fraglich, ob Nietzsche dabei der biologistisch-wertenden Argumentation Dührings entkommt beziehungsweise entkommen will oder nur die ›bessere Züchtungspolitik‹ zu liefern beansprucht.[28] – Zu bemerken bleibt hier, dass sich eine der tieferen und folgenreicheren Veränderungen in Nietzsches Schreibpraxis überkreuzt mit der Entdeckung des biologischen Lebensbegriffs, und dies gerade in der exzerpierenden und kommentierenden Umschrift. Die gespannte Verschlingung von Lebenschreiben und Schreibenleben der frühen Autobiographie und des letzten Notizhefts spielt sich hier auch auf einem objektiven Terrain ab.

Es schien seine Zeit zu brauchen, bis Nietzsche sich ganz vom systematischen Exzerpieren und Kompilieren zu jenem wilden Kompilieren und Formulieren durchgerungen hatte, bei dem die Grenzen von Lesen und Schreiben, Zitieren oder Paraphrasieren und Umformulieren, Einfälle notieren, Ab-, Um- und Neuschreiben im Übergang von verschiedenen, situativ oder textgenetisch bestimmten Heften fließender werden. Erst auf diese Weise konnten die folgenden Bücher des freien Geistes von *Menschliches Allzumenschliches* bis zur *Fröhlichen Wissenschaft* in ihrer nietzschetypischen Form oder Unform mit ihren erkenntniskritischen und lebensphilosophischen Themenvariationen entstehen.

3. Der dekalogische Text und das genealogische Schreiben

Nach den vier Prosabüchern und den vier *Zarathustra*-Büchern wusste Nietzsche einmal mehr nicht, wie es weitergehen sollte. Darauf deuten schon die Vielfalt der Projekte und Themen sowie die extreme Unstetigkeit in deren gleichzeitiger Entwicklung hin: Die Projekte zur Umarbeitung seiner philosophischen Bücher und die Titelentwürfe zu neuen Büchern überschlagen sich nur so, ohne dass substantiell Neues hinzukommt. Dass dies mit einer gewissen Verselbständigung

---

27. Vgl. Eugen Dühring: *Der Werth des Lebens. Eine philosophische Betrachtung*, Breslau 1865, S. 225; vgl. Friedrich Nietzsche: *Der Wanderer und sein Schatten* (1880/1886) 22, KSA 2, S. 535–704, S. 555–557; Volker Gerhardt: »Das ›Princip des Gleichgewichts‹. Zum Verhältnis von Recht und Macht bei Nietzsche«, in: *Nietzsche-Studien* 12 (1983), S. 111–133, und Aldo Venturelli: »Asketismus und Wille zur Macht. Nietzsches Auseinandersetzung mit Eugen Dühring«, in: *Nietzsche-Studien* 15 (1986), S. 107–139.
28. *Zur Genealogie der Moral. Eine Streitschrift* (1887) II 11, KSA 5, S. 245–412, S. 312f.; vgl. Vf., »Gemäß dem Leben leben. Form und Unform, Wert und Unwert des Lebens bei Nietzsche«, in: Martin Stingelin (Hg.): *Biopolitik und Rassismus*, Frankfurt a.M. 2003, S. 27–54.

des Schreibens, das sich nicht mehr zu Text und Buch verdichten wollte, zu tun hatte, kann man unter anderem aus einem Brief an Franz Overbeck von Anfang Juli 1885 herauslesen: »meine ›Philosophie‹, wenn ich das Recht habe, das, was mich bis in die Wurzeln meines Wesens hinein malträtirt, so zu nennen, ist *nicht mehr* mittheilbar, zum Mindesten nicht durch Druck«.[29] Das hier akut gespannte Verhältnis von Schreiben und Text kann man auch so verstehen, dass Nietzsche eine Schreiben und Text verbindende Denkmethode fehlte. Was das bedeutet, möchte ich im Folgenden exemplifizieren.

Nietzsche schreibt natürlich weiter, und es entsteht *Jenseits von Gut und Böse*. Er habe den Winter dazu »benutzt, etwas zu schreiben, das Schwierigkeiten in Fülle hat, so daß mein Muth, es herauszugeben, hier und da wackelt und zittert«, meldet Nietzsche brieflich im Frühjahr 1886.[30] Es sei, so der Kommentar von Montinari »nichts weiter als die Zusammenstellung all dessen, was N aus dem Material der Zarathustra-Zeit (1881–1885) und des darauffolgenden Versuchs einer Umarbeitung von *Menschliches, Allzumenschliches*, als Vorspiel einer Philosophie der Zukunft für mitteilenswert hielt«.[31] Dies trifft einerseits als thematische und werkgenetische Diagnose, die dem finalistischen Editionsprinzip entspricht, zu. Doch andererseits wird der in den Heften materialisierte Schreibprozess mitsamt dem sich darin offenbarenden Textbegehren negiert. Genau das kann man in den Notiz- und Arbeitsheften, so wie sie die neuen Bände der neunten Abteilung der KGW zugänglich machen, sowohl als syntagmatische Bewegung innerhalb eines Heftes wie auch als paradigmatische Bewegung zwischen den verschiedenen Heften beobachten.

3.1. Titelmanie

Unter den vielen Titelentwürfen in den Arbeitsheften findet sich auf der letzten Seite von W I 5 (S. 48), von Nietzsche selbst »Ende August / 1885« datiert, eine mit »Friedrich Nietzsche, gesammelte Schriften« überschriebene Liste von Büchern, je nach Zählung als einzelne Schrift oder als Band sieben oder neun an der Zahl; auf *Zarathustra* folgt nur gerade ein Buch mit dem Titel »*Mittag und Ewigkeit. Vermächtniss eines Wahrsagers*« (Abb. 8 und 9).[32] Offenbar ist Nietzsche – auch dem zitierten Brief an Overbeck und anderen zeitgleichen Briefen entsprechend – dabei, sein Werk abzuschließen, indem er es zu runden sucht. Während die Titeländerungen wohl die Prägnanz verschärfen sollen (so ist es jedenfalls Nietzsches Absicht bei den späteren Neuausgaben),[33] zielt die zusammenfassende Gruppierung der Schriften und Bücher anscheinend auf eine be-

---

29. Brief an Franz Overbeck, Sils-Maria, 2. Juli 1885, KSB 7, S. 62.
30. Brief an Heinrich Köselitz, Nizza, 27. März 1886, KSB 7, S. 164–167, S. 166–167; vgl. auch Brief an Franz Overbeck, Nizza, 25. März 1886, KSB 7, S. 161–163, S. 161–162: »Man sagt mir hier, daß ich den ganzen Winter, trotz vielfacher Beschwerniß immer ›bei glänzender Laune‹ gewesen sei; ich selber sage *mir*, daß ich den ganzen Winter profondement triste, torturirt von meinen Problemen bei Tag und bei Nacht, eigentlich noch mehr höllenmäßig als höhlenmäßig gelebt habe – und daß ich den gelegentlichen Verkehr mit Menschen wie ein Fest, wie eine Erlösung von ›mir‹ fühle.«
31. Kommentar, KSA 14, S. 390.
32. Vgl. *Nachgelassene Fragmente*, August–September 1885, KSA 11, S. 669: 41 [1].
33. Vgl. Brief an Ernst Wilhelm Fritzsch, 7. August 1886, KSB, 7, S. 224–226, S. 226: »Vereinfachung der Titel (damit sie leicht zu citiren sind z. B. bloß ›die Geburt der Tragödie‹)«.

stimmte Zahl ab: Für zehn reicht es nicht, aber die Siebenzahl ist ja auch nicht unbedeutend und für Nietzsches philosophisches Selbstverständnis bedeutsam (so etwa die »sieben Einsamkeiten«). Gleichsam testamentarisch beginnt er die nächsten Seiten (W I 5, S. 46) mit einer rückblickenden Wendung, aus der dann aber doch eine »Neue unzeitgemäße Betrachtung« werden soll, ein Titel, der irgendwann seinerseits einem Titel oder Untertitel, »Die Wagnerianer« weicht. Aber eine neue Unzeitgemäße wird es nicht geben.

Im Frühjahr 1886 gewinnt Nietzsche durch das, was wackelnd und zitternd zum Druck ansteht, neuen Schub. Anstatt mit sieben Bänden sein Werk abzuschließen, entwirft er nun auf einer Doppelseite, in der bekannten plastischen Form der gestalteten Titelseiten, zehn weitere Bücher, darunter auch »Musik« (Abb. 10);[34] in welchem Verhältnis diese zu den bestehenden beziehungsweise neu herauszugebenden Büchern stehen sollten, bleibt unbestimmt. Auf einer wahrscheinlich kurz darauf beschriebenen Doppelseite im gleichen Arbeitsheft listet er die bisher erschienenen Bücher auf und laboriert an drei weiteren herum (Abb. 11).[35] Sie dürfte in Richtung der Anzeige der erschienenen Schriften »nach den Jahren ihrer Entstehung« weisen, die auf der Umschlagrückseite von *Jenseits von Gut und Böse* zu stehen kommt. Dass es Nietzsche nun um die Zehnzahl zu tun ist, gibt er auch dem Verleger Fritzsch zu verstehen, bei dem das Gesamtwerk verwirklicht werden soll, eine Idee, der er bis ans Ende seiner Schriftstellerei nachgehen wird:[36] »Auf der Rückseite vom Umschlag des letzterschienenen Buchs finden Sie eine Art Überblick und Programm über meine bisherige und zukünftige Tätigkeit. Es sollen 10 Werke und nicht mehr sein, mit denen ich ›übrig‹ bleiben will«.[37]

Die dekalogische Form gilt natürlich *pars pro toto* für die Bibel. Dekalog wie Bibel stehen für den Erfolg einer Interpretation als Zusammenzwingen einer Heterogenität zu einer Einheit. Nur so kann ein Text als globale Referenz wirken, wie das die Bibel tut, die für Nietzsche »bisher das beste deutsche Buch« gewesen ist und an dessen Stelle natürlich sein eigenes Werk treten soll.[38] Diese Wirkung muss die Mühseligkeit, Handgreiflichkeit, ja Grausamkeit ihres eigenen Entstehungsprozesses überblenden, vergessen machen. So gewiss es ist, dass die Titelseitenentwürfe diese Funktion *vor* Nietzsche *als werkwollendem Autor* erfüllen, so gewiss ist, dass sie *für* Nietzsche *als leidenden Schreiber* die Funktion haben, den Schreibprozess in Gang zu halten, Stockungen zu überwinden, aber auch Zäsu-

34. Vgl. Nachgelassene Fragmente, Herbst 1885–Herbst 1886, KSA 12, S. 94–95: 2 [73]. – Was die Musik angeht, so veröffentlicht Nietzsche 1887 bei Fritzsch den von Heinrich Köselitz alias Peter Gast orchestrierten *Hymnus an das Leben*; zur Entstehungs- und Publikationsgeschichte vgl. William H. Schaberg: *Nietzsches Werke. Eine Publikationsgeschichte und kommentierte Bibliographie*, Basel 2002, S. 192–204.
35. Die Liste ist bislang an keinem maßgeblichen Ort gedruckt worden; für die drei Projekte vgl. dagegen Nachgelassene Fragmente, Herbst 1885–Herbst 1886, KSA 12, S. 95–96: 2 [74] und [75].
36. Vgl. Wolfram Groddeck: »›Die Geburt der Tragödie‹ in ›Ecce homo‹. Hinweise zu einer strukturalen Lektüre von Nietzsches ›Ecce homo‹«, in: *Nietzsche-Studien* 13 (1984): *Grundfragen der Nietzsche-Forschung*, hg. von Mazzino Montinari und Bruno Hillebrand, S. 325–331, und ders.: »Die ›neue Ausgabe‹ der ›Fröhlichen Wissenschaft‹. Überlegungen zu Paratextualität und Werkkomposition in Nietzsches Schriften nach ›Zarathustra‹, in: *Nietzsche-Studien* 26 (1997), S. 184–198.
37. Brief an Ernst Wilhelm Fritzsch, Sils-Maria, 7. August 1886, KSA 8, S. 226.
38. *Jenseits von Gut und Böse. Vorspiel einer Philosophie der Zukunft* (1886) 247, KSA 5, 9–243, S. 191.

ren zu setzen, Impulse und Richtung zu geben. Aufgrund dieser doppelten Funktion der Titelentwürfe Nietzsches Schreiben einem eher werkgenetischen, programmierten Typus im Gegensatz zu einem autogenerativen, prozessualen Typus zuzuweisen, wäre falsch.[39] Denn wohl kaum ein Schriftsteller dieser Zeit hat die Funktion des Schreibens für die Erkenntnis *und* die Wirkung des globalen Textes im Allgemeinen und im Besonderen für sein eigenes Denken so genau erkannt und so nachhaltig thematisiert.

3.2. Der fortgeschriebene Grundtext homo natura

Dass nämlich die Dekonstruktion des platonisch-christlichen Globaltextes, die Nietzsche nun als Genealogie zu methodisieren beginnt, mit seiner konkreten Schreibpraxis zu tun haben kann, wird gerade in diesen ›intermediären‹ Heften besonders anschaulich. Während seines vierten Sommeraufenthaltes in Sils-Maria erhält Nietzsche unter anderem Gesellschaft von Louise Röder-Wiederhold, einer Zürcher Bekannten Köselitz', der er »täglich ein paar Stunden meine Gedanken über die lieben Europäer von heute und – *Morgen* [diktiert]; – aber zuletzt, fürchte ich, fährt sie mir doch noch ›aus der Haut‹ und fort von Sils-Maria, getauft wie sie ist, mit dem Blute von 1848«.[40] Materielles Resultat des Diktats ist das ca. achtzigseitige Heft W I 6, ausnahmsweise von vorne nach hinten beschrieben, rechtsseitig von der Hand Louise Röder-Wiederholds mit teils starken Korrekturen und Ergänzungen Nietzsches, linksseitig zum Teil leer, zum Teil wenig bis übermäßig von Nietzsche beschrieben (Abb. 12).

Was zunächst »ungefähr eine *fünfte* Unzeitgemässe Betrachtung zu nennen wäre«,[41] hält Nietzsche schon bald nach Abreise der Schreibkraft für »ohne Werth«.[42] An der Diktatsituation alleine kann es nicht gelegen haben, denn Nietzsche hatte solche Gelegenheiten (allerdings mit vertrauteren Schreibenden) schon mehrfach mit mehr Befriedigung genutzt. Und auch wenn er der dann doch wieder »trefflichen«[43] Frau Röder-Wiederhold eine gewisse Schuld an der Wertlosigkeit zuschreibt, so bleibt diese Schuld doch ganz auf die Person bezogen, ohne konkrete Verbindung zur Schreibpraxis und zum Inhalt des Geschriebenen. Vielmehr scheint sich auch für ihn selbst gerade zu diesem Zeitpunkt im Geschriebenen eben keine Richtung abzuzeichnen – ebensowenig wie in der Gestaltung seiner »Litteratur«[44] zu einem Gesamtwerk und in seiner Existenz, die

---

39. Vgl. Louis Hay: »Die dritte Dimension der Literatur. Notizen zu einer ›critique génétique‹«, in: *Poetica. Zeitschrift für Sprach- und Literaturwissenschaft* 16 (1984), S. 307–323, S. 313–314; Hurlebusch: »Den Autor besser verstehen«, in: *Textgenetische Edition*, a.a.O., S. 37.
40. Brief an Resa von Schirnhofer, Sils-Maria, Juni 1885, KSB 7, S. 58–59.
41. Brief an Franz Overbeck, Sils-Maria, 13. Juli 1885, KSB 7, S. 66–67, S. 67.
42. Brief an Heinrich von Köselitz, Sils-Maria, 23. Juli 1885, KSB 7, S. 68–70, S. 70: »Frau Röder ist seit einem halben Monat fort, bene merita! Aber unter uns, sie paßt mir nicht, ich wünsche keine Wiederholung. Alles, was ich ihr diktirt habe, ist ohne Werth; auch weinte sie öfter als mir lieb ist. Sie ist haltlos; die Frauen begreifen allesammt nicht, daß ein persönliches Malheur kein Argument ist, am wenigsten aber die Grundlage zu einer philosophischen Gesammtbetrachtung aller Dinge abgeben kann.«
43. Brief an Heinrich Köselitz, Naumburg, 22. September 1885, KSB 7, S. 93–95, S. 94.
44. Brief an Franz Overbeck, Leipzig, 17. Oktober 1885, KSB 7, S. 101–103, S. 102.

ihn stets auf die Suche nach einem dem Leben und Schaffen zuträglichen oder überhaupt erträglichen Platz schickt.

Bei seinem Diktat greift Nietzsche neben älteren Heften auch auf seine jüngeren Notizhefte zurück. In N VII 1 sieht Nietzsche – vermutlich im Kontext des auf der nächsten Seite titulierten Buches »<u>Das Problem ›Mensch</u>«« – die »grausame Aufgabe« seiner Moralkritik darin, den Menschen zurückzuübersetzen in die Natur und dabei »über die vielen falschen Deutungen u Nebensinne Herr zu werden, welche die Eitelkeit der M. über u. neben den Grund-Text ›homo natura‹ gekritzelt hat». Die Schwierigkeit, einen ›Lesetext‹ zu konstruieren, wird schon bei diesen relativ einfachen Verhältnissen augenfällig (Abb. 13 und 14).[45] Diese Seite streicht er wahrscheinlich, wie das seiner Arbeitsweise entspricht, zu dem Zeitpunkt durch, als er sie für das Diktat der entsprechenden Seite (S. 16) in das Arbeitsheft W I 6 verwendet.[46] Das Diktat in sauberer deutscher Schreibschrift überschreibt die selbst schon mit darüber- und danebengeschriebenen Korrekturen und Ergänzungen versehene Notizseite als ganzes mit einer Schrift, die ihrerseits wieder zu verschiedenen Zeiten überschrieben wird. Über das Druckmanuskript und die Korrekturfahnen (mit weiteren Überschreibungen) geht die Seite im Wesentlichen in den Abschnitt 230 von *Jenseits von Gut und Böse* ein.

Dort erscheint sie eingebettet in eine Art Vorstudie (unter anderem von W I 6, S. 33, fortgeschrieben) zur *genealogischen* Methode, in der es die Grundkräfte oder »Grundwillen« des antiplatonisch verstandenen Geistes (also die Vernunft des Leibes inbegriffen) zu bestimmen gilt: zum einen die Kraft der »Einverleibung neuer ›Erfahrungen‹« und »Einreihung neuer Dinge unter alte Reihen« mit Kraftvermehrung; zum anderen der »scheinbar entgegengesetzte Trieb« zur zeitweiligen »willkürlichen Abschliessung« zwecks ungestörter Verdauung. Diesem korrespondiert der nach außen wirkende »Wille[] zum Schein, zur Vereinfachung, zur Maske, zum Mantel, kurz zur Oberfläche«, der die innere Verdauung sozusagen schützt. Schließlich knüpft der wiederum entgegenwirkende »sublime Hang des Erkennenden [...], der die Dinge tief, vielfach, gründlich [...] nehmen *will*«, wieder an die erste Kraft der Einverleibung an beziehungsweise entwickelt sich aus dieser, gleichsam als deren Verinnerlichung zum Zweck der Analyse. Und dieser sublime Hang der Erkenntnis soll nun unter der »Übermalung« und Kritzelei jenen »Grundtext homo natura« erkennen, der in den genannten vier Kräften (Einverleibung, Verdauung, Wille zum Schein, Erkenntnis) zu bestehen scheint.[47]

Auf diese Weise beugt sich der Text auf sich selbst zurück als Offenbarung des Grundtextes und erscheint damit selbst als der Grundtext, der er nicht sein und den es nicht geben kann: Es gibt nur das Gekritzel über und neben einer Schrift, die selbst schon Gekritzel über und neben einer anderen Schrift ist... Tatsächlich wird dann in *Zur Genealogie der Moral* die genealogische »Methodik« nicht als

---

45. Vgl. Kommentar zu *Jenseits von Gut und Böse*, KSA 14, S. 366.
46. Vgl. »Querverweise«, Nachbericht KGW IX 5, CD-ROM, S. 34 und S. 49.
47. *Jenseits von Gut und Böse* 230, KSA 5, S. 167–170.

Verfahren der Aufdeckung oder Freilegung eines Grund- oder Naturtextes vorgestellt, sondern als Kunst der Entzifferung:

> »Es liegt ja auf der Hand, welche Farbe für einen Moral-Genealogen hundert Mal wichtiger sein muss als gerade das Blaue: nämlich d a s G r a u e , will sagen, das Urkundliche, das Wirklich-Feststellbare, das Wirklich-Dagewesene, kurz die ganze lange, schwer zu entziffernde Hieroglyphenschrift der menschlichen Moral-Vergangenheit!«[48]

Auf Naturphänomene bezogen hat Nietzsche bereits in *Jenseits von Gut und Böse* als »alte[r] Philologe[ ]«, wie er sich apostrophiert, erklärt, dass es »jene ›Gesetzmässigkeit der Natur‹« nicht gibt, sie ist das Resultat »schlechte[r] Interpretations-Künste«; auch in der Natur gibt es nur »Interpretation, nicht Text«.[49] Und diese schreibt sich fort.

3.3. Das Untote zwischen Schrift und Leben

Zu dieser Erkenntnis führt nur eine als Philologie der Natur und des Lebens verstandene Genealogie und eine als Genealogie des Schreibens verstandene Philologie. Es gibt keine genealogische Methodik ohne die philologische Kritik des (eigenen) Schreibprozesses; erst diese erlaubt es der Genealogie, den Grundtext der globalen Textreferenz als Schreibprozess zu erkennen. Umgekehrt kann nur die historische Kritik der Genealogie das Leben seiner natürlichen Existenzform entkleiden und als jeweils Gewordenes, Gemachtes, Geschriebenes und ergo Werdendes, zu Machendes und zu Schreibendes zu lesen geben. Nietzsches notorische Übertragung der Bildfelder von Sprache und Leib aufeinander findet so vielleicht seine tiefste erkenntnismethodische Begründung.

In Nietzsches Leben-Schreiben-Text wird – vielleicht erstmals so deutlich – jene Oszillationsbewegung zwischen einer Verschlingung und einem Auseinanderdriften von Leben und Schreiben spürbar, die oben, ausgehend von einer vagen sozial-technologisch-ökonomischen These, als Kennzeichen des modernen Schreibens bezeichnet worden ist. Wenn diese Oszillationsbewegung auch dafür sorgt, dass das Verhältnis von Leben und Schreiben durch keinen globalen Text mehr stabilisiert wird, so bedeutet das nicht, dass es keinen globalen Text oder besser: kein Begehren des globalen Textes mehr gibt. Vielmehr ist es erst dieses Text-Begehren, das heißt die Möglichkeit oder Unmöglichkeit seiner ›Erfüllung‹, das die Spannung und damit die Oszillation erzeugt.

Nietzsche aber scheint gleichzeitig auch die ersten Erkenntnis- oder wenigstens Reflexionsmöglichkeiten zu eröffnen. In seinem autobiographischen Dekret: »Das Eine bin ich, das Andre sind meine Schriften«, steckt ein ›Bewusstsein‹ für die Spannung des Leben-Schreiben-Texts und damit auch für jenes Material, das weder zum einen noch zum anderen zu schlagen ist. Während sich das Ich und die Schriften, Leben und Werk, von einander abgrenzen, indem sie sich wechselweise umrahmen, und sich auf diese Weise gegenseitig erfüllen und begrenzen

---

48. *Zur Genealogie der Moral. Eine Streitschrift* (1887), Vorrede 7, KSA 5, S. 245–412, S. 254.
49. *Jenseits von Gut und Böse* 22, KSA 5, S. 37; vgl. KGW IX 4, W I 7, S. 44–45.

sollen, bewegt sich der Nachlass in einem unbestimmten Gebiet zwischen Schrift und Ich, zwischen Leben und Werk, letztlich auch zwischen Leben und Tod. Was sich im Leben nie vom Autor losgelöst hat, bleibt auch unauflösbar an den Toten gebunden; es bleibt belebt, jedoch von einem Leben, das nicht ›existenzfähig‹ war und ist. Der Nachlass wäre das nur allzu materielle Gespenst, halblebendig oder untot, welches das Werk und die Existenz und ihre Interpreten verfolgt. Das ist beunruhigend – und davon zeugt gerade die Geschichte von Nietzsches Nachlass –, aber diese Unruhe kennt keinen anderen Umgang, als ihr Raum zu geben.

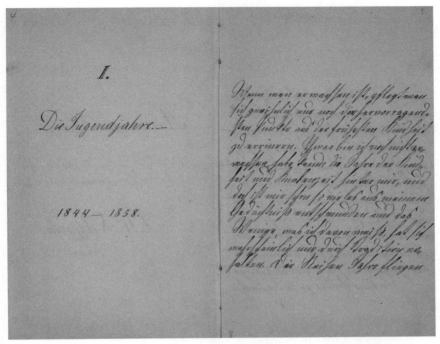

Abb. 1: Mp III 4, S. 4–5, GSA 71/216; Kleinoktavheft (10 x 16), Einband braun-gelb-rot marmoriert, 136 S., August–September 1858.

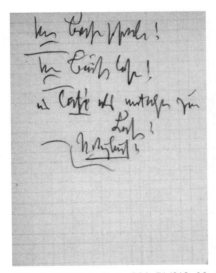

Abb. 2: N VII 4, S. 6, GSA 71/212, Notizheft im Duodezformat (8 x 13 cm), Einband: schwarzes Wachstuch, 60 S., Herbst 1888 (vgl. CD zu KGW IX 3).
Abb. 3: Transkription zu N VII 4, S. 6, KGW IX 3.

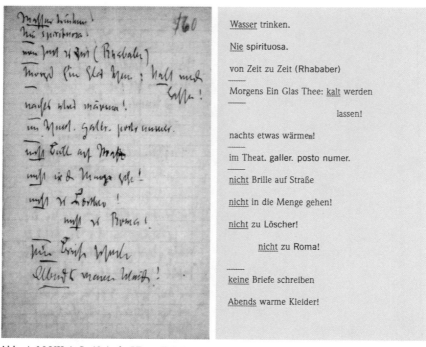

Wasser trinken.

Nie spirituosa.

von Zeit zu Zeit (Rhababer)

———

Morgens Ein Glas Thee: kalt werden

———

                     lassen!

nachts etwas wärmen!

———

im Theat. galler. posto numer.

nicht Brille auf Straße

nicht in die Menge gehen!

nicht zu Löscher!

       nicht zu Roma!

———

keine Briefe schreiben

Abends warme Kleider!

Abb. 4: N VII 4, S. 60 (vgl. CD zu KGW IX 3).
Abb. 5: Transkription zu NVII 4, S. 60, KGW IX 3.

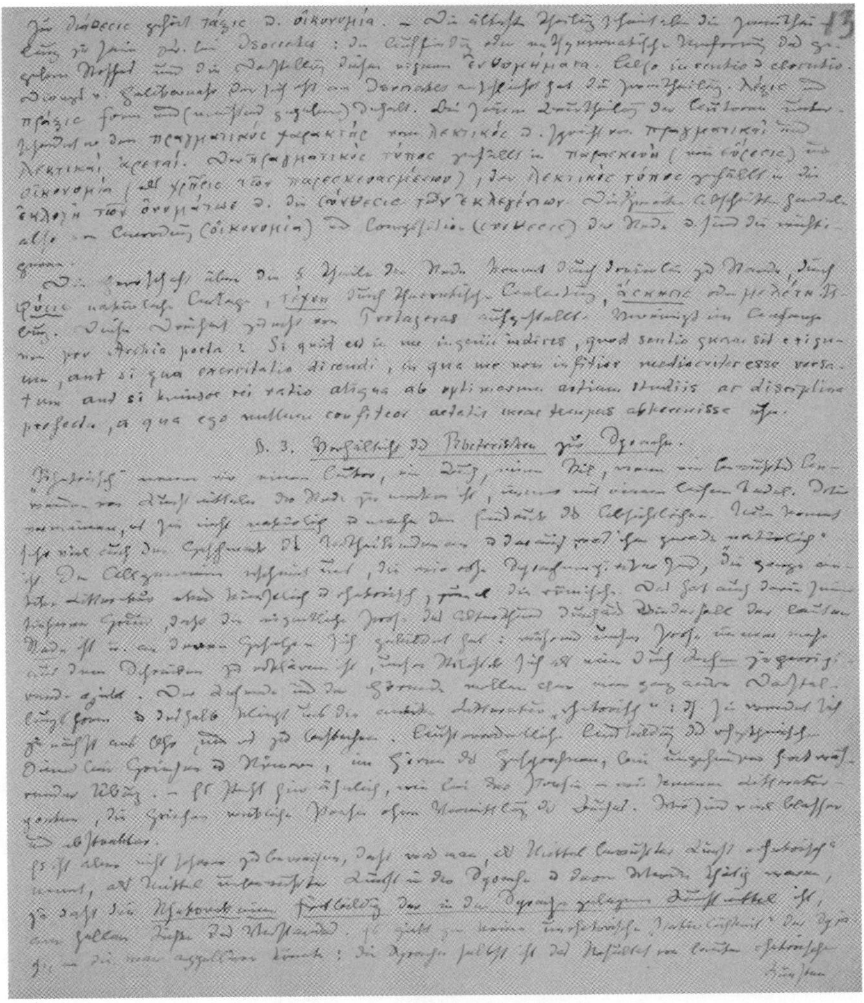

Abb. 6: Darstellung der antiken Rhetorik; P II 12a, S. 2–101, hier S. 13, GSA 71/95; Quartheft (21,5 x 25 cm), Einband: weinrot, 220 S., Vorlesungstexte bzw. -notizen 1872–73.

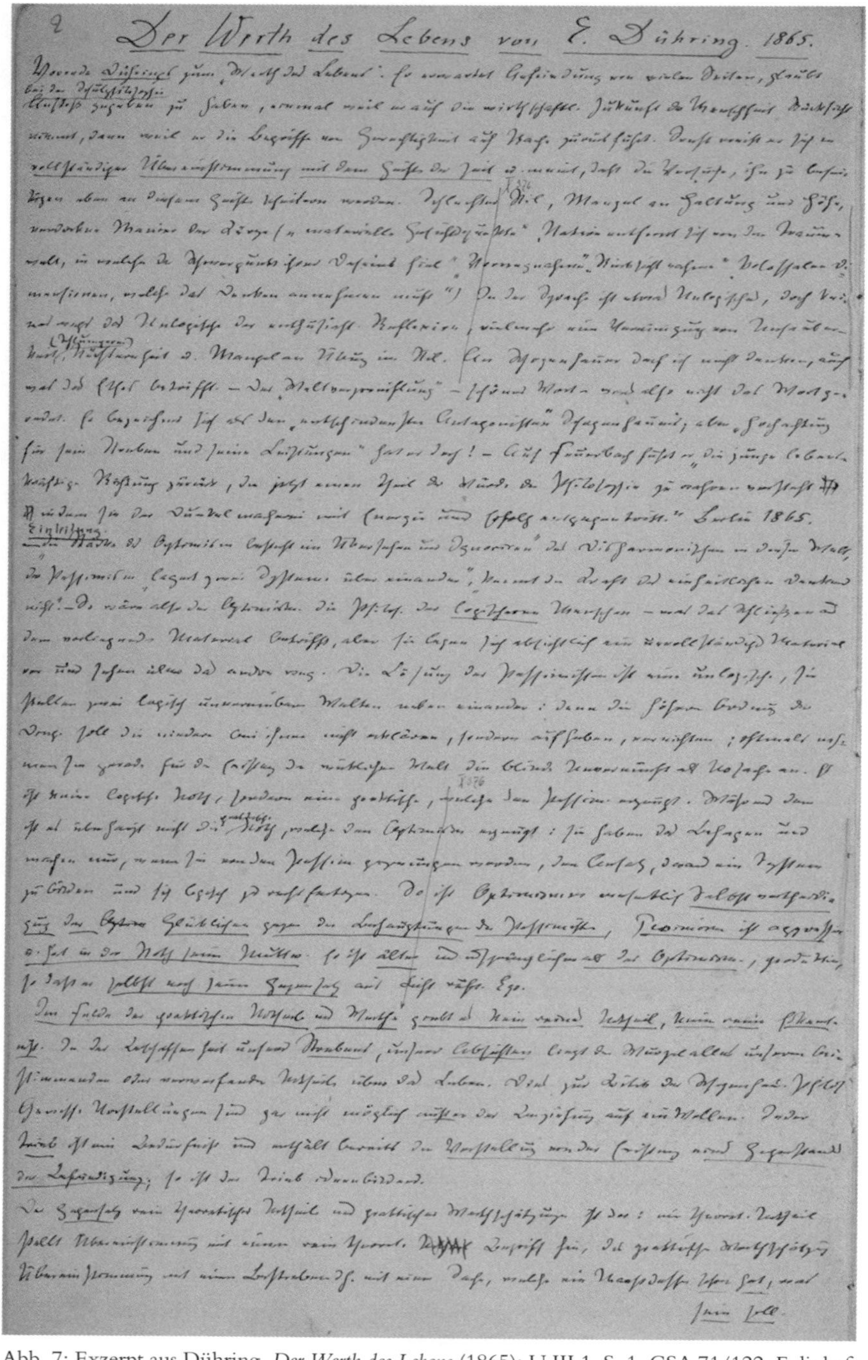
Der Werth des Lebens von E. Dühring. 1865.

Abb. 7: Exzerpt aus Dühring, *Der Werth des Lebens* (1865); U III 1, S. 1, GSA 71/122; Folioheft (22 x 37 cm), Einband weinrotes Leder, 180 S., Sommer 1875 (vgl. KSA 8, S. 131).

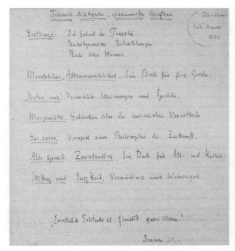
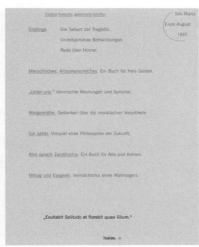

Abb. 8: W I 5, S. 48 (von Nietzsche datiert »Ende August / 1885«), GSA 71/153; Fragment eines Arbeitsheftes im Quartformat (17 x 21,5 cm), Einband fehlt, 48 S., August–September 1885 (vgl. CD zu KGW IX 4).

Abb. 9: Transkription zu W I 5, S. 48, KGW IX 4.

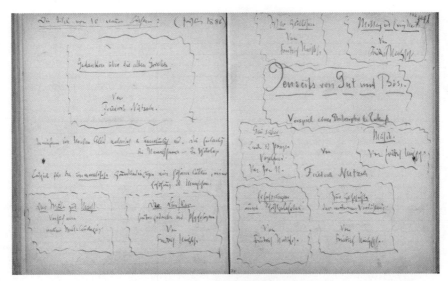

Abb. 10: W I 8, S. 141–142 (von Nietzsche datiert »Frühling 1886«), GSA 71/156; Arbeitsheft im Quartformat (16 x 21 cm), Einband dunkelbraunes Gewebe, beide Außendeckel mit blind-geprägtem Rahmen, 290 S., Herbst 1885–Herbst 1886, 2 Briefentwürfe März 1886 und 1887 (vgl. CD zu KGW IX 5).

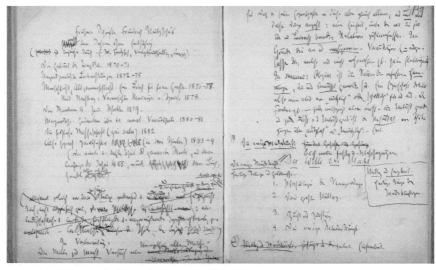

Abb. 11: W I 8, S. 139–140 (vgl. CD zu KGW IX 5).

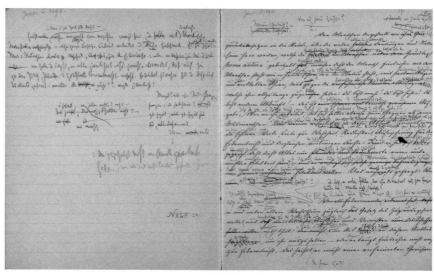

Abb. 12: W I 6, S. 16–17, GSA 71/154; Arbeitsheft im Quartformat (17 x 21,5 cm), Schwarzer Kaliko-Einband, 80 S., Juni–Herbst 1885 (vgl. CD zu KGW IX 4).

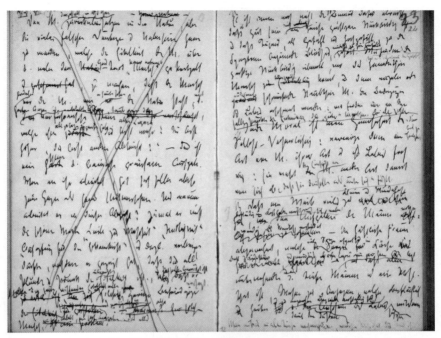

Abb. 13: N VII 1, S. 21, GSA 71/209; Notizheft im Oktavformat (10,5 x 17 cm), Einband schwarzes Leder mit Handvergoldung, 194 S., April–Juni 1885 (vgl. CD zu KGW IX 1).

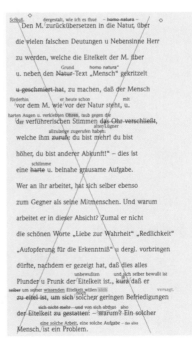

Abb. 14: Transkription zu N VII 1, S. 21, KGW IX 1.

Timothy J. Attanucci

Der Junggeselle zwischen Familie und Amt
Kafka liest Stifter

Im frühen November 1910 schrieb Kafka in seinem Tagebuch ein paar Seiten, die mit den Worten »Du sagte ich« anfangen. In diesem kleinen Fragment begegnet ein Ich-Erzähler einer Figur, die eine ganze Reihe kafkascher Figuren vorausschickt: die Hunger- und Trapezkünstler, das Ungeziefer Gregor Samsa, den Petersburger Freund Georg Bendemann u.a. Diese Figur erscheint als Antipode zum sozialen Leben, das der Ich-Erzähler anstrebt: »Ich will ja weg, will die Treppe hinauf, wenn es sein muss unter Purzelbäumen. Von der Gesellschaft verspreche ich mir alles was mir fehlt, die Organisierung meiner Kräfte vor allem, denen eine solche Zuspitzung nicht genügt, wie sie die einzige Möglichkeit dieses Junggesellen auf der Gasse ausmacht« (T, S. 113). Trotz seines Eifers, hinauf in die Gesellschaft zu gelangen, zögert dieser Erzähler auf der Türschwelle, denn er glaubt in diesem Junggesellenleben eine Alternative zu erkennen, eine Alternative zu dem »vollendeten Bürger«, zu »diesem Herr und Bürger« (T, S. 113), der er, dieser vermutlich junge Erzähler, auch noch nicht zu sein behauptet. Er zögert also zwischen der *Organisierung*, die ihm die Gesellschaft verspricht, und der *Zuspitzung seiner Kräfte*, die der Junggeselle auf der Gasse als Möglichkeit erscheinen lässt.

Es ist nützlich, diesen noch abstrakten Unterschied zwischen *Organisierung* und *Zuspitzung* zu wahren, wenn auch Kafka auf diesen paar Seiten einen Reichtum konkreter Bilder darbietet, die den Unterschied zwischen Bürger und Junggesellen ausmachen. In seinem Kafka-Essay aus dem Jahre 1934 unterstreicht Walter Benjamin die zentrale Bedeutung der »Frage der Organisation des Lebens und der Arbeit« in den Werken Kafkas. Benjamin schreibt: »wenn im berühmten Erfurter Gespräch mit Goethe Napoleon an die Stelle des Fatums die Politik gesetzt hat, so hätte Kafka – dieses Wort variierend – die Organisation als Schicksal definieren können.«[1] Mit Benjamins Vorschlag leuchtet ein, warum die Zuspitzung der Kräfte für Kafka nicht genügt. Denn der Junggeselle »hat nichts vor sich und deshalb auch nichts hinter sich […] der Junggeselle hat nur den Augenblick.« Sein Wesen ist »selbstmörderisch« (T, S. 114), weil jeder Augenblick den letzten auffrisst, ohne einen Rest der Geschichte zurückzulassen. Dennoch hat diese Zuspitzung eine Funktion, denn sie lässt den Erzähler *einen Grund spüren*, der die verblüffenden und verdeckenden Masken der bürgerlichen Welt, d.h. Beruf, Liebe, Familie, Rente, Besitz oder gar literarische Neigungen, um ihre Verbindung mit dem bürgerlichen Selbstbewusstsein bringt.

In diesem Sinne, und in Hinblick auf die Frage der Organisation, funktioniert die Zuspitzung des Junggesellentums wie eine »Wetterfahne im Gebirge« (T,

---

1. Walter Benjamin: »Franz Kafka: Zur zehnten Wiederkehr seines Todestages«, in: ders.: *Gesammelte Schriften,* Band II, 2, Frankfurt a.M. 1991, S. 409–439, hier: S. 420.

S. 115). Sie zeigt eine entgegengesetzte Richtung an, fordert zum Weglaufen vor der bürgerlichen Gesellschaft auf, aber gibt keine Auskunft darüber, wie sich das Leben dort, jenseits des Bürgertums, organisieren würde. Wenn es klar ist, wovon der Junggeselle wegweist, nämlich von einer Familie, vor allem ihrer ödipalen Konflikte und ihrer Gewalt, so ist es weniger deutlich, *wohin* er zeigt. In dieser Hinsicht ist dieser frühe Text, »Du sagte ich«, auch ungenügend, denn er stellt nur eine extreme Isolation des Junggesellen dar, ein verzweifeltes Sich-in-den-Schnee-legen. In vielen späteren Texten Kafkas aber öffnet sich jenseits der Familie ein Feld der Organisation, in dem Junggesellen eine wesentliche Rolle spielen: die Bürokratie.

Ich möchte hier einen dieser Texte besprechen, welche den Junggesellen sozusagen auf der Schwelle zwischen Familie und Amt situieren. Es ist ein Fragment, dessen erste Worte, »Blumfeld, ein älterer Junggeselle«, heute als dessen Titel gelten. Seiner Kürze und Dichte wegen scheint mir dieser Text besonders gut geeignet, um Aspekte eines Junggesellenprinzips bei Kafka aufzuweisen, das in so vielen seiner Texte mitwirkt. *Blumfeld* soll als ein Versuch gelten, das Junggesellenthema direkt anzugehen. Mitte Februar 1915 schrieb Kafka an dieser Geschichte und notierte in seinem Tagebuch darüber:»Ich schreibe Bouvard und Pécuchet sehr frühzeitig« (T, S. 726). Der Hinweis kann zweierlei bedeuten: erstens, dass Flauberts Roman selbst als ein gewisses Vorbild für die *Blumfeld*-Geschichte diente; dieser Frage werde ich im zweiten Teil dieses Artikels nachgehen; und zweitens, dass Flauberts Schreibverfahren in *Bouvard et Pécuchet* (1880/1881),[2] ein unermüdliches Zitieren und Persiflieren der literarischen bzw. wissenschaftlichen Autoritäten, auch für Kafka von großer Bedeutung ist. In Hinblick auf diese zweite Frage werde ich damit anfangen, *Blumfeld* neben einer wichtigen Junggesellenerzählung des 19. Jahrhunderts, Adalbert Stifters »Studie« *Der Hagestolz* (1850),[3] zu lesen.

Sowohl Stifter als auch Flaubert gehören zu Kafkas bevorzugten literarischen Lektüren. Natürlich ist mit ihren Namen die Liste wichtiger Lektüren Kafkas nicht erschöpft, nicht einmal in Hinblick auf die Frage des Junggesellen. Unter den Texten, die als Junggesellenliteratur gelten können, aber hier leider nur kurz erwähnt werden, sind Franz Grillparzers *Der arme Spielmann* (1847)[4] und Robert Walsers *Der Gehülfe* (1908)[5] besonders hervorzuheben, da beide Autoren bekanntlich von Kafka hoch geschätzt wurden. Eine umfangreiche Studie des Junggesellentums in der deutschen Literatur des 19. Jahrhunderts wäre wünschenswert. Wie Jean Bories Monographie *Le célibataire français* zeigt,[6] erfährt das literarische Interesse am Junggesellentum eine Hochkonjunktur in der zweiten Hälfte des 19. Jahrhunderts. Bei französischen Autoren wie den Brüdern Gon-

---

2. Gustave Flaubert: *Bouvard et Pécuchet, avec un choix de scenarios, du Sottisier, L'Album de la Marquise et Le Dictionnaire des idées reçues*, hg. von Claudine Gothot-Mersch, Paris 1979. Flaubert ist am 8 Mai 1880 gestorben. *Bouvard et Pécuchet* wurde also postum zuerst in der *Nouvelle Revue* (Dezember 1880), dann als Buch (März 1881) veröffentlicht.
3. Adalbert Stifter: »Der Hagestolz«, in: ders.: *Werke und Briefe*, Band 1,6, Stuttgart 1982, S. 11–142.
4. Franz Grillparzer: *Der arme Spielmann*, Stuttgart 2002.
5. Robert Walser: *Der Gehülfe*, Berlin 1908.
6. Jean Borie: *Le célibataire français*, Paris 1976.

court, Huysmans und Flaubert entwickelt sich vorzüglich der Typus des dekadenten, unverheirateten Künstlers, und damit die Idee, dass sich das künstlerische Schaffen mit einer Ehe nicht vereinbaren lässt.[7] Neben dieser positiven Bewertung des Junggesellen als Künstler ist aber auch zu beobachten, dass der Junggeselle fast ausnahmslos als Sonderling erscheint, und zwar meistens als eine merkwürdige, komische Figur. In dieser Hinsicht sind sowohl Stifters *Der Hagestolz* als auch Flauberts *Bouvard et Pécuchet* exemplarisch, wiewohl letzterer Text freilich das Thema komischer, der erste es dagegen etwas pathetisch behandelt.

Die enge Verbindung zwischen Junggesellentum und Bürokratie deutet aber schon darauf hin, dass der Junggeselle immer mehr ist als eine sei es traurige, sei es komische Figur. Es gilt zu erkennen, inwiefern Schreibverfahren selbst einer Art Junggesellenprinzip folgen, inwiefern die literarische bzw. bürokratische Maschine als »Junggesellenmaschine«[8] zu bezeichnen ist. Die anorganische Produktivität der Schrift gegen die organische der Familie. Dieser Unterschied drückt sich eben in der Ambivalenz der Junggesellenfigur aus, die einerseits aus Sicht der Familie als steril bezeichnet wird, anderseits aus Sicht des Büros als überproduktiv sich erweist.

Das *Blumfeld*-Fragment beschreibt eine Nacht und einen Tag im Leben eines allein wohnenden Junggesellen. Als ein »älterer« Junggeselle gehört Blumfeld einem Typus an, den Kafka schon in seiner Skizze »Das Unglück des Junggesellen« (1911) beschrieb: »Es scheint so arg, Junggeselle zu bleiben [...] fremde Kinder anstaunen zu müssen und nicht immerfort wiederholen dürfen: ›Ich habe keine‹, sich im Aussehen und Benehmen nach ein oder zwei Junggesellen der Jugenderinnerungen auszubilden [...] mit einem Körper und einem wirklichen Kopf, also auch einer Stirn, um mit der Hand an sie zu schlagen« (DzL, S. 20–21). Blumfeld geht aber über die Grenzen der Typisierung hinaus, indem er nicht nur am Ort seines Unglücks, d.h. zu Hause, beschrieben wird, sondern zugleich im Büro, wo sein Zivilstand keine Nachteile mit sich bringt. Durch die Erzählung seines Wegs zur Arbeit löst Kafka also den Junggesellen Blumfeld vom Imaginären der Familie, die ihn abschätzig als einen traurigen, einsamen, und unfruchtbaren Menschen sieht.

Zuerst aber das Leben zu Hause: Auf dem Heimweg denkt Blumfeld darüber nach, ob er sich nicht einen Hund anschaffen soll. Obwohl er auf den ersten Blick nur einen »Begleiter« sucht, eine einfache soziale Verbindung, um sich vor der Einsamkeit zu retten, deckt sein letzter Grund, sich *keinen* Hund anzuschaffen, eine andere Logik auf: »Und selbst wenn der Hund gesund bleibt, so wird er doch später einmal alt, man hat sich nicht entschließen können das treue Tier rechtzeitig wegzugeben und es kommt dann die Zeit, wo einen das eigene Alter aus den tränenden Hundeaugen anschaut« (NSF I, S. 231). Ein Hund wäre keine

7.   Kafkas eigener Zweifel hinsichtlich der Folgen einer Ehe für sein Schreiben kann als eine Bindung an diese Tradition verstanden werden: »Alles gibt mir gleich zu denken. Jeder Witz im Witzblatt, die Erinnerung an Flaubert und Grillparzer, der Anblick der Nachthemden auf den für die Nacht vorbereiteten Betten meiner Eltern, Maxens Ehe. Gestern sagte meine Schwester: ›Alle Verheirateten (unserer Bekanntschaft) sind glücklich, ich begreife es nicht‹ auch dieser Ausspruch gab mir zu denken, ich bekam wieder Angst« (T, S. 568–569).
8.   Der Begriff stammt von Michel Carrouges: *Les machines célibataires*, Paris 1954.

Lösung für das Problem des Alters und des Todes, weil er seinen auch älteren Besitzer nicht überleben würde. In Blumfelds Vorstellung eines Hundes steckt also nicht so sehr das Verlangen, einen Freund oder Begleiter bei sich zu haben, sondern eher der Wunsch, doch ein Kind als Nachfolger beanspruchen zu können. Blumfeld ist besorgt, dass nichts ihm Angehöriges seinen Tod überdauert.[9]

In dieser Hinsicht lässt sich Blumfelds Geschichte in einer literarischen Tradition lesen, die sich mit dem Problem des erbenlosen Junggesellen beschäftigt, oder die den Junggesellen als ein Problem für die Erbfolge einer Familie und die Übergabe ihres Eigentums charakterisiert. Im 19. Jahrhundert bleibt die Familie eine starke Form der sozialen Organisation von Besitz: Der Vater arbeitet nicht nur um seines eigenen Konsums willen, sondern um Kapital für seine Kinder anzusammeln. Die Familie, die über ein Erbe verfügt, verbindet in einer einfachen Struktur biologische, soziale, und ökonomische Formen der Reproduktion: Fortpflanzung, Erziehung und Erbe sind drei gesellschaftliche Funktionen, die die Familie im Verbund realisiert.

Die Junggesellenliteratur von Stifter bis Kafka gibt einen typischen Vorwurf gegen Unverheiratete wieder, nämlich dass sie geizig oder egoistisch, oder in Kafkas Zuspitzung, Schmarotzer seien. So notiert zum Beispiel Kafkas *Brief an den Vater*, dass der Vater den unverheirateten Sohn – das Kind, das in die soziale Organisation der Ehe einzutreten sich weigert, und die Funktionen von Fortpflanzung, Erziehung, und Vererben nicht erfüllt – ein Ungeziefer[10] nennt, »[ein] Ungeziefer, welches nicht nur sticht, sondern gleich auch zu seiner Lebenserhaltung das Blut saugt« (NSF II, S. 215). Es ist ein kurioser Vorwurf, denn Kinder sind naturgemäß von ihren Eltern abhängig. In der Tat kann man ja behaupten, wie es Michel Serres in seinem Buch *Le parasite* tut,[11] dass alle Beziehungen zwischen Lebewesen parasitär gestaltet sind. Jeder lebt auf Kosten eines Anderen. Sogar der Sohn, der zu Ehren des Vaters heiratet und unabhängig von ihm lebt, nimmt von ihm als Erbe noch an seinem Todestag, worüber sich freilich die meisten Toten nicht ärgern, wohl aber die alten Herren wie der Vater Georg Bendemanns, die behaupten noch nicht »zugedeckt« zu sein (DzL, S. 55).[12] Was die Verteidiger der Ehe dem Junggesellen übel nehmen, ist dem-

---

9. Der Vergleich zu einer anderen kafkaschen Erzählung wäre in Hinsicht auf das Problem »ich habe keine Kinder« interessant, nämlich *Die Sorge des Hausvaters* (DzL 282–284). Kinder heben in dieser kleinen Geschichte das Problem der Nachfolgerschaft eben nicht auf, denn der Vater hat nur eine Sorge, dass das kleine Geschöpf Odradek ihn überleben werde. Dies ist einerseits Ausdruck dafür, dass Väter, wie bekanntlich der Vater Georg Bendemanns im *Urteil* (siehe unten), nur schwerlich sich dem Gesetz einfügen, dass sie eines Tages von ihren Kindern ersetzt werden. Anderseits zeigt das Odradek, wie auch in einem Familienhaus sich anorganische Parasiten einstellen können.

10. *Die Verwandlung* lässt sich demzufolge als eine Allegorie des Junggesellentums lesen.

11. Michel Serres: *Le parasite*, Paris 1980.

12. Die Zweideutigkeit der Frage »bin ich gut zugedeckt?«, die Georgs Vater an ihn richtet, lässt erkennen, wie problematisch die Verbindung des Vererbens als juristischer Prozeß mit dem biologischen Ereignis des Todes sein kann. Denn als Erbe des Geschäfts müsste Georg Bendemann natürlich den Vater zudecken, d.h. mit dem Totenkleid zudecken. Georg leidet unter den widersprüchlichen Zwängen einer Doppelbindung, er soll schon der Nachfolger (Ersatz) seines Vaters sein, und zugleich immer noch das treue Kind. Deswegen die Ambivalenz des Vaters gegenüber dem Junggesellen, dem Petersburger Freund. Siehe Gerhard Neumann: *Franz Kafka Das Urteil: Text, Materialien, Kommentar*, München 1981, S. 57–59.

zufolge sein Unwillen, an die künftigen Nutznießer seines Reichtums zu denken, ja sogar alles zu konsumieren, ohne irgendwelche Reste zu hinterlassen. In seinem *Dictionnaire des idées reçues* erwähnt Flaubert eine gängige Ansicht seiner Zeitgenossen über Junggesellen: »*Tonner contre eux. Il faut les imposer.*«[13] Wenn die Junggesellen weder ab- noch weitergeben und selbst keine Wirte für künftige Schmarotzer sein wollen, dann soll der Staat, gegen den es kein Mittel gibt, durch Steuern die Funktion des Parasiten übernehmen.

Es kann in der Tat etwas irreführend sein, den allein lebenden Junggesellen als Schmarotzer zu betrachten, weil er sich selbst eher als ein potentiales Wirtstier sieht und demzufolge Angst vor Parasiten hat. Bei Stifter wie bei Kafka erscheint der Junggeselle als ein Asket, der nach Reinlichkeit bzw. Reinheit trachtet. So lebt Stifters Hagestolz allein auf einer abgeschiedenen Insel eines Bergsees, neben einem verlassenen Kloster. Das Haus ist durch ein großes eisernes Tor geschützt, und der Hagestolz hält sämtliche Türen immer verschlossen. Er trägt die Schlüssel immer bei sich, obwohl die Türen ohnehin mit Schränken verstellt sind. Er speist immer allein zu regelmäßigen Zeiten, und verbringt seine Tage damit, seine Sammlung ausgestopfter Tiere zu putzen. Stifters Hagestolz ist also die Verkörperung eines Klischees, das Sinnbild einer gesellschaftlichen Idee. Seine Darstellung folgt einer Logik des binären Gegensatzes: Gilt die Ehe als die gesellschaftliche Verbindung schlechthin, so wird der ledig Bleibende ganz allein vorgestellt. Im 19. Jahrhundert gilt der Junggeselle als die Kehrseite des Verheirateten: die Welt der Bürgerlichkeit *à rebours*. Das verlassene Kloster erinnert daran, dass andere, mehr oder weniger gesellige Formen des Junggesellenlebens existieren mögen, die aber nicht mehr in die moderne Welt passen.

Mit nichts in der Welt außer seinem Ich fürchtet der Hagestolz verständlicherweise den Tod: »Alles zerfällt im Augenblicke, wenn man nicht ein Dasein erschaffen hat, das über dem Sarge noch fort dauert.«[14] Im Tode begegnet dem Hagestolz die Grenze seines reinen Individuums, was ihn dazu bringt, doch eine soziale Bindung zu suchen, einen Erben, der seiner individuellen Existenz Dauer verleihen kann. Glücklicherweise hat dieser alte Hagestolz einen Neffen, nach dem er schickt, um ihn als Erben einzusetzen. Dieses Erbe besteht aber aus zwei Teilen. Der eine ist das Landgut der Familie, das sich der unverheiratete Oheim aneignete, indem er dessen früherem Besitzer, seinem Bruder, Geld auf das Gut lieh. Da dieser jetzt verstorbene Bruder der Vater jenes Neffen ist, wird das Landgut an ihn, den rechtmäßigen Erben, auf restaurative Weise vermacht. Der Neffe Victor erhält aber das Landgut seines Vaters nur unter der Bedingung, dass er heiratet und Landwirt wird. Somit wird das Erbe wieder glücklich in die Kette der Fortpflanzung eingegliedert. Dass der Junggeselle hier als Kapitalist auftritt, soll nicht überraschen. Analog zu seiner ungebundenen Libido verfügt der Junggeselle auch über ungebundenes, flüssiges Geld. Demzufolge geht die Bedeutung Stifters Hagestolzes über die Familienpolitik in die politische Ökonomie hinüber. Die Restauration der Erbfolge ist eine zweifache Reterritorialisie-

---

13. »Gegen sie *wettern*. Man muss gegen sie Steuern erheben«, Flaubert: *Bouvard et Pécuchet*, a.a.O., S. 496.
14. Adalbert Stifter: »Der Hagestolz«, in: *Werke und Briefe*, Band 1, 6, a.a.O, S. 122.

rung:[15] Das für Geld verliehene Gut wird nicht nur vermacht, es wird wieder Gut.

Der andere Teil des Erbes ist das eigentliche »Eigentum« des Onkels, der zu seinem Neffen Victor bemerkt: »Du bist wahrscheinlich auch *mein* Erbe.«[16] Dieser Erbteil, das Eigentum des Junggesellen, lässt sich aber nicht so einfach übergeben. Der Hagestolz bedauert, dass er nicht mehr Zeit mit seinem Neffen gehabt habe: »Du wärest endlich doch mein Sohn geworden [...] aber ich erkannte, dass, bis du dahin kämest, eher hundert Jahre vergingen [...] ich hätte dich eher zu einem Adler gemacht, der die Welt in seinen Fängen hält, und sie auch, wenn es sein muss, in den Abgrund wirft.«[17] Diese Gesellschaft der Adler – oder ist es eine neue adlige Gesellschaft? – zeigt, was mit dem Erben des Junggesellen auf dem Spiel steht: Die Hoffnung auf eine andere Organisation der Gesellschaft jenseits der Familie hängt von der prekären Möglichkeit ab, dass jemand, der aus dem familiären Kreis herausgetreten ist, die Funktionen der Familie, sowohl die Fortpflanzung als auch die Erziehung als soziale Form des Vererbens übernimmt. Dies ist nicht nur ein Problem für Idealisten und Philosophen, zu denen sich dieser Hagestolz zu zählen scheint, sondern auch für die neuen kapitalistischen Organisationen des 19. Jahrhunderts. Die Industrie produziert alles außer neue Arbeiter, und insofern diese nicht durch Rekrutierung und Einwanderung herbeizuschaffen sind, spielt die Familienpolitik eine entscheidende Rolle.

Stifter erzählt das Scheitern des asketischen Erziehungsversuchs sowie den Erfolg der Restitution des Familienlebens: Der Hagestolz gibt seine asketischen Ideale auf und wendet sich wieder einer traditionellen Weltanschauung zu. Dieser Übergang findet seinen deutlichsten Ausdruck darin, dass er seinen Neffen zuerst auffordert, seinen Hund zu ertränken, und ihm dann rät Landwirt zu werden! Obwohl Stifters Junggeselle selbst drei Hunde besitzt, schließt er diese jede Nacht aus Angst ein. Diese grundsätzliche Angst vor Hunden, die den Hagestolz in seiner Abgeschiedenheit beherrscht, überträgt Kafka auf den Junggesellen Blumfeld, der unter einer paranoiden Abscheu vor Parasiten leidet. Blumfelds Gedanken über Hunde und Flöhe bestätigen beispielhaft Serres' These einer parasitären Kaskade:[18] »Flöhe, die ständigen Begleiter der Hunde würden sich einstellen. Waren aber einmal Flöhe da, dann war auch der Augenblick nicht mehr fern, an dem Blumfeld sein behagliches Zimmer dem Hund überlassen und ein anderes Zimmer suchen würde« (NSF I, S. 231). Ein Parasit bringt andere mit sich, bis sie den ursprünglichen Wirt verdrängt haben. Nun erhält Blumfeld keinen Hund, der »gleich mit Bellen, Springen, Händelecken zur Verfügung steht,« sondern »zwei kleine weiße blaugestreifte Celluloidbälle springen auf dem Parkett« (NSF I, S. 232) seiner Wohnung, als er am Abend eintritt. Durch den Zauber des Wortspiels werden das Bellen und Springen eines Hundes zu Bällen, die

15. Zu dem Begriff Reterritorialisierung, vgl. Gilles Deleuze, Félix Guattari: *L'Anti-Oedipe: Capitalisme et Schizophrénie*, Paris 1973.
16. Stifter: »Der Hagestolz«, in: *Werke und Briefe*, Band 1, 6, a.a.O., S. 124.
17. Ebd., S. 119–120.
18. Serres: *Le Parasite*, a.a.O.

springen.[19] Das Wortspiel lenkt unsere Aufmerksamkeit auf das Geräusch, das die Bälle unaufhörlich machen, und damit auf einen anderen Aspekt der Theorie des Parasiten. Um zu einer weitern Einsicht in die Funktion des Parasitären zu gelangen, bedient sich Serres einer Doppelbedeutung des französischen Wortes *parasite*, das auch *le bruit parasite* meint, das Störgeräusch, welches ein technisches Kommunikationssignal sowohl »stört« als auch »stiftet«. Gerhard Neumann zeigt, wie produktiv sich dieser theoretische Rahmen einsetzen lässt, um etwa Aspekte der Kommunikation wie das Telefon in Kafkas *Schloß*-Roman zu deuten.[20] Neumann bemerkt auch, wie Blumfelds Bälle, so harmlos sie auch scheinen, die ganze Kraft einer dritten, urteilenden Instanz mit sich bringen: »So lange sie hinter ihm her waren, konnte man sie für etwas zu ihm Gehöriges halten, für etwas, das bei Beurteilung seiner Person irgendwie mit herangezogen werden musste« (NSF I, S. 247). Allein konnte Blumfeld unbeachtet bleiben; mit der Ankunft der Bälle tritt er dagegen in ein soziales Verhältnis, das durch einen Dritten verwaltet wird: »jetzt hat irgendjemand, gleichgültig wer, dieses Geheimnis gelüftet und ihm diese zwei komischen Bälle hereingeschickt« (NSF I, S. 233). Der Dritte herrscht durch sein störendes Geräusch: Auch wenn Blumfeld die Bälle zum Schweigen gebracht zu haben glaubt, verbringt er die Nacht in Unruhe, gestört durch den Albtraum, dass jemand an seine Tür klopft.

Es gibt wohl nur zwei Methoden, um sich des parasitären Geräusches zu entledigen. Blumfeld versucht die eine, nämlich sich die Ohren zu stopfen, wie Kafkas Odysseus (NSF II, S. 43), aber dieser Rückzug in die Isolation schützt den Einzelnen nur vorübergehend. Die andere Methode besteht darin, dass man die Parasiten an einen anderen Wirtsorganismus weitergibt, dass man sie verschenkt und somit am sozialen Netzwerk Teil hat. Blumfelds Versuch, seine Bälle an den Jungen seiner Bedienerin zu verschenken, ist in den zwei wesentlichsten Aspekten auch ein Vererben: Es ist erstens ein Verzicht, der zweitens einer jüngeren Generation zu Gute kommt. Blumfeld entsagt sich der Bälle schon dadurch, dass er keine Freude darin finden kann: »Schade dass Blumfeld nicht ein kleines Kind ist, zwei solche Bälle wären für ihn eine freudige Überraschung gewesen« (NSF I, S. 233). Dafür erkennt er die Kindheit, die Zukunftsfähigkeit des Jungen an: »in diesem unförmlichen Kopf sind doch Kindergedanken, wenn man ihn verständig ansprechen und etwas fragen wird, so wird er wahrscheinlich mit heller Stimme, unschuldig und ehrerbietig antworten und man wird nach einiger Überwindung auch diese Wangen streicheln können« (NSF I, S. 247). Indem Blumfeld ein Kind als Erben aussucht, knüpft er sich unweigerlich wieder an die Fortpflanzung mit all ihren Vor- und Nachteilen an. Sowie Stifter bemüht ist zu betonen, dass der Erbe Victor seinem Vater »sehr gleich sieh[t]«,[21] so ist der Junge von Blumfelds Bedienerin »ein Ebenbild seiner Mutter, keine Hässlichkeit

19. Dies nennt Clayton Koelb mit dem rhetorischen *terminus technicus* Paronomasie. Clayton Koelb: *Kafka's Rhetoric: The Passion of Reading*, Ithaca 1989, S. 36.
20. Gerhard Neumann: »Kafkas ›Schloß‹-Roman: Das parasitäre Spiel der Zeichen«, in: Wolf Kittler und Gerhard Neumann (Hg.): *Franz Kafka: Schriftverkehr*, Freiburg i. Br. 1990, S. 199–221.
21. Der Onkel hat ein Bild von seinem Bruder, das er dessen Sohn vorzeigt. Das Bild fungiert wie ein Ausweis von Victors Herkunft, eine bildliche Geburtskunde. Adalbert Stifter: »Der Hagestolz«, in: *Werke und Briefe*, Band 1, 6, a.a.O, S. 96–98.

der Alten ist in diesem Kindergesicht vergessen worden« (NSF I, S. 246). Im Versuch, außerhalb der Familie zu erziehen oder zu vererben, wird die genetische Erbschaft ein Hindernis für die geistige bzw. materielle. Nachdem Blumfeld ein kluges System zur Weitergabe der Bälle erfindet, indem er sie in seinem Kleiderkasten einschließt und den Schlüssel wegzugeben denkt, trifft er auf die Schwierigkeit, dieses Wissen dem kleinen Jungen zu vermitteln:

> »Blumfeld hat diesem grenzenlos begriffsstützigen Wesen alles besonders klar machen wollen, hat aber gerade infolge dieser Absicht alles zu oft wiederholt, zu oft abwechselnd von Schlüsseln Zimmer und Kasten gesprochen und der Junge starrt ihn infolgedessen nicht wie einen Wohltäter sondern wie einen Versucher an« (NSF I, S. 249–250).

Das kryptische, künstliche, aber auch zauberische Produkt des Junggesellenlebens, diese Bälle, die sehr wohl mit dem Begriff »Kunst« zu erfassen sind, aber auch das Wissen, wie man mit dieser Kunst umzugehen hat, scheint nur schwer, fast unmöglich zu vermitteln. Der Junggeselle Blumfeld ist in der Tat ein »Versucher«, aber nicht so sehr im Sinne eines Verführers, sondern im Sinne von jemand, der etwas versucht, für den alles nur Versuch, Experiment, bleibt. Die Natur schafft »Ebenbilder«. Sie mögen schön oder hässlich sein, aber ihre Nachahmungen entsprechen dem Vorbild. Die Kunst des Junggesellen trägt dagegen das Risiko der verfehlten Nachahmungen und schlechter Kopien. Denn das Erbe, das bei Stifter sowie bei Kafka infrage steht, ist schließlich auch ein literarisches. Um die Verbindung von Literatur und Junggesellentum weiter zu verfolgen, müssen wir uns aber zuerst der Frage der Bürokratie zuwenden.

Auf dem Weg zur Arbeit scheint Blumfeld die Ereignisse des vergangenen Abends und Morgens zu vergessen: »die Gedanken an die Arbeit [gewinnen] allmählich über alles andere die Oberhand« (NSF I, S. 252). Blumfeld ist Angestellter oder Beamter in einer Wäschefabrik. In den infrage kommenden Lektüren Kafkas haben alle Junggesellen solche oder ähnliche Berufe: Stifters *Hagestolz* war Händler; Grillparzers *Armer Spielmann* Abschreiber in einer Kanzlei; Flauberts *Bouvard und Pécuchet* sind auch Kopisten. Die Liste der Junggesellenbeamten in Kafkas Werken ist dementsprechend lang: Der Petersburger Freund, Karl Rossmanns Onkel Jakob und Josef K. gehören einer Gruppe von Geschäftsleitern und höheren Beamten an, ganz zu schweigen von den zahlreichen kleineren Kaufmännern und Handlungsreisenden wie Gregor Samsa oder dem bürokratischen Personal des *Schlosses*.[22]

Die Arbeitsszene in der *Blumfeld*-Erzählung trägt auch Züge, die unmittelbar an Kafkas *In der Strafkolonie* erinnern, denn Blumfeld befindet sich in der gleichen Lage wie der Offizier der Strafkolonie: Sein alter Vorgesetzter ist gestorben, seine aktuellen Arbeitsleistungen werden »unterschätzt«; und es »fehlt für seine

---

22. Zu diesen Angestellten oder »Besitzdienern« als Spezialisten der Waren- und Geldzirkulation, vgl. Joseph Vogl: *Ort der Gewalt*, München 1990, S. 116.

Abteilung an Nachwuchs« (NSF I, S. 255). Statt des einen qualifizierten Lehrlings, den er verlangt hatte, um dieses Problem zu lösen, bekommt Blumfeld zwei »blasse Kinder« als Praktikanten. Die Kinderbälle sind also wieder auferstanden, der Nachttraum verwandelt sich in einen allzu wirklichen Tagtraum. Einerseits spiegelt diese Doppelung die parasitäre Kaskade der Bälle wider, denn dem Witz der Kollegen zufolge »habe Ottomar der Fabrikant es endlich eingesehen und er beabsichtige Blumfeld nach und nach für jede Näherin einen Praktikanten also im Ganzen etwa sechzig zuzuteilen. Sollten aber diese noch nicht genügen, werde er noch mehr hinschicken und er werde damit nicht früher aufhören bis das Tollhaus vollkommen sei« (NSF I, S. 257). In der Tat verhalten sich schon die zwei Praktikanten parasitär: So sammeln sie z.B. »in einem leeren Regal für diese Bevorzugten [Näherinnen] verschiedene Abschnitzel, wertlose Reste aber doch auch noch brauchbare Kleinigkeiten, winkten ihnen damit hinter dem Rücken Blumfelds schon von weitem zu und bekamen dafür Bonbons in den Mund gesteckt«. Gegen diesen Parasitismus ergreift Blumfeld dieselbe Maßnahme wie gegen die Bälle: Er treibt sie in einen Verschlag, an dessen Glasscheibe die gefangenen Praktikanten laut klopfen, um »auf die schlechte Behandlung aufmerksam zu machen« (NSF I, S. 260).

Andererseits stellt diese bürokratische Verkörperung der zwei Bälle in Form von inkompetenten Praktikanten einen deutlichen Hinweis auf Flauberts *Bouvard et Pécuchet* dar. Sowohl Kafka als auch Flaubert bedienen sich einer Grundkonstellation der Komödie: Ein Unernster macht einen Ernsten lächerlich. Beide dehnen auch diese Zweier-Konstellation zu einem Dreieck aus: Zwei Untergebene machen eine Autorität lächerlich. In Flauberts Roman sind es die zwei älteren Junggesellen Bouvard und Pécuchet, diese zwei Abschreiber, die unabsichtlich das enzyklopädische Wissen, die Bibliothek, ja die literarische Autorität an sich angreifen und veralbern. Mithilfe eines unverhofften Erblasses ziehen die zwei Freunde aufs Land, um in Ruhe zu lesen, zu lernen und einen Garten zu kultivieren. Sie versuchen das, was sie in Büchern lesen, im praktischen Leben anzuwenden, und zwar in jedem möglichen Fachbereich: Landwirtschaft, Gastronomie, Chemie, Religion, Geologie, Erziehung, usw. Ihre völlig gescheiterten Versuche bezeugen eine Dummheit, die ohnehin schon durch ihre Meinungen ans Licht gebracht wird. Die Inkompetenz der zwei Freunde liegt nicht nur im Unterschied zwischen theoretischem Wissen und praktischer Anwendung, sondern auch im Unterschied zwischen Reproduktion und Kopieren von Wissen. Reproduktion von Wissen enthält notwendig einen praktischen Moment, während das Kopieren am Ende nur Papier produziert. Der – freilich unvollendete – Roman bildet deswegen einen Kreis: Die zwei Kopisten sollen nach ihren verfehlten Abenteuern zu ihrem Doppelschreibtisch zurückkehren.[23]

Überdies ist fast kein Wort im Roman eine Erfindung Flauberts, sondern er hat diese Schrift aus Zitaten und Umschreibungen aus Tausenden von Büchern zusammengesetzt. Charles Bernheimer nennt den Roman eine Komödie der

---

23. Flaubert: *Bouvard et Pécuchet*, a.a.O., S. 414: »Bonne idée nourrie en secret par chacun d'eux[:] copier. Confection du bureau à double pupitre. […] Achat des registres – et d'ustensiles, sandaraque, grattoirs, etc. Ils s'y mettent.«

Verdauungsbeschwerden *(»comedy of indigestion«)*.[24] Am Ende seines Schriftstel-
lerlebens liest Flaubert nicht mehr auf der Suche nach Sinn oder nach Wissen,
sondern er sucht Unsinn, brauchbaren Abfall der Wissenschaft, mit dem er der
Welt deren eigene Dummheit vorzeigen kann. Kafka wiederum revidiert dieses
Verfahren, indem er die Bürokratie an die Stelle der Bibliothek setzt. Als Kafka
die Praktikanten aus dem *Blumfeld*-Fragment als Gehilfen im *Schloß*-Roman wieder aufnimmt, stellt sich natürlich die Frage, ob Kafka mittels deren Unsinns nur
die Bürokratie parodiert, oder das Schreiben überhaupt. Das wäre eine bedeu-
tende Verbindung zwischen den jeweilig letzten Romanprojekten von Flaubert
und Kafka.

Bleiben wir aber bei der Figur der zwei Junggesellen bei Flaubert, der zwei
Praktikanten, Gehilfen, oder Gesellen bei Kafka. Wichtig ist in erster Hinsicht
nicht ihre Dummheit, sondern die Syntax, die dieser besonderen Form der Doppelfigur entspricht. Denn Bouvard und Pécuchet sind keine Doppelgänger im
eigentlichen Sinne, d.h. sie sind einander nicht wirklich ähnlich, einer ist klein,
einer groß, aber Flaubert verwendet eine Erzählform, die sie in die Struktur einer Doppelung einschränkt: »Deux hommes parurent. L'un venait de la Bastille,
l'autre du Jardin des Plantes.«[25] *Zwei, der eine, der andere, die beiden, sie.* Diese
Reihe von Pronomen stellt das zugrunde liegende soziale Prinzip in seiner ein-
fachsten Form dar: die Synthese zweier Individuen zu einem einzigen »sie«.
Kafka übernimmt diese Syntax, um die Bälle, die Praktikanten und die Gehilfen
zu beschreiben. So z.B. im folgenden Zitat:

> »[Es] springt sofort ein Ball auf das Bett hinauf. Dagegen tritt das Unerwartete ein, daß
> der andere Ball sich unter das Bett begibt [...] nun kommt alles darauf an, für welchen
> Ort sich die Bälle entscheiden, denn daß sie lang getrennt arbeiten können, glaubt
> Blumfeld nicht. Und tatsächlich springt im nächsten Augenblick auch der untere Ball
> auf das Bett hinauf [...] aber gerade springt der gleiche Ball wieder unter das Bett [...]
> und nun folgt ihm auch der andere und bleibt natürlich unten« (NSF I, S. 239).

Die Bewegungsart der zwei verbündeten Bälle unterscheidet sich grundsätzlich
von der Bewegung eines Einzelnen: Während sich der Einzelne, sobald er sich
bewegen will, für eine Richtung entscheiden muss, orientieren sich die Zwei
aneinander, ihr Bewegungsspiel bildet einen ständig wechselnden Kreislauf.
Diese Bewegungslogik stimmt mit der syntaktischen Logik völlig überein. Es ist
plausibel, dass sie aus der syntaktischen Regel entsteht: »der eine« kann als Pronomen nie lang getrennt von »dem anderen« (als Pronomen) arbeiten, denn sie
sind sprachlogisch Teile eines »sie«. Freilich beziehen sich die zwei Bälle auch
auf Blumfeld, sie springen nicht nur hintereinander her, sondern auch hinter ihm
her. Da aber die Autorität nicht ihr einziger Bezugspunkt ist, vermögen die zwei
Bälle ihr zu folgen und zugleich nicht zu folgen, von ihr abhängig und zugleich
unabhängig zu sein.

---

24. Charles Bernheimer: *Flaubert and Kafka*, New Haven 1982, S. 119.
25. »Zwei Männer erschienen. Der eine kam von der Bastille, der andere vom Jardin des Plantes«,
Flaubert, *Bouvard et Pécuchet*, a.a.O., S. 51.

In Flauberts Roman sind die zwei Abschreiber nicht bloße Nachäffer, über die man lacht, weil sie so schlechte Nachahmer, weil sie so dumme Leser sind. Die zwei Kopisten entsprechen auch einer unaufgehobenen Dialektik gegensätzlicher Schriftautoritäten. So die typische Erfahrung der zusammen lesenden Freunde: »Ils se consultaient mutuellement, ouvraient un livre, passaient à un autre, puis ne savaient que résoudre devant la divergence des opinions«.[26] Bouvard und Pécuchet wollen ihr Wissen anwenden und Grundsätzen folgen, aber sobald sie vor einer Alternative stehen, können sie sich nicht für die eine oder die andere Richtung entscheiden. Daher ergibt ihre Zusammenarbeit immer ein unsinniges Durcheinander verschiedenster Grundsätze, welches der Dummheit der Durchschnittsmeinungen entspricht. Anders gesagt, statt den Widerstreit mittels einer Logik oder Dialektik zu entfalten und aufzuheben, übernehmen Bouvard und Pécuchet alle divergenten Meinungen auf einmal. Dies ist auch Flauberts Methode in seinem *Dictionnaire des idées reçues*, das *Bouvard et Pécuchet* begleitet. Es ist ein Verfahren, das Mehrheitsabstimmungen und statistisches Wissen wirkungsvoll persifliert, denn es nimmt rücksichtslos Qualitäten für Quantitäten, ignoriert logische Widersprüche und stellt das Ganze unter das Zeichen des Blödsinns.

Bei Kafka scheint das Spiel der Gesellen auch eine Art Parodie zu sein. Parodie heißt auf Griechisch »ein Nebengesang« oder ein Nebenspiel, das parallel zu dem Hauptspiel abläuft und den Zuschauer von diesem ablenkt. In der *Strafkolonie* findet man zum Beispiel neben dem tragischen Drama eines Widerstreits über die Gerechtigkeit der Foltermaschine, das sich zwischen dem Offizier und dem Reisenden abspielt, auch ein Nebenspiel, eine Parodie, die der Gefangene und der Soldat spielen – oder die der eine spielt, während der andere zuschaut und lacht. Stanley Corngold nennt den »kindischen Unsinn« dieser zwei Gesellenfiguren Allotria, griechisch für »die Dinge des Anderen«. Nach Corngolds Argument entzieht sich diese Allotria, als ein Anderes zur Allegorie, der Sinnerschließung.[27] Der Folterapparat soll allegorisch wirken; er soll den Sinn oder die Gerechtigkeit der Gesetze durch die Einschreibung in den Körper vermitteln. Aber gerade der Zerfall des Apparats im Widerstreit ihres Gerechtigkeitsanspruchs stellt den Stoff, das Spielzeug, für die Parodie bereit. Die Maschine spuckt nämlich ihre Zahnräder aus, die magisch im Sand weiterrollen: »die Zahnräder entzückten ihn [den Gefangenen] völlig, er wollte immer eines fassen, trieb gleichzeitig den Soldaten an, ihm zu helfen« (DzL, S. 244). Wenn die versprochene Wirkung der Allegorie die *Erlösung* ist, so ist die Wirkung der Allotria die *Entzückung*.

Der Folterapparat der *Strafkolonie* gehört zu jenen »Junggesellenmaschinen« die Carrouges unter dem Zeichen eines modernen Mythos analysiert. Nach Carrouges ist dieser Mythos nicht nur Ausdruck einer besondern Erotik, kalt, aske-

---

26. »Sie berieten sich untereinander, öffneten ein Buch, gingen zu einem anderen über, dann aber vermochten sie nicht, die Divergenz der Meinungen aufzulösen«, Flaubert: *Bouvard et Pécuchet*, a.a.O., S. 88.
27. »Allotria is unrecoverable to allegory«, in: Stanley Corngold: *Lambent Traces*, Princeton 2004, S. 79.

tisch, sadistisch, dem Tode geweiht, sondern auch des Verlangens nach Ordnung, Hierarchie, dem Gesetz von oben.[28] Junggesellenmaschinen sind Maschinen des Militärs sowie der Religion und nicht zuletzt, Maschinen der modernen Bürokratie. Dennoch ist die Maschine »Junggeselle« Antithese zum organischen Leben der Familie, nicht zum Leben überhaupt. Neben dem Gesetz von oben stellt sich ein andres Gesetz ein: das parasitäre Spiel der Gesellen unter sich. Zu jedem priesterlichen Offizier gesellen sich zwei mönchische Gehilfen. Das Gesetz wird verdoppelt und vervielfältigt, bis aus dem Sinn ein Unsinn entsteht.

Die Parodie kennt kein Ende. Wie oben erwähnt wurde, sollen nach Flauberts Notizen Bouvard und Pécuchet einen Doppelschreibtisch bestellen: ihrer Experimente müde wollen sie erneut in Ruhe abschreiben. Blumfelds Praktikanten haben auch ein zweistelliges Schreibpult, aber die Unermüdlichen spielen noch im Kreis herum, als die Erzählung abbricht. Blumfeld wird wohl damit leben müssen. Obwohl er gerne seine Praktikanten prügeln würde, entsagt er sich diesem Genuss. Mit diesem Abbruch kommt Kafka eigentlich auf den Ausgangspunkt seiner Auseinandersetzung mit dem Junggesellen zurück. Mit seinem Austritt aus der Familie gibt der Junggeselle den Kampf mit dem Vater auf. Da er damit auf die biologische Fortpflanzung verzichtet, muss der Junggeselle künstliche Mittel ergreifen, um sich zu reproduzieren. Es ist ihm aber schwierig sein Eigenes als Erbe weiterzugeben oder als Wissen zu vermitteln. Überdies beängstigt diesen reinlichen Junggesellen der Parasitismus des sozialen Lebens. Das alles zeigen sowohl Stifters *Der Hagestolz* als auch der Anfang der Blumfelderzählung. Der künstliche Reproduktionsapparat der Bürokratie erscheint nun als der eigentliche Ort des Junggesellentums. Der Ordnungsliebe des guten Beamten zum Trotz entgeht das Büro leider nicht dem parasitären Spiel. Mit einer Wendung an Flauberts Parodie der Kopistenkunst entdeckt Kafka eine Doppelfigur, zwei Gesellen, die mit ihren unsinnigen Spielen die hierarchische Ordnung verspotten, von der sich der Junggeselle, sei es als Priester, Offizier oder Beamter, seine Erlösung erhofft.

---

28. Carrouges: *Les machines célibataires*, a.a.O., S. 27–59.

Wolf Kittler

Dead Beat Father
Zu Kafkas Roman *Der Verschollene*

Ich lasse es bei dem amerikanischen Titel, weil es für den Ausdruck »dead beat father« keine gute Übersetzung gibt, halte mich ansonsten aber an die Landessprache.

Der Held des ersten von Kafkas drei unvollendeten Romanen ist ein Vater, aber nur der Natur nach, nicht nach dem Gesetz patrilinearer Erbfolge. Selbst wenn er es wollte, was mehr als zweifelhaft ist, könnte er seine Vaterpflichten nicht erfüllen. Minderjährig, mittellos und von seinem Kind und dessen Mutter durch einen Ozean getrennt hat er ihnen nichts zu geben – weder den Namen (s)eines Vaters noch Geld für den Unterhalt seiner Familie, die im rechtlichen Sinn des Wortes keine ist. So viel Information hat Kafka in den engen Raum der ersten sechs Zeilen seines *Verschollenen* gepackt:

> »Als der siebzehnjährige Karl Roßmann, der von seinen armen Eltern nach Amerika geschickt worden war, weil ein Dienstmädchen ihn verführt und ein Kind von ihm bekommen hatte, in dem schon langsam gewordenen Schiff in den Hafen von New York einfuhr […]« (V, S. 7).

Dieser Satz lässt einige Fragen offen: Wie konnte es überhaupt dazu kommen, dass Karl Roßmann schon mit 16 oder 17 Jahren Vater geworden ist?[1] Warum muss ein Teenager, nur weil er Vater geworden ist, gleich nach Amerika verfrachtet werden? Wie geht es dem Kind? Ist es ein Junge oder ein Mädchen? Wie heißt es? Und wie steht es um die Mutter? Die Antworten auf einige dieser Fragen stehen im ersten Kapitel des Romans, das Kafka unter dem Titel »Der Heizer« gesondert publizierte. Auf andere wie die nach dem weiteren Geschick des Kindes und vor allem auch nach der Mutter, die ja jetzt mit ihrem Kind allein zurückgeblieben ist, gibt der Text keine oder um genau zu sein keine direkte Antwort. Es wird aber zu zeigen sein, dass diese Fragen, wenn auch in verschleierter Form im Text des Romans in geradezu zwanghafter Weise wiederkehren.

Schon während des ersten Gesprächs, das Karl kurz nach der Landung des Schiffs mit dem Heizer führt, wird er jedenfalls von der Frage nach seiner Vergangenheit heimgesucht:

> »›Warum haben Sie denn fahren müssen?‹ [fragt der Heizer.] ›Ach was!‹ sagte Karl und warf die ganze Geschichte mit der Hand weg. Dabei sah er lächelnd den Heizer an, als bitte er ihn selbst für das Nichteingestandene um seine Nachsicht« (V, S. 12).

---

1. Das im ersten Satz bestimmte Alter Karl Roßmanns wird später um ein Jahr vermindert: »[…] Sie sind siebzehn Jahre alt, nicht? ›Ich werde nächsten Monat sechzehn‹, antwortete Karl. ›Sogar erst sechzehn!‹ sagte die Oberköchin« (V, S. 175).

Man sieht, Karl ist weder fähig noch willens, seine Vaterschaft anzuerkennen. Der Heizer aber – schlagfertig wie alle Gestalten Kafkas – legt sofort den Finger auf den wunden Punkt:

»Es wird schon einen Grund gehabt haben«, sagte der Heizer und man wußte nicht recht, ob er damit die Erzählung dieses Grundes fordern oder abwehren wolle« (V, S. 12).

Die Frage, ob der Heizer das von Karl Verworfene hören will oder nicht, erweist sich bald als überflüssig. Denn im Büro des Kapitäns wartet schon Karls Onkel Jakob, der nur darauf brennt, die peinliche Vorgeschichte seines Neffen vor großem Publikum zum Besten zu geben. Die lange, genüssliche und – wie stets bei Kafka – gnadenlose Rede des Onkels liefert einen Kommentar und einige wenige zusätzliche Informationen zu den Daten, die der Leser schon im ersten Satz erfahren hat.

1. Karl ist »von seinen Eltern […] einfach beiseitegeschafft worden, wie man eine Katze vor die Tür wirft, wenn sie ärgert.«

2. Er ist »von einem Dienstmädchen Johanna Brummer, einer etwa fünfunddreißigjährigen Person««, Alter und Name werden hier zum ersten Mal genannt, »verführt« worden.

3. Bei dem Kind handelt es sich um »einen gesunden Jungen««, dem die Mutter, nicht Karl, der Vater, »zweifellos in Gedanken an meine [des Onkels] Wenigkeit, welche selbst in den sicher nur ganz nebensächlichen Erwähnungen meines Neffen auf das Mädchen einen großen Eindruck gemacht haben muß,«« den Namen »Jakob« gegeben hat. Es heißt also Jakob Brummer.

4. Die Eltern haben ihren Sohn »zur Vermeidung der Alimentenzahlung oder sonstigen bis an sie selbst heranreichenden Skandales«« nach Amerika »transportieren lassen […]«, eine Mitteilung, die der Onkel wie folgt kommentiert:

»ich kenne, wie ich betonen muß, weder die dortigen Gesetze noch die sonstigen Verhältnisse der Eltern […].«

5. Das Dienstmädchen hat dem Onkel einen Brief geschrieben, »der nach langen Irrfahrten vorgestern in [dessen] Besitz kam, [ihm] die ganze Geschichte samt Personenbeschreibung [s]eines Neffen und vernünftigerweise auch Namensnennung des Schiffes mitgeteilt« hat (V, S. 39-41).

Die Tatsache, dass dieser Brief Karl auf seiner Schiffsreise überholt, genügt um zu beweisen, dass die ganze Geschichte eine Variante eines alten Gründungsmythos aus der Frühzeit des Telegraphen ist. Ein Verbrecher entkommt der Polizei, die ihm auf den Fersen ist, weil er gerade noch rechtzeitig auf einen anfahrenden Zug springen kann, wird dann aber durch eine telegraphische Meldung, die in den Drähten längs der Schienen läuft, überholt und schon am nächsten Bahnhof von der Polizei erwartet.[2] Die Geschichte wiederholte sich im Jahr 1910 nur mit dem Unterschied, dass das Verkehrsmittel jetzt ein Schiff und das Übertragungsmedium der drahtlose Funkentelegraph Marconis war.[3] Wie der Mörder Dr. Hawley Harvey Crippen wird Karl Roßmann schon im Hafen von New York von seiner europäischen Vorgeschichte eingeholt. Die Beschreibung der Telegraphen-, Telephon- und Funkentelegraphenzentralen im Geschäft des Onkels bestätigt diese Deutung (V, S. 65–67). An irgend einem Punkt muss der Brief Johanna Brummers in einer dieser Zentralen angekommen sein. Im Übrigen wird Karl noch einmal von einem Brief überholt. Es ist allerdings kein Telegramm, sondern das Handschreiben des Onkels, das ihm Green im Haus Pollunders überbringt und in dem ihm mitgeteilt wird, dass er zum zweiten Mal aus einem Vaterhaus verstoßen wird (V, S. 121–123).

Aber zurück zu Karls Tat. Des Onkels Behauptung, er kenne die Gesetze in Karls Heimat nicht, die ja vor noch nicht allzu langer Zeit seine eigene Heimat war, ist, wenn ich so sagen darf, ein Wink mit dem Zaunpfahl. Denn der Autor, der diese Zeilen schrieb, kannte diese Gesetze nur zu gut. Er hatte sie am juristischen Seminar der Karls-Universität in Prag studiert.

Ein Fall wie der Karl Roßmanns fällt zunächst einmal unter das *allgemeine Bürgerliche Gesetzbuch für das Kaisertum Österreich*. Dabei geht es um die Frage, die in einem der späteren Kapitel des Romans unverblümt gestellt und ebenso schonungslos, wenn auch nonverbal beantwortet wird:

>»Wer zahlt?‹ [fragt die Kellnerin, und die Antwort ist:] Nie waren Hände rascher aufgeflogen, als jetzt jene von Delamarche und Robinson, die auf Karl zeigten« (V, S. 148).

Wer zahlt also für das uneheliche Kind, das Karl mit dem Dienstmädchen Johanna Brummer gezeugt hat? Erste Antwort:

>»Beschaffenheit des Rechtsverhältnisses zwischen unehelichen Eltern und Kindern.
>§ 165. Uneheliche Kinder sind überhaupt von den Rechten der Familie und der Verwandtschaft ausgeschlossen; sie haben weder auf den Familiennamen des Vaters, noch auf den Adel, das Wappen und andere Vorzüge der Eltern Anspruch; sie führen den Geschlechtsnamen der Mutter.
>§ 166. Aber auch ein uneheliches Kind hat das Recht, von seinen Eltern eine ihrem Vermögen angemessene Verpflegung, Erziehung und Versorgung zu fordern, und die Rechte der Eltern über dasselbe erstrecken sich so weit, als es der Zweck der Erziehung erfordert. Übrigens steht das uneheliche Kind nicht unter der eigentlichen väterlichen Gewalt seines Erzeugers, sondern wird von einem Vormunde vertreten.
>§ 167. Zur Verpflegung ist vorzüglich der Vater verbunden; wenn aber dieser nicht imstande ist, das Kind zu verpflegen, so fällt diese Verbindlichkeit auf die Mutter.
>§ 168. Solange die Mutter ihr uneheliches Kind, der künftigen Bestimmung gemäß, selbst erziehen will und kann, darf ihr dasselbe von dem Vater nicht entzogen werden; dessen ungeachtet muß er die Verpflegungskosten bestreiten.
>§ 169. Läuft aber das Wohl des Kindes durch die mütterliche Erziehung Gefahr, so ist

2.   Der Mörder hieß John Tawell, sein Opfer Sarah Hart, das Datum 1845. http://www.btp.police. uk/History%20Society/Publications/History%20Society/Crime%20on%20line/Murder%20of%20Sarah%20HART%201845.htm.
3.   http://en.wikipedia.org/wiki/Hawley_Harvey_Crippen.

der Vater verbunden, das Kind von der Mutter zu trennen, und solches zu sich zu nehmen, oder anderswo sicher und anständig unterzubringen.

§ 170. Es steht den Eltern frei, sich über den Unterhalt, die Erziehung und Versorgung des unehelichen Kindes miteinander zu vergleichen; ein solcher Vergleich kann aber dem Rechte des Kindes keinen Abbruch tun.

§ 171. Die Verbindlichkeit, uneheliche Kinder zu verpflegen und zu versorgen, geht, gleich einer andern Schuld, auf die Erben der Eltern über.«[4]

Dazu der Kommentar der Herausgeber:

»Ein uneheliches Kind hat weniger Rechte als ein eheliches. Nur im Verhältnisse zur Mutter besteht kein Unterschied zwischen ehelichen und unehelichen Kindern. Das uneheliche Kind hat insbesondere *kein gesetzliches Erbrecht*[5] nach seinem Vater und *auch nicht nach den mütterlichen Verwandten*. Es hat auch *keine Alimentenansprüche gegen* die väterlichen und mütterlichen *Großeltern*. Es trägt nur den Geschlechtsnamen, d. i. den Mädchennamen der Mutter ohne deren etwaigen Adel. Es teilt auch die Staatsbürgerschaft, das Heimatrecht, den Gerichtststand und die Religion der Mutter.«[6]

Das Bürgerliche Gesetzbuch zeigt ebenso eindeutig wie die Finger Delamarches und Robinsons auf Karl Roßmann. Der hat zwar nicht die Rechte eines Vaters, die vertritt ein Vormund, aber die Pflicht zu zahlen – vorausgesetzt, er kann. Genau das ist der Haken dieses Falles. Da der Kindesvater erstens selbst minderjährig, also zahlungsunfähig, zweitens aber – anders als sein eigenes Kind – ehelicher Geburt ist, tritt ein anderer Abschnitt des *Bürgerlichen Gesetzbuches* in Kraft:

»Gesetzliche Bestimmung der ehelichen Geburt [§§ 138–154]
§ 143. Wenn der Vater mittellos ist, muß vor allem die Mutter für den Unterhalt, und, wenn der Vater stirbt, überhaupt für die Erziehung der Kinder sorgen. Ist die Mutter auch nicht mehr vorhanden, oder ist sie mittellos, so fällt diese Sorge auf die väterlichen Großeltern, und nach diesen auf die Großeltern von der mütterlichen Seite.«[7]

Jetzt versteht man, warum Karl von seinen »armen« Eltern nach Amerika geschickt wurde. Die advokatenhaft schlaue Anwendung zweier Gesetze legt diesen Schritt mit unerbittlicher Logik nahe. Es ist möglich, dass es sich bei dieser Konstruktion um einen der Witze handelt, die bei Jurastudenten so beliebt sind. Erste Prämisse: Karl, der natürliche Vater, und außer ihm nur die Mutter sind verpflichtet, für den Unterhalt ihres Kindes aufzukommen. Zweite Prämisse: Da Karl als Minderjähriger dieser Unterhaltspflicht nicht nachkommen kann, fällt

---

4. *Das allgemeine Bürgerliche Gesetzbuch für das Kaisertum Österreich.* Anläßlich der Jahrhundertfeier seiner Geltung gemeinverständlich erläutert von Dr. Max Ehrenreich, Dr. Oswald Kastner und Dr. Josef Kraus mit einem Geleitwort von Hofrat Dr. Leopold Pfaff em. k. k. o. ö. Universitätsprofessor, Mitglied des Herrenhauses etc., Wien 1911, *Österreichiche Gesetzeskunde* Bd I, S. 93–94.
5. Kursiv gesetzte Texte im Original gesperrt.
6. *Das allgemeine Bürgerliche Gesetzbuch für das Kaisertum Österreich*, a.a.O., S. 94.
7. Ebd. S. 78.

der Anspruch seines Kindes auf die Personen zurück, die ihrerseits verpflichtet sind, für seinen Unterhalt aufzukommen, also nicht nur auf Karls Eltern, sondern auch auf seine Großeltern väterlicher- und mütterlicherseits, auf die ganze Familie Roßmann. Conclusio: Man beseitige den minderjährigen Vater des unehelichen Kindes, und die Kette von Rechtsansprüchen, welche das illegitime Kind mit den Pflichten von Karls legitimen Eltern und Großeltern verknüpfen, ist unterbrochen. Die Vermeidung von Alimentenzahlungen ist gelungen, der an die Familie heranreichende Skandal so gut wie möglich abgewehrt.

Einer Familie, die solche Kalküle nicht nur anstellt, sondern auch ihre Resultate in die Tat umsetzt, kann auch der strafrechtliche Aspekt des Falles nicht entgangen sein:

»Entehrung einer minderjährigen Anverwandten durch Hausgenossen. Strafe.

§ 154. Ein Hausgenosse, der eine minderjährige Tochter oder eine zur Haushaltung gehörige minderjährige Anverwandte des Hausvaters oder der Hausfrau entehrt, soll für diese Übertretung nach Unterschied seines Verhältnisses zu der Familie mit strengem Arreste von einem bis zu drei Monate bestraft werden.

§ 505. Gleiche Bestrafung ist zu verhängen gegen eine in der Familie dienende Frauensperson, die einen minderjährigen Sohn oder einen im Hause lebenden minderjährigen Anverwandten zur Unzucht verleitet.

Die Untersuchung und Bestrafung dieser beiden Übertretungen findet aber nur auf Verlangen der Eltern, Anverwandten oder der Vormundschaft statt.«[8]

Über die Frage, ob Karls Familie diesen Antrag gestellt hat oder nicht, schweigt der Text sich aus. Das ist aber weniger ein Beweis dafür, dass Johanna Brummer diese zusätzliche Strafe erspart geblieben ist, als vielmehr ein weiteres Symptom von Karls Verhältnis zur Vaterschaft, sofern sich dieses in der Perspektive des Erzählers spiegelt. Es ist ein Symptom dafür, dass der Text die Frage, was aus Karls Kind und dessen Mutter geworden ist, mit tödlichem Schweigen übergeht.

Stattdessen erhält man einen ausführlichen Kommentar aus der Sicht Karls zum Thema »Verführung«, ein Wort, das schon im ersten Satz eingeführt und dann von dem Onkel wieder aufgegriffen wird. Es ist die meisterhafte Schilderung einer sexuellen Initiation, die die Diskrepanz zwischen dem Akt der Zeugung und der Funktion der Vaterschaft in grotesker Weise auf die Spitze treibt. Die augenzwinkernden Anspielungen des Onkels auf die Begehrlichkeit junger Männer, die sich nichts Besseres wünschen, als von einer erfahrenen Frau verführt zu werden, gehen in dieser Reminiszenz des Helden und Erzählers zugrunde. Auch die Frage der Schuld, die die Gesetze in den Vereinigten Staaten von Amerika dieser Tage so eindeutig beantworten,[9] bleibt unentschieden. Keiner ist Täter –

---

8. *Das Strafgesetz über Verbrechen, Vergehungen und Übertretungen nebst den hiezu erflossenen Nachtragsgesetzen*, gemeinverständlich erläutert von Dr. Ludwig Altmann, und *Die Strafprozeßordnung*, bearbeitet von Dr. Karl Warhanek mit einem Geleitwort von Hofrat Dr. Heinrich Lammasch, k. k. o. ö. Universitätsprofessor, Mitglied des Herrenhauses etc., *Österreichische Gesetzeskunde* Bd II, S. 261.

9. Anmerkung für Leser in den U.S.A.: Was immer Karl Roßmann, wie meine Studenten zu sagen pflegen, »fühlen« mag, seine Verführung ist nach dem zu Kafkas Zeit gültigen Gesetz keine Straftat, keine Vergewaltigung, kein »rape«, und zwar aus zwei Gründen: Erstens ist das Gesetz »Von der Not-

weder die einsame und mittellose Bedienstete, die keine Chance mehr hat, noch
jemals einen Liebhaber, geschweige denn einen Ehemann ihrer Generation zu
finden, – noch der siebzehnjährige Junge, der nicht weiß, wie ihm geschieht,
und dem das, was Männer wie der Onkel als phallische Lust zu schätzen wissen,
nichts als Ekel erregt.

Kein Wunder, dass Karl »keine Gefühle für jenes Mädchen« (V, S. 41) hat – das
heißt außer einem Gefühl der Dankbarkeit, das er erst ganz am Schluss entwickelt:

> »Und die Köchin hatte also auch an ihn gedacht und den Onkel von seiner Ankunft
> verständigt. Das war schön von ihr gehandelt und er würde es ihr wohl noch einmal
> vergelten« (V, S. 43).

Dieser Satz beweist nicht nur, dass Karl das Dienstmädchen Johanna Brummer
erst jetzt, das heißt, erst nachdem sie ihm den Weg zu einer vermeintlich glänzenden Karriere in Amerika, dem Land der unbegrenzten Möglichkeiten, geebnet hat, überhaupt als Person anzuerkennen vermag, sondern auch, dass er
zugleich mit dieser Anerkennung der Mutter seines Kindes eben dieses Kind, das
der Text mit Ausnahme des ersten Satzes und der Rede des Onkels mit Schweigen übergeht, verwirft. Das hat einen einfachen Grund. Da Karls Fall unter beide
Kategorien der Gesetze fällt, die das Rechtsverhältnis zwischen Eltern und Kindern regeln, nämlich sowohl unter das Gesetz der ehelichen und der unehelichen Kinder, tritt er seinerseits in zwei verschiedenen Funktionen auf: als

zucht, Schändung und anderen schweren Unzuchtfällen«, wie man heute sagen würde, strikt »gender
specific«, und zweitens liegt die Altersschwelle für den Tatbestand der »Schändung«, also für Unzucht
mit Minderjährigen, sehr viel niedriger als heute. Ich zitiere:
»Notzucht.
§ 125. Wer eine Frauensperson durch gefährliche Bedrohung, wirklich ausgeübte Gewalttätigkeit
oder durch arglistige Betäubung ihrer Sinne außer Stand setzt, ihm Widerstand zu tun, und sie in diesem Zustande zu außerehelichen Beischlafe mißbraucht, begeht das Verbrechen der Notzucht.
Strafe.
§ 126. Die Strafe der Notzucht ist schwerer Kerker zwischen fünf und zehn Jahren. Hat die Gewalttätigkeit einen wichtigen Nachteil der Beteiligten an ihrer Gesundheit, oder gar am Leben zur Folge
gehabt, so soll die Strafe auf die Dauer zwischen zehn und zwanzig Jahren verlängert werden. Hat das
Verbrechen den Tod der Beleidigten verursacht, so tritt lebenslänglicher Kerker ein.
§ 127. Der an einer Frauensperson, die sich ohne Zutun des Täters im Zustande der Wehr- oder
Bewußtlosigkeit befindet, oder die noch nicht das vierzehnte Jahr zurückgelegt hat, unternommene
außereheliche Beischlaf ist gleichfalls als Notzucht anzusehen und nach § 126 zu bestrafen.« (*Das Straf-*
gesetz über Verbrechen, Vergehungen und Übertretungen, S. 97.)
»Schändung.
§ 128. Wer einen Knaben oder ein Mädchen unter vierzehn Jahren, oder eine im Zustande der Wehr-
oder Bewußtseinslosigkeit befindliche Person zur Befriedigung seiner Lüste auf eine andere als die im
§ 127 bezeichnete geschlechtliche Weise mißbraucht, begeht […] das Verbrechen der Schändung,
und soll mit schwerem Kerker von einem bis zu fünf Jahren, bei sehr erschwerenden Umständen bis
zu zehn, und wenn eine der im § 126 erwähnten Folgen eintritt, bis zu zwanzig Jahren bestraft werden« (ebd., S. 98.).
Die Herausgeber merken dazu an: »Als Kuriosum mag erwähnt werden, daß der Beischlaf, den eine
Frauensperson mit einem Knaben unter 14 Jahren vollführt, nach geltendem Rechte in der Regel
straflos ist (Ausnahmen § 132 und 505), weil diese Handlung weder unter § 127 noch unter § 128 sich
einreihen läßt.« Die Ausnahmen betreffen erstens den schon zitierten Fall, dass die Verführerin eine
Hausangestellte wie Johanna Brummer ist, und zweitens (§ 505) die Verführung eines Schülers durch
seine Lehrerin.

unterhaltspflichtiger, aber offensichtlich zahlungsunfähiger und pflichtvergessener Vater und zugleich als der arme verstoßene Sohn eines ebensolchen Vaters. Er tanzt auf beiden Hochzeiten. Es gehört zu den Strategien des Textes, dessen erstes Kapitel Kafka unter dem vielsagenden Titel »die Söhne« publizieren wollte,[10] dass die zweite Funktion Karls sehr viel stärker in den Vordergrund gerückt wird als die erste, väterliche. Dass die Kafkaforschung nur allzu oft auf diesen Trick hereingefallen ist, sollte nicht darüber hinwegtäuschen, dass der Held des *Verschollenen* eine merkwürdig ambivalente Figur ist – einmal Vater, dann wieder Sohn, dann aber auch wieder – und das ist die dritte Möglichkeit – brüderlicher Freund.

Als Karl dem Heizer begegnet, ist er ganz der kleine Junge, der einen älteren Beschützer gesucht und gefunden hat. Als ihn dieser aber auffordert, sich doch gleich in sein, des Heizers, Bett zu legen, damit dieser die Tür zum Gang schließen kann, entsteht eine merkwürdige Intimität zwischen den beiden. Es fehlt nur, dass sich der Heizer selbst dazu legt, um die Szene als Variante der erst später im Einzelnen beschriebenen Verführung Karls zu erweisen.

Ein weiteres Indiz dessen, dass Johanna Brummer und der Heizer zwei verschiedene Inkarnationen ein und desselben Objektes des Begehrens sind, besteht darin, dass sich jede dieser beiden Figuren über ihr Verhältnis zu einer christlichen Ikone definiert. Johanna, die Frau, betet »zu einem hölzernen Kreuz« (V, S. 42). Der Heizer »nahm noch im letzten Augenblick ein Muttergottesbild von der Wand über dem Bett, stopfte es in seine Brusttasche, ergriff seinen Koffer und verließ mit Karl eilig die Kabine« (V, S. 17).

Dass der Heizer in der Tat ein Objekt zärtlicher Liebe ist, beweist auch die Parallelität der folgenden zwei Gesten. Die eine markiert Karls Abschied von seinem Freund, dem Heizer:

»Und er [Karl] gieng langsam […] zum Heizer, zog dessen rechte Hand aus dem Gürtel und hielt sie spielend in der seinen. […] Und Karl zog seine Finger hin und her zwischen den Fingern des Heizers, der mit glänzenden Augen ringsumher schaute, als widerfahre ihm eine Wonne, die ihm aber niemand verübeln möge« (V, S. 49).

Die andere Szene beschreibt, wie der Oberkellner der Oberköchin genau in dem Moment eine zärtliche Avance macht, in dem Karl aus dem Hotel Occidental verstoßen wird:

»Während er [Karl] sich zum Abschied verbeugte, sah er flüchtig, wie der Oberkellner die Hand der Oberköchin im Geheimen umfaßte und mit ihr spielte« (V, S. 253).

Die Szene in der Kabine des Heizers ist das positive Gegenstück zum Alptraum von Karls Verführung durch Johanna Brummer – positiv schon allein deswegen,

---

10. Kurt Wolff: *Briefwechsel eines Verlegers. 1911–1963*, hg. von Bernhard Zeller und Ellen Otten, Frankfurt a.M. 1966, S. 29.

weil sie, was immer zwischen den beiden Freunden geschehen mag, jedenfalls nicht zur Zeugung eines Kindes führen kann.

Das Verhältnis zwischen Karl und dem Heizer macht schließlich eine letzte Wendung durch, als der eine sich zum Advokaten des anderen aufschwingt, sich also eine väterliche Position anmaßt und damit den Heizer in die Lage eines unmündigen Kindes versetzt. Das ist umso grotesker als Karl im Moment der Anagnorisis des Onkels immer wieder erfolglos versucht, auf den Fall seines Schützlings, des Heizers, zurückzukommen, und damit eine Sorge an den Tag legt, die ihm im Verhältnis zu Jakob Brummer, seinem leiblichen Sohn, gänzlich abzugehen scheint.

Die Szene der Verführung im Bett Johanna Brummers wird in den einzelnen Kapiteln des Romans aber nicht nur mit dem Heizer, einem männlichen Substitut, sondern auch mit weiblichen Platzhaltern wiederholt – und zwar stets mit dem selben Ergebnis: Es kommt nicht wieder so weit, dass Karl ohne zu ahnen, was er tut, Vater eines Kindes wird. Dennoch wird er immer wieder verstoßen, als wäre er wieder verführt worden. Der Zyklus von Sündenfall und Vertreibung aus dem Paradies wird zwanghaft wiederholt, auch wenn der Sündenfall gar nicht oder nur scheinbar oder aber nicht von Karl, sondern von einem anderen begangen wurde. Die erste dieser Szenen ist Karls Begegnung mit Pollunders Tochter Klara. Die Ausgangsposition ist in vierfacher Hinsicht von Karls Verführung in der Heimat unterschieden:

1. Die beiden gehören zu ein und derselben Generation.

2. Der Vater des Mädchens ist nicht abwesend, und er scheint das Verhältnis der beiden nicht nur zu tolerieren, sondern ausdrücklich zu fördern (V, S. 71–72).

3. Es gelingt der Frau nicht, Karl in ihr eigenes Bett zu ziehen. Stattdessen folgt sie Karl in sein Zimmer und wirft ihn mit geübten Jiu-Jitsu-Griffen auf das Sofa (V, S. 91).

4. Sie ist nicht so sehr verschlingende Mutter wie Johanna Brummer und nach ihr Brunelda, sondern eine sportlich durchtrainierte junge Dame (V, S. 90). Karl selbst aber hat nach wie vor keinen Sinn für die Macht des weiblichen Begehrens:

»»Lassen Sie mich‹, flüsterte sie, das erhitzte Gesicht eng an seinem, er mußte sich anstrengen sie zu sehn, so nahe war sie ihm, ›lassen Sie mich, ich werde Ihnen etwas Schönes geben.‹ ›Warum seufzt sie so‹, dachte Karl, ›es kann ihr nicht wehtun, ich drücke sie ja gar nicht‹, und er ließ sie noch nicht los« (V, S. 90).

Nur dadurch, dass er schmollt, sich also buchstäblich totstellt, wie einst Raban, sein Doppelgänger in den *Hochzeitsvorbereitungen auf dem Lande* (NSF I, S. 18), gelingt es ihm, eine weitere potentielle Vaterschaft zu verhüten.

Die Szene zwischen Karl und Klara ist aber damit noch nicht zu Ende. Sie hat vielmehr ein scheinbares Happy End, das dann allerdings in einem letzten Dreh noch einmal an den Rand von Karls Trauma zurückführt. Nachdem er in das Esszimmer seines Gastgebers zurückgekehrt ist und dort in einer dunklen Ahnung des Schicksals, das schon über ihm schwebt, um die Erlaubnis gebeten hat, noch in dieser Nacht in das Haus seines Onkels zurückkehren zu dürfen, wird er von Green noch einmal in Klaras Zimmer zurückgeschickt, denn er müsse sich von ihr verabschieden. Diesmal findet er die junge Dame sehr viel friedlicher vor als beim ersten Mal:

> »»Was Sie für eilige Geschäfte haben«, sagte Klara und ordnete zerstreut die Falten ihres losen Nachtkleides, ihr Gesicht glühte und immerfort lächelte sie. Karl glaubte zu erkennen, daß keine Gefahr bestand, mit Klara wieder in Streit zu geraten« (V, S. 115).

Beim Schein einer »Tischlampe mit rotem Schirm« (V, S. 115) tritt er ans Klavier, um ihr ein Lied aus seiner Heimat vorzuspielen, wobei ihm – vielleicht aus Heimweh, vielleicht aus Trauer über sein musikalisches Unvermögen – Tränen in die Augen treten. Ein unerwartetes lautes Lachen aus dem Nebenzimmer, in dem Klaras Verlobter und Karls großes Vorbild Mak in einem Bett voller Kissen liegt (V, S. 119–120), schreckt Karl aus seinen Träumen auf. Jetzt gibt es keinen Zweifel mehr, warum Klara so »ganz anders als vorher« war (V, S. 116), warum sie »so lieb« war (V, S. 117) und warum sie so rote Backen hatte, als sie Karl zum zweiten Mal empfing. Sie hat sich, während er mit ihrem Vater sprach, bei Mak geholt, was Karl ihr – ihren Jiu-Jitsu-Künsten zum Trotz – gerade erst verweigert hat. Glück gehabt, möchte man in Rücksicht auf Karls ihm selbst so unerwünschte Zeugungskraft sagen, wenn man nicht gleich hinzufügen müsste: Pech gehabt, jetzt hat Mak eingeheimst, was eigentlich für dich bestimmt war.

Die plötzliche Enthüllung, dass Klara schon verlobt ist und zwar mit keinem anderen als Mak (V, S. 101), kommt umso überraschender als es ja zuerst schien, als habe Pollunder Karl vor allem deshalb auf sein Landhaus eingeladen, weil er ihn nicht nur seiner Tochter vorstellen, sondern geradezu mit ihr verkuppeln wollte. Die Sorglosigkeit, mit der der Vater seine halbwüchsige Tochter mit dem Neffen seines Geschäftsfreundes in den dunklen, weil nichtelektrifizierten Trakt seines Hauses entlässt (V, S. 88), deutet jedenfalls darauf hin. Es sieht fast so aus, als wolle Pollunder das Verhältnis seiner Tochter zum Sohn des millionenschweren Bauunternehmers Mak hintertreiben. Gründe dafür gäbe es. Erstens ist Maks Verhältnis zu Klara nicht wirklich bindend, keine Ehe, sondern nur ein Verlöbnis. Zweitens ist Maks Vater wegen des Bauarbeiterstreiks (V, S. 100–101 und S. 147) in geschäftlichen Schwierigkeiten. Und schließlich ist drittens Karl, der Neffe des reichen Unternehmers und Senators Jakob Bendemann, jetzt eine sehr gute, unter Umständen sogar eine bessere Partie als Mak – zumal, wenn man bedenkt, dass Pollunder im Verhältnis zu Green, dem Abgesandten des Onkels, eine äußerst schwache Figur macht (V, S. 85). Karl, der nicht versäumt, Vater und Tochter Pollunder die Familienähnlichkeit an der Unterlippe abzulesen, sieht die Lage jedenfalls schon mit dem scharfen Auge des potentiellen Schwiegersohns: Er kann die Schönheit der Tochter nicht bemerken, ohne zugleich deren künftigen Verfall in der Physiognomie des Brautvaters zu entdecken:

»Warum kommt er [Green] denn gerade heute abend«, sagte Pollunder und die Rede rollte schon wütend über seine wulstige Unterlippe, die als loses schweres Fleisch leicht in große Bewegung kam« (V, S. 77–78).

»Die roten Lippen die sie hat«, sagte sich Karl und dachte an die Lippen des Herrn Pollunder und wie schön sie sich in der Tochter verwandelt hatten« (V, S. 79).

Als müsse die in einem »Landhaus bei New York« inszenierte Variante zu der Urszene in Johanna Brummers Zimmer noch einmal bis zum bitteren Ende durchgespielt und damit auf die Spitze getrieben werden, wird auch das Resultat seiner ersten Verführung zwanghaft wiederholt: Karl wird wie einst aus dem Haus seines Vaters nun aus dem seines Onkels verstoßen (V, S. 121–123). Er wird, daran ist kein Zweifel, nicht für seinen Sündenfall bestraft, sondern für das, was Mak an seiner Stelle beging. Die Szenen mit Klara sind das Satyrspiel zu der Tragödie von Karls Verführung zur Vaterschaft im Hause seiner Eltern.

Weil das Interesse des potentiellen Brautvaters Pollunder weniger Karl selbst als vielmehr seinem reichen Erbe galt, nimmt sich dieser am Schluss des Kapitels nicht einmal die Zeit, um sich von dem Gast, den er zuvor so herzlich eingeladen hatte, zu verabschieden. Green, der natürlich auch kein Wort des Abschieds für Karl übrig hat, spricht das letzte, jede Widerrede verbietende Wort im Namen des Onkels: »Kein Wort weiter!« (V, S. 127)

Eine Wiederholung von Karls erstem Fehltritt ist auch seine Begegnung mit Therese, die als »Schreibmaschinistin« bei der Oberköchin angestellt ist (V, S. 170). Wieder gehören beide zu ein und derselben Generation, er ist sechzehn oder siebzehn, sie »schon achtzehn Jahre alt« (V, S. 180), aber ihr Verhältnis steht nicht mehr im Zeichen eines Vaters, der versucht, seine Tochter unter die Haube zu bringen, sondern in dem der mütterlich sorgenden Oberköchin. Eine romantischere Szene kann man sich kaum vorstellen. Ein sechzehnjähriger Mann liegt wie zuvor Mak nackt im Bett, ein junges Mädchen, das an seine – wie stets bei Kafka – abgeschlossene Tür klopft und ihn bittet, sich gar nicht erst die Mühe zu machen, Kleider anzuziehen, ehe er den Schlüssel umdreht, sie werde schon warten, bis er wieder unter der Decke ist (V, S. 178–179), und die sich dann noch »so eng zum Kanapee [setzt], daß Karl an die Mauer rücken mußte, um zu ihr aufschauen zu können« (V, S. 179). Was könnte sich daraus nicht alles entwickeln? Das vertraute Gespräch zwischen Karl und Therese kommt aber schnell an einen Punkt, wo der Spaß aufhört:

»Gleich wie ich Sie zum erstenmal gesehn habe, [gesteht Therese Karl] habe ich Vertrauen zu Ihnen gehabt. Und trotzdem – denken Sie, so schlecht bin ich – habe ich auch Angst gehabt, die Frau Oberköchin könnte Sie an meiner Stelle zum Sekretär machen und mich entlassen!« (V, S. 182–183).

Dass Karl Thereses Befürchtungen sogleich mit dem Satz zerstreut: »Die Sache ist schon geordnet […] ich werde Liftjunge und Sie bleiben Sekretärin« (V, S. 183), ändert nichts daran, dass der Zauber der Begegnung in dem Moment zerstört ist, in dem die potentielle Geliebte sich plötzlich als Konkurrentin auf dem Arbeitsmarkt entpuppt. Eine Frau, die wie Felice Bauer selbst einen Beruf ausübt, selbst ein Einkommen hat, ist anders als Johanna Brummer und Klara Pollunder unantastbar.

Die Zahl der möglichen Beziehungen eines jungen Mannes wie Karl Roßmann zum anderen Geschlecht ist damit erschöpft, nämlich erstens der Fall Johanna Brummers, einer Frau aus der Unterklasse, deren Herkunft keine Rolle spielt; zweitens der Fall Klara Pollunders, einer Tochter, deren Vater sie an einen reichen Erben zu verkuppeln sucht; und drittens der Fall Thereses, einer jungen Frau, die zwar noch von der Oberköchin abhängig ist, aber nicht so sehr als deren Tochter, denn vielmehr als eine Angestellte, die nicht nur ihr eigenes Geld verdient, sondern auch eine eigene Karriere vor sich hat.

Therese befindet sich in der gleichen beruflichen und familiären Situation wie Karl. Die Begegnung mit ihr ist ein Wendepunkt des Romans. Die Serie von zwanghaften Wiederholungen der Urverführungsszene in Johanna Brummers Bett bricht ab. Karl Roßmanns erotische Karriere ist zu Ende. Das vielsprechende Liebespaar Karl und Therese verwandelt sich in ein einträchtiges Geschwisterpaar. Ein Geschlechtsleben haben fortan nur die anderen: Delamarche, Brunelda und – in einer perversen Schwundform – Robinson. Karl und Therese fallen aus der Welt der Erwachsenen, an deren Schwelle beide stehen, wieder auf die Stufe von Kindern zurück.

Damit kehrt der Roman zu dem Problem zurück, das nur ganz kurz im ersten Satz und dann noch einmal im ersten Kapitel in der Rede des Onkels angesprochen wird, nämlich zur Frage nach dem Schicksal der von ihrem Vater verlassenen Kinder und ihrer ledigen Mütter. Diese Frage aber ist zugleich der Punkt, an dem der Roman der lebensgeschichtlichen Situation des Autors, der gerade eine intensive Korrespondenz mit einer Schreibmaschinistin aufgenommen hat, am nächsten kommt. Das Schuldgefühl des Mannes, der die Pflichten der Vaterschaft entweder schon vor oder erst nach dem Zeugungsakt verwirft, sucht den Autor wie den Helden in Thereses Geschichte heim. Therese spiegelt Karl nämlich nicht nur sein eigenes unglückliches Emigrantendasein wider, sie führt ihm auch vor Augen, in welcher verzweifelten Lage er sein Kind und dessen Mutter, Johanna Brummer, in Europa zurück gelassen hat:

»Sie [Therese] war ein uneheliches Kind, ihr Vater war Baupolier und hatte die Mutter und das Kind aus Pommern sich nachkommen lassen, aber als hätte er damit seine Pflicht erfüllt oder als hätte er andere Menschen erwartet, als die abgearbeitete Frau und das schwache Kind, die er an der Landungsstelle in Empfang nahm, war er bald nach ihrer Ankunft ohne viel Erklärungen nach Kanada ausgewandert, und die Zurückgebliebenen hatten weder einen Brief noch eine sonstige Nachricht von ihm erhalten, was zum Teil auch nicht zu verwundern war, denn sie waren in den Massenquartieren des New Yorker Ostens unauffindbar verloren« (V, S. 196).

Karl unterscheidet sich nur in zwei Punkten von Thereses Vater: Er macht gar nicht erst den Versuch, Johanna Brummer und ihr Kind nach Amerika zu holen.

Und er kann sich den Luxus leisten, die Schuld für die Nichterfüllung seiner Vaterpflichten seinem eigenen Vater in die Schuhe zu schieben. Ansonsten aber ist
er ein ebenso pflichtvergessener Vater wie der Baupolier. Als wäre damit nicht
genug gesagt, fügt Therese dem noch die Geschichte vom Tod ihrer Mutter
hinzu. Die Szene beginnt genau wie Karls Zweikampf mit Klara damit, dass Karl
am Fenster steht und hinausschaut (V, S. 196). Dann aber tritt an die Stelle der
männlichen Hauptfigur eine weibliche Gestalt, Thereses Mutter. Deren Geschichte, daran ist kein Zweifel, beschreibt eine der Möglichkeiten dessen, was
Johanna Brummer, der alleinstehenden und mit Sicherheit jetzt stellungslosen
Frau und Mutter mit ihrem unehelichen Kind zugestoßen sein könnte oder jedenfalls bald zustoßen muss. Es ist die Geschichte einer bis zum Wahnsinn verzweifelten Mutter, die auf ihrer Suche nach Arbeit selbst die Sorge um ihr Kind
vergisst und die sich schließlich, man weiß nicht, ob aus Schwäche oder weil sie
lebensmüde ist, vom Gerüst einer Baustelle, auf der sie gehofft hatte, eine An-
stellung zu finden, in den Tod stürzt (V, S. 196–202). Es ist oder könnte zumindest die Geschichte Johanna Brummers sein. Dazu ist anzumerken, dass der Tod
der Mutter, einer lungenkranken »Handlangerin« (V, S. 201), sich vom möglichen Ende ihres Partners, eines »Baupoliers« (V, S. 196), dadurch unterscheidet,
dass sein Tod von der Arbeiter-Unfallversicherung gedeckt wäre, der ihre aber
nicht. Damit wird noch einmal die Frage nach einer möglichen beruflichen
Konkurrenz der Geschlechter aufgeworfen.

Es ist offensichtlich, dass der Roman in der Geschichte von Thereses Mutter
nicht so sehr seinen Höhepunkt als vielmehr sein geheimes Zentrum und damit
sein Ende erreicht hat. Er ist an zwei Extrempunkten angekommen, die im po-
laren Gegensatz zueinander stehen, nämlich erstens am anderen Ende der Fiktion vom pflichtvergessenen Vater, also beim Tod der vom Vater ihres Kindes
verlassenen Frau, und zweitens bei der lebensgeschichtlichen Situation des Autors selber, bei der Schreibmaschinistin Felice Bauer, die in der Gestalt Thereses
wiederkehrt.

Danach gibt es von Karl Roßmann eigentlich nichts mehr zu berichten. Da er
sich die schon abgestoßenen Hörner nicht mehr abstoßen und danach heiraten
kann, wie Hegel sagt,[11] weil seine Geschichte ja gerade erzählt, wie man sich der
Ehe und Vaterschaft erfolgreich entzieht, gibt es nach dem ersten Sündenfall nur
noch drei Möglichkeiten der Fortsetzung: 1. endlose Wiederholung: die ersten
fünf Kapitel des Romans; 2. die Geschichte vom Ende seiner Partnerin: dafür
steht Thereses Erzählung vom Tod ihrer Mutter ein; und 3. zielloses Herumdrif-
ten des Helden, das keine Geschichte mehr konstituiert und zu keinem Ende
führen kann: die letzten Teile des Fragments. Kafka gönnt seinem Helden kein
Leben und also auch keinen Tod, nicht einmal einen von der Art, wie er ihn
Thereses Mutter gewährt. Schon der Wiederholungszwang von Sündenfall und
Vertreibung, der im Satyrspiel zwischen Klara, Mak und Karl noch so leicht zu
inszenieren war, ist nach der Begegnung mit Therese nur noch schwer in Gang
zu bringen. Erst als ein männlicher Körper, nämlich der Robinsons, für die keu-

---

11. Georg Wihelm Friedrich Hegel: *Ästhetik I*, Berlin 1955, S. 568.

sche Therese substituiert worden ist, kommt die Maschine wieder in Gang, kann Karl aus dem Hotel Occidental verstoßen werden (V, S. 252) wie zuvor aus seines Vaters, des Onkels und Pollunders Häusern.

Die Themen, die im Heizerkapitel angeschlagen werden, kehren zwar in den letzten Kapiteln wieder, aber verzerrt, übertrieben, pervertiert und – das ist vielleicht das Entscheidenste – mit einem ins Gegenteil gekehrten Resultat. Karl wird – jedenfalls bis zu dem Kapitel »Ein Asyl« – nicht verstoßen, sondern vielmehr in der Wohnung von Brunelda und Delamarche eingesperrt (V, S. 335–336 und S. 342–343). Wenn man im Bild bleiben wollte, könnte man sagen: Er dreht sich nicht mehr endlos im Kreis zwischen Sündenfall und Vertreibung, sondern hat endlich den Platz gefunden, der ihm gebührt: in der Hölle. Der groteske Haushalt, der aus Brunelda, Delamarche, Robinson und schließlich Karl besteht, ist sowohl eine Parodie auf die bürgerliche Familie, die Karl aus ihrer Mitte verstoßen hat, als auch auf das außerfamiliäre, bedrohliche Element, das Johanna Brummer, das Dienstmädchen, in die Welt der Familie einbringt.

Bei Brunelda und Delamarche verkehren sich die traditionellen Macht- und Besitzverhältnisse. Nicht er, der sich als Liebhaber Bruneldas in die Vaterrolle versetzt hat, sondern sie, die als »geschiedene Frau« eines Cacaofabrikanten (V, S. 305), der ihr immer noch hörig ist, offenbar über Geld verfügt, sorgt für den Unterhalt ihres Geliebten und seiner Freunde und/oder Diener. Dass Robinson und Delamarche dieses Vermögen sehr schnell durchgebracht und sich anschließend aus dem Staub gemacht haben, scheint aus dem letzten noch im Jahr 1913 geschriebenen Fragment, das den Titel »Ausreise Bruneldas« trägt, hervorzugehen (V, S. 377–384).

In sexueller Hinsicht herrscht Chaos zwischen Brunelda, Delamarche, Robinson und Karl. Die in ihrer Fülle alles erdrückende Mutterfigur ist trotzig und unvernünftig wie ein Kind. Delamarche, ihr Liebhaber, ist nicht Herr im Haus, sondern ganz im Gegenteil Bruneldas Sklave. Robinson und Karl, die Diener, werden wie lästige Kinder auf den Balkon gesperrt, wenn die »Eltern« ihre Ruhe haben wollen, um es milde auszudrücken (V, S. 295). Das hindert den einen, Robinson, nicht daran, der Mutterfigur, Brunelda, offen nachzustellen (V, S. 296 und S. 300). Ja, die Affäre zwischen Brunelda und Delamarche geht überhaupt darauf zurück, dass Robinson es nicht lassen konnte, Brunelda zu betatschen, worauf ihm Delamarche in gespielter Ritterlichkeit gegen eine Dame eine Ohrfeige verpasst hat (V, S. 304). In dieser Gesellschaft wird das Verhältnis zwischen den Geschlechtern nicht durch Verträge, sondern mit Peitschenhieben reguliert (V, S. 299). Was Karls Rolle als die eines infantilisierten Dieners betrifft, so hindert ihn das nicht daran, sich auf einen erbitterten Zweikampf mit der Vaterfigur Delamarche einzulassen (V, S. 336–338). Schließlich sind die drei Männer, Delamarche, Robinson und Karl, auch Kumpel wie eh und je, die gemeinsam vor Bruneldas Launen zittern (V, S. 289) und die, wie es Robinson in Erinnerung an die nackte Brunelda tut, nicht davor zurückschrecken, dem Körper einer Frau den eines gerade in der Nähe befindlichen Mannes zu substituieren:

»[…] Im Haus spricht ja niemand mit mir [sagt Robinson zu Karl]. Wir sind verhaßt.
Und alles wegen der Brunelda. Sie ist ja natürlich ein prächtiges Weib. Du –‹ und er
winkte Karl zu sich herab um ihm zuzuflüstern – ›ich habe sie einmal nackt gesehn.
Oh!‹ – und in der Erinnerung an diese Freude fieng er an, Karls Beine zu drücken und
zu schlagen, bis Karl ausrief: ›Robinson Du bist ja verrückt‹, und seine Hände packte
und zurückstieß« (V, S. 298).

Dass diese polymorph perverse Gesellschaft nicht gerade der Ort der sexuellen
Aufklärung eines Kindes ist – und noch dazu eines Kindes, das die Freuden des
Vaterwerdens schon gekostet hat – liegt auf der Hand:

»Du bist eben noch ein Kind, Roßmann‹, sagte Robinson […] ›Du mußt noch viel zu-
lernen. Bist aber bei uns an der richtigen Quelle. […]‹« (V, S. 298–299).

Die Geschichte Bruneldas beschreibt nicht nur eine letzte, groteske Steigerung
weiblicher Begehrlichkeit. Sie entwirft auch die letzte der Möglichkeiten, die
Johanna Brummer noch nach ihrer mit Sicherheit erfolgten Kündigung bei der
Familie von Karls Eltern und nach der Geburt ihres Kindes offen stehen. Sie
könnte wie Brunelda Sängerin (V, S. 211 und S. 304) werden – vielleicht nicht
gerade bei der Oper, auch nicht bei der Operette, sondern im Varieté – und dabei ihr Einkommen wie damals üblich durch den damit verbundenen Beruf der
Prostitution aufbessern. Das ist der letzte Ausweg der Frau, die Karl mit ihrem
und seinem unehelichen Kind in Europa zurückgelassen hat, der letzte Ausweg
vor dem Abstieg in die Misere von Thereses Mutter. Es ist eine bittere Ironie,
dass es kein anderer als Karl ist, der Brunelda auf dem Weg in das »Unternehmen
Nr. 25« (V, S. 383) auffordert, dem »Polizeimann« »das Schriftstück,« das sie,
Brunelda, »bekommen« hat, zu zeigen (V, S. 380–381). Denn bei diesem
Schriftstück kann es sich nur um das »Gesundheitsbuch,« den sichtbaren Ausweis
der »Evidenzhaltung« der Prostituierten handeln, zu dessen Führung diese seit
dem Jahr 1876 von der Wiener Polizei-Direktion verpflichtet waren.[12] Damit
hat die Frau, wenn ich so sagen darf, den beruflichen Zweikampf mit dem Mann
zugleich gewonnen und verloren – gewonnen, weil sie sich dadurch aus der Abhängigkeit des Mannes befreit, – verloren, weil sie sich damit im Unterschied zu
einer Schreibmaschinistin ruiniert.
     Das zwei Jahre später zur Zeit der Niederschrift des *Proceß*-Romans verfasste
letzte Kapitel des *Verschollenen* steht in einem anderen Zusammenhang. Es stellt
– wie die zur gleichen Zeit geschriebene Erzählung *In der Strafkolonie* – die Frage,
wie es möglich ist, ein Individuum in ein gegebenes Klassifikationsschema einzuordnen. Dennoch kehrt auch dieser letzte im Umkreis des *Verschollenen* entstandene Text zum Problem der Vaterschaft zurück. Karl, der es nie über die
Mittelschule hinausgebracht hat (V, S. 401), hat sich als Ingenieur ausgegeben
(V, S. 399) und begibt sich in die Aufnahmebüros des »Teaters von Oklahama«

---

12. P. Prucha: *Die Oesterreichische Polizeipraxis mit besonderer Bedachtnahme auf jene der Wiener Polizei-
Direktion*, Wien 1877, S. 218–220, Anm. 1.

(V, S. 387). Ihm folgen eine Familie, die aus einem Mann, einer Frau und einem Kind im Kinderwagen besteht, und eine Gruppe junger Burschen (V, S. 396–397). Oben angekommen erfährt man, dass Familien nach dem Beruf des Mannes eingeordnet werden (V, S. 398–399). Weder eine berufliche Konkurrenz wie diejenige, welche Therese zwischen sich selbst und Karl befürchtet, kann in diesem Fall auftreten noch der brutale Klassenunterschied innerhalb ein und desselben Berufs, welcher zwischen Thereses Mutter, einer Handlangerin, und dem Vater ihres Kindes, einem Baupolier, besteht.

Als Karl, dessen Aufnahme sich wegen seiner anfänglichen Hochstapelei am längsten verzögert hat, schließlich zum Abschluss seines Aufnahmeverfahrens am Theater die Schiedsrichtertribüne ersteigt, kommt ihm der Mann mit Frau und Kind schon wieder entgegen (V, S. 403). Oben auf dem Schild, auf dem bei Pferderennen die Namen der Sieger stehen, wird folgende Aufschrift in die Höhe gezogen:

»Kaufmann Kalla mit Frau und Kind« (V, S. 404).

Das klingt besser als

»Negro, ein europäischer Mittelschüler« (V, S. 405).

– vor allem wenn man bedenkt, dass dieser Schüler nicht etwa keine Frau und kein Kind hat, sondern vielmehr eine Frau und das Kind, das er mit ihr hatte, verlassen und ins sichere Elend gestürzt hat.

Malte Kleinwort

Rückkopplung als Störung der Autor-Funktion in späten Texten von Friedrich Nietzsche und Franz Kafka

Selbstüberhöhung – exzessiv und transgressiv – gegenüber Selbstzurücknahme – lakonisch und asketisch: Klein scheint der gemeinsame Nenner von Friedrich Nietzsches und Franz Kafkas späten Texten. Erst beim Blick hinter die Künstlerkulissen und Kulissenkünstler zeigt sich ein Störmechanismus, der in beiden Textkorpora wirkt. Eine selbstreferentielle Schleife gefährdet und befördert die Textproduktionen. Rückkopplung als Selbstreferenz ist zweifellos eine Qualität von Literatur, Rückkopplung als unerwünschter Selbsterreger und Störfaktor dagegen – und diese Form der Rückkopplung wird im Folgenden fokussiert – versetzt die Literatur als autopoetisches System in Schwingung. Schwingungen dieser Art sind in Nietzsches und Kafkas späten Texten zu beobachten und werden im Folgenden protokolliert.

Das literarische Schreiben ist eine in bedeutsamem Maße selbstreferentielle Tätigkeit, insofern erstens, um Kohärenz und Stimmigkeit zu gewährleisten, beständig auf das bereits Geschriebene und auf das noch zu Schreibende Bezug genommen werden muss. Zweitens schafft es das literarische Schreiben nicht, seine Entstehungsbedingungen in einem Maße auszuklammern, wie es bei wissenschaftlichem oder technischem Schreiben möglich ist.[1] Mein Interesse gilt dem selbstreferentiellen Mechanismus, der dafür verantwortlich ist, dass sich in Texten des gleichen Autors eine tonale Kohärenz herstellt, die in literaturwissenschaftlicher Begrifflichkeit als Personalstil bezeichnet wird. Charakteristisch für den Spätstil von Kafka und Nietzsche (und nicht nur von ihnen) ist die Störung der Tonproduktion durch Rückkopplung. Der vor allem durch die Relektüre der eigenen Texte ausgelöste Störmechanismus im Spätstil gefährdet die tonale Kohärenz, die für den Spätstil selbst Bedingung ist.

Im Folgenden wird es darum gehen, drei Perspektiven auf Kafkas und Nietzsches Texte miteinander zu verbinden: 1. Der literarische Text als (Inter-)Diskurs, in dem eine Vielzahl von Diskursen und Diskursregeln miteinander verbunden sind. Die Rückkopplung behindert in dieser Perspektive die Ordnung und Einebnung der Diskurse vermittels einer dominanten Oberstimme des Autors. Der durch die Rückkopplung produzierte, monotone Störton übertönt die Autorstimme. Befreit von den Zwängen einer auktorialen Oberstimme können sich alternative Ordnungen der Diskurse einstellen. Der Rückkopplungston wirkt sich indes auch auf jene Alternativordnungen störend aus. 2. Der literarische Text als Medium, das aus kommunikationstheoretischer Sicht zwischen den Polen Sender und Empfänger steht und Träger von Botschaft und Information ist. Die Schwingungen des Senders, die dadurch entstehen, dass die Signale bei

---

1.   Davon zeugt die aktuelle Forschung zu Schreibszenen in der Literatur (vgl. beispielsweise Martin Stingelin unter Mitarbeit von Davide Giuriato und Sandro Zanetti (Hg.): »*Mir ekelt vor diesem tintenklecksenden Säkulum*«. *Schreibszenen im Zeitalter der Manuskripte*, München 2004).

der Rückkopplung verstärkt zum Sender zurückgesandt werden, bewirken einen Störton, der die Signale des Senders übertönt. Es kommt zu Interferenzen wie bei der von Kafka beschriebenen Gespensterkommunikation.[2] 3. Der literarische Text als literaturtheoretischer Text. Die Macht des Autors über das Werk oder des (mehr oder weniger fiktiven) Produzenten über sein Produkt wird im Text zugleich thematisiert und vermittels der Rückkopplung eingeschränkt. Die Einschränkung gefährdet die Einheit und Ganzheit von Werk und Autor und ist zugleich Merkmal des Spätstils.

Ich + Ich + Man = Hanswurst Nietzsche

Theodor W. Adorno beginnt seinen Vortrag über den *Spätstil Beethovens* mit dem Satz: »Die Reife der Spätwerke bedeutender Künstler gleicht nicht der von Früchten.«[3] Er wendet sich damit gegen eine Ästhetik, die aus der »Subjektivität« des Künstlers, aus »Biographie und Schicksal« die Kunstwerke im Allgemeinen und die späten Werke im Besonderen herzuleiten bemüht ist. Wäre der späte Nietzsche vor allem mit seinem *Ecce Homo* nicht der beste Gewährsmann gegen Adorno? *Ecce Homo* beginnt:

> »An diesem vollkommnen Tage, wo Alles reift und nicht nur die Traube braun wird, fiel mir eben ein Sonnenblick auf mein Leben: ich sah rückwärts, ich sah hinaus, ich sah nie so viel und so gute Dinge auf einmal. [...] Die Umwerthung aller Werthe, die Dionysos-Dithyramben und, zur Erholung, die Götzen-Dämmerung – Alles Geschenke dieses Jahrs, sogar seines letzten Vierteljahrs!« (KSA 6, S. 263).

Wie Früchte am Erntetag, an dem »alles reift«, werden Nietzsches späte Texte von Nietzsche selbst präsentiert. Die Schwierigkeit und Herausforderung bei der Lektüre des *Ecce Homo* besteht indes darin, dass im *Ecce Homo* Bauer, Ernte und Erntende oder – in literaturwissenschaftlichen Termini – Autor, Werk und Lesende zugleich in eins gesetzt und dekonstruiert werden. Mit dieser im Folgenden noch nachzuvollziehenden parallelen Bewegung der Identifikation und Dekonstruktion verliert eine Deutung, die darum bemüht ist, Nietzsches späte Texte aus Nietzsches Biographie herzuleiten, den Boden unter den Füßen. Einerseits wird sie vorweggenommen, andererseits desavouiert.[4] Adornos Alternative zur biographischen Lektüre ist die Suche nach dem »Formgesetz der Spätwerke«.[5] Der Begriff mag in Bezug auf bloß annäherungsweise zu definie-

---

2. Franz Kafka: *Briefe an Milena*, hg. von Jürgen Born und Michael Müller, Frankfurt a.M. 1986, S. 301–304.
3. Theodor W. Adorno: »Spätstil Beethovens«, in: ders.: *Gesammelte Schriften*, hg. von Rolf Tiedemann, Bd.17: *Musikalische Schriften IV*, Darmstadt 1998 , S. 13–18, hier: S. 13.
4. Nietzsche macht einerseits die »von der Literatur implizierten Einsetzungsregeln zunichte«, indem er sie vorwegnimmt (vgl. Friedrich Kittler: »Wie man abschafft, wovon man spricht. Der Autor von *Ecce Homo*«, in: ders., Jacques Derrida: *Nietzsche – Politik des Eigennamens. Wie man abschafft, wovon man spricht*, Berlin 2000, S. 65–99, hier: S. 86) und stellt andererseits durch auktoriale Machtansprüche, die das Konzept des Autors sprengen, den Bezugsrahmen des Autors in Frage (ebd., S. 94).
5. Adorno: »Spätstil Beethovens«, in: *Gesammelte Schriften*, a.a.O., S. 13.

rende und nicht ausschließlich formale Charakteristika eines Kunstwerks problematisch sein – mithin wenn es wie bei Adorno darum geht, überzeitliche und intermediale Formgesetze festzuhalten –, für das Formgesetz von Nietzsches Spätstil gilt: Es ist eng verbunden mit dem Phänomen der Rückkopplung.

Wie für den Spätstil generell spielt der Rückblick auf das eigene Leben und die Relektüre der eigenen Texte auch für Nietzsches Spätstil eine konstitutive Rolle. Es mag sein, dass Nietzsche, wie Friedrich Kittler mit Pierre Klossowski argumentiert, schon »seit seiner Jugend mit einer Bemächtigung seiner eigenen Vergangenheit beschäftigt« war.[6] Da seine späten Texte im Vergleich zu seinen früheren durch den und mit dem Bezug auf seine Vergangenheit signifikante Unterschiede aufweisen, sind die vorhergehenden Versuche, sich seiner Vergangenheit zu bemächtigen, kein Argument gegen die Bedeutung des Rückblicks und der Relektüre für den Spätstil, sondern höchstens eine mögliche Erklärung für die Intensität der späten Selbstermächtigungsgesten. Wie bereits zitiert, beginnt *Ecce Homo* mit dem »Sonnenblick« auf Nietzsches Leben, durch den er »rückwärts« sah (vgl. KSA 6, S. 263). Was folgt, ist mit *Ecce Homo* ein Text, in dem alles Vergangene und Gegenwärtige vom Ich her über das Ich zum Ich gebracht wird oder wie Nietzsche es eingangs prosaisch formuliert: »Und so erzähle ich mir mein Leben« (ebd.). Im wiederholten »Ich-mir-mein«-Sagen kassiert Nietzsche die monumentalen Distanzen zwischen Autor, Werk und Leser und bietet als Ersatz dynamische Differenzen zwischen den jeweiligen auf Autor, Werk und Leser beziehbaren Ich-Instanzen an.

Die beweglichen Fissuren oder Maserungen in dem, was als Selbst*bild*, Selbst*text* oder – der Textgebärde des *Ecce Homo* nach – als Selbst*selbst* bezeichnet werden könnte, entstehen durch eine radikale Verzeitlichung einerseits und durch die Zerstreuung des Ich in eine »ungeheure Vielfalt« (KSA 6, S. 284) andererseits. In einer von Nietzsches zahlreichen Überlegungen zur Ernährung und deren Parallelen zu seiner geistigen Verfassung und Entwicklung schließt er sein zeitweiliges verneinendes Wesen mit der »Leipziger Küche« kurz, verortet beides zeitlich durch das »erste[ ] Studium Schopenhauers (1865)« und markiert anschließend den Wendepunkt in einer Klammer: »(Man sagt, 1866 habe darin eine Wendung hervorgebracht –.)« (KSA 6, S. 279). Die Ich-Chiffre »Man« macht als Ursache für eine Wende in der für die geistige Entwicklung so wichtigen Ernährung ohne weitere Erklärung ein Jahr verantwortlich, das für Vieles stehen kann: ebenso Umstände klimatischer, gastronomischer oder kulinarischer Art wie philosophischer, historischer oder gesellschaftlicher.

Dem Rückblick, der als Selbstbestätigung fungieren soll, folgt bei Nietzsche eine Selbstzerfaserung in Zustände, Denkweisen, Aufzeichnungen, (Fehl-)Annahmen, Tagespläne und philologische Aktivitäten; dagegen steht die Selbstverstärkung, und zwischen beiden Dynamiken wird ein Krieg der Stimmen und Diskurse, der Diskursstimmen und Stimmdiskurse ausgetragen. Die Stimme, die Ordnung hätte schaffen sollen, die für Identität, Größe und Zusammenhang

---

6. Vgl. Pierre Klossowski: *Nietzsche et la cercle vicieux*, Paris 1969, S. 323, zitiert nach: Kittler: »Wie man abschafft, wovon man spricht«, in: *Nietzsche – Politik des Eigennamens*, a.a.O., S. 69.

hätte stehen sollen, die aber in *Ecce Homo* zum Schauplatz dieses ihres eigenen Krieges wird, ist die Stimme und der Diskurs des Autors. Friedrich Kittler leitet in seinem famosen Beitrag zum *Ecce Homo* den Umstand, dass Nietzsche beim Wiederlesen früherer Schriften nur sich selbst wiederfindet, aus einer diskursiven Regelung des 19. Jahrhunderts her, nach der literarische Texte als »unbewusste Selbstbeschreibungen« angesehen werden.[7] Nietzsche schafft diese Regelung nach Kittler ab, indem er sie als Auto(r)philologe auf sich selbst anwendet und einen Text produziert, der sich einer Untersuchung nach dieser Regelung widersetzt. Damit wird an der Schwelle zum Aufschreibesystem 1900 der Weg für eine andere Literatur oder für etwas anderes als Literatur geebnet:

> »Schreiben, das weder im Geschriebenen noch im Schreiber Rechtsgründe findet, hat seine Botschaft einzig am Medium, das es ist. In direkter Nietzsche-Fortsetzung wird um 1900 ›Wort-Kunst‹ zum Synonym von Literatur.«[8]

Die »Worte-macher«[9] produzieren im Gegensatz zu den Autoren Texte, in denen der Autor oder, wie Foucault es nennt, die »Autor-Funktion« ihre Kontrollmacht verloren haben. In einer wichtigen Variante von Foucaults oft zitiertem Aufsatz »Was ist ein Autor?« wird mit dem landläufigen Vorurteil, dass der Autor eine »unendliche Quelle von Bedeutungen« sei, aufgeräumt. Vielmehr ist er

> »[…] ein bestimmtes funktionelles Prinzip, durch das man in unserer Kultur begrenzt, ausschließt, auswählt, selegiert: kurz, das Prinzip, durch das man der freien Zirkulation, der freien Manipulation, der freien Komposition, Dekomposition und Rekomposition der Fiktion Fesseln anlegt.«[10]

In welcher Weise zeigt sich der Autor in der »Rolle als Regulator der Fiktion«[11] nicht nur, wie Foucault schreibt, »in unserer Kultur«, sondern auch im Text? Die Frage scheint den Fehler einer autorfixierten Literaturwissenschaft des 19. Jahrhunderts heraufzubeschwören, insofern sie auf dasjenige am Text abzuzielen scheint, was auf den Autor und seine Biographie zurückzuführen ist. Tatsächlich geht es aber darum, Foucault ernst zu nehmen und den Autor als eine bloße Funktion zu verstehen, die diskurshoheitliche Macht ausübt, allerdings nicht nur im Reden über Texte, sondern auch im Reden der Texte selbst. Im Text als einem interdiskursiven Gebilde ist der Diskurs des Autors einer, der gegenüber anderen im Text wirksamen Diskursen als Regulator fungiert. Es wäre falsch, in jenem *Masterdiskurs* alle Regulationsmechanismen zu verorten. Tatsächlich sind literarische Texte voll von Selbstregulationen, die nicht von der Autor-Funktion

---

7. Vgl. Kittler: »Wie man abschafft, wovon man spricht«, in: *Nietzsche – Politik des Eigennamens*, a.a.O., S. 84.
8. Vgl. Friedrich Kittler: *Aufschreibesysteme 1800 · 1900*, München 1995³, S. 232.
9. Ebd., S. 233.
10. Vgl. Michel Foucault: »Was ist ein Autor?«, in: ders.: *Schriften zur Literatur*, hg. von Daniel Defert und François Ewald unter Mitarbeit von Jacques Lagrange, Auswahl und Nachwort von Martin Stingelin, Frankfurt a.M. 2003, S.234–270, hier: S. 259f.
11. Ebd., S. 260.

ausgehen und nur in eingeschränktem Maße von ihr kontrolliert werden können. Damit ist zugleich gesagt, dass eine Entmächtigung des Autors oder eine Störung der Autor-Funktion keine Befreiung von (Selbst-)Regulation per se bedeutet. Vielmehr geht mit dem Niedergang der Autor-Funktion ein Aufschwung anderer Regulationsmechanismen einher.

Wie sind diese abstrakten Verhältnisse am Text zu untersuchen? Ein wichtiges textuelles Phänomen, das auf die Autor-Funktion rückführbar ist, ist die Stimme des Autors als der Stil eines Textes oder einer Reihe von Texten, der nicht auf den Autor als um Ausdruck bemühtes Individuum, sondern auf den Autor als im Text vernehmbare Ordnungsinstanz zurückzuführen ist. Der Stil als Tonerzeuger erzeugt eben jenen Ton, von dem Adorno mit Alban Berg behauptet, dass selbst »das Werk, das keinem Stil sich subsumiert«, ihn habe, den ihm eigenen Ton.[12] Dieser kann einfach oder komplex sein, aufdringlich oder zurückhaltend, laut oder leise. Wie Niklas Luhmann den Stilbegriff funktional im Hinblick auf die Autopoiesis der Kunst versteht,[13] so verstehe ich den Stil mit einer leichten Fokusverschiebung funktional für die Autopoiesis eines einzelnen Kunstwerks. Gleich Luhmann mache ich den »Stil nicht einfach an Formunterschieden« fest, sondern »in der Art, wie es [das Kunstwerk, M.K.] Form und Kontext aufeinander bezieht.«[14] Diese Erweiterung scheint mir indes in Adornos zugegebenermaßen erklärungsbedürftigem Begriff des »Formgesetzes« angelegt, bei dem die »Rolle der Konventionen« in den Mittelpunkt gerückt wird,[15] und damit auch die Frage nach dem für die Kontextregulierung nach Luhmann wichtigen Zitieren, nach der Art und Weise, wie ein Zitat »zur Form des Kunstwerks selbst als Zitat (und nicht nur: als Moment der Form!) beiträgt.«[16]

Kontext ist nach Luhmann »all das, was als Horizont des Kunstwerks fungiert, was seine Verweisungen regelt.«[17] Aus dem Kontext kommen die anderen Stimmen, die im Kunstwerk wiederzufinden sind, oder – in anderen Worten – die Echo-Texte, die im literarischen Matrix-Text einen intertextuellen Resonanzraum erzeugen.[18] Das Zusammenstimmen der unterschiedlichen Töne oder die Interaktion der Echo-Texte wird autopoetisch reguliert. Dabei kann die Autor-Stimme eine zentrale Rolle einnehmen, muss sie aber nicht. Die Bedeutung der Autorstimme für die Selbstregulation unterscheidet sich von Text zu Text nicht absolut, sondern graduell. So unversöhnlich sich die autorfixierte Literaturwissenschaft, die im Autor die aus der Einheit von Leben und Werk herzuleitende höchste Autorität des Textes sieht, und eine konsequent intertextuelle

---

12. Vgl. Theodor W. Adorno: *Gesammelte Schriften*, hg. von Rolf Tiedemann, Bd. 7: *Ästhetische Theorie*, Darmstadt 1998, S. 307f.

13. Vgl. Niklas Luhmann: »Das Kunstwerk und die Selbstreproduktion der Kunst«, in: Hans Ulrich Gumbrecht, K. Ludwig Pfeiffer: *Stil. Geschichten und Funktionen eines kulturwissenschaftlichen Diskurselementes*, Frankfurt a. M. 1986, S. 620–672, hier: S. 632.

14. Vgl. ebd., S. 633.

15. Vgl. Adorno: »Spätstil Beethovens«, in: *Gesammelte Schriften*, a.a.O., S. 14f.

16. Luhmann: »Das Kunstwerk und die Selbstreproduktion der Kunst«, in: *Stil*, a.a.O., S. 633.

17. Ebd.

18. Die Unterscheidung von Matrix-Text und Echo-Texten stammt von: André Topia (vgl. André Topia: »The Matrix and the Echo: Intertextuality in Ulysses«, in: Derek Attridge, Daniel Ferrer (Hg.): *Post-structuralist Joyce. Essays from the French*, Cambridge, New York u.a. 1984, S. 103–125.

Literaturwissenschaft, für die der Autor eine überlebte rechtliche Fiktion darstellt, gegenüberstehen, so unvermeidlich brechen sich die Absolutheitsansprü-
che der einen wie der anderen Position am Text selbst.

Wenn André Topia in Texten mit implementierter Autor-Kontrolle Intertextualität »in the true sense of the word« ausschließt und das dann anhand der
bachtinschen Unterscheidung von Stilisierung und Parodie erläutert,[19] verabsolutiert er auf unzulässige Weise. Michail M. Bachtin selbst weist bei der Unterscheidung von Stilisierung und Parodie darauf hin, dass zwischen ihnen »die
mannigfaltigsten Formen wechselseitiger Beleuchtung von Sprachen sowie di-
rekter Hybriden angesiedelt« sind.[20] Vor allem im modernen Roman kommt es
zu Überkreuzungen und Verflechtungen »auf mannigfache Weise, d.h. die Stilisierung des Materials verbindet sich mit dessen durch vielfältige Redeweisen
differenzierter Orchestrierung.«[21]

Die von Bachtin häufig verwendete Metapher der »Orchestrierung« verweist
nicht nur auf die mit seinem Namen verbundene Polyphonie literarischer Texte,
sondern scheint auch auf ein geregeltes, harmonisches Ganzes hin abzuzielen.
Insofern die funktional verstandene Autor-Stimme auf einen Gleichklang unterschiedlicher Stimmen und Diskurse ausgerichtet ist, kann sie an dem Aufbau eines solchen geregelten, harmonischen Ganzen mitwirken. Nietzsches Texte
gehören zu jenen Texten, die sich weniger durch Ganzheit und Geschlossenheit
als durch Vielheit und Offenheit auszeichnen. Nichtsdestotrotz erscheinen seine
Texte durchaus selbstreguliert und in ihnen das divergente stimmliche und sti-
listische Material auf wiedererkennbare Weise stimmig zusammengestellt.
Nietzsches Stil ist nicht nur in besonderem Maße durch das Polyphone oder –
wie er es nennt – »viele Möglichkeiten des Stils« geprägt (vgl. KSA 6, S. 304),
sondern auch durch weitere charakteristische Merkmale wie beispielsweise die
Verbindung von Lebendigkeit und Sachlichkeit, die Resultat spezifischer textueller Operationen ist. Es kann hier allerdings nicht darum gehen, die für Nietzsche typischen Verfahren der Regulierung, die für seinen Stil verantwortlich
sind, nachzuzeichnen, vielmehr geht es darum, dasjenige vorzustellen, was für
seinen Spätstil oder den Stil des *Ecce Homo* im Unterschied zu seinen anderen
(früheren) Texten charakteristisch ist.

Charakteristisch für den *Ecce Homo* ist, wie Hans-Martin Gauger es »mit einem
gewiss kritisierbaren Ausdruck« bezeichnet und anhand von Text-Beispielen
veranschaulicht hat, die »Maßlosigkeit der Selbsteinschätzung im Literarisch-Sti-
listischen.«[22] Zu jener Maßlosigkeit gehören zwei Dynamiken, die in ihrer
wechselseitigen Verschränkung Nietzsches Rückkopplung ausmachen. Erstens
ist bei jedweden Bemerkungen vom und zum Selbst des Textes ein Verstärker-
effekt festzustellen. Das bereits gesteigerte, überhöhte, aufgeblähte, vergrößerte

19. Vgl. Topia: »The Matrix and the Echo«, in: *Post-structuralist Joyce*, a.a.O., S. 120.
20. Vgl. Michail M. Bachtin: »Das Wort im Roman« (1935/36), in: ders.: *Untersuchungen zur Poetik
und Theorie des Romans*, hg. von Edward Kowalski und Michael Wegner, Berlin, Weimar 1986, S. 77–
261, hier: S. 196.
21. Vgl. ebd., S. 208.
22. Vgl. Hans-Martin Gauger: »Nietzsches Stil am Beispiel von ›*Ecce Homo*‹«, in: *Nietzsche-Studien* 13
(1984), S. 332–355, hier: S. 353–355.

Selbst wird stets weiter gesteigert, überhöht, aufgebläht und vergrößert. »Wenn ich mich darnach messe, was ich k a n n, nicht davon zu reden, was hinter mir drein kommt, ein Umsturz, ein Aufbau ohne Gleichen, so habe ich mehr als irgend ein Sterblicher den Anspruch auf das Wort Grösse« (KSA 6, S. 296).

Zur Rückkopplung als Störfaktor wird die Verstärkung durch die Verbindung mit einer zweiten oben bereits skizzierten Textdynamik: Das Selbst ist maßlos, insofern es mit allem in Verbindung gebracht wird, insofern es sich selbst interpretierend mit allem eigenen und anderen in Verbindung bringt. Dadurch erscheint es nicht mehr als ein Ganzes, sondern als momentanes Konstrukt der aktuellen Verbindungen. Eine unendliche Reihung von Wetterverhältnissen, Befindlichkeiten, mehr oder weniger historischen Ereignissen, Ansichten und Ernährungsweisen wirken auf das Selbst wie auf eine Membran. Im Kapitel »Warum ich so klug bin« wird Nietzsches Originalität – mithin das Selbst oder der Stil des Textes – dekonstruiert, indem sie, wie Kittler schreibt, »auf ihre vielen äußeren und extradiskursiven Bedingungen« zurückgeführt wird.[23]

Wären beide Maßlosigkeiten, grenzenlose Zerstreuung des Selbst in prozessuale Zustände sowie Überhöhung des Selbst jenseits aller Bescheidenheitsschranken, im Text weit genug voneinander entfernt oder klar genug voneinander getrennt, so wäre es möglich, dass beide gemeinsam ohne störende Interferenz den Text strukturieren. Tatsächlich gerät die eine Maßlosigkeit, das zerstreute Selbst, durch die andere, die Selbstverstärkung, wie die Membran eines Mikros oder die Saiten einer Gitarre, die den Boxen zu nahe kommen, in eine Eigenschwingung, die einen Störton zur Folge hat. Der Störton ist in *Ecce Homo* das Problem der Verwechslung. Das Verwechslungsproblem wäre nicht virulent, wenn sich das beständig verstärkte Selbst und das Ensemble von temporären Zuständen, Rollenspielen und Etappen auf dem Weg zum aktuellen Selbst klar voneinander trennen ließen. Indem die Verstärkung auch auf die Masken, Rollen und Zustände wirkt, gewinnen diese an Substanz und bilden die Grundlage für die Verwechslung. So ist Nietzsche verwechselbar mit Wagner und mit Schopenhauer, mit Dionysos selbst und einem Dionysos-Jünger, mit dem *décadent* und seinem Gegenteil, mit seinen Schriften und dem noch Ungeschriebenen und schließlich und endlich mit dem in Fortsetzung dieser Reihe un- oder überbestimmtesten von allen: mit sich selbst.

Kaum noch Person, meidet das Selbst an mehreren Stellen das penetrante Personalpronomen »ich« und sucht Zuflucht im Indefinitpronomen »man«.[24] Schon im Untertitel, im allerersten Satz als Vorsatz dessen, was kommt, heißt es: »Wie man wird, was man ist« (KSA 6, S. 255). Was wie eine einfache Anleitung zur Selbsterkenntnis klingt und häufig auch so gelesen wird, entpuppt sich in der Textlektüre schnell als unsanftes Aufeinandertreffen zweier indefiniter und inkompatibler *Doppelmänner* und Selbst-Statthalter: Die Begegnung eines prozessualen, wandelbaren, radikal zeitlichen »man«, das »wird«, mit einem ganzen,

---

23. Kittler: »Wie man abschafft, wovon man spricht«, in: *Nietzsche – Politik des Eigennamens*, a.a.O., S. 76.
24. Vgl. Daniela Langer: *Wie man wird, was man schreibt. Sprache, Subjekt und Autobiographie bei Nietzsche und Barthes*, München 2005, S. 134–141.

übergroßen, stets nur größer werdenden »man«, das »ist«, produziert keinen selbstidentischen Einklang; den Störton der Rückkopplung produziert das Treffen der Doppelmänner. »Hört mich! denn ich bin der und der. Verwechselt mich vor Allem nicht!« (KSA 6, S. 257) ist kein SOS, kein Hilferuf eines Unverstandenen, sondern das Dröhnen der Rückkopplung. Wenn man bei dem vermeintlichen Wunsch, nicht verwechselt zu werden, auf sich selbst mit den Worten »ich bin der und der« verweist, als wäre einem gerade der eigene Eigenname entfallen, liegt man fast schon jenseits von Wünschen und Bangen. Und wenn man im direkten Anschluss von sich sagt, dass man »zum Beispiel durchaus kein Popanz« und was nicht noch alles sei oder nicht sei (vgl. KSA 6, S. 257f), so hat man, von sich in Beispielen redend, der Verwechslung bereits Tür und Tor geöffnet.

»Ich will nicht verwechselt werden, – dazu gehört, dass ich mich selber nicht verwechsele« (KSA 6, S. 298). Von hinten mit umgewerteten Wertzeichen gelesen, heißt das schlicht: Wenn Nietzsche sich selbst verwechselt, ist selbst der Wunsch, nicht verwechselt zu werden, obsolet. Eng verbunden mit der Verwechslung ist das Verstehen,[25] und zum Ende von *Ecce Homo* jeweils am Anfang der letzten drei Abschnitte von »Warum ich ein Schicksal bin« steht nicht einmal mehr an der Textoberfläche ein Wunsch, sondern bloß noch die wörtlich wiederholte, an das indifferente »man« gerichtete rhetorische Frage: »Hat man mich verstanden?« (KSA 6, S. 371, 373, 374). So betrachtet ist *Ecce Homo* nichts weiter als eine burleske Verwechslungskomödie.[26] In der Hauptfigur kein Nietzsche und kein Wagner und auch kein »Nietzsche contra Wagner«, kein »das eine bin ich« und kein »das andere sind meine Schriften« (KSA 6, S. 298), sondern alle und alles zusammen in holder Einfalt und (un-)heiliger Einfältigkeit: Hanswurst. Aus vermeintlicher Angst vor der Heiligsprechung, aus vermeintlicher Angst davor, ein weiteres Mal verwechselt zu werden, schreibt Nietzsche in »Warum ich ein Schicksal bin«:

> »Ich habe eine erschreckliche Angst davor, dass man mich eines Tags heilig spricht: man wird errathen, weshalb ich dies Buch vorher herausgebe, es soll verhüten dass man Unfug mit mir treibt... Ich will kein Heiliger sein, lieber noch ein Hanswurst... Vielleicht bin ich ein Hanswurst...« (KSA 6, S. 365).

Natürlich ist diese Selbstbeschreibung im *Ecce Homo* so beständig wie alle anderen, und nur wenige Sätze weiter wird das Selbst zwar nicht explizit ein Heiliger, aber zumindest schon der »frohe Botschafter«, der der Menschheit wahrhaft »große Politik« verspricht (vgl. KSA 6, S. 366). Nichtsdestotrotz nimmt Hanswurst im Vergleich mit den anderen Rollen und Identitäten eine Sonderstellung im *Ecce Homo* ein. Für Kittler manifestiert sich in Hanswurst als

---

25. Vgl. Langer: *Wie man wird, was man schreibt*, a.a.O., S. 131–134.
26. Matthew H. Meyer vertritt anhand einer Parallellektüre von Nietzsche und Aristophanes die beachtenswerte These, »dass die Spätwerke Nietzsches eine Art dionysische Komödie bilden« (vgl. Matthew H. Meyer: »*Ecce Homo* und die Alte Komödie«, in: Volker Gerhardt, Renate Reschke u.a. (Hg.): *Nietzscheforschung. Jahrbuch der Nietzsche-Gesellschaft*, Bd. 12: *Bildung – Humanitas – Zukunft bei Nietzsche*, Berlin 2005, S. 193–200, hier: S. 193).

»Maske vor Dionysos« ein Begehren, das über das bloße Autorwerden hinaus-
geht. Nach seiner zugespitzten Diskursanalyse endet in *Ecce Homo* die »kurzle-
bige Diskursivität« Literatur und wird der damit verbundene Autor abgeschafft.
Trotz der großen Überzeugungskraft der kittlerschen Thesen bin ich bei meiner
Lektüre etwas vorsichtiger. Wie Foucault einerseits vom »Verschwinden des Autors« schreibt und andererseits in der dadurch entstehenden »Leerstelle« Orte
ausfindig macht, an denen seine Funktion ausgeübt wird,[27] interessiert mich an
Ecce Homo, in welcher Weise dort die Autor-Position einerseits geschwächt wird
oder sich selbst schwächt und andererseits als (schwache) Funktion im Text wiederzufinden ist. Die Rückkopplung ist das Verfahren, das ich mit der Autor-
Funktion im *Ecce Homo* verbinde, und Hanswurst ist die Figur im Text, die ich
der Autor-Funktion am nächsten sehe. Auch wenn oder gerade weil Hanswurst
im Aufschreibesystem 1800 aus der Rolle fällt und mit dem Konzept des Autors
grundsätzlich auf Kriegsfuß steht,[28] kann er im *Ecce Homo* die vom Autor ausge-
schriebene Leerstelle und Funktion übernehmen.

Hanswurst ist aus diskurs- und literaturgeschichtlicher Sicht ein Gespenst der
Vergangenheit.[29] Er hatte als Figur im Barocktheater seine Zeit gehabt, wurde
im 18. Jahrhundert von der großen Bühne verdrängt und fand Zuflucht allein in
der geflügelten Rede und auf der Puppenbühne; im protestantischen Norden
Deutschlands ist er als Puppe nur noch unter seinem neuen Namen »Kaspar(le)«
bekannt. Ob der »prahlerische Duktus« des Hanswurst tatsächlich, wie Christian
Benne vermutet, »Vorbild für *Ecce Homo*« gewesen ist,[30] sei dahingestellt. Offensichtlich sind eine Reihe von Analogien zwischen Hanswurst und dem Selbst
oder Autor im *Ecce Homo*: neben dem prahlerischen Ton auch der Sinn für das
Derb-Komische, das Interesse an Ernährung und Verdauung oder das Faible für
die Improvisation. Aus dem Stegreif scheinen viele Wendungen im *Ecce Homo*
formuliert, und Hanswurst war mit seiner flinken Zunge eine populäre Figur der
sogenannten *Stegreifkomödie*.[31]

Wie weit die Strukturanalogie im Einzelnen reicht und ob das Barocktheater
als heimliche Geliebte des späten Nietzsche an die Bedeutung der antiken Tragödie für den jungen Nietzsche heranreicht, kann im Rahmen dieser Untersuchung nicht geklärt werden. Hier ist statt der strukturalen die funktionale
Analogie von Interesse. Wie wäre die Funktion eines fiktiven Autors Hanswurst

27. Foucault: »Was ist ein Autor?«, in: *Schriften zur Literatur*, a.a.O., S. 234.
28. Vgl. Beatrix Müller-Kampel: *Hanswurst, Bernardon, Kasperl. Spaßtheater im 18. Jahrhundert*, Pader-
born 2003, S. 13f.
29. Für die Diskursgeschichte, in der eine deutliche Tendenz zu bemerken ist, divergentes historisches
Material unter der Perspektive von Diskursformationen oder Dispositiven zu homogenisieren, gilt
dasselbe wie für die materialistische Geschichtsschreibung. Sie wird nicht selten von Gespenstern der
Vergangenheit heimgesucht, die nicht ins Fortschrittskonzept oder in eine bestimmte Formation hin-
einpassen. Sei es Louis Napoleon Bonaparte (vgl. Karl Marx: *Der achtzehnte Brumaire des Louis Bonaparte*, in: MEW, Berlin 1972, Bd. 8, S. 115–207.) oder Hanswurst, der bei Kittler als Stellvertreter des
Endes einer bestimmten Diskursepoche angesehen wird, gleichwohl er kaum der Überwinder des
alten und Repräsentant des neuen Aufschreibesystems als vielmehr der Repräsentant einer längst vergangenen Epoche der Wanderbühnen und Improvisationstheater ist.
30. Vgl. Christian Benne: »Ecce Hanswurst – *Ecce Homo*«, in: Gerhardt, Reschke: *Nietzscheforschung*,
Bd. 12: *Bildung – Humanitas – Zukunft bei Nietzsche*, a.a.O., S. 219–228, hier: S. 220.
31. Zur Geschichte von Hanswurst vgl. Müller-Kampel: *Hanswurst, Bernardon, Kasperl*, a.a.O.

zu beschreiben und inwiefern stimmt sie mit der durch die Rückkopplung charakterisierten Autor-Funktion im *Ecce Homo* überein? Wie bei der durch die Rückkopplung geschwächten Autor-Funktion wäre Hanswurst bei der Ausübung einer Autor-Funktion sich selbst das größte Hindernis. Ordnung ist seine Sache nicht, vielmehr das Desorganisierende des momentanen Affekts. Dementsprechend fragt sich in der *Absurda Comedia. Oder Herr Peter Squenz* Pickelhäring, eine der Vorläufer-Figuren des Hanswurst, ob er tatsächlich »kopffs genug zu einer Hauptperson« habe, als die Rollen für ein Stück im Stück verteilt werden.[32] Tatsächlich bekommt er in der *Absurda Comedia*, die von einer Theateraufführung handelt, die Rolle des Piramus in der für die Volksbühne umgeschriebenen Sage *Piramus und Thisbe* zugewiesen. Wäre Pickelhäring und nicht die Hauptfigur des eigentliches Stückes, Peter Squenz, dazu gezwungen gewesen, die Sage in einen Theatertext umzuschreiben, wäre das Ergebnis kaum ein anderes gewesen. Auf der Bühne präsentiert sich das *play in a play* als eine Reihe von Missgeschicken und Raufereien, an denen Pickelhäring alias Piramus aktiv beteiligt ist, und am Ende gibt der vom Dilettantismus des Stückes und der Aufführung belustigte König für jede »Sau«, i.e. jeden Fehler, 15 Gulden.

Das Stück im Stück ist eine Ansammlung von schlechten Versen,[33] die in ein Endreimschema gepresst werden,[34] und wird bei der Aufführung durch Verfehlungen und Selbstkommentierungen beständig unterbrochen. Wie in *Ecce Homo* ist die Ordnungsmacht der Autor-Funktion trotz der Überpräsenz einer Autor-Figur – im Falle des Gryphius-Stückes: Peter Squenz – nur sehr schwach. Den Selbstverstärkern in Form von überschwänglichem Selbstlob und exzessiven Selbstkommentaren stehen die offensichtliche Ohnmacht und der Dilettantismus bei der sprachlichen Gestaltung und Aufführung des Textes gegenüber. Die Possen und Scherze sind kaum als Ausdruck irgendeines um Ordnung bemühten Subjekts lesbar, sondern vielmehr als Strukturelemente, die von dessen Ohnmacht zeugen: »Wo ihr das lachen nicht werdet lassen, / So werd ich euch schlagen auff die taschen.«[35]

Wie bei Adornos Überlegungen zum Spätstil Beethovens scheint hier die »Floskel vom Schein ihrer subjektiven Beherrschtheit« gereinigt; die »Risse und Sprünge« in den bearbeiteten »Stoffmassen« sind bloßes »Zeugnis der endlichen Ohnmacht des Ichs vorm Seienden« und kein Produkt auktorialer Strategie.[36] Die Risse und Sprünge im bearbeiteten Stoff der Sage von Piramus und Thisbe zeigen sich nicht nur in der Sprache, sondern auch in der Art des Umgangs mit einigen Schlüsselobjekten der Sage. Einige leblose Gegenstände, die im Ovid-Text von dem Liebespaar angesprochen werden,[37] werden wie durchaus üblich

---

32. Vgl. Andreas Gryphius: »Absurda Comedia. Oder Herr Peter Squenz«, in: ders.: *Werke in drei Bänden mit Ergänzungsband*, hg. von Hermann Palm, Darmstadt 1961, S. 7–54, hier: S. 12.
33. Zu den ersten beiden Versen des Stückes von Peter Squenz, dem »Ich wündsche euch allen eine gute nacht. / Diese spiel habe ich, herr Peter Squentz, schulmeister und schreiber zu Rumpelskirchen, selber gemacht.«, bemerkt Serenus: »Der vers hat schrecklich viel füße« (vgl. ebd., S. 28).
34. »Ich bin gebohren von Constant, / Tinopel ist mein Vaterland« (ebd., S. 40).
35. Ebd., S. 30.
36. Vgl. Adorno: »Spätstil Beethovens«, in: *Gesammelte Schriften*, a.a.O., S. 15.
37. Beispielsweise die »neidische Wand« (vgl. Publius Ovidius Naso: *Metamorphosen. Epos in 15 Büchern*, hg. und übers. von Hermann Breitenbach, Zürich 1958, S. 225 (4. Buch, Vers 73).

im barocken Trauerspiel durch »Ausstaffierung als Person [...] imposanter« gestaltet, wie Walter Benjamin es formuliert.[38] Die mit Text und Rollen befrachteten Dinge zerfurchen, indem sie einen Großteil des Stücks selbst sowie der Vorbereitung der Aufführung – wer soll die Wand, den Löwen oder den Brunnen spielen? – ausmachen, die Einheit des Stoffs. All das ist dann nicht mehr Ausdruck »des vereinzelten Ichs«, sondern, wie Adorno über Beethoven schreibt – und die Stimme Walter Benjamins ist mitzuhören[39] –, Ausdruck »der mythischen Artung der Kreatur und ihres Sturzes, dessen Stufen die späten Werke gleichwie in Augenblicken des Einhaltens sinnbildlich schlagen.«[40]

In dem Maße, in dem Nietzsches Rückkopplung die Autor-Funktion in ihrer Ordnungsmacht einschränkt, entwickelt sie eine Anspannung, die auf Zerstörung ausgerichtet ist. Am Anfang von »Warum ich ein Schicksal bin« ist der oft zitierte und interpretierte Satz zu finden: »Ich bin kein Mensch, ich bin Dynamit.« Nietzsches Rückkopplung offenbart hier ihre funktionale Analogie zur Sprengkraft der Subjektivität im Spätwerk Beethovens; die Subjektivität ist dort Prozess nicht im Sinne einer Entwicklung, sondern als »Zündung zwischen den Extremen«:

»Zwischen Extremen im genauesten technischen Verstande: hier der Einstimmigkeit, dem Unisono, der bedeutenden Floskel, dort der Polyphonie, die unvermittelt darüber sich erhebt. Subjektivität ist es, welche die Extreme im Augenblick zusammenzwingt, die gedrängte Polyphonie mit ihren Spannungen lädt, im Unisono sie zerschlägt und daraus entweicht, hinter sich lassend den entblößten Ton; die Floskel einsetzt als Denkmal des Gewesenen, worin versteint Subjektivität selber eingeht.«[41]

Der entblößte Ton oder das Unisono werden in Nietzsches *Ecce Homo* bis zur Penetranz gesteigert und sind in medientechnischer Terminologie als das Übertönen eines Rückkopplungstons beschreibbar. Wer schon jemals auf einem Musikkonzert eine unfreiwillige Rückkopplung miterlebt hat, weiß, dass die Metapher des Dynamits insofern zu überzeugen vermag, als dass durch die Rückkopplung alle Elemente eines Konzerts, das Musizieren, das Hören sowie die Musik selbst, in einen Prozess höchster Gefährdung überführt werden, der letztlich auf Zerstörung aller damit verbundenen Gewohnheiten ausgerichtet ist. Der Sänger oder die Sängerin, die im Moment der Rückkopplung ins Mikro-

---

38. Vgl. Walter Benjamin: »Ursprung des deutschen Trauerspiels«, in: ders.: *Gesammelte Schriften*, hg. von Rolf Tiedemann und Hermann Schweppenhäuser, Band I.1: *Abhandlungen*, Frankfurt a.M. 1980, S. 203–430, hier: S. 362f.
39. Adorno bezieht sich im »Spätstil Beethovens« unausgewiesen vor allem auf Benjamins Theorie des Ausdruckslosen (vgl. Walter Benjamin: »Goethes Wahlverwandtschaften«, in: ders.: *Gesammelte Schriften*, hg. von Rolf Tiedemann und Hermann Schweppenhäuser, Band I.1: *Abhandlungen*, Frankfurt a.M. 1980, S. 123–201, hier: S. 180–182), die in ihrer Kritik des schönen Scheins einige Parallelen aufweist zu Überlegungen aus dem Trauerspielbuch, vor allem zu Benjamins Theorie der Leiche (vgl. Winfried Menninghaus: »Das Ausdruckslose: Walter Benjamins Metamorphosen der Bilderlosigkeit«, in: Uwe Steiner (Hg.): *Walter Benjamin, 1892–1940, zum 100. Geburtstag*, Bern u. a. 1992, S. 33–76, hier: S. 36f.).
40. Vgl. Adorno: »Spätstil Beethovens«, a.a.O., S. 16.
41. Vgl. ebd.

phon wiederholt die von Nietzsche am Ende von *Ecce Homo* viermal wiederholte Frage »Hat man mich verstanden?« (vgl. KSA 6, S. 371, 373, 374) sprechen, werden sich selbst kaum verstehen können, stattdessen aber unmissverständlich die durch die wiederholten Fragen wiederholt ausgelöste Rückkopplung und ihre destruktive Energie. Wie in der Musik versucht wurde, die destruktive Energie der Rückkopplung künstlerisch-produktiv zu nutzen – prominente Beispiele sind das Gitarrenspiel von Jimi Hendrix oder das Album »My Generation« von *The Who* –, so scheinen Nietzsches Dionysos-Dithyramben in analoger Weise »in eignen Stricken gewürgt, / Selbstkenner! / Selbsthenker!« (KSA 6, S. 390, V. 30–32).

Josef, halbzerstört, halbfertig, K.

Während die Rückkopplung in den Texten des späten Nietzsche perpetuiert und affirmiert wird, ist in denen des späten Kafka eine starke Abwehrhaltung zu erkennen. Die Abwehr äußert sich allerdings nicht in einer schlichten Negation oder der Reinstallation einer starken Autor-Funktion, sondern im Versuch, die Rückkopplung und ihre Effekte entweder durch Thematisierung zu kontrollieren oder abzuschwächen. Die Abschwächung hat eine weitere Schwächung der durch die Rückkopplung beeinträchtigten Autor-Funktion zur Folge, wodurch mehr Raum für alternative Diskursordnungen und Regulationsmechanismen geschaffen und gelassen wird.

Kafkas Rückkopplung ist wie diejenige Nietzsches eng mit einem extravaganten autobiographischen Projekt verbunden. Dieses kommt freilich unscheinbarer daher: Die Ausformulierung befindet sich in einer Eintragung des *Hungerkünstler*-Heftes. Ausgeführt wird das Projekt bei der Wiederaufnahme des Tagebuchschreibens im Jahr 1921 und wiederholt in Kafkas späten Texten, in denen es für Rückkopplungseffekte verantwortlich gemacht werden kann. Wie so oft bei Kafka steht am Beginn eine Schreibkrise. Die Eintragung zu dem autobiographischen Projekt, das Kafka in den Wochen um den Jahreswechsel 1921/22 verfolgt hat, beginnt mit der schlichten Feststellung: »Das Schreiben versagt sich mir« (NSF II, S. 373).

Kafka scheint mit diesem Satz lediglich gesagt zu haben, dass er mit dem (literarischen) Schreiben nicht vorankommt oder dass ihm dieses Schreiben grundsätzlich nicht gelingen will. An der Formulierung ist bemerkenswert, dass nicht Kafka, sondern das Schreiben Subjekt des Satzes ist. Nicht Kafka ist also diejenige Instanz, die für die erfolgreiche literarische Produktion entscheidend ist, sondern die damit in den Mittelpunkt gerückte Tätigkeit selbst, die zu Kafka in dem eigentümlichen Verhältnis des »Sich-Versagens« steht. Normalerweise wird das Versagen in seiner reflexiven Form Menschen zugesprochen, die sich etwas versagen, indem sie sich beispielsweise fernhalten von etwas oder jemandem. Dementsprechend findet sich in Grimms Wörterbuch nur ein einziges Beispiel, in dem das reflexive Versagen eine Sache und keinen Menschen zum Subjekt hat.

Bezeichnenderweise ist das Poetische des Beispiels aus einem Gedicht von C.M. Wieland unzweideutig: »Lutz, dem der holde Schlaf noch immer sich versagt.«[42]

Wie ein Mensch kann sich das solcherart eigenständige und mächtige Schreiben einem anderen Menschen, in diesem Fall dem Schreiber Kafka, zuwenden oder sich zurückhalten, sich entziehen. Zum Schreiben kommt es also dadurch, dass die Tätigkeit sich dem Schreiber zuwendet und nicht dadurch, dass der Schreiber, wie es in übertragenem Sinne oft heißt, einen Weg zum Schreiben findet. Diese Ohnmachtserfahrung ist für Kafkas Schreiben grundsätzlich von Bedeutung, für Kafkas Spätstil ist bemerkenswert, mit welcher pragmatischen Kühle er dem Problem begegnet. So heißt es im zweiten Satz:

> »Daher Plan der selbstbiographischen Untersuchungen. Nicht Biographie, sondern Untersuchung und Auffindung möglichst kleiner Bestandteile« (NSF II, S. 373).

Kafka reagiert auf das sich versagende Schreiben nicht verzweifelt, sondern nimmt mit einem Plan, der in preußischem Telegrammstil ohne Subjekt und sogar ohne Prädikat auskommt, wieder das Heft des Handelns in die Hand. Problemlos hätte es auch heißen können: »Daher selbstbiographische Untersuchungen.« Die selbstbiographischen Untersuchungen sind bloßes Mittel zum Zweck und für Kafka in dieser Projektskizze nicht von eigenständiger Bedeutung.[43] Er geht sogar noch weiter und stellt klar, dass jene selbstbiographischen Untersuchungen nicht mit einer Biographie verwechselt werden dürfen, denn sie sind lediglich eine »Untersuchung und Auffindung möglichst kleiner Bestandteile«. Damit wendet sich Kafka gegen das große Ganze, das normalerweise mit einer Biographie verbunden wird. Statt die Gesamtheit seines Lebens *(bios)* in Schrift *(graphein* – schreiben) zu verwandeln, möchte er etwas untersuchen und auffinden, was zwar ein Teil seines Lebens ist, aber keineswegs ein charakteristischer oder besonders wichtiger, sondern eben ein »möglichst kleiner« (s. o.).

Das steht einem traditionellen Konzept von Biographie entgegen, das um Dokumentation, um die Möglichkeit, Leben in Schrift festzuhalten, bemüht ist. Vielmehr erscheint bei Kafka das Leben wie bei Nietzsche in der Selbstanalyse zersplittert in jene möglichst kleinen Bestandteile, so dass eher ein zersplittertes oder zerstörtes Leben, mithin die Zerstörung oder Zersplitterung des Lebens dokumentiert wird. Letztendlich – das wird sich im Folgenden noch zeigen – wird dem Plan nach gar nichts mehr dokumentiert, sondern im Schreiben das eigene Leben zerteilt oder zerstört. In Plan-Form: Alles das als Mittel zum Zweck einer Begegnung des Problems des sich versagenden (literarischen) Schreibens. Selbst

---

42. Vgl. Jacob und Wilhelm Grimm: *Deutsches Wörterbuch von Jacob und Wilhelm Grimm*, Fotomechanischer Nachdruck der Erstausgaben, München 1991, Bd. 25, Sp. 1034 [versagen].

43. Zwar hatten Kafkas tagebuchartige Aufzeichnungen stets eine enge Verbindung zu seinem literarischen Schreiben, so dass es häufig fließende Übergänge zwischen literarischen und diaristischen Einträgen gab, das Projekt einer Selbstbiographie hatte indes für Kafka durchaus einen eigenständigen Wert, wie an einer frühen Aufzeichnung abzulesen ist, die das Verlangen, eine Selbstbiographie zu schreiben, mit dem Verlangen einer Änderung seines Lebens kurzschließt (vgl. Aufzeichnung vom 16./17. Dezember 1911, T, S. 298).

die Erklärung des Unbiographischen, die zugleich eine partielle Rettung des Biographischen wäre, ist zu biographisch und wird im nächsten Ansatz gestrichen: »~~Biographie allein wäre nichtig, denn mein Leben war bisher~~« (vgl. NSF II: A, S. 312).

Die Erklärung, warum »Biographie allein« nichtig wäre, würde zugleich implizieren, dass es zwar nicht allein, aber doch auch eine Biographie ist, die Kafka mit seinen Untersuchungen fokussiert. Allerdings beginnt die Erklärung in einer Weise, wie sie biographischer kaum sein könnte. Das oder sein Leben als großes Ganzes im Visier schreibt Kafka »denn mein Leben war bisher« und beweist damit, wie wenig die Untersuchungen in Kafkas Plan noch Biographie sind, denn bereits im Ansatz wird die Erklärung, warum Biographie allein nichtig wäre, so biographisch, dass sie in jenem Ansatz abbricht und durchgestrichen wird. Nach diesem verunglückten Erklärungsversuch ist das Biographische an den Untersuchungen nur noch fraglicher geworden. »Nicht Biographie«, wie Kafka schreibt, liegt so fern nicht von einer Nicht-Biographie, einer negativen, durchgestrichenen Biographie oder eben, wie es auf dem Blatt steht, einer »~~Biographie allein~~«. Was aber bleibt dann übrig von Untersuchungen, wenn das Biographische ganz und gar fraglich, möglicherweise sogar durchgestrichen oder getilgt ist? Übrig bleiben selbst~~biographische~~ Untersuchungen oder – zusammengezogen – Selbst-Untersuchungen in Verwertung, Zersetzung und Absetzung von allem Biographischen. Kafka fährt fort:

> »Daraus will ich mich dann aufbauen so wie einer, dessen Haus unsicher ist, daneben ein sicheres aufbauen will, womöglich aus dem Material des alten« (NSF II, S. 373).

Die Selbst-Untersuchungen sollen also einen Selbst-Aufbau zur Folge haben. Wie in Benjamins methodischen Überlegungen aus dem Trauerspielbuch werden Destruktion und Konstruktion miteinander verkoppelt. Dort werden die Phänomene wie Kafka dadurch gerettet, dass sie erst zerteilt und dann neu zusammengesetzt werden.[44] Welcher Art ist aber dieses nach Selbst-Untersuchung und -Sezierung aufgebaute Selbst, das in Benjamins Terminologie wahrscheinlich als Selbst-*Konstellation* bezeichnet werden würde? Dies Selbst kann einerseits das im Bild des Bauens gefasste (literarische) Schreiben, mithin das Geschriebene, den (literarischen) Bau, meinen. Die ein wenig exaltierte und überstrapazierte Selbstdefinition aus einem Brief an Felice Bauer – »Ich habe kein literarisches Interesse, sondern bestehe aus Literatur, ich bin nichts anderes und kann nichts anderes sein«[45] – würde in einer solchen Deutung Realität. Das Selbst würde selbst Literatur oder Selbst-Literatur, eine Literatur im Selbstbezug und im Rück*blick* auf die eigene Biographie, aber ohne Rück*sicht* darauf. Andererseits ist das Selbst

---

44. Vgl. Benjamin: »Ursprung des deutschen Trauerspiels«, in: *Gesammelte Schriften*, a.a.O., S. 213–215, sowie Malte Kleinwort: »Zur Rettung der Ideen in Benjamins Trauerspielbuch«, in: Maximilian Bergengruen, Davide Giuriato, Sandro Zanetti (Hg.): *Gestirn und Literatur im 20. Jahrhundert*, Frankfurt a.M. 2006, S. 120–132, hier: S. 126–128.
45. Vgl. Brief an Felice Bauer vom 14. August 1913 (Franz Kafka: *Briefe an Felice*, hg. von Erich Heller und Jürgen Born, Frankfurt a.M. 1976, S. 444).

der Autor-Funktion sehr nahe, insofern es um ein Selbst geht, das die anfänglich diagnostizierte Schreibkrise überwindet, des Schreibens wieder mächtig ist. Kafka fährt fort:

> »Schlimm ist es allerdings wenn mitten im Bau seine Kraft aufhört und er jetzt statt eines zwar unsichern aber doch vollständigen Hauses, ein halbzerstörtes und ein halbfertiges hat, also nichts« (NSF II, S. 373).

Der Plan wird hier offensichtlich selbst Literatur und mit ihm das leichthin mit Kafka identifizierbare Ich unvermittelt zu einem distanzierteren Er.[46] Eben jener Übergang von Ich zu Er ist bei Kafka für das literarische Schreiben von grundlegender Bedeutung.[47] Indem er die Erfüllung seines Plans weiterspinnt, gibt er zugleich ein Beispiel für die Planerfüllung. Das Leben Kafkas in all seiner Vollständigkeit wird durch die Selbst-Untersuchungen halbzerstört, das neue Leben in der Literatur durch fehlende Kraft nicht fertig. Wenn, wie Kafka schreibt, »mitten im Bau seine Kraft aufhört«, ist das »mitten im Bau« nicht nur eine zeitliche Angabe, sondern auch eine des Ortes. Mitten in dem Bau, der Literatur ist, sind das halbzerstörte[48] und das halbfertige Haus zu finden, die aus der Sicht des zwischen Schreiber und literarischer Figur changierendem Er substanz- und bestandslos sind: »nichts«. Im abschließenden argumentativen Schlenker wird aus dem Er dann ein K., ein Kosak:

> »Was folgt ist Irrsinn, also etwa ein Kosakentanz zwischen den zwei Häusern, wobei der Kosak mit den Stiefelabsätzen die Erde solange scharrt und auswirft, bis sich unter ihm sein Grab bildet« (NSF II, S. 373).

Einer esoterischen Buchstabenlogik gehorchend, der Kafka in vielen Fällen intuitiv, selten – wenn überhaupt – kalkuliert folgte, ist der Protagonist im Schlusssatz eine K.-Figur. Bezeichnenderweise sind es nicht generell die Stiefel, sondern die Stiefelabsätze mit denen der Kosak bei seinem Tanz[49] die Erde scharrt und aufwirft. Was realiter nicht dem Kosakentanz entspricht, bei dem die Ballen und nicht die Hacken des Fußes den Boden berühren, ist in übertragener Bedeutung einleuchtend. Das Tanzen als Schreiben erscheint auf dem Papier als eine durch *Absätze* strukturierte Arbeit an der Papieroberfläche – das Kratzen der Feder als Scharren der Stiefel. Dabei erscheint der Kosak als Wiedergänger des Künst-

---

46. Zur Differenz der Personalpronomen vgl. Émile Benveniste: »Die Natur der Pronomen« in: ders: *Probleme der allgemeinen Sprachwissenschaft*, aus dem Französischen von Wilhelm Bolle, München 1974, S. 279–286.
47. Vgl. Maurice Blanchot: »Die Erzählstimme. Das ›Er/Es‹, das Neutrum«, in: ders.: *Von Kafka zu Kafka*, aus dem Französischen übersetzt und mit einem Nachwort von Elsbeth Dangel, Frankfurt a.M. 1993, S. 141–152.
48. Das halbzerstörte Haus war vor einer nachträglichen Korrektur, die scheinbar aus Symmetriegründen angebracht wurde, noch ein zerstörtes (vgl. NSF II:A, S. 312).
49. Der Tanz auf der Stelle ist als Parallelstelle zum oft zitierten »stehenden Sturmlauf« aus einer frühen Aufzeichnung Kafkas zu lesen (vgl. Aufzeichnung vom 20. November 1911, T, S. 259).

lers, der in der Erzählung *Ein Traum* »wütend mit einem Fuß in den Grabhügel« hineinstampfte.[50]

Mit dem Kosak endet die fiktive Erfolgsgeschichte von Kafkas Plan, der in der Zeit um die Jahreswende 1921/22 tatsächlich umgesetzt und mit dem Beginn der Arbeit am Romanfragment *Das Schloß* zu einem vorläufig erfolgreichen Ende geführt wird. Der Haken dieses Erfolgsprogramms ist die Rückkopplung, deren Bändigung den späten Kafka einen Großteil seiner poetischen Energie kostet. Zur Rückkopplung kommt es dadurch, dass das Erfolgsprogramm in eine Wiederholungsschleife gerät. Zwar wird mit dem Kosak als exemplarischer K.-Figur der literarische Raum wieder geöffnet, die Autor-Funktion oszilliert allerdings weiterhin wie der Kosak zwischen Selbstaufbau und Selbstzerstörung. Wie in Nietzsches *Ecce Homo* wirkt der Verstärkungsprozess, der bei Kafka dem Aufbauprogramm eines schreibenden Selbst entspricht, nicht nur da, wo er wirken sollte. Die Membran, auf welche der Prozess fatalerweise zurückschlägt, sind jene möglichst kleinen Selbst-Bestandteile, aus denen das neue Selbst aufgebaut werden sollte. Dadurch wird das alte Selbst nur halbzerstört und das neue nur halbfertig. Der zwischen den Häusern tanzende Kosak steht demnach einerseits als K.-Figur für die erfolgreiche Wiedergewinnung des literarischen Vermögens, andererseits tanzt oder oszilliert er wie ein verstärktes Membran-Signal zwischen der Membran aus kleinen Selbst-Bestandteilen und der halbfertigen neu aufgestellten Selbst-Box.

Die Autor-Funktion, die parallel mit dem neu aufgebauten Selbst hätte wieder aufgebaut werden sollen, kann gegenüber der Rückkopplung kaum an Eigenständigkeit gewinnen. Sie wird dominiert und vereinnahmt von der Rückkopplung und ihren Effekten. Die neue Autor-Funktion Kafkas erscheint so als Relikt einer missglückten synthetischen Adaption der alten. Kafka als Meister der Schreibszene und Experte des autoreflexiven literarischen Schreibens hatte im Laufe der Jahre ein ausgeklügeltes System von Verfahren, für das Formen einfacher autopoetischer Rückkopplung unverzichtbar waren, entwickelt. Jenes System von Verfahren formte bis zu den späten Texten das, was als Autor-Funktion Kafkas interpretiert werden könnte: Nicht einfach paradox waren die Texte, sondern das Paradoxe war der beständigen Veränderung durch ein Gleiten ausgesetzt.[51] Die Diskurse begegneten und überlagerten sich im Resonanzraum Literatur nicht nur nach eigenen Gesetzen, sondern waren einer mächtigen Einebnungs- und Ordnungsfunktion ausgesetzt, die auf der Textoberfläche stringente und schlichte Erzählstränge und -stimmen produzierte. Die vielfältigen Wiederholungen in Kafkas Texten standen nicht nur für sich, sondern waren gezeichnet durch eine sie durchkreuzende Singularität oder Einzigartigkeit. Das Fragmentarische war nur die eine Seite der Medaille, die als ganze »fragmentarische Vollendung« genannt werden könnte. Expressivität und Nüchternheit

---

50. Die bei der Arbeit am *Proceß* entstandene Erzählung wurde zu Lebzeiten im Band *Ein Landarzt* veröffentlicht (vgl. DzL, S. 295–298, hier: S. 298).

51. Vgl. Gerhard Neumann: »Umkehrung und Ablenkung: Franz Kafkas ›Gleitendes Paradox‹«, in: *Deutsche Vierteljahrsschrift* (DVjS), Bd. 42 (1968), S. 702–744.

wechselten sich in Kafkas Texten nicht rhythmisch ab, sondern bildeten zusammen ein explosives sprachliches Gemisch.

All diese Verfahren verlieren wie die in der Rückkopplung geschwächte Autor-Funktion Kraft und Energie. Der Spannungsabbau äußert sich darin, dass die in den Verfahren waltenden Gegensätze abgeschwächt werden.[52] Die veränderten Verfahrensstrukturen lassen sich folgendermaßen skizzieren: Die Paradoxa verlieren in den späten Texten an Schärfe und Kontur und damit sich selbst im digressiven Gleiten; die Wiederholungen laufen leer und langweilen in zunehmendem Maße; das Fragmentarische dokumentiert weniger den Kampf um Vollendung als den Krampf der ewigen Weiterschreiberei; das Nüchterne wirkt ernüchternd und kann kaum mehr überraschen; die Diskursüberlagerungen formieren sich nach eigenen Gesetzen und nur noch in geringem Maße unter Einwirkung der Autor-Funktion.

Die gravierenden Systemveränderungen, die im Rücken einer geschwächten Autor-Funktion alternativen intertextuellen Strukturexperimenten mehr Raum lassen, können hier nicht im Einzelnen dargestellt werden.[53] Vielmehr wird es im Folgenden darum gehen, die Rückkopplung und deren textuelle Bewältigungsstrategien exemplarisch zu protokollieren. Dabei kommt den K.-Figuren, die bezeichnenderweise auffallend häufig Künstler-Figuren sind, eine Schlüsselstellung zu, weil sie sowohl Effekt der Rückkopplung als auch Teil eines die Effekte abschwächenden Programms sind. Als Effekt der Rückkopplung stellen sie Figurationen der zwischen halbfertigen und halbzerstörten Autor-Funktionen oszillierenden Autorfunktion dar. Als Teil des Bewältigungsprogramms schaffen sie einerseits Distanzierungsmöglichkeiten und damit den Raum für eine Autor-Funktion, die sich qua Thematisierung von der Rückkopplung distanziert. Diese Strategie speist ihre Effektivität aus dem Umstand, dass fehlende Distanz – zwischen Mikrofonmembran und Box oder zwischen halbzerstörter und halbfertiger Autorfunktion – für die Rückkopplung konstitutiv ist. Andererseits sind die K.-Figuren Teil eines Bewältigungsprogramms, insofern durch sie die radikale Abschwächung der Autor-Funktion wie der Rückkopplung literarisch ausgestaltet werden kann.

Der Landvermesser K. ist im Gegensatz zu den Hauptfiguren von *Proceß* und *Verschollenem* zu Beginn der Arbeit am *Schloß* eine Ich-Figur. In dieser pronominalen Zuordnung zeigt er sich als Effekt der Rückkopplung, für welche Nähe und nicht Distanz konstitutiv ist. Die nachträgliche Umwandlung vom Ich- zum Er-Roman demgegenüber ist der Versuch, die Effekte der Rückkopplung einzudämmen. Ein bemerkenswertes Beispiel für die Rückkopplung ist nicht zufälligerweise das Telefongespräch von K. mit der Schlossbehörde. Es dokumentiert den Spürsinn der kafkaschen Texte, der darin besteht, dass die Rückkopplung als ein in medientechnischem Vokabular beschreibbarer und für die Medien-

---

52. Vgl. Malte Kleinwort: »Spannungen bei Kafka«, in: Ingo Irsigler, Christoph Jürgensen, Daniela Langer (Hg.): *Zwischen Text und Leser. Studien zu Begriff, Geschichte und Funktion literarischer Spannung*, München 2008, S. 265–282.
53. An dieser Stelle kann ich lediglich auf mein im Abschluss befindliches Promotionsprojekt zum »Spätstil Kafkas« verweisen.

technik relevanter Effekt an der Textoberfläche während der Kommunikation via technisches Medium mit dem Schloss erscheint, das wiederum als mediale Ordnungsmacht das Leben im Dorf steuert und überwacht. In dem Gespräch gibt sich der Landvermesser nach »einem plötzlichen Entschluss«[54] als »der Gehilfe des Herrn Landvermessers« aus (vgl. S, S. 37). Auf die Frage, welcher Gehilfe er sei, antwortet K. dann mit »D̶e̶r̶ Josef« (vgl. S, S. 37 und S:A, S. 150). Im folgenden Streitgespräch behauptet K., dass Artur und Jeremias seine neuen Gehilfen sind und er als der alte Gehilfe »dem Herrn Landvermesser heute nachkam« (vgl. S, S. 37). Der Widerstand des Schlosses gegenüber der These – »›Nein‹, schrie es nun.« – war unüberhörbar; auf die faustische Frage »Wer bin ich also?« antwortet dann aber nach einer Pause »die gleiche Stimme mit dem gleichen Sprachfehler und war doch wie eine andere tiefere achtungswertere Stimme: ›Du bist der alte Gehilfe‹« (vgl. ebd.).

Wie in Nietzsches *Ecce Homo* ist diese kleine Verwechslungsburleske ein Effekt der Rückkopplung. Die K.-Figur greift wie in Kafkas selbstbiographischem Plan auf (fiktives) biographisches Wissen über sich selbst zurück, um dadurch dem Schloss als dem Machtzentrum jener literarischen Welt, die *Das Schloß* ist, näher zu kommen, und letztlich auch mehr über sich zu erfahren, über sich als Landvermesser, aber auch über sich als »D̶e̶r̶ Josef«, der alte Gehilfe des Landvermessers. Dieser fiktive alte Gehilfe weist in zweierlei Richtungen hinaus aus dem Text: in Richtung des Autors, ohne den der Landvermesser nicht wäre, was er ist, und in Richtung von Josef K., dem Protagonisten aus dem *Proceß* und also einer anderen K.-Figur. Beide Verweise und Identitäten sind instabil, die damit angedeutete Verwechslung von Autor, *Schloß*-Figur und *Proceß*-Figur ist innerhalb der *Schloß*-Narration kaum anders denkbar denn als ein intertextueller Witz, in dem die Autor-Stimme mit sich selbst als mit »eine[r] andere[n] tiefere[n] achtungswertere[n] Stimme« interferiert. Der Witz zitiert den unheimlichen Witz einer Tagebuchaufzeichnung, die aus der als wahrscheinlich geltenden Anfangszeit der Arbeit am *Schloß* stammt:

> »Trotzdem ich dem Hotel deutlich meinen Namen geschrieben habe, trotzdem auch sie mir zweimal schon richtig geschrieben haben, steht doch unten auf der Tafel Josef K. Soll ich sie aufklären oder soll ich mich von ihnen aufklären lassen?« (Aufzeichnung vom 27. Januar 1922, T, S. 893).

Das *Schloß* mit seinen unendlichen Gesprächskaskaden ist jene zweite Form der Aufklärung. Wie Franz Kafka sich durch das Hotel über seine keineswegs autonome, sondern interdiskursiv bedingte Identität hätte aufklären lassen können, so wird K., der Landvermesser, und mit ihm die Autor-Funktion über ihre eigene Ohnmacht und Schwäche aufgeklärt.

In der kurzen Erzählung *Erstes Leid*, die auf einem Blatt aus dem ersten *Schloß*-Heft niedergeschrieben wurde, steht das Leben eines Trapezkünstlers und dessen

---

54. Kafka zitiert damit möglicherweise den ominösen, im Tagebuchheft mehrmals zitierten »nächtliche[n] Entschluss« aus einer Tagebuch-Aufzeichnung vom 22. Januar 1922, der auf den Beginn der Arbeit am *Schloß* bezogen werden könnte (vgl. T, S. 885, 887 und 891).

Verhältnis zu seinem Impresario im Mittelpunkt. Die Rückkopplung kreiert in den Impresarios der späten Texte – im *Schloß* trägt er den Namen »Klamm«– ein Alter Ego der K.-Figur, das für die Rahmenbedingungen einer erfolgreichen künstlerischen Produktion der K.-Figur verantwortlich ist. Flüchtig ist jene Machtinstanz und Figur im *Schloß* und im *Hungerkünstler*. Deren Flüchtigkeit dokumentiert die Ohnmacht und Heteronomie der späten K.-Figuren und mit ihr die Schwäche der Autor-Funktion. In *Erstes Leid* wird der Trapezkünstler, der ganz in seiner Kunst aufgeht, unvermittelt von dem Gedanken an die Notwendigkeit eines zweiten Trapezes heimgesucht. Zwar stellt der Impresario das zweite Trapez sofort in Aussicht, die mit solchen Gedanken zu den Möglichkeitsbedingungen der eigenen Kunst verbundene Dynamik bereitet dem Impresario indes Sorgen:

»Wenn ihn einmal solche Gedanken zu quälen begannen, konnten sie je gänzlich aufhören? Mußten sie sich nicht immerfort steigern? Waren sie nicht existenzbedrohend? Und wirklich glaubte der Impresario zu sehn, wie jetzt im scheinbar ruhigen Schlaf, in welchen das Weinen geendet hatte, die ersten Falten auf des Trapezkünstlers glatter Kinderstirn sich einzuzeichnen begannen« (DzL, S. 321).

In den Visionen des Impresarios zeigt sich die Permanenz der Rückkopplung, die Problemlösungsverfahren wie den skizzierten Plan zur Selbstuntersuchung in neue Probleme und weitere Pläne verwickelt. Insofern die Erzählung *Erstes Leid* diese Problematik protokolliert, distanziert sich die Autor-Funktion von der Rückkopplung. Insofern jedoch *Erstes Leid*, wie Wolf Kittler und Gerhard Neumann als erste hellsichtig feststellten, als Teil einer Schreibszene auf den Schreibprozess Kafkas zurückweist,[55] wird die Distanz zur Rückkopplung wieder fraglich. Der Wunsch nach einem zweiten Trapez weist dann auf die im Manuskript offensichtliche Enge des Schreibraums hin.[56]

Bei der Frage, warum die Erzählung auf ein einzelnes Blatt gequetscht wurde, bedenken Kittler und Neumann indes nicht die Möglichkeit, dass jenes Blatt für die Beendigung des ihm vorausgehenden *Schloß*-Kapitels freigelassen wurde, während Kafka im Anschluss an das Blatt den Roman mit einem neuen Kapitel fortsetzte.[57] Dann wäre das Blatt, auf dem die Erzählung *Erstes Leid* niedergeschrieben wurde, als das Blatt zwischen den Blättern 32 und 33 in der Paginierung des ersten *Schloß*-Heftes (vgl. DzL:A, S. 408) eben nicht nur als »Symptom stockender Produktivität« verstehbar,[58] sondern als Schreibraum der von vorne durch ein Kapitel begrenzt wird, das vermutlich nach dem Beginn des nächsten Kapitels beendet wurde und weniger Platz brauchte als gedacht, und von hinten durch eben jenes bereits begonnene nächste Kapitel (vgl. S, S. 91f.; S:A, S. 32f.; S:A, S. 195f.; DzL:A, S. 408). Diese unnütze Lücke im *Schloß*-Manuskript ge-

---

55. Vgl. Wolf Kittler, Gerhard Neumann: »Kafkas ›Drucke zu Lebzeiten‹. Editorische Technik und hermeneutische Entscheidung«, in: dies. (Hg.): *Franz Kafka. Schriftverkehr*, Freiburg 1990, S. 30–74.
56. Vgl. ebd., S. 60f.
57. Vgl. ebd., S. 57.
58. Vgl. ebd.

paart mit dem Problem, dass Kafka bei der Überarbeitung des Romans des Öf-
teren der Raum für Korrekturen fehlte oder mit bestimmten Passagen nicht
zufrieden war, könnte ihn sowohl auf die Idee, eine Erzählung wie *Erstes Leid*
zu schreiben, gebracht haben, als auch auf die Idee, zukünftig jeweils die linke
Seite für Korrekturen, Varianten und Ergänzungen freizulassen.

Während Kafka im ersten *Schloß*-Heft beide Seiten für die Niederschrift des
fortlaufenden *Schloß*-Textes nutzte, lässt er in den folgenden fünf Heften stets die
linke Seite für Korrekturen und Einfügungen frei. Die Forderung des Trapezkünstlers, »er müsse jetzt für sein Turnen, statt des bisherigen einen, immer zwei
Trapeze haben, zwei Trapeze einander gegenüber« (vgl. DzL, S. 319f.), wurde
also möglicherweise von der Schreibsituation des Trapezkünstlers Kafka inspi-
riert und durch die spätere vom Impresario Kafka angeordnete Schreibpraxis,
links neben jeder beschriebenen Seite eine leere Seite zu lassen, erfüllt. Wer
schon einmal die Gelegenheit hatte, einen Blick in die folgenden *Schloß*-Hefte
zu werfen, weiß, dass diese vermeintliche Lösung das damit verbundene Problem nicht lösten. Der freie Raum auf der linken Seite wurde von Kafka nur
sporadisch genutzt, die konzeptionellen Probleme durch die überlangen, unübersichtlichen Gesprächskaskaden wurden nicht gelöst, sondern äußerten sich in
seitenlangen Streichungen und verzweifelten Versuchen, das Gestrichene im
Fortgang des Schreibens wieder zu reintegrieren.

In der Hungerkünstler-Figur aus der ebenfalls im Jahr 1922 entstandenen Erzählung *Ein Hungerkünstler* werden beide Strategien zur Bewältigung der Rückkopplung miteinander verbunden: Erstens ist der Text aus einer mittleren
Distanz zur K.- oder Künstler-Figur geschrieben und zweitens ist im Hungern
eine Poetik der Selbstschwächung dargestellt, welche das schwache Selbst oder
die schwache Autor-Funktion zwar weiter schwächt, mit ihr aber auch die Effekte der Rückkopplung. Die Askese als Selbsttechnik[59] des Hungerkünstlers
setzt gegen den Plan einer Selbst(ver)stärkung die schonungslose Selbstschwächung durch Nahrungsverweigerung. Eine Autor-Funktion als Hungerkünstler
würde im Rückzug auf sich selbst schlicht ihren ordnenden Dienst verweigern.
Dieses radikale Programm wird im *Hungerkünstler* nur dargestellt, umgesetzt wird
es in Erzählungen wie *Eine kleine Frau* oder den *Forschungen eines Hundes*.

Der Forscherhund als grüblerischer und melancholischer Ich-Erzähler, der aus
dem unschlüssigen Sinnieren nicht herauskommt – »Wie sich mein Leben verändert hat und wie es sich doch nicht verändert hat im Grunde.« (NSF II, S. 423)
– fungiert im Text als Sprachrohr sowohl für Floskeln und Redeweisheiten als
auch für eine Vielzahl von Diskursen. Zeichneten sich bereits Kafkas frühere
Texte dadurch aus, dass die ihnen zugrunde liegenden Verfahren Raum für alternative Diskursordnungen und Regulationsmechanismen ließen,[60] so wird je-

59. Zur Askese als Selbsttechnik, die bei Foucault auch mit dem Terminus »Sorge um sich« umschrie-
ben wird, vgl. Michel Foucault: *Hermeneutik des Subjekts*, aus dem Französischen von Ulrike Bokel-
mann, Frankfurt a.M. 2004.
60. Für die Durchlässigkeit und Rücksichtnahme der Autor-Funktion waren sicherlich nicht nur die
speziellen poetischen Verfahren Kafkas verantwortlich, sondern auch seine in den letzten Jahren vermehrt ins Visier der Forschung genommene Arbeit bei der »Arbeiter-Unfall-Versicherungsanstalt für
das Königreich Böhmen in Prag« (AUVA). Kafkas amtliches Schreiben wirft einerseits die Frage nach

ner Raum durch die Abschwächung der Autor-Funktion in den späten Texten noch vergrößert. In Abwandlung von Roland Barthes' berühmtem Diktum »Die Geburt des Lesers ist zu bezahlen mit dem Tod des Autors«[61] rückt die Schwächung der Autor-Funktion den Autor als lesende Durchgangsstation der Diskurse in den Mittelpunkt. Dadurch gelingt Kafka mit den *Forschungen eines Hundes* ein »maximal ›resonantes‹ Protokoll, das Satz für Satz an eine Vielzahl von Ereignissen, Problematiken und deren frühere Protokollierungen anschließt.«[62]

Nach all dem liegt es nahe, Kafkas letzte Erzählung, *Josefine, die Sängerin Oder das Volk der Mäuse*, aus seinem Todesjahr als das literarische Meisterstück eines Experten für Rückkopplung anzusehen. Dagegen steht ein Anachronismus: Der Rückkopplungseffekt, wie wir ihn heute von Bühnenauftritten oder aus dem Radio kennen, dürfte Kafka 1924, ein Jahr nach dem Beginn kontinuierlicher Radioübertragung in Deutschland,[63] kaum bekannt gewesen sein. Natürlich würde ich mich in diesem Punkt gerne eines Besseren belehren lassen, sollte ich aber Recht haben, stellt sich die Frage, wie Kafka die textimmanente Rückkopplung als eben jenes Pfeifen auf die Bühne bringen kann, obwohl der Pfeifton gemeinhin erst Jahre später mit der durch die Nähe von Sender und Lautsprecher verursachten Rückkopplung in Verbindung gebracht wird. Tatsächlich kann Kafka als Experte in vielen Bereichen, wie beispielsweise der Statistik oder dem Versicherungswesen[64] oder sogar den jeweils aktuellen Modeströmungen,[65] durchaus auch als Medienexperte angesehen werden.[66] Experten wiederum geben nicht selten, häufig sogar ungewollt oder indirekt, Prognosen ab. Dann wäre der Transfer von der textuellen zur explizit technischmedialen Rückkopplung nichts weiter als eine verkappte Medienprognose.

Eine solche Spekulation über Kafkas medienprognostische Fähigkeiten scheint nun aber mehr eine These zum Autor und weniger eine These zum Text zu sein. Als Alternative ist denkbar, in nochmaliger Anlehnung an Barthes,[67] über den Autor Kafka hinweg eine dreifache Rätselstruktur in Augenschein zu nehmen. Würden wir Kafka als Autor und Urheber des Textes nicht in den Mittelpunkt rücken, sondern die Autorposition offen halten, so würden wir auch nicht

der Rolle oder Funktion des Autors für das Geschriebene auf und verdeutlicht andererseits die enge Beziehung zwischen Kafkas amtlichen und seinen originär literarischen Schriften (vgl. Benno Wagner: »Beglaubigungssorgen‹. Zur Problematik von Verfasserschaft, Autorschaft und Werkintegration im Rahmen der *Amtlichen Schriften* Franz Kafkas«, in: *Editio. Internationales Jahrbuch für Editionswissenschaft*, Nr. 17 (2003), S. 155–169.).

61. Roland Barthes: »Der Tod des Autors«, übers. von Matias Martinez, in: Fotis Jannidis u.a. (Hg.): *Texte zur Theorie der Autorschaft*, Stuttgart 2000, S. 185–193, hier: S. 193.

62. Vgl. Benno Wagner: *Der Unversicherbare. Kafkas Protokolle*, Siegen 1998 (unveröffentlichte Habilitationsschrift), S. 386f.

63. Vgl. Wolfgang Ernst: *Das Radio. Theorie und Geschichte des Hörfunks. Deutschland/USA*, München 2005, S. 66.

64. Vgl. z.B. Burkhardt Wolf: »Kafkas Seekrankheit«, in: Klaus R. Scherpe, Elisabeth Wagner (Hg.): *Kontinent Kafka. Mosse-Lectures an der Humboldt-Universität zu Berlin*, Berlin 2006, S. 120–134.

65. Vgl. z.B. Mark M. Anderson: *Kafka's Clothes. Ornament and Aestheticism in the Habsburg Fin de Siècle*, Midsomer Norton, Bath 1994.

66. Vgl. z.B. Bernhard Siegert: *Relais. Geschicke der Literatur als Epoche der Post (1751–1913)*, Berlin 1993.

67. Vgl. Barthes: »Der Tod des Autors«, in: *Texte zur Theorie der Autorschaft*, a.a.O.

über die Frage nach seiner medientechnischen Kompetenz stolpern. Damit würden wir dem Text allerdings eine gewisse »[l]iterarische Anonymität« unterstellen, von der Foucault schreibt, sie sei »uns unerträglich; wir akzeptieren sie nur als Rätsel.«[68] In der *Josefine* wird bei den ersten Überlegungen zu ihrer Kunst ebenfalls die originäre Urheberschaft ihres Gesangs in Frage gestellt. Schließlich wird »Josefinens angebliche Künstlerschaft widerlegt, aber es wäre dann erst recht das Rätsel ihrer großen Wirkung zu lösen« (vgl. DzL, S. 352).

Die Lösung dieses Rätsels könnte schließlich in dem Umstand zu finden sein, dass Josefine die Autor-Funktion herunterregelt und sich wie eine Membran durchlässig macht für das »übliche« (vgl. ebd.), das »tagtägliche[] Pfeifen« (vgl. DzL, S. 353), für das Gerede, die Diskurse, die Vorahnungen und blinden Spekulationen. Im Pfeifen würde dann, wie in *Ecce Homo* Nietzsche Nietzsche aus *Also sprach Zarathustra* zitiert, zusammengetragen, »was Bruchstück ist und Rätsel und grauser Zufall« (KSA 6, S. 348).

---

68. Vgl. Foucault: »Was ist ein Autor?«, in: *Schriften zur Literatur*, a.a.O., S. 247.

III. KAFKAS NIETZSCHE-SPIEL

Andreas B. Kilcher

Das Theater der Assimilation
Kafka und der jüdische Nietzscheanismus[1]

> »Das ist eine Bemerkung,
> die uns aus einer unklaren Fülle alter Erzählungen geläufig ist,
> trotzdem sie vielleicht in keiner vorkommt.«
> Franz Kafka, NSF II 101

Es war ein theatralischer Auftritt, eine Lesung durch Max Brods Frau Elsa, der Franz Kafkas *Bericht für eine Akademie* einem Prager Publikum bekannt machte. Kurz nach dem Druck des *Berichts* in Martin Bubers Monatsschrift *Der Jude* im November 1917 erwirkte Brod für seine Frau die Erlaubnis, diese ›tiermenschliche Komödie‹ vom Affen, der ›Mensch wird‹, an einem Dichterabend des Prager ›Klubs jüdischer Frauen und Mädchen‹ zu lesen. Am 14. Januar 1918, einige Wochen nach der Lesung, berichtete Brod in der Prager jüdischen Wochenschrift *Selbstwehr* über diesen Abend, indem er hieran nicht nur seine allgemeinen Vorstellungen der Konvergenz des ›Jüdischen eines Dichters‹ mit dem ›Dichterischen eines Juden‹ realisiert sah, sondern auch seine konkrete Vorstellung über das ›Jüdische‹ von Kafkas ›Dichtung‹ präsentierte:

> »Franz Kafka erzählt nur die Geschichte eines Affen, der, von Hagenbeck eingefangen, gewaltsam Mensch wird. Und was für ein Mensch! Das Letzte, das Abschaumhafte der Gattung Mensch belohnt ihn für seine Anbiederungsmühen. Ist es nicht die genialste Satire auf die Assimilation, die je geschrieben worden ist! Man lese sie nochmals im letzten Heft des ›Juden‹. Der Assimilant, der nicht Freiheit, nicht Unendlichkeit will, nur einen Ausweg, einen jämmerlichen Ausweg! Er ist grotesk und erhaben in einem Atemzug. Denn die nichtgewollte Freiheit Gottes steht drohend hinter der tiermenschlichen Komödie.«[2]

Diese zeitgenössische Lesart Brods von Kafkas *Bericht für eine Akademie* als eine ›Komödie‹ der Assimilation mag aus heutiger Sicht überraschend, gar forciert erscheinen und den alten Vorwurf gegen Brod bestärken, eine jüdische Lesart Kafkas zu konstruieren.[3] Es spricht aber tatsächlich nichts dagegen, die Implika-

---

1. Der vorliegende Beitrag basiert in Ansätzen auf den von mir verfassten Teilen des zusammen mit Detlef Kremer verfassten Aufsatzes: »Die Genealogie der Schrift. Eine transtextuelle Lektüre von Kafkas ›Bericht für eine Akademie‹«, in: Claudia Liebrand; Franziska Schößler (Hg.): *Textverkehr. Kafka und die Tradition*, Würzburg 2004, S. 45–72.
2. Zit. b. Jürgen Born (Hg.): *Kafka. Kritik und Rezeption zu Lebzeiten*, Frankfurt a.M. 1979, S. 128.
3. Es ist dies ein Topos der Forschung seit Walter Benjamin. Vgl. dazu Walter Benjamin: »Max Brod. Franz Kafka«, in: Hermann Schweppenhäuser (Hg.): *Benjamin über Kafka. Texte, Briefzeugnisse, Aufzeichnungen*, Frankfurt a.M. 1981, S. 49–54.

tionen von Brods in noch so knappen Zügen entworfener Interpretation dennoch ernst zu nehmen. Demnach müsste Kafkas »theatralischer«[4] *Bericht* mit der auffälligen Figur der äffischen Mimikry in einer historischen Semantik verankert sein bzw. ein solches wie auch immer versprengtes Wort- und Bildmaterial verwenden, das den *Bericht* nicht nur durch die Publikation in Bubers *Jude*, sondern auch in seiner Textur in einem modernen jüdischen Diskurs verortet: dem Diskurs über Assimilation, über die kulturelle Integration der Juden in Europa seit der Aufklärung. Unter dieser Prämisse ist sodann zu fragen, wie Kafkas *Bericht*, wiewohl er auf der Ebene expliziter, ›buchstäblicher‹ Äußerung an keiner Stelle einen jüdischen Kontext *aus*spricht, diesen in seiner parabolischen Sprache metaphorisch chiffriert und subtextuell verstellt *an*spricht, wie er also auf diese Weise eben jenen Kontext integriert, den Brod – als einer seiner aktivsten Protagonisten in Prag – so treffsicher zu erkennen glaubte: die kontroverse Debatte über Assimilation und Nationalisierung im Judentum.

Diese jüdische Diskursivierung von Kafkas ›tiermenschlicher Komödie‹ eines Affen, der in Gefangenschaft geraten einen ›Ausweg‹ einzig darin sieht, sein ›Affentum‹ aufzugeben und vermittels Nachahmung und Schauspiel Mensch zu werden, als Varietékünstler aufzutreten, um schließlich »die Durchschnittsbildung eines Europäers« (DzL, S. 312) zu erreichen, erweist sich bei näherem Hinsehen allerdings ihrerseits als höchst vielschichtig und komplex. Denn die Debatte über die Assimilation im Judentum um 1900 ist theoretisch und ideologisch zwischen Biologie, Soziologie, Anthropologie und Ästhetik angesiedelt und damit auf vielfältige Weise mit den spezifischen Diskursen dieser Disziplinen des 19. Jahrhunderts vernetzt, insbesondere mit dem ›Darwinismus‹ und dem ›Nietzscheanismus‹. In der Tat muss bei der Analyse der Assimilationsdebatte in Rechnung gestellt werden, dass ihre wichtigsten Theoreme – an zentraler Stelle das der Nachahmung nicht nur als einer ästhetischen, sondern auch einer anthropologischen Kategorie – aus den gesellschaftlich wie kulturell weit ausstrahlenden wissenschaftlichen Paradigmen auf diesen Feldern der zweiten Hälfte des 19. Jahrhunderts begründet wurden: unter anderem aus der Evolutionstheorie Charles Darwins und Ernst Haeckels, aus ihrer kritischen Aufnahme und Entgegnung durch Nietzsche sowie der universalistischen Gesellschaftstheorie Gabriel de Tardes. Es sind dies im Übrigen Paradigmen, die Kafka auch durch Lektüre zur Kenntnis genommen hatte. Der Gymnasiast schon las – auch unter dem Einfluss seines Lehrers Adolf Gottwald, der ein erklärter Darwinist war – Schriften von Darwin und Haeckel »ungemein begeistert«.[5]

---

4. Die hohe Performatibilität und Dramatisierbarkeit des Textes, die nicht nur in der monologischen Anrede eines Publikums besteht, wäre eine eigene Untersuchung wert. Nicht zufällig zählt der *Bericht für eine Akademie* zu den meist dramatisierten Texten Kafkas; besondere Aufmerksamkeit verdienen etwa die Inszenierungen durch Franz Xaver Kroetz (1986 in München) und später durch George Tabori (ab 1992 u.a. in Wien und Berlin) mit dem behinderten Schauspieler Peter Radtke. Nach Brods Frau hat auch der mit Kafka ebenfalls persönlich bekannte und professionelle Rezitator Ludwig Hardt Kafkas *Bericht* vorgetragen, so etwa am 3. Februar 1924 in Berlin. Kafka weilte zur Zeit in Berlin, konnte aber aus gesundheitlichen Gründen dem Abend nicht beiwohnen. Eine Rezension des Rezitationsabends durch Erwin Loewenson erschien im *Berliner Tagblatt* Nr. 66 (8.2.1924), S. 5.
5. Vgl. Klaus Wagenbach: *Franz Kafka. Eine Biographie seiner Jugend 1882–1912,* Berlin 2006, S. 60.

Es ist hier nicht möglich, der Komplexität dieser theoretischen Entwürfe sowie ihrer diskursiven Verflechtungen um 1900 auch nur annähernd gerecht zu werden. Stattdessen soll es im Folgenden darum gehen, den Implikationen von Brods Lektüre des *Berichts* in einer bestimmten Richtung auf die Spur zu gehen. Ihre Spur nämlich führt in einen diskursiven Zwischenraum, der nicht unmittelbar Darwin und Kafka miteinander in Verbindung bringt, sondern diese über zwei textuelle Korpora vermittelt: zunächst Nietzsches Texte, sodann aber auch jenes diskursive Phänomen, das schon zu Nietzsches Lebzeiten als ›Nietzscheanismus‹ – so Olaf Hanssohn mit Bezug auf Georg Brandes im Jahr 1890 – sowie genauer noch: als ›jüdischen Nietzscheanismus‹ bezeichnet wurde. Dieses letztere Schlagwort stammt von dem bedeutenden Kulturzionisten Achad Haam, der es 1898 mit Bezug vor allem auf den neuhebräischen Kulturphilosophen und Schriftsteller Micha Josef Berdyczewski in einem Aufsatz in der hebräischen Zeitschrift *Haschiloah* formulierte, welcher kurz darauf (1902) in der jüdischen Monatsschrift *Ost und West* unter dem Titel ›Nietzscheanismus und Judentum‹ in deutscher Sprache erschienen war.[6]

Dieser diskursive Raum, der mit zunehmender Annäherung an Kafkas *Bericht* mit den Feldern ›Darwinismus‹, ›Nietzscheanismus‹ und schließlich ›jüdischer Nietzscheanismus‹ abgesteckt ist, eröffnet für das Verständnis von Kafkas ›tiermenschlicher Komödie‹ neue Perspektiven: Neu lesbar wird zum einen ihr Kontext, nämlich die Debatte über die Assimilation im Judentum um 1900. Diese wird so mit Blick auf jene Argumentationsfiguren verständlich, die sich zunächst aus Nietzsches Anthropologie und Ästhetik ergeben, sowie auch aus ihrer Rezeption, Interpretation und Transformation in dem diskursiven Phänomen des ›jüdischen Nietzscheanismus‹, das nicht zuletzt auch in Prag einen Ort hatte.

Auf dieser Basis wird sodann auch Kafkas Text neu lesbar. Es wird sich zeigen, dass der *Bericht* in seiner Sprach- und Bildökonomie – insbesondere an den Figurationen von Nachahmung, Schauspiel und Verstellung – mit Bausteinen eines selbst wiederum heterogenen und weit reichenden Textgeflechts, eben demjenigen Nietzsches und des (jüdischen) Nietzscheanismus, haushaltet. Daraus ergibt sich auch ein neues Verständnis von Kafkas Schreibverfahren. Es wird seinerseits in gewissem Sinn als eine assimilative Technik erkennbar; es erweist sich genauer insofern als ›assimilativ‹ als es – metaphorisch gesprochen – ein ruminatives, ein verdauendes, umwandelndes Schreiben ist, dessen Verfahren etwa in metamorphotischen und anamorphotischen Aneignungen und ›Anpassungen‹ bestehen. Assimilativ im buchstäblichen bzw. technischen Sinn aber ist es ein rezeptives, ein lesendes Schreiben, das die Lektüre im Zuge des Schreibens in den Textfluss integriert. Dies geschieht allerdings mehr implizit als explizit, mehr bruchstückhaft als ganz, mehr transformierend als zitierend, dennoch aber so,

---

6. Achad Haam: »Li-sche'elot hayom«, in: *Haschiloah* 2 (1898), S. 95–103. Vgl. die deutsche Übersetzung: Achad Haam: »Nietzscheanismus und Judentum«, in: *Ost und West* 2 (1902), Sp. 145–152 u. 4 (1902), Sp. 241–250. Vgl. dazu grundlegend: Friedrich Niewöhner: »Jüdischer Nietzscheanismus seit 1888«, in: Werner Stegmaier, Daniel Krochmalnik (Hg.): *Jüdischer Nietzscheanismus*, Berlin 1997, S. 17–31.

dass die Textoberfläche palimpsestartige Spuren anderer Texte und Bilder ver-rät.[7] Dieses Schreiben inkorporiert also das Gelesene in den eigenen produktiven Prozess, indem es mit ihm in komplexen, vielfach verschobenen und verarbei-teten Wendungen und Umwendungen haushaltet und sich jenes dergestalt an-verwandelt – assimiliert.

Diese Kontext-Text-Perspektiven stellen die Bezugsfrage ›Kafka und Nietz-sche‹ methodisch ganz anders, als dies bisher meist getan wurde. Es geht weder um mehr oder weniger spekulative, analogische oder strukturelle Parallelen noch um literaturgeschichtliche Quellenforschung und Rezeptionsgeschichte, mithin um Bezüge in Kafkas Werken und Briefen auf Nietzsches Person und Werk, etwa mit dem Ziel zu zeigen, was Kafka von Nietzsche gekannt habe.[8] Vielmehr geht es, vom philologischen Quellenbefund erst ausgehend, um eine Analyse der spezifischen Argumente und Bildformationen zum Komplex ›Mimesis‹, ›Mimi-kry‹, ›Nachahmung‹ und ›Verstellungskunst‹, wie sie im Kontext des (jüdischen) Nietzscheanismus als Teil kontroverser soziologischer, anthropologischer und ästhetischer Debatten formuliert und sodann in Kafkas Texten – wie auch immer verschoben und verrätselt – aufscheinen und verhandelt werden.

Der Arbeit des Literaturanalytikers kann dann nicht mehr die eines klassischen Textinterpreten und Literaturhistorikers sein. Vielmehr besteht sie darin, diesen untergründigen, fragmentierten und verschobenen transtextuellen Spuren im näheren und weiteren diskursiven Kontext zu folgen und vor diesem Hinter-grund ihre Rekonfigurationen und Transformationen in Kafkas Texten zu un-tersuchen. Verlangt ist also eine groß angelegte diskursanalytische Arbeit, die nichts weniger als eine Art Kafka-Enzyklopädie vor Augen hat – kein Handbuch zu Kafkas Leben und Werk,[9] sondern eine trans- und hypertextuelle Enzyklopä-die zu Kafkas Textur,[10] die die vielfältigen Einfaltungen und Ausfaltungen seiner Lese- und Schreibbibliothek analysiert. Aus diesem Grund wird es in diesem Beitrag auch nicht eigentlich um eine neue Interpretation von Kafkas *Bericht* ge-hen, sondern um die Analyse des diskursiven Phänomens des (jüdischen) Nietz-scheanismus mit Blick auf dessen komplexe Verflechtungen mit Kafkas Text. Es geht also um die Analyse ›nur‹ eines, allerdings eines umfassenden Textgefüges, eines Generaltextes, innerhalb dessen Kafkas *Bericht* nicht als singuläres Werk, sondern bloß als Teil erscheint und folgerecht nicht separat, sondern integral – als heterogener und zusammengesetzter Beitrag in einem vielstimmigen Ge-spräch über Assimilation – zu untersuchen ist.

---

7. Vgl. dazu grundlegend Gérard Genette: *Palimpseste. Die Literatur auf zweiter Stufe,* Frankfurt a.M. 1993.

8. Vgl. dazu etwa Wiebrecht Ries: »Kafka und Nietzsche«, in: *Nietzsche-Studien 2* (1973), S. 258–275; Patrick Bridgwater: *Kafka and Nietzsche,* Bonn 1974; Christa Meese: *Wirklichkeit als Schein und Deutung im Werke Franz Kafkas und Friedrich Nietzsches,* Würzburg 1999.

9. Das leisten im Kafka-Jahr 2008 gleich zwei Handbücher mit einem klassischen Ansatz: Bettina von Jagow, Oliver Jahraus (Hg.): *Kafka-Handbuch. Leben – Werk – Wirkung,* Göttingen; Bernd Auer-ochs, Manfred Engel (Hg.): *Kafka-Handbuch,* Stuttgart, Weimar.

10. Vgl. dazu meinen enzyklopädischen Textur-Begriff in: Andreas Kilcher: *mathesis und poiesis. Die Enzyklopädik der Literatur 1600–2000,* München 2003, S. 323–328.

I.

So etwas wie eine Theorie der Assimilation findet sich in Nietzsches Schriften, um hier anzusetzen, zwar nicht. Dennoch entwickelt er in zahlreichen seiner Texte in mehr oder weniger aphoristischer Form ein weit reichendes Begriffsspektrum, das das Problemfeld der Nachahmung in einer bis dahin nicht gekannten Engführung von ästhetischer Mimesis und biologischer Überlebenskunst ganz neu fasst. In beiden Aspekten dieser umfassenden Nachahmungstheorie zwischen Ästhetik und Anthropologie generiert Nietzsche gegenüber den einschlägigen alteuropäischen Vorstellungen neue Perspektiven.

Die platonische Angst vor der Mimesis und damit vor der Dichtung überhaupt, die bekanntlich von der metaphysischen Differenz zwischen Ideenwelt (Sein, Urbild, Präsenz etc.) und Scheinwelt (Abbild, Repräsentation etc.), zwischen ›Wahrheit und Lüge‹, geleitet ist, wird bei Nietzsche dergestalt in Frage gestellt, dass die erste immer schon als Funktion der zweiten, dass die Wahrheit also immer nur als Effekt und Erzeugnis jenes berühmten ›Heeres von Metaphern und Metonymien‹ erscheint, so die berühmte Schrift von 1872.[11] Wo es aber keine ontologische ›Wahrheit‹ mehr gibt, da fällt die Differenz zwischen Schein und Sein zugunsten einer Unhintergehbarkeit des Scheinhaften. »Schein, wie ich es verstehe, ist die wirkliche, und einzige Realität der Dinge« (KSA 11, S. 654). Gegen Platon und in argumentativer Nähe zu Aristoteles, gemäß dem »das Nachahmen [...] den Menschen angeboren«[12] ist, formuliert Nietzsche zwar keine bedingungslose Apologie der Mimesis (und der mit ihr verknüpften Kategorien von Kunst, Illusion, Schauspiel, Verstellung etc.), wie noch deutlicher wird, aber doch die Erkenntnis ihrer irreduziblen ästhetischen und erkenntnistheoretischen Funktion jenseits des alteuropäischen Dualismus von Wahrheit und Erscheinung.[13]

Die zweite, anthropologische bzw. auch soziologische, biopolitische und kulturpolitische Perspektive des Komplexes Nachahmung und Verstellung bei Nietzsche ergibt sich aus einer kritischen Auseinandersetzung mit Darwins Evolutionsmodell (und zeigt somit Nietzsches Argumentation erneut als eine diskursiv vernetzte).[14] Signifikant ist namentlich Darwins Unterscheidung zwischen evolutionärer Anpassung, aufgrund derer »wirkliche Verwandtschaften« entste-

---

11. Vgl. Friedrich Nietzsche: *Die Geburt der Tragödie. Unzeitgemäße Betrachtungen I–IV. u.a.*, hg. v. Giorgio Colli und Mazzino Montinari, München 1980. Friedrich Nietzsches Schriften werden unter der Sigle KSA, Band und Seitenzahlen nach ebendieser Ausgabe zitiert: Friedrich Nietzsche: *Sämtliche Werke. Kritische Studienausgabe in 15 Bänden*, hg. v. Giorgio Colli und Mazzino Montinari, München 1980.

12. Aristoteles: *Poetik*, übers. u. hg. v. Manfred Fuhrmann, Stuttgart 1982, S. 11.

13. Vgl. dazu Gerd Franz Triebenecker: *Für das Mimetische weiß ich leider nichts mehr anzufügen. Zur Rekonstruktion der Mimesis im Denken Friedrich Nietzsches*, Hannover 2000.

14. Zu Nietzsches (vielfach untersuchter) Auseinandersetzung mit Darwin und dem Darwinismus vgl. Aldo Venturelli: *Kunst, Wissenschaft und Geschlecht bei Nietzsche. Quellenkritische Untersuchungen*, Berlin 2003, S. 238–256; Dieter Henke: »Nietzsches Darwinismuskritik aus der Sicht gegenwärtiger Evolutionsforschung«, in: *Nietzsche-Studien* 13 (1984), S. 189–210; Werner Stegmaier: »Darwin, Darwinismus, Nietzsche. Zum Problem der Evolution«, in: *Nietzsche-Studien* 16 (1987), S. 264–287. Vgl. auch schon Oskar Ewald: »Darwin und Nietzsche«, in: *Zeitschrift für Philosophie und philosophische Kritik* 136 (1909), Ergänzungsheft 2, S. 159–179.

hen, und bloß »analogen Ähnlichkeiten« durch eine Form uneigentlicher Anpassung, die er als »Mimikry« bezeichnet. Letztere zeige sich namentlich bei Insekten (etwa Schmetterlingen), die Farben und Formen der Umwelt annehmen, um sich »vor Gefahren [zu] schützen«; »Insecten können größeren Thieren nicht durch Flug entgehen; sie sind daher wie die meisten schwachen Geschöpfe auf Kunstgriffe und Verstellung angewiesen«.[15] Signifikant ist nicht nur, dass Darwin damit die Mimikry als eine spezifische Technik der Schwachen versteht und dabei von der Sphäre der Kultur auf die der Natur, von der bewussten Produktion auf unbewusste Prozesse des Organischen, ja Anorganischen transferiert. Bedeutend ist auch Darwins Sprachgebrauch für diesen speziellen nicht-evolutionären Fall der analogen Ähnlichkeit, indem er hier in eine theatralische Metaphorik fällt: Er spricht von »Kunstgriffen und Verstellung« *(trickery and dissimulation)*, die die Wahrheit über die eigene Natur »verbergen« *(conceal)* sollen, und mehr noch: von »Verkleidung« *(dress)* und »Bühnenmanövern« *(tricks of the stage)*.[16]

Nietzsche nun folgt Darwin darin, dass auch er die Mimesis als die eigentliche Strategie und Stärke des Schwachen versteht, sei sie bewusst oder unbewusst. So erkennt Nietzsche als einer der ›Hauptkräfte‹ des menschlichen Intellekts überhaupt die ›Verstellung‹, »denn diese ist das Mittel, durch das die schwächeren, weniger robusten Individuen sich erhalten [...].« (KSA 1, S. 876) Überraschend aber ist, dass bei Nietzsche dieses Verfahren nicht mehr nur ein spezieller Fall der Anpassung jenseits der Evolution ist, sondern ein wesentliches Prinzip des Lebens überhaupt, das auch und gerade beim Menschen zu beobachten ist. Mehr noch: »Im Menschen kommt die Verstellungskunst auf ihren Gipfel: hier ist die Täuschung, das Schmeicheln, Lügen und Trügen, das Hinter-dem-Rücken-Reden, das Repräsentieren, das im erborgten Glanze Leben, das Maskiertsein, die verhüllende Convention, das Bühnenspiel vor Anderen und vor sich selbst« (KSA 1, S. 876). Die vielfältigen theatralischen Kunstfertigkeiten der Imitation und der Performanz werden hier zu anthropologischen – ›allzumenschlichen‹ – Strategien erklärt, die den Erfolg des mit physischen Mängeln behafteten Menschen eigentlich begründet. Nietzsche nimmt damit der dergestalt anthropologisch und psychologisch universalisierten Mimesis als Mimikry und Verstellungskunst zwar nicht das Missbehagen, indem sie auch bei ihm durchaus als unheimlich, gar gespenstisch erscheint. Doch erkennt er in ihr eine elementare menschliche Qualität, die sowohl die psychologischen Leistungen des Denkens, als auch die ästhetisch-mimetischen Leistungen der Kultur und der Kunst als Funktionen oder gar Variationen einer letztlich unbewussten, instinktiven, physisch motivierten Überlebenskunst erscheinen lassen.

Auch in dieser Konsequenz geht Nietzsche über Darwin hinaus, indem er die Anpassungsform der Mimikry universalisiert. Seine Anthropologie des Schwächeren impliziert nicht nur eine Kritik der platonischen Kontrastierung der Mimesis, des ästhetischen Scheins, des Theaters etc. durch den ›überhimmlischen‹

---

15. Vgl. Charles Darwin: *Die Entstehung der Arten durch natürliche Zuchtwahl*, Leipzig 1884, S. 50, S. 499.
16. Ebd., S. 498.

Ideenhimmel. Sie richtet sich an einem bestimmten Punkt auch gegen die darwinistische Evolutionstheorie. In der *Götzen-Dämmerung* (1889) wird diese Kritik plakativ unter den Begriff ›Anti-Darwin‹ gebracht. Gemeint ist die These, dass ›im berühmten Kampf um's Leben‹ nicht etwa der Stärkere, sondern der Schwächere siegt: »die Schwachen werden immer wieder über die Starken Herr. [...] Darwin hat den Geist vergessen [...], die Schwachen haben mehr Geist. [...] Ich verstehe unter Geist, wie man sieht, die Vorsicht, die Geduld, die List, die Verstellung, die große Selbstbeherrschung und Alles, was mimicry ist (zu letzterem gehört ein großer Teil der sogenannten Tugend)« (KSA 5, S. 120f.). Diese Wendung hat ihr aufstörendes Moment nicht nur in der Entgegnung des Überlebensinstinkts als Strategie des Stärkeren durch den ›Willen zur Macht‹ als Strategie des Schwächeren. Sie hat ihre Pointe auch darin, dass der ›Geist‹, d.h. die psychische und kulturelle Leistung des Menschen, das Bewusstsein ebenso wie die Kunst und die Moral, in Funktion dieses elementaren Willens zur Macht gestellt werden. Die ganze menschliche Kultur wird so zu einem ›Surrogat‹ für den primären physischen Mangel, die ästhetische Mimesis zu einer Spielform der anthropologischen Mimikry. Mangel, Absenz, ein Fehlen also setzen eine vielfältige Dynamik der Assimilation in Gang, aus der die Leistungen der menschlichen Kultur hervorgehen.

Dass die Mimikry als anthropologische Stärke des Schwächeren von der ästhetischen Mimesis nicht grundsätzlich unterschieden ist, wird insbesondere in einer ›dionysischen‹ Form der Ästhetik deutlich, wenn Nietzsche erklärt: »Im dionysischen Zustande ist [...] das gesamte Affekt-System erregt und gesteigert: so dass es alle Mittel des Ausdrucks mit einem Male entladet und die Kraft des Darstellens, Nachbildens, Transfigurierens, Verwandelns, alle Art Mimik und Schauspielerei zugleich heraustreibt. [Der dionysische Mensch] verwandelt sich beständig« (KSA 6, S. 117). Auch hier wird deutlich: Ein lebensphilosophischer Grund treibt die vielfältigen Strategien supplementierender Verschiebung und Maskierung der Kunst und der Kultur an.

Was bei Darwin bloß Metapher einer Ausnahme war, wird bei Nietzsche Modell für die Regel: Das Schauspiel bzw. die Figur des Schauspielers erweisen sich als die kunstvollste, elaborierteste, perfektionierteste Entfaltung dieser mimetischen Strategien, aber auch als ihre unheimlichste Variante. Der Schauspieler ist das Paradebeispiel des Schwachen, der durch Verstellung und Rollenspiel einen Ausweg aus seinem Mangel sucht. Er vollendet den Typus des Menschen als Affen, wie es in der *Morgenröthe* (1881) unter dem Titel ›Philosophie der Schauspieler‹ heißt: »Vergessen wir doch nie [...], daß der Schauspieler eben ein idealer Affe ist und so sehr Affe, daß er an das ›Wesen‹ und das ›Wesentliche‹ gar nicht zu glauben vermag: Alles wird ihm Spiel, Ton, Gebärde, Bühne, Coulisse und Publicum« (KSA 3, S. 231). Am Schauspieler vereint sich für Nietzsche die unheimliche Einsicht darüber, dass Verstellung und Mimikry die elementaren Lebens- *und* Kulturfunktionen des Menschen überhaupt sind, noch da, wo sie am weitesten vervollkommnet sind. Mehr noch: *gerade* ihre artistische Herausstellung zeigt ihre tierische Herkunft, und damit, dass die kulturellen Leistungen des Menschen nur ein »Abenteuer glücklich angepasster Halbthiere« (KSA 5,

S. 322) sind. Gerade in seiner höchsten Kulturform entfaltet sich jäh ›die Affen-Natur des Menschen‹, wie es auch der Darwinist Ernst Haeckel nicht nur mit Bezug auf die Physiologie, sondern auch und gerade auf die ›Psychologie‹, auf die intellektuellen Leistungen des Menschen formuliert: »Die höchsten Geistes-thätigkeiten des Menschen, Vernunft, Sprache und Bewußtsein, sind aus den niederen Vorstufen derselben in der Reihe der Primaten-Ahnen (Affen und Halb-Affen) hervorgegangen.«[17]

Vor diesem Hintergrund erst ist jener für unsere Frage wichtigste Aphorismus aus *Die fröhliche Wissenschaft* (1882) zu verstehen, den Nietzsche nicht mehr unter den Titel ›Philosophie der Schauspieler‹, sondern ›Vom Problem des Schauspie-lers‹ brachte. Die Ambivalenz, mit der die theatralische Figur des Schauspielers bisher erschien, wird hier in der anthropologischen, kulturellen und sozialen Übertragung zur ›Problematik‹ verschärft, d.h. zum ›Problem‹ erhoben. Zu Tage tritt damit geradezu eine Angst vor jenen ›Typen‹, in denen Mimesis und Mimi-kry zum Prinzip gemacht und zur Vollkommenheit gebracht ist: nicht nur Schauspieler, sondern auch – Juden. Dagegen hält Nietzsche hier den ›Charak-ter‹, eine Gegenüberstellung, die der Argumentation, ›beunruhigt‹ durch die Hypertrophie der Mimikry, einen gewissen Rückfall in ein platonisches Argu-mentationsmuster verleiht:

»Das Problem des Schauspielers hat mich am längsten beunruhigt; ich war im Unge-wissen darüber […], ob man nicht erst von da aus dem gefährlichen Begriff ›Künstler‹ – einem mit unverzeihlicher Gutmütigkeit bisher behandelten Begriff – beikommen wird. Die Falschheit mit gutem Gewissen; die Lust an der Verstellung als Macht her-ausbrechend, den sogenannten ›Charakter‹ bei Seite schiebend, überflutend, mitunter auslöschend; das innere Verlangen in eine Rolle und Maske, in einen S c h e i n hinein; ein Überschuß von Anpassungs-Fähigkeiten aller Art, welche sich nicht mehr im Dien-ste des nächsten engsten Nutzens zu befriedigen wissen: Alles das ist vielleicht nicht n u r der Schauspieler an sich?«[18]

Mit seinen ›Anpassungs-Fähigkeiten aller Art‹ wird der Schauspieler zu einem Typus; er erhält Modellfunktion. Wenn in ihm jene Fähigkeit zur Vervoll-kommnung gebracht ist, die auf der elementarsten Stufe des Lebens als Stärke des Schwächeren mit der tierischen Mimikry als Instinkt einsetzt, so ist sie fol-gerichtig auf der sozialen Ebene der menschlichen Gesellschaft primär die Stra-tegie der Benachteiligten. Die Kunstfertigkeit des Schauspielers erscheint

---

17. Ernst Haeckel: *Die Welträthsel*, Bonn 1903, S. 19; S. 46. Haeckel bezieht sich dabei auch auf George Romains: *Die geistige Entwickelung beim Menschen und der Ursprung der menschlichen Befähigung*, Leipzig 1893, den er auch zitiert: »[…] die psychologische Schranke zwischen Thier und Mensch [ist] überwunden […].«
18. KSA 3, S. 608f. Vgl. dazu auch folgende Passage aus *Der Fall Wagner*: »Genug! Genug! Man wird, fürchte ich, zu deutlich nur unter meinen heitern Strichen die sinistre Wirklichkeit wiedererkannt haben – das Bild eines Verfalls der Kunst, eines Verfalls auch der Künstler. Das letztere, ein Charakter-Verfall, käme vielleicht mit dieser Formel zu einem vorläufigen Ausdruck: der Musiker wird jetzt zum Schauspieler, seine Kunst entwickelt sich immer mehr als ein Talent zu l ü g e n« (KSA 6, S. 26).

demnach nur als artistische Perfektionierung desselben Spiels, das die sozial Deprivilegierten als Mimikry optimiert und für sich genutzt haben:

»Ein solcher Instinkt wird sich am leichtesten bei Familien des niederen Volkes ausgebildet haben, die unter wechselndem Druck und Zwang, in tiefer Abhängigkeit ihr Leben durchsetzen mussten, welche sich geschmeidig nach ihrer Decke zu strecken, auf neue Umstände immer neu einzurichten, immer wieder anders zu geben und zu stellen hatten, befähigt allmählich, den Mantel nach j e d e m Winde zu hängen und dadurch fast zum Mantel werdend, als Meister jener einverleibten und eingefleischten Kunst des ewigen Versteckcn-Spielens, das man bei Tieren mimicry nennt: bis zum Schluß dieses ganze von Geschlecht zu Geschlecht aufgespeicherte Vermögen herrisch, unvernünftig, unbändig wird, als Instinkt andre Instinkte kommandiren lernt und den Schauspieler, den ›Künstler‹ erzeugt (den Possenreißer, Lügenerzähler, Hanswurst, Narren, Clown zunächst [...]« (KSA 3, S. 608f.).

Was gemäß Nietzsches Theorie des Schauspiels beim Künstler ein perfektionierter Instinkt auf der Bühne ist, das ist sodann bei den Juden zum ›Pragma‹, zur Handlungsweise einer höheren Gesellschaftsform im ›realen‹ Leben geworden. Aus dem künstlerischen Spiel wird hier soziale und kulturelle Performanz und die Mimesis wird zurückgeführt in den elementaren Bereich des (Über-)Lebens, dem sie, als Mimikry, ursprünglich entstammt.[19] Die Voraussetzung dafür ist dabei nicht zuletzt auch durch die von Nietzsche scharf kritisierte »Antisemiterei«[20] gegeben, wodurch die Juden wie keine Anderen im modernen Europa als Schwache unter ›Druck‹ stehen und in dieser Lage der Bedrohung zu ihrer Rettung eben jene ›äffische‹ Fähigkeit der Mimikry zur Höhe einer gesellschaftlichen und kulturellen Integrationstechnik entwickeln, die der Schauspieler als Kunstform auf die Bühne bringt. Präzise in diesem Sinn werden die Juden in Nietzsches Begriffen – in einem allerdings höchst ambivalenten Blick auf das Judentum[21] – zum Typus des Schauspielers ›par excellence‹:

»Auch in höheren gesellschaftlichen Bedingungen erwächst unter ähnlichem Drucke eine ähnliche Art Mensch: [...]. Was [...] die J u d e n betrifft, jenes Volk der Anpassungskunst par excellence, so möchte man in ihnen, diesem Gedankengange nach, von vornherein gleichsam eine welthistorische Veranstaltung zur Züchtung von Schauspielern sehn, eine eigentliche Schauspieler-Brutstätte; und in der Tat ist die Frage reichlich an der Zeit: welcher gute Schauspieler ist heute n i c h t — Jude?« (KSA 3, S. 608 f.).

---

19. Vgl. dazu Uwe Wirth: *Performanz. Zwischen Sprachphilosophie und den Kulturwissenschaften*, Frankfurt a.M. 2002, insbesondere die Beiträge zum dritten Teil »Die kulturwissenschaftliche Wende des Performanzbegriffs« (S. 185–322).
20. KSA 5, S. 193. Vgl. dazu Massimo Ferrari-Zumbini: »›Ich lasse eben alle Antisemiten erschiessen‹. Anmerkungen zum Thema: Nietzsche und der real existierende Antisemitismus«, in: Heinz Gockel u.a. (Hg.): *Wagner – Nietzsche – Thomas Mann. Festschrift für Eckhard Heftrich*, Frankfurt a.M. 1993, S. 123–140.
21. Vgl. Thomas Mittmann: *Friedrich Nietzsche. Judengegner und Antisemitenfeind*, Erfurt 2001; Gerhard Bleick: *Nietzsches Wahrnehmung der Juden. Vom Mythos des Außergewöhnlichen*, Bielefeld 1998; Jean-Jacques Forté: *Judaïsme et modernité chez Nietzsche*, Villeneuve d'Ascq 2001.

II.

Es wäre zweifellos möglich, an dieser Stelle auf Brods Lektüre von Kafkas *Bericht für eine Akademie* als einer Satire auf die Assimilation zurückzukommen, zeichnet sich doch schon jetzt deutlich ab, dass dieser Text in seiner parabolischen Anlage Nietzsches ästhetische, anthropologische und soziologische Interpretation des Schauspielers und dessen *>par excellence<*, der Juden, als Typen des durch die Kunstfertigkeiten der Nachahmung und der Mimikry höchst erfolgreich gewordenen Schwachen und Verfolgten des modernen Europa aufgreift. Es lässt sich in der Tat zeigen, dass Kafkas Narrativ äffischer Nachahmung als intellektueller Ausweg aus einer aussichtslosen Lage eben jene Problemkonstellation durchspielt, die Nietzsche am Schauspieler und seiner jüdischen Überbietung festmacht.[22] Dafür spricht die entscheidende Überlebensstrategie, die sich Kafkas in Gefangenschaft geratener Affe >Rotpeter< gegeben hat: qua >Nachahmung< einen >Ausweg< aus dieser Notlage zu finden: »Nein, Freiheit wollte ich nicht. Nur einen Ausweg; rechts, links, wohin immer; ich stellte keine anderen Forderungen; sollte der Ausweg auch nur eine Täuschung sein« (DzL, S. 305). Der Ausweg – nämlich >Mensch< zu imitieren, zu spielen, zu performieren – ist in Nietzsches präzisem Sinne eine >Täuschung<, nämlich zunächst als Lebenskunst, die den Affen vor dem Tod bewahrt, später zunehmend perfektioniert als Bühnenkunst, die der Affe im >Varieté< – dem Ort der Verwandlungs- und Täuschungskunst schlechthin – und schließlich vor den >hohen Herren der Akademie< als geschliffene Rede in begrifflicher Selbstreflexion zur Vollkommenheit bringt.

Der Konnex zum Judentum sodann ist hier zwar ebenfalls schon mitlesbar, insbesondere mit Nietzsches Begriff der Juden als >Schauspieler par excellence< vor Augen. Doch wird vor allem dieser analogische Sprung vom >Affentum<, so Kafka, zum >Judentum<, der Vergleich also von jüdischer Assimilation und äffischer Nachahmungs- und Schauspielkunst noch weitaus plausibler und weitreichender im Blick auf jenes diskursive Feld, das eine breite Publizistik gegen Ende des 19. Jahrhunderts eröffnete und das auch jenes Phänomen umfasst, das wir als jüdischen Nietzscheanismus angesprochen haben.[23] In der Tat wird auf diesem Feld der Optimismus des jüdischen Liberalismus des 19. Jahrhunderts, der die Assimilation als Bedingung kultureller Integration und politischer Emanzipation der Juden in Europa forderte, erstmals grundlegend problematisiert, schärfer noch: zuweilen höchst kontrovers und polemisch debattiert. Dies geschah unter anderem in eben jenen Begriffen und Metaphern, mit denen Nietzsche das >Problem< der Mimikry und des Schauspielers aufgeworfen hatte, indem er es, auch in darwinistischen Wendungen, als >äffische Nachahmung< fasste.

In dieser kontroversen Debatte um die Assimilation lassen sich konkret drei Positionen unterscheiden: 1. die polemische Kritik der Assimilation in der anti-

---

22. Vgl. für diese Lektüre Margot Norris: »Darwin, Nietzsche, Kafka, and the Problem of Mimesis«, in: *Modern Language Notes* 95 (1980), S. 1232–1253.
23. Vgl. Werner Stegmaier, Daniel Krochmalnik (Hg.): *Jüdischer Nietzscheanismus*, Berlin 1997; Dominique Bourel, Jacques Le Rider (Hg.): *De Sils-Maria à Jérusalem. Nietzsche et le judaïsme. Les intellectuels juifs et Nietzsche*, Paris 1991.

semitischen Literatur seit den Gründerjahren, die sich Darwins und Nietzsches Begrifflichkeit zu eigen gemacht hat und ideologisch radikalisierte bzw. instrumentalisierte; 2. die Verteidigung der Assimilation durch die deutschen liberalen Juden als ›Ausweg‹, nun aber nicht mehr nur aus dem ›Ghetto‹ der jüdischen Tradition in die bürgerliche Gesellschaft (wie im 18. und 19. Jahrhundert),[24] sondern als Ausweg auch aus der äußeren Bedrängnis des seit den Gründerjahren massiv zunehmenden, eben sozialdarwinistisch-rassistisch neu definierten Antisemitismus; 3. die Kritik und Überwindung der Assimilation in der nationaljüdischen und zionistischen Literatur. Wenn diese drei Positionen im Folgenden analysiert werden, dann stets mit Bezug auf die von Nietzsche herrührende Argumentation, Begrifflichkeit und Bildlichkeit zur Beschreibung von Mimesis und Mimikry. Der Schwerpunkt liegt dabei auf der dritten, nationaljüdisch-zionistischen Position, indem vor allem hier jener ›jüdische Nietzscheanismus‹ angesiedelt ist, der mit der Überwindung der Assimilation zugleich eine ›Umwertung‹ all dessen im Blick hatte, was sie ermöglicht hat.

Die Aufnahme von Nietzscheanismen im Antisemitismus, um damit zu beginnen, gehört zum Komplex einer freilich problematischen Nietzsche-Aneignung bis hin zu den nationalsozialistischen gewaltsamen Missverständnissen der ›Macht‹ und des ›Übermenschen‹.[25] Das Potential aber, das Nietzsches Blick auf die assimilierten Juden als ›Schauspieler par excellence‹ für eine antisemitische Argumentation hatte, zeigt sich auf eklatante Weise an Eugen Dührings kurz vor *Die fröhliche Wissenschaft* (1882) erschienenen antisemitischen, sozialdarwinistisch-rassistischen Schrift *Die Judenfrage als Racen-, Sitten- und Culturfrage* (1881). Dühring, mit dem sich Nietzsche bekanntlich vielfältig auseinandersetzte und den er in der *Genealogie der Moral* (1887) polemisch als ›Menschen des Ressentiments‹, als ›Rache Apostel‹ und ›erstes Moral-Großmaul, das es jetzt gibt, selbst noch unter seines Gleichen, den Antisemiten‹ porträtieren sollte (vgl. KSA 5, S. 370), bringt hier die Assimilation der Juden auf die ›angeborenen‹ Fähigkeiten zur ›mimicry‹, zum ›Verschweigen‹ und ›Verschleiern‹; es sind dies Formulierungen, die auf unheimliche Weise in der Nähe dessen liegen, was ein Jahr später in *Die fröhliche Wissenschaft* zu lesen war.[26] Dühring formulierte auf dieser Grundlage auch das Programm einer ›arischen Literaturwissenschaft‹, das darin bestehe, zu »ermessen, was es heißt, dass im 19. Jahrhundert das jüdische Element Deutsche Literatur gespielt hat«.[27] Gemäß dieser Logik gehört es zur Strategie der Juden, ihre eigene Identität hinter angenommenen Identitäten täuschend zu ver-

24. Vgl. dazu Jacob Katz: *Aus dem Ghetto in die bürgerliche Gesellschaft. Jüdische Emanzipation 1770–1870*, Frankfurt a.M. 1986.

25. Vgl. Thomas Mittmann: *Vom ›Günstling‹ zum ›Urfeind‹ der Juden. Die antisemitische Nietzsche-Rezeption in Deutschland bis zum Ende des Nationalsozialismus*, Würzburg 2006; Sarah Kofman: *Die Verachtung der Juden. Nietzsche, die Juden, der Antisemitismus*, Berlin 2002.

26. Von Nietzsche gelesen war bekanntlich auch Eugen Dühring: *Cursus der Philosophie als streng wissenschaftlicher Weltanschauung und Lebensgestaltung*, Leipzig 1875. Vgl. dazu Henning Ottmann: *Philosophie und Politik bei Nietzsche*, Berlin 1997; Aldo Venturelli: *Kunst, Wissenschaft und Geschlecht bei Nietzsche*, a.a.O., S. 203–237.

27. Eugen Dühring: *Die Judenfrage als Racen, Sitten- und Culturfrage*, Karlsruhe 1881, S. 54. Zum antisemitischen Stereotyp der jüdischen Mimikry vgl. auch Sander Gilman: *Jüdischer Selbsthaß. Antisemitismus und die verborgene Sprache der Juden*, Frankfurt a.M. 1993.

bergen, um sich so der europäischen Kultur zu bemächtigen: »Die Neigung zur
Täuschung hat immer im jüdischen Volke gesteckt,« so formulierte es im Anschluss daran auch der völkische Germanist Adolf Bartels, da »die Juden das sehr
große Talent für mimicry haben, fast alles Fremde nachmachen können.«[28] Das
jüdische ›Vertuschungssystem‹ baut gemäß der paranoiden Logik solcher völki-
schen Literatur- und Kulturtheorie auf der Fertigkeit der Nachahmung: durch
›nachempfinden‹ und »nachahmen […] bemächtigen sich die Juden der Kultur
der Völker.«[29] Politisch ins Monströse übersteigert wird diese Argumentation
zudem in den *Protokollen der Weisen von Zion* (1919), die auf der verschwörungs-
theoretischen These bauen, wonach sich die Juden den ›Wirtsvölkern‹ täuschend
angleichen, um zuletzt die ›Weltherrschaft‹ über sie zu erlangen: »Seit Jahrtau-
senden lebt es [=das Judentum] unter anderen Rassen, konnte sich daher unter
ihnen, ähnlich wie ein Soldat im feindlichen Lager, nur durch List und Ver-
mummung halten. Tausendjährige Übung hat dem Judentum in dieser Kunst
eine vollendete Meisterschaft verliehen. Mit stolzer Verachtung blickt es auf die
Wirtsvölker herab, unter denen es sich unerkannt in seiner Verkleidung bewegen kann.«[30] Dieser antisemitische (Sozial-)Darwinismus und Nietzscheanismus
radikalisiert und ideologisiert Nietzsches Unbehagen an der schauspielerischen
Artistik der Juden zu einer Phobie vor den Juden als Imitatoren und Usurpatoren
auf dem Gebiet der Kultur, als Betrüger auf dem Gebiet der Wirtschaft, als Verschwörer auf dem Gebiet der Politik etc.; die jüdische Mimikry wird zum Kern-
Stereotyp der antisemitischen Literatur.[31] Doch nicht um die Mutmaßung, dass
Nietzsches Transfer der Mimikry des Schauspielers auf die Juden eine antisemitische Tendenz habe, geht es hier (was wie angesprochen zumindest dadurch re-
lativiert wird, dass er sich selbst als scharfer Kritiker des Antisemitismus äußerte).
Vielmehr soll auf die Präsenz seines Argumentationsmusters in einem Diskurs
über die Juden hingewiesen werden, dessen Polemik sich aus einer gesteigerten
Angst vor der Assimilation nährte und an zentraler Stelle mit der Zerrfigur der
jüdischen Mimikry arbeitete.

III.

Mit dieser antisemitischen Angst vor der Assimilation als dem großen jüdischen
Täuschungsmanöver, die von den Gründerjahren bis zum Nationalsozialismus in
immer neuen Schriften verbreitet wurde, gelangte der Optimismus der Assimilation und Integration, dessen Träger das liberale Judentum des 19. Jahrhunderts

28. Adolf Bartels: *Jüdische Herkunft und Literaturwissenschaft,* Leipzig 1925, S. 37.
29. Adolf Bartels: *Kritiker und Kritikaster. Mit einem Anhang: Das Judentum in der deutschen Literatur,*
Leipzig 1903, S. 104.
30. Gottfried zur Beek [=Ludwig Müller]: *Die Geheimnisse der Weisen von Zion,* Berlin 1919, S. 13.
31. Um nur noch ein Beispiel zu geben, vgl. etwa auch Theodor Frietsch: *Handbuch der Judenfrage,*
Leipzig 1932, S. 542: »Seelenlos und abgewendet von der Natur hat sich der Jude aus Verstandes-Raf-
finement eine künstliche Nebenwelt erbaut, die auf zwei Mächten fußt: Trug und Geld. In dieser
Scheinwelt ist der Jude Herr und Meister. Der arglose, natürliche Mensch, der ihm in diese Trugwelt
folgt, geht darin zugrunde«.

war, unter Rechtfertigungsdruck, um nun zu der zweiten Position zu gelangen. Für die Optimisten unter den Assimilationstheoretikern war gegen Ende des 19. Jahrhunderts die Nachahmungstheorie des französischen Kriminologen und Soziologen am College de France Gabriel de Tarde ein Maßstab; auf ihn wurde in der kontroversen Debatte um die jüdische Selbstbestimmung in der Moderne zwischen Assimilation und Zionismus mehrfach Bezug genommen.[32] Tarde formuliert – mit meist zustimmendem Rekurs auf die wissenschaftlichen Errungenschaften des 19. Jahrhunderts wie unter anderem den Darwinismus – ein zu Nietzsche alternatives Modell, wonach die Nachahmung keine bedrohliche Welt des Scheins produziert, sondern vielmehr eine Utopie des Zusammenwirkens aller Dinge sowie des Zusammenlebens der Menschen. Namentlich in seiner Schrift *Les lois de l'imitation* (1890, deutsch 2003), aber auch in seiner bereits 1908 in deutscher Sprache erschienenen kurzen Gesamtdarstellung seines soziologischen Entwurfs *Die sozialen Systeme. Skizze zu einer Soziologie* (original 1898) verstand Tarde die Nachahmung als ein universales Prinzip, das in der gesellschaftlichen Sphäre des Sozialen ebenso waltet wie in der biologischen Sphäre des Lebens (mit Verweis u.a. auf Darwins Theorie der Reproduktion und der Vererbung) und in der physikalischen Sphäre der Naturerscheinungen (mit Verweis etwa auf die chemischen und astronomischen Phänomene der Wiederholung und Schwingung). Tardes Welt ist durch eine »universelle Wiederholung«[33] von Ähnlichem geordnet; die nachahmende Wiederholung ist »der große Hauptschlüssel, der überall passt«.[34] Die Gesellschaft ist dabei durch so genannte ›Nachahmungsketten‹ und ›-strahlen‹ organisiert. ›Nachahmung‹ besagt in diesem Sinn nicht nur, dass Ideen nachgeahmt werden, sondern auch dass neue Ideen bzw. Erfindungen immer schon an vorhandene Ideen anschließen: Entdeckungen und Erfindungen sind »aus Elementen früherer Nachahmung aufgebaut [...] und aus diesen Zusammensetzungen, die wiederum selbst nachgeahmt und zu neuen Elementen von komplexeren Zusammensetzungen werden, ist zu schließen, daß es einen Stammbau dieser gelungenen Initiativen gibt«.[35]

Die Gegenläufigkeit zu Nietzsches Unbehagen an der Nachahmungs-Welt des Scheins und des Schauspiels – aber zugleich auch die teilweise Konformität mit Darwins Evolutionsmodell – zeigt Tardes höchst optimistische »Vorstellung vom unbegrenzten Fortschritt«.[36] Wie die Entwicklung der Arten zu immer komplexerem Leben führe, so erweise sich die Welt des Ähnlichen und der Nachahmung auf der Ebene des Sozialen als ein zuletzt utopisches Ziel univer-

---

32. Eine Rezeptionsgeschichte Tardes ist freilich noch zu untersuchen. Ansätze aber finden sich bei Achad Haam (vgl. unten) und Franz Oppenheimer, Ignaz Zollschan und Heinrich Margulies. Vgl. Ignaz Zollschan: *Revision des jüdischen Nationalismus*, Wien 1919; Heinrich Margulies: *Kritik des Zionismus*, Wien 1920. Vgl. zu diesen beiden Schriften auch die Rezension des zionistischen Soziologen und Nationalökonomen Franz Oppenheimer: »Zwei Bücher der Selbstbesinnung«, in: *Neue jüdische Monatshefte* 6 (1919), S. 127–136. Vgl. sodann auch den Rekurs auf Tarde in: Franz Oppenheimer: »Wir und die Anderen. Gedanken zur Völkerpsychologie«, in: *Neue Rundschau* 26 (1915), S. 1585–1604, hier: S. 1589.
33. Gabriel de Tarde: *Die Gesetze der Nachahmung*, Frankfurt a.M. 2003, S. 31f.
34. Gabriel de Tarde: *Die sozialen Gesetze*, Leipzig 1908, S. 5.
35. Ebd., S. 69.
36. Ebd., S. 19.

saler Harmonie und Versöhnung, indem die verschiedenen Kulturen nicht als
›eingeschlossene und verschanzte Völker‹ gegeneinander Krieg führen. Die Idee
der Nachahmung führte Tarde zur

> »Perspektive eines künftigen, leider! Nicht baldigen Zusammenflusses der verschie-
> denen Teile der Menschheit zu einer einzigen menschlichen Familie ohne jegliche
> kriegerische Auseinandersetzung. Diese so vage und beharrliche Vorstellung vom un-
> begrenzten Fortschritt bekommt nur in dieser Sichtweise eine klare und genaue Rich-
> tung. Denn aus den Gesetzen der Nachahmung ergibt sich die Notwendigkeit eines
> Schrittes nach vorne in Richtung auf ein fernes, trotz scheinbarer, wenn auch nur zeit-
> weiliger Rückschläge immer leichter zu erreichendes Ziel, nämlich die Geburt einer
> einzigen Gesellschaft, ihr Wachsen und ihre universellen Ausdehnung.«[37]

Fortschritt, so lässt sich schließen, ist nach Tarde der unaufhaltbare Prozess der
Angleichung, Assimilierung und Hybridisierung von Ideen und Phänomenen
auf allen Ebenen des Sozialen und der Natur. Hier werden bestehende Identitäten in Beziehung gebracht – das ist wohl die einfachste Definition des Sozialen
überhaupt: »Gesellschaft ist Nachahmung«.[38]

Tardes Fortschrittsoptimismus der Nachahmung reflektiert einen Standpunkt,
von dem aus auch das liberale Judentum des 19. Jahrhunderts – von Leopold
Zunz bis Ludwig Geiger – argumentierte und gegenüber dem Nietzsche bereits
größte Skepsis äußerste. Zunz und die Vertreter der Wissenschaft des Judentums
des 19. Jahrhunderts etwa waren bekanntlich geleitet von der Vorstellung einer
universalen Aufgabe des Judentums, die darin besteht, Ferment zwischen den
Kulturen zu sein. Die Juden in der Kulturgeschichte der Welt gelten als ›Ver-
mittler‹, die ›Berührungspunkte‹ und ›Culturverhältnisse‹ herstellen und den
›Weltverkehr‹ in Zirkulation setzen.[39] Vergleichbar charakterisierte Moritz
Steinschneider die jüdische Diasporakultur höchst positiv durch ihren ›Durch-
gange durch so viele Länder, Sprachen und Materien‹,[40] um daran einen Bil-
dungs- und Fortschrittsoptimismus zu behaupten, der die Assimilation –
verstanden als konstruktive Verflechtung von Eigenem und Fremdem – als In-
tegrationsgarant eines heterogenen Europa überhaupt versteht.[41] Assimilation
wird hier zum Erfolgsmodell einer modernen jüdischen Kultur jenseits der engen Grenzen der Tradition, das für das aufgeklärte, kosmopolitische und liberale
Europa beispielhaft sein sollte.[42]

---

37. Ebd., S. 19.
38. Tarde: *Die Gesetze der Nachahmung*, a.a.O., S. 98.
39. Ebd., S. 47. vermutlich vgl. Leopold Zunz: »Die jüdische Literatur«, in: Curatorium der Zunzstif-
tung (Hg.): *Gesammelte Schriften I*, Hildesheim 1976, S. 47.
40. Moritz Steinschneider: »Juden – Jüdische Literatur«, in: Johann Samuel Ersch; Johann Gottfried
Gruber (Hg.): *Allgemeine Encyklopädie der Wissenschaften und Künste in alphabetischer Folge*, Zweite Section, H–N, Leipzig 1850, S. 357f.
41. Vgl. Moritz Steinschneider: *Über Bildung und den Einfluß des Reisens auf die Bildung. Zwei Vorträge*,
Hamburg 1894.
42. Vgl. Andreas Kilcher: »›Jewish Literature‹ and ›World Literature‹. Wissenschaft des Judentums and
its Concept of Literature«, in: Andreas Gotzmann, Christian Wiese (Hg.): *Modern Judaism and Historical
Consciousness. Identities, Encounters, Perspectives*, Leiden 2007, S. 294–320; Sigrid Thielking: *Weltbürger*

Für die Debatte nach den Gründerjahren und damit auch schon zu Nietzsches Lebzeiten ist allerdings entscheidend, dass dieser optimistische Liberalismus der Nachahmung und der Assimilation in die Defensive geraten ist; er wird zur so genannten ›Judenfrage‹ problematisiert. Dies geschieht nicht nur durch den neuen Antisemitismus, sondern auch durch Überlegungen und Bewegungen innerhalb des Judentums, die in der Assimilation eine Selbstauflösung des Judentums sahen und dagegen eine *Autoemanzipation* (so Leo Pinskers berühmter ›Mahnruf‹ von 1882) des Judentums forderten. Doch ist zunächst noch jene Position stärker, die angesichts der Bedrohung durch den neuen Antisemitismus solche dissimilativen Tendenzen gerade als falsch zurückweist und ihnen eine intensivierte und beschleunigte Assimilation als Therapeutikum entgegenhält.

Diese Position nun bedeutete einen neuen Einsatz für Nietzsches Mimesistheorie. Während sie aber in der antisemitischen Literatur eine Dekadenzfigur des Judentums ist, wird sie hier zur Erfolgsfigur des Judentums, allerdings nun für einen Erfolg unter dem Druck der Feindschaft. So wird aus der Polemik ein Plädoyer für die Assimilation. Mit dieser Absicht verfasste der Großindustrielle, Schriftsteller und 1922 von Antisemiten ermordete deutsche Außenminister Walther Rathenau seinen Aufsehen erregenden Aufruf *Höre Israel!*, der 1897 unter dem Pseudonym ›W. Hartenau‹ in Maximilian Hardens *Die Zukunft* erschienen war. Es ist anzunehmen, dass Kafka diesen Aufsatz kannte, weil er Rathenaus Ermordung 1922 kommentierte (vgl. B22–378), aber auch weil Rathenaus Aufsatz der aufstörende Auftakt zu einem heftigen Disput unter Juden über das Verhältnis von Deutschtum und Judentum war, aufstörend nicht nur in der Anrede der Juden als Fremde in Deutschland (›auf märkischem Sand eine asiatische Horde‹), sondern auch in der denkbar radikalen Forderung ihrer Assimilation durch einen Juden.

Polemisch musste insbesondere erscheinen, dass Rathenau dabei Figuren Darwins biologistischer und Nietzsches lebensphilosophischer Soziologie aufgriff, namentlich die Figur der Mimikry. Zwar versuchte sich Rathenau bei seinem Aufruf zu einer radikalen Assimilation von sozialdarwinistischen Implikationen der Imitations- und Mimikry-Theorie abzugrenzen, indem er zwischen ›Mimikry‹ als einer niederen, tierischen Form der Assimilation und ›Bildung‹ als einer höheren Form der Assimilation unterschied. Dabei argumentierte er jedoch in einer polemischen Sprache, die an Nietzsche wie auch den antisemitischen Diskurs anschloss, wenn er etwa den assimilierten deutschen Juden vorwarf, ›die Trachten der hageren Angelsachsen zu parodieren, in denen ihr aussieht, wie wenn ein Teckel einen Windhund kopirt‹, und den Ärger auf sich zu ziehen, indem sie »am Strande durch Seemannskleider, in den Alpen durch Wadenstrümpfe die Natur rebellisch machen.«[43] Wenn er gegen diese imitatorische Assimilation sodann eine höhere ›Anpassung‹ hielt, war die Nähe zum sozialdarwinistisch-antisemitischen Begriff der Assimilation dennoch nicht überwun-

tum. Kosmopolitische Ideen in Literatur und politischer Publizistik seit dem achtzehnten Jahrhundert, München 2000.
43. Walther Rathenau: »Höre Israel!«, in: Christoph Schulte (Hg): *Deutschtum und Judentum. Ein Disput unter Juden aus Deutschland,* Stuttgart 1993, S. 34.

den; er spricht von ›Anartung‹ an eine ›Rasse‹. Mit Blick auf Kafka ist im
Übrigen zusätzlich bemerkenswert, dass Rathenaus Aufsatz eine Reihe von Begriffen und Wendungen enthält, die nicht nur im *Bericht für eine Akademie*, sondern auch in anderen Tier-Mensch-Texten wie etwa der *Verwandlung* offensichtlich verhandelt werden: Assimilation als ›bewusste Selbsterziehung‹, als
›Mimikry‹, als ›Imitation‹, als ›Metamorphose‹, um nur einige Beispiele zu nennen – und hier einen längeren Abschnitt zu zitieren:

> »Was also muß geschehen? Ein Ereignis ohne geschichtlichen Vorgang: die bewußte
> Selbsterziehung einer Rasse zur Anpassung an fremde Anforderungen. Anpassung nicht
> im Sinne der ›*mimicry*‹ Darwins, welche die Kunst einiger Insekten bedeutet, sich die
> Lokalfarbe ihrer Umgebung anzugewöhnen, sondern eine Anartung in dem Sinne, daß
> Stammeseigenschaften, gleichviel ob gute oder schlechte, von denen es erwiesen ist,
> daß sie den Landesgenossen verhaßt sind, abgelegt und durch geeignetere ersetzt wer-
> den. Könnte zugleich durch diese Metamorphose die Gesamtbilanz der moralischen
> Werthe verbessert werden, so wäre Das ein erfreulicher Erfolg. Das Ziel des Prozesses
> sollen nicht imitierte Germanen, sondern deutsch geartete und erzogenen Juden sein.
> […] Dieser Stand wird durch seine Wurzeln von unten herauf immer neue Nahrung
> aufsaugen und mit der Zeit Alles verarbeiten, was an umwandlungsfähigem und ver-
> daulichem Material vorhanden ist.«[44]

Trotz der Erklärung, den biologistisch-sozialdarwinistischen Begriff der Assimilation als ›Mimikry‹ und ›Imitation‹ gegen einen kulturellen Begriff der Assimilation als ›bewusste Selbsterziehung‹ zu ersetzen, operiert also Rathenau in
seiner Semantik von ›Metamorphose‹ und ›Verdauung‹ innerhalb der von Darwin und Nietzsche eröffneten Perspektive auf die Nachahmung, die diese als
elementare Fähigkeit des Lebens und biologische Grundlage der Kultur verständlich macht. Rathenaus Aufruf an die deutschen Juden angesichts der Bedrohung durch den Antisemitismus spielt jedenfalls die biopolitischen Implikationen eines radikalisierten Assimilationsbegriffs aus, zu denen Darwin und
Nietzsche die Grundlage gelegt haben.

IV.

Nicht nur auf den liberalen Optimismus des 19. Jahrhunderts, sondern auch auf
solche radikalisierten Forderungen nach Assimilation, die die humanistischen
Voraussetzungen des Liberalismus überschritten, antwortete gegen Ende des
19. Jahrhunderts eine neue nationaljüdische und zionistische Literatur. Besonders polemisch – und zugleich besonders nah an einer nietzscheanischen Terminologie – taten dies die Analytiker des sogenannten ›jüdischen Selbsthasses‹ wie
Theodor Lessing und Anton Kuh. Diese kritischen Analytiker der ›Psychopathologie der deutschen Juden‹ sahen insbesondere in Radikal-Assimilanten wie

---

44. Ebd., S. 32f.

Rathenau, Maximilian Harden, Otto Weininger und Karl Kraus das krankhafte Psychogramm einer totalen Selbstaufgabe durch Mimikry, geleitet von einer Phobie vor allem Jüdischen, die sie als ›jüdischer Selbsthass‹ diagnostizierten. Lessing etwa tat dies nicht erst als Zionist in seinem Essay *Der jüdische Selbsthass* (1930), sondern bereits 1907 in seiner Schrift *Theater=Seele*, in der er nicht nur einen »unverhältnismäßig großen Einschlag des jüdischen Elements in Bühnen-künsten« bemerkte, sondern die »eigenthümliche Beziehung der jüdischen Seele zu imitierenden und interpretatorischen Künsten«[45] aus dem Psychogramm und Soziogramm der Assimilation erklärte. Die Leistung der Galuth erweist sich ihm als eine »nervöse Mimikry«, als »selbstquälerischer Wille zur Erlösung von sich selbst.«[46] Im *Jüdischen Selbsthass* wird diese theatralische These für die jüdische Assimilation – übrigens mit vielfältigem Bezug auf Nietzsche – generalisiert: »Die große Wandlung gelingt, jede ›Mimikry‹ gelingt. Du wirst ›einer von den andern‹ und wirkst fabelhaft echt.«[47]

Auch der mit Kafka persönlich bekannte und von Max Brod gefeierte Prager jüdische Nietzscheaner Anton Kuh (1921)[48] analysierte diese radikale Assimila-tion polemisch in Nietzsches Kategorien.[49] Hypersensibel für alles ›Jüdische‹, so Kuh in seinem 1919 in Prag vorgetragenen Essay *Juden und Deutsche* (1921) mit Bezug auf Kraus und Weininger, spürt der ›jüdische Antisemit‹ das ›latente Jü-deln im Weltraum‹ auf, mit dem Zweck, selbst »aus der Haut des Judentums in eine unbekannte, noblere zu fahren«.[50] Und in einer klar an Nietzsche angelehn-ten Formulierung heißt es bei Kuh über den jüdischen Assimilanten: »Sein jüdi-scher Drang war die Schauspielerei; mit Flammenglut der andere zu sein. [...] Er wurde diabolischer Kopist.«[51]

Wenn auch nicht stets so radikal wie die Analytiker des jüdischen Selbsthasses, argumentiert doch die jüdische, insbesondere zionistische Kritik der Assimilation seit dem späten 19. Jahrhundert vielfach mit Nietzsches Begriffen und Bildern, auch ohne sich ausdrücklich auf ihn zu beziehen oder gar ihm zu folgen. Sie tat dies nicht nur mit der kulturalistischen Metapher des Theaters und des Schau-spiels, sondern auch mit der Metapher der äffischen Nachahmung, deren biolo-gistische Implikationen zum Totschlag-Argument gegen die Assimilation wurden.

45. Theodor Lessing: *Theater=Seele. Studie über Bühnenästhetik und Schauspielkunst*, Berlin 1907, S. 36. Vgl. dazu Bernhard Greiner: »Theodor Lessings ›Theater=Seele‹ zwischen Goethe und Kafka«, in: ders.: *Beschneidung des Herzens. Konstellationen deutsch-jüdischer Literatur*, München 2004, S. 225–246.
46. Lessing: *Theater=Seele*, a.a.O., S. 37.
47. Theodor Lessing: *Der jüdische Selbsthass*, Berlin 1930, S. 50.
48. Vgl. Max Brod: »Der Nietzsche-Liberale«, in: *Selbstwehr* 13 (1921), S. 1–2 u. 14 (1921), S. 1–3. Vgl. dazu auch Andreas Kilcher: »Anti-Ödipus im Lande der Ur-Väter. Franz Kafka und Anton Kuh«, in: Mark Gelber (Hg.): *Kafka, Zionism and Beyond*, Tübingen 2004, S. 69–88; ders.: »Der Nietzsche-Liberale in Prag. Die Debatte um Anton Kuhs ›Juden und Deutsche‹«, in: Marek Nekula, Walter Koschmal (Hg.): *Juden zwischen Deutschen und Tschechen. Sprachliche und kulturelle Identität in Böhmen 1800–1945*, München 2006, S. 103–118.
49. Vgl. Anton Kuh: *Juden und Deutsche*, hg. u. eingel. v. Andreas B. Kilcher, Wien 2003; Theodor Lessing: *Jüdischer Selbsthaß*, Berlin 1930.
50. Kuh: *Juden und Deutsche*, a.a.O., S. 99f.
51. Ebd., S. 99.

Einer Analyse dieses negativen Theatermodells der Galuth muss jedoch vorangestellt werden, dass der Zionismus auch ein positives Theatermodell entwickelte, das die Bühne gerade zum Bildungs- und Erfahrungsraum eines neuen, auch nationalen Selbstbewusstseins sublimierte, auf dem, wie es Joseph Roth mit Blick auf das Moskauer jüdische Theater 1928 schrieb, »jüdischere Juden« entstanden.[52] Diese Unterscheidung zwischen einem negativen Theatermodell des Selbstverlusts und einem positiven Theatermodell der Selbstfindung findet sich nicht nur in Kafkas Theaterbegeisterung angesichts des jiddischen Theaters in Prag um 1910, sondern noch bei Max Brod in den späten dreißiger Jahren, als er als Dramaturg am hebräischen Theater in Tel Aviv, der Habima, wirkte, indem er auf der einen Seite vom ›falschen Scheinwerferlicht dieses Dilettantentheaters‹ des ›Golus‹, d.h. der jüdischen Diaspora, sprach, um dagegen ein zionistisches ›Naturtheater‹ zu fordern, das nicht zuletzt auch ein Licht auf Kafkas ›Naturtheater‹ im *Verschollenen* werfen kann.[53]

Wenn wir hier hauptsächlich das negative Theatermodell untersuchen, so galt die Kritik zunächst den biologistischen Implikationen des Assimilations-Begriff. Sie stießen etwa im Leitartikel *Assimilation* der ›Monatsschrift für modernes Judentum‹ *Ost und West* vom Oktober 1904 auf heftige Kritik. In empörter Entgegnung gegen den Ausruf ›Juden aller Länder, assimiliert auch!‹, der offensichtlich Rathenaus Aufruf amplifizieren sollte, fragt er: »Was heißt Assimilation? Das Wort ist aus der physiologischen Terminologie in die soziologische herübergenommen worden. Dort bezeichnet man damit jenes Stadium des Stoffwechselprozesses, wo der Organismus die aufgenommene Nahrung in ihre Bestandteile zerlegt hat, um diejenigen, die zu seiner Erhaltung notwendig sind, verarbeitet, in seine eigenen Bestandteile verwebt, sie sich ähnlich macht, sie sich assimiliert.«[54] Was aus der Perspektive des Stärkeren (Assimilierenden, Jägers) sich als Nahrungsaufnahme erweist, ist aus der Perspektive des Schwächeren (Assimilierten, Gejagten) allerdings, wie der Artikel deutlich macht, eine Selbstauflösung, ein physiologischer ›Zersetzungsprozess‹, dessen Zynismus so formulierbar ist: »Assimiliere dich doch dem Organismus des Jägers!«[55] Auf die Sphäre des Sozialen übertragen und mit Blick auf die jüdische Assimilation beschreibt dieser Artikel jenen ›Selbstzersetzungsprozess‹ sodann in nietzscheanischen Begriffen: als Substitut und Ausweg für eine Schwäche. Der dergestalt Assimilierte

»kann sich freiwillig in einen künstlichen Verwesungs- und Fäulniszustand versetzen. […] Er muss in der Folge, zum Ersatz für das untergrabene eigene Leben, ein fremdes Scheinleben bei sich etablieren. Er muss die anderen äußerlich nachäffen. […] Mit dem

52. Vgl. Joseph Roth: *Das Moskauer jüdische Theater*, Berlin 1928, S. 13. Vgl. dazu Erika Fischer-Lichte: »Retheatralisierung des Theaters als Emanzipation: Das ›Staatliche Jüdische Theater‹ in Moskau 1920–1928«, in: *Theatralia Judaica. Emanzipation und Antisemitismus als Momente der Theatergeschichte*, hrsg. v. Hans-Peter Bayerdörfer, Tübingen 1992, S. 244–263; Matthias Morgenstern: *Theater und zionistischer Mythos. Eine Studie zum zeitgenössischen hebräischen Drama unter besonderer Berücksichtigung des Werkes von Joshua Sobol*, Tübingen 2002.
53. Max Brod: *Das Diesseitswunder oder die jüdische Idee und ihre Verwirklichung*, Tel Aviv 1939, S. 74.
54. Davis Trietsch, Leo Winz (Hg.): »Assimilation«, in: *Ost und West* 10 (1904), Sp. 641–654, hier: Sp. 641.
55. Ebd., Sp. 643.

Verfall der eigenen Ueberlieferung und der historisch gewordenen Lebensformen und Gewinnungen geht ein hohles, inhaltsleeres Nachahmen fremder Werte Hand in Hand, welches dem Außen stehenden einen gespenstischen, spukhaften, widerwärtigen Eindruck macht – am stärksten dem, der nachgeahmt wird.«[56]

Die in diesem Aufsatz wiederholt verwendete Pejorisierung der Nachahmung zum ›Nachäffen‹ und damit die biologistische Reduktion von kultureller Errungenschaft und Bildung auf die simple Funktion des nachahmenden Affen wird um 1900 zu einem zentralen Element der Assimilationskritik in der zionistischen Literatur. Noch vor dem Leitartikel Assimilation in *Ost und West* tat dies Achad Haam in zwei gewichtigen Artikeln, die im hebräischen Original bereits 1891 und 1893, in deutscher Übersetzung beide erstmals 1901 erschienen: *Nachahmung und Assimilation* sowie *Äußere Freiheit und innere Knechtschaft*. Achad Haam ist in unserem diskursiven Zusammenhang schon als Schöpfer des Begriffs ›jüdischer Nietzscheanismus‹ besonders zu beachten. Bevor wir auf diese beiden Aufsätze zu sprechen kommen, müssen wir deshalb in aller Kürze die wesentlich von ihm um die Jahrhundertwende ausgelöste Nietzsche-Debatte innerhalb des Zionismus in den Blick nehmen. Freilich führt eben diese Debatte auch zur Frage der Assimilation.

In Achad Haams Aufsatz *Nietzscheanismus und Judentum* (erschienen in deutscher Sprache 1902 ebenfalls in *Ost und West*) geht es zwar nicht primär um die Frage der Assimilation. Dennoch entzündet sich seine kritische Auseinandersetzung mit dem jüdischen Nietzscheaner Micha Josef Berdyczewski und dessen Rhetorik einer ›totalen Umwertung‹,[57] um die es hauptsächlich geht, an der Frage der Überwindung der Assimilation, eine Auseinandersetzung, die als Haam-Berdyczewski-Debatte in die Geschichte einging.[58] Diese Debatte wurde übrigens auch und gerade in Prag wahrgenommen und ausgetragen. Kafkas engste Freunde haben sich dazu geäußert: zum einen Hugo Bergmann in einem Artikel *Das zionistische Problem bei Micha Josef Berdyczewski* 1914 in der *Welt* und erneut in seinem Sammelband *Jawne und Jerusalem* (1919), indem er selbst der Position des Nietzscheaners weitgehend folgte; zum anderen Max Brod in einer Rezension von zwei im Jahr 1918 erschienenen Schriften Berdyczewskis, indem er sich in diesem Streit auf die Seite von Achad Haam und kritisch gegenüber Berdyczewskis jüdischem Nietzscheanismus stellte.[59]

Berdyczewski, um bei ihm anzusetzen, leistete mit nietzscheanischen Argumenten eine radikalisierte, kritische Überbietung des politischen Zionismus, indem er – vereinfacht gesagt – die Assimilation als ›leblose‹, bloß ›geistige‹ Schriftkultur des ›Volks des Buches‹ mit der Restitution und ›Schaffung einer eigenen weltlichen Kultur‹ des Judentums kontrastierte, genauer einer lebendigen, auch kriegerischen territorialen Kultur, die programmatisch das ›Buch‹ durch das

56. Ebd., Sp. 644.
57. Vgl. Micha Joseph Berdyczewski: »Zur Klärung«, in: Lazar Schön (Hg.): *Die Stimme der Wahrheit. Jahrbuch für wissenschaftlichen Zionismus,* Würzburg 1905, S. 279–287, hier: S. 283.
58. Vgl. Arnold J. Band: »The Ahad Ha-Am and Berdyczewsky Polarity«, in: Jacques Kronberg (Hg.): *At the Crossroads. Essays on Ahad Ha-Am,* New York 1983, S. 49–59.
59. Vgl. Max Brod: »Neben dem Zionismus«, in: *Der Jude* 3 (1918), S. 293–294.

›Schwert‹ ersetzen soll.[60] Berdyczewskis Kritik des Judentums schloss dabei – ähnlich wie übrigens später Anton Kuh[61] – unmittelbar an Nietzsches Kritik der Moral an, der die sinaitische Offenbarung als priesterschaftliche Fälschung verstand, mit dem Interesse, allen ›Instinkt des Lebens‹ durch eine geistige Kultur zu ›entnatürlichen‹ (KSA 6, S. 196). Für den Nietzsche der *Genealogie der Moral* wurde dieser Ersatz von Leben durch Moral im Übrigen zum Anlass einer neuen Tier-Szene, deren transtextuelle Relevanz für Kafkas *Bericht* unmittelbar evident ist:

> »Der Mensch, der sich, aus Mangel an äusseren Feinden und Widerständen, eingezwängt in eine drückende Enge und Regelmässigkeit der Sitte, ungeduldig selbst zerriss, verfolgte, annagte, aufstörte, misshandelte, dies an den Gitterstangen seines Käfigs sich wund stossende Thier, das man ›zähmen‹ will, dieser Entbehrende und vom Heimweh der Wüste Verzehrte, der aus sich selbst ein Abenteuer, eine Folterstätte, eine unsichere und verzweifelte Gefangne wurde der Erfinder des ›schlechten Gewissens‹« (KSA 6, S. 284).

Berdyczeweski nun will mit Nietzsche dieses sich selbst misshandelnde jüdische Tier unter dem Diktat der sinaitischen Moral, die im rabbinischen Judentum – stellvertretend benannt mit dem babylonischen ›Jawne‹ des Talmuds – ihren Höhepunkt erreiche, befreien. Jawne ist für ihn der Inbegriff einer spiritualistischen Moralkultur von Priestern jenseits von Leben und Leib, von Boden und Schwert. Wenn dann Berdyczeweski mit Nietzsche eine ›Umwertung‹ fordert, dann will er eben diese sinaitisch-rabbinische diasporische Moralkultur aufheben und den Leib, das Schwert rehabilitieren.

Achad Haam nun, um wieder auf ihn zurückzukommen, brachte diese Position in *Nietzscheanismus und Judentum* auf den Punkt, dies freilich in kritischer Tendenz, indem er den Gegensatz von Natur und Geist mit demjenigen von Sein und Schein, von Originalität und Imitation zusammenführte:

> »Der ganze Geschichtsverlauf des jüdischen Volkes von den Propheten bis auf die Gegenwart herab erscheint ihnen, den Verkündern jener ›Worte‹ [d.h. der nietzscheanischen ›Umwertung aller Werte‹ à la Berdyczewski, A.K.] als ein einziger großer Irrtum, der unverzüglich einer radikalen Berichtigung bedarf. Denn während dieses ganzen Zeitraumes stellte das Judentum das geistige abstrakte Ideal über die körperliche materielle Kraft, die ›Schrift‹ über das ›Schwert‹ und erdrückte dadurch in den einzelnen Volksgliedern das Streben nach der Durchsetzung ihrer individuellen Kräfte. Sie ver-

---

60. Ebd., S. 284.
61. Die Überwindung von Assimilation wie Zionismus erforderte für Kuh die nietzscheanische Moralkritik, die gegen jene Instanzen gerichtet war, die Macht- und Autoritätsstrukturen wie Familie, Staaten etc. erst ermöglicht: die Moral. Wohin nämlich den Juden, so Kuh, »sein Weg auch führe, nur die Schicksalstreue bestätigt ihm das Ziel – jene Treue, die ihn wissen lehrte, daß ein freies Leben mehr wert ist als tausend Heldentode […]. Und weiß und begreift er dies, dann kann ihm auch nicht mehr zweifelhaft sein, wozu er auserwählt ist: dazu nämlich, die Schuld jenes zerbrochenen ›Du‹ zu sühnen und der widerspenstigen Welt die Erkenntnis aufzuzwingen, daß sie den Tod am lebendigen Leib mit allem Zittern und Zagen metaphysischer Wagnis überwindet, wenn sie die Moral in Stücke schlägt« (Kuh: *Juden und Deutsche*, a.a.O., S. 157).

drängt das Leben ›in natura‹ vor dem Leben ›in effigie‹, und der reale Jude wurde gewissermaßen das bloße Anhängsel einer abstrakten Moraltheorie.«[62]

Mit seinem ›geistigen Zionismus‹ der Kultur nun wendet sich Achad Haam entschieden gegen einen solchen jüdischen Nietzscheanismus, der für das Judentum ›neue Werte! Neue Tafeln!‹ fordere, indem er rufe: »An Stelle der ›Schrift‹ komme das ›Schwert‹, an Stelle der Propheten – die blinde Bestie! […] wir hören tagtäglich den Ruf, daß unsere nationale Welt bis auf den Grund zertrümmert werden müsse, um alles von Grund auf neu zu bauen.«[63] Davor schreckte nicht nur Achad Haam zurück, wenn er das ›Volk der Schrift‹ zwar zurückwies, aber nicht um es gegen ein Volk des Schwertes, sondern gegen ein ›Volk der Literatur‹ einzutauschen, das – kulturzionistisch gedacht – die verlorene ›geistige‹ Tradition des Judentums erneuern sollte.[64]

Mit Achad Haam wendet sich sodann auch Max Brod, wie angesprochen, gegen den radikalpolitischen Zionismus Berdyczewskis, der »als echter Jünger Nietzsches in einer Verherrlichung des ›Schwertes‹ der Ausbreitung, der Macht, in einer Art Heidentum hebräischer Nationalität« münde, mit denkbar klaren Worten: »Man kann meiner Ansicht nach einer derartigen bellikosen Ausdeutung des Judentumssinnes nicht entschieden genug entgegentreten.«[65] Hugo Bergmann dagegen – der Gegenpart des Prager Ablegers des Haam-Berdyczewski-Nietzsche-Streits – gibt sich als Anwalt des jüdischen Nietzscheaners, wenn er Berdyczewskis radikale Position als einzig entschiedene Überwindung der Diaspora und der Assimilation unterstreicht, wobei er ihn auch zitiert: »Gewiß, das Galuth ist schuld […]: die Selbstbeschränkung des jüdischen geistigen Lebens auf eine weltfremde, blutleere Geistigkeit. Wir schielen immer nach der Kultur eines anderen Volkes, weil wir keine eigene profane besitzen. Diese Entzweiung mit sich selbst und das Hinauswollen über sich selbst wird«[66] so lange bestehen, bis das Judentum ›eine eigene weltliche Kultur‹ erschaffen habe, eine nationale Kultur mit ›eigenem Land‹ und ›eigener Sprache‹, wie Hugo Bergmann dann gut zionistisch und weniger ›bellikos‹ ausdeutet.

Obwohl Achad Haam und Berdyczewski sich in den Mitteln der Überwindung der Assimilation nicht einig waren – der eine wollte dies durch Geist und Kultur, der andere mit Nietzsche durch Körper und Schwert erreichen –, so sind sie es dennoch in ihrer Kritik. Mehr noch: Nicht nur hat sich auch Achad Haam gegen die Kultur der Assimilation ausgesprochen, er tat dies auch mit Argumenten und Formeln, die – trotz allem – dem semantischen Feld des Nietzscheanismus entstammen. Das gilt insbesondere für die Kritik der Assimilation als einer Praxis der Imitation. Achad Haam äußerte diese schon in seinem Aufsatz *Äußere*

62. Achad Haam: »Nietzscheanismus und Judentum«, in: *Ost und West* 3 (1902), Sp. 145–152, hier: Sp. 146.
63. Achad Haam: »Nietzscheanismus und Judentum«, in: *Ost und West* 4 (1902), Sp. 241–254, hier: Sp. 248.
64. Achad Haam: *Am Scheidewege,* Bd. 1, Berlin 1923, S. 197f.
65. Vgl. Max Brod: »Neben dem Zionismus«, in: *Der Jude* 6 (1918), S. 293–294, hier: S. 293.
66. Hugo Bergmann: »Das zionistische Problem bei Micha Joseph Berdyczewski«, in: *Die Welt* 27 (1914), S. 679–682, hier: S. 681.

Freiheit und innere Knechtschaft, der 1891 in hebräischer Sprache in der Zeitschrift *Hameliz* und seit 1901 wiederholt in deutscher Übersetzung erschienen war, am meisten beachtet wohl in Achad Haams Sammelband *Am Scheidewege* (zuerst 1904). Jener Aufsatz ist einer der ersten Artikulationen nationaljüdischer Aufklärungskritik, der Skepsis genauer gegenüber den Errungenschaften der Emanzipation und der Assimilation der Juden in Europa. Sie habe zwar, so das Argument, ›äußere Freiheit‹, dafür aber eine kulturelle und ›intellektuelle Knechtschaft‹ gebracht. Schlagwortartig zusammengefasst, kritisiert Achad Haam Nachahmung, Assimilation und ›Anpassung‹ als bloße ›Auswege‹ aus einer ›Knechtschaft‹, ›Auswege‹, die keinesfalls echte ›Freiheit‹ bedeuten können, indem sie anstelle einer ›Natur gemäßen Entfaltung seiner [=des Juden, A.K.] Kräfte und Fähigkeiten‹ eine durch Nachahmung institutionalisierte ›Unoriginalität‹ und ›Unproduktivität‹ stellt, die bestenfalls ›Vermittlungsgeschäfte‹ leisten, tatsächlich aber als ›Täuschung‹ (der anderen wie seiner selbst) angesehen werden müssen.[67]

Das ist auch die Ausgangslage des Aufsatzes *Nachahmung und Assimilation*, der 1901 in deutscher Übersetzung in dem von Herzl begründeten zionistischen Organ *Die Welt* erschien war. Er setzt programmatisch mit jener Figur ein, die die Assimilation aus einer neuen nationaljüdischen Perspektive als simpelste, letztlich biologistische Form kultureller Leistung disqualifizieren sollte: der Nachahmung als ›äffische Eigenschaft‹:

> »Mit dem Worte ›Nachahmung‹ bezeichnen wir, zumeist in ungünstigem Sinne, alles, was der Mensch spricht und thut, denkt und empfindet, nicht aus der Tiefe seiner Eigenart heraus; nicht als nothwendige Folge aus dem Zustande seiner seelischen Kräfte und ihres Verhältnisses zur Außenwelt, sondern infolge der ihm eingewurzelten Neigung, es anderen gleich zu thun, es selbst so zu machen, nur weil andere es so machen. [...] [Demnach] dürfen wir wohl die Nachahmung als moralisch minderwertig bezeichnet, da unser sittlicher Instinct diese äffische Eigenschaft nicht gut heißt.«[68]

Ein letztes Moment ist zu Achad Haams weit reichender Auseinandersetzung mit der Assimilation anzufügen: seine Lektüre von Gabriel de Tardes liberalistischer Soziologie der Nachahmung. Schon die Tatsache, dass Achad Haam Nietzsche zurückweist und sich mit Tarde befasst, lässt vermuten, dass er in der Polemik gegen die Assimilation weniger kompromisslos ist als die radikalnietzscheanisch-zionistischen Kritiker aller Schauspiel- und Imitationskunst der Assimilation. In der Tat nämlich unternimmt Achad Haam (wie Rathenau, aber unter gegenteiligen Vorzeichen) den Versuch, zwischen einer guten und einer problematischen, ›hässlichen‹ Nachahmung zu unterscheiden, indem er zumindest ansatzweise an ›die Theorie des französischen Philosophen Tarde‹ anschließt, »der die ganze Menschengeschichte als Ergebnis der nach bestimmten Gesetzen wirkenden Nachahmung betrachtet«.[69] Was er an Tarde zunächst her-

---

67. Vgl. Achad Haam: *Am Scheidewege. Ausgewählte Essays,* Berlin 1904, S. 149–171.
68. Achad Haam: »Nachahmung und Assimilation«, in: *Die Welt* 38 (1901), S. 9–10, hier: S. 9.
69. Ebd.

vorhebt, ist das allerdings bis auf Darwin zurückverweisende evolutionäre Prinzip der Nachahmung, das es erst ermöglichte, dass »der Geist des Menschen sich aus der Tiefe der Thierheit zu der Höhe eines menschlichen, socialen Lebens mühsam emporrang«.[70] Mehr noch: mit dem evolutionstheoretischen Blick auf die Nachahmung muss ihr Achad Haam auch ein Fortschrittskonzept zugestehen, dergestalt nämlich, dass sich ›Nachahmungsketten‹ bilden, dass also eine Generation von der vornahgehenden »die bisherigen Ergebnisse der Nachahmung« übernimmt.[71]

Entscheidend ist allerdings der Punkt, an dem diese Form der Nachahmung für Achad Haam problematisch wird, wo also das optimistische Fortschrittsmodell in Selbstverlust umschlägt: dort nämlich, wo die Nachahmung totalisiert wird, d.h. wo sich die nachahmende Gesellschaft in einer nachgeahmten Gesellschaft völlig verliert, anstatt sich an ihr zu bilden. In dieser in ›Selbstentäußerung‹ umschlagenden Assimilation ist Nachahmen zum bloßen ›Kopieren‹ reduziert, und die nachahmende Gesellschaft »zu jenem seltsamen Zustande einer wandelnden Ruine, der weder Tod noch Leben bedeutet, und ihre Mitglieder beginnen ihre individuelle Eigenart aus dieser seltsamen Lage dadurch zu befreien, daß sie mit der fremden Gesellschaft eine vollständige Assimilation eingehen.«[72] Nachahmung als Selbstaufgabe – so nochmals die nietzscheanische Figur – wird zur *ultima ratio* einer bedrängten Gesellschaft im ›Zustand der Sclaverei und Erniedrigung‹.

Dass Achad Haam damit die jüdische Gesellschaft beschreibt, wird spätestens dann explizit, wenn er die jüdische – nicht anders als Nietzsche – als eine Kultur der Anpassung *par excellence* charakterisiert: »[…] das jüdische Volk [besitzt] nicht bloß eine große Nachahmungssucht, sondern auch eine große Nachahmungsfähigkeit […]. Was der Jude nachahmt, ahmt er gut nach.«[73] Diese Achtung vor der Fähigkeit zur Nachahmung kann freilich nicht darüber hinwegtäuschen, dass Achad Haams Argumentation letztlich darauf abzielt, gegen den Typus der Nachahmung als assimilative und kopistische ›Selbstentäußerung‹ eine zweite, mündige Form der Nachahmung zu stellen, eine Nachahmung an sich selbst, oder gut zionistisch gesprochen: eine ›Autoemanzipation‹, die auf die »Vervollkommnung der nationalen Eigenart durch eine Nachahmung in Form von Concurrenz«[74] zielt.

Die bisherige Analyse der Assimilationskritik im zionistischen Diskurs zeigt, wie komplex die Argumentation in ihrem Bezug auf theoretische Bezugspunkte wie Nietzsche und Tarde wird. Dennoch kristallisieren sich deutlich eine Reihe von diskursiven Elementen heraus, freilich ohne dass diese in einsinniger Weise auftreten: Im terminologischen und semantischen Umfeld des jüdischen Nietzscheanismus zeichnet sich eine Kritik der Assimilation als Inbegriff einer jüdischen Diasporakultur der Integration, der Bildung, der Nachahmung bzw.

---

70. Ebd.
71. Ebd.
72. Achad Haam: »Nachahmung und Assimilation«, in: *Die Welt* 39 (1901), S. 4–6, hier: S. 4.
73. Ebd., S. 5.
74. Ebd.

kritisch des Scheins, der Täuschung, des Trugs etc. ab, die polemisch durch die Aufsehen erregenden Bildkomplexe der schauspielerischen Mimesis auf der einen und – schon bei Nietzsche untereinander verbunden – der äffischen Mimikry auf der anderen Seite geleitet ist.

Es wäre zweifellos ein uferloses Unterfangen, diese Sprach- und Bildpraxis innerhalb der weit ausgebreiteten zionistischen Publizistik Westeuropas zwischen Berlin, Wien und Prag in qualitativer Hinsicht auch nur annähernd erschöpfend zu untersuchen. Im Interesse eines diskursanalytischen Blicks auf Kafkas *Bericht* ist es dennoch gegeben, die Verbreitung, Verhandlung und Pluralisierung dieser Sprach- und Figuralpraxis innerhalb des zionistischen Diskurses durch einige weitere Beispiele zu ergänzen. Denn mit dem bloßen Hinweis darauf, dass die programmatisch biologistische oder auch nur metaphorische Rede vom täuschenden Schauspieler und vom nachahmenden Affen in der zionistischen Publizistik omnipräsent wird, ist wenig gewonnen. Instruktiv mag aber der Hinweis darauf sein, dass dies schon bis zur Jahrhundertwende und damit zu Nietzsches Lebzeiten der Fall war.

Achad Haam ist dafür nicht das einzige Beispiel; ein zweites ist der Begründer des Begriffs Zionismus Nathan Birnbaum, dessen Vorträge in Prag Kafka 1912 wahrgenommen hatte.[75] Seit seinen frühen Schriften – von seiner ersten Publikation *Die Assimilations-Sucht* (1884) bis hin etwa zu *Die Nationale Wiedergeburt des jüdischen Volkes* (1893) unterzieht er nicht nur, wie zu erwarten, die ›Assimilations-Willfährigkeit [als] das Ideal aller jüdischen Bürgertugend‹ einer scharfen Kritik. Birnbaum tut dies auch auf mehr oder weniger direkte Weise schon in der polemischen Sprache Nietzsches und Darwins. Er tut dies etwa, wenn er die Assimilation als ein hybrides Rollenspiel disqualifiziert: »Man spielt nicht ungestraft Jahre lange [sic] eine Rolle, für die man nicht geschaffen ist, man heuchelt – und wäre es auch Heuchelei in bester Absicht – nicht ungestraft ein ganzes Leben lang Gedanken und Empfindungen, die einem fremd sind, [...]. Alles das zehrt am Charakter«.[76] Birnbaum disqualifiziert die Assimilation folgerecht als ›rein mechanische Nachäffung‹ und fordert, ›unsere erborgte Maske‹ abzulegen, ›nicht den Schein, sondern das Sein‹ zu leben und den ›Charakter‹ zu entwickeln.[77]

In diesem Sinne kann auch Birnbaums Blick auf das jüdische Theater, wie er ihn etwa in seinem Essay *Die Juden und das Drama* (1901) generierte, nietzscheanisch gelesen werden. Birnbaum interpretiert dort das jüdische Drama ganz als ein Phänomen der Assimilation, während das Judentum in seiner vormodernen Zeit, im Gegensatz zu den »Hellenen« und »Indern«, kein eigenes Drama hatte, nachgerade das Volk »ohne Drama« war. Nietzscheanisch ist schon die Begrün-

---

75. Am 18. Januar 1912 hörte Kafka die Einleitung zu einem jiddischen Volksliederabend durch Nathan Birnbaum. Vgl. dazu den Bericht »Der jüdische Volksliederabend«, in: *Selbstwehr* 4 (1912), S. 4–5. Zur Rolle Birnbaums in Prag vgl. auch Max Brod: *Streitbares Leben. Autobiographie 1884–1968*, Neuaufl. Frankfurt a.M. 1979, S. 47f. Sowie: Giuliano Baioni: *Kafka Literatur und Judentum*, Stuttgart 1994, S. 35f.

76. Nathan Birnbaum: *Die Nationale Wiedergeburt des jüdischen Volkes in seinem Lande, als Mittel zur Lösung der Judenfrage*, Wien 1893, S. 6.

77. Vgl. ebd., S. 15f.

dung dafür: »die hebräische Unfähigkeit zur Lebensexstase«, ihr »Über-dem-Leben-Schweben«, wo doch das Drama nicht etwa aus der Religion, sondern aus »Lebensunmittelbarkeit« entspringe. Mit dem Eintritt in die europäische Moderne, nun »durch tausend Bande mit der übrigen Welt vermählt«, wurden die Juden aber zu eigentlichen Dramatikern und so konnte insbesondere »auf dem Boden eines germanisch-jüdischen Zwischenreichs« die Hybridform eines deutsch-jüdischen Dramas als Performanz einer gesellschaftlichen Rolle entstehen, die zwar nicht gerade – nun in Darwins und Nietzsches Begriff – »bewußte Fälschung« betreibe, aber doch die Funktion eines unbewussten »Selbsterhaltungstriebs« sei: »Der Selbsterhaltungstrieb ist im Spiel«.[78] Aus dem Volk ohne Drama wird in der Moderne das theatralische Volk, das auf der Bühne Europas zur Selbsterhaltung aufspielt. Sein Drama ist ein Assimilationstheater.

Als eine auch kritische Entfaltung und Verhandlung dieser Position kann die Verteidigung des jüdischen Theaters verstanden werden, wie sie Kafka nicht nur anläßlich seiner Theaterbesuche jiddischer Schauspieltruppen in Prag um 1911/12 im Tagebuch formulierte, sondern auch im Rückblick darauf in dem Aufsatz *Vom jüdischen Theater* (1917), der von dem mit Kafka befreundeten Schauspieler des jiddischen Theaters Jizchak Löwy stammt und den Kafka zur Publikation für Bubers *Jude* bearbeitete (allerdings ohne daß er dort erschien). Nicht nur macht Löwy hier deutlich, daß die zionistische Angst vor dem Theater letztlich die traditionelle religiöse Vorstellung aktualisiert, wonach »das Theater eine verbotene, sündhafte Sache« sei und nachgerade als »trefe« – als »unrein« im Sinne des Speisegesetzes – zu gelten habe (NSF I, S. 430f.): »ein jüdisches Kind darf vom Theater nichts wissen; das ist nicht erlaubt; das Theater ist nur für die Gojim und für die Sünder da« (NSF I, S. 432). Löwy überwand zugleich für sich selbst diese jüdische Angst vor dem Theater, indem er (in gut nietzscheanischer Terminologie) »Maskerade«, »Drama, Tragödie, Gesang, Komödie, Tanz alles beisammen, das Leben!« (NSF I, S. 435) bejahte, bis hin zum Wunsch, »daß ich ein jüdischer Schauspieler werden soll« (NSF I, S. 43). Das ist freilich kein assimilatorisches »Grosses Theater« mehr, sondern eine Annäherung an das postassimilatorische jüdische Theater im neuen »Tempel der jüdischen Kunst« (NSF I, S. 435f.) und damit Überwindung der Angst vor dem Theater bzw. Übergang zu einer positiven Theatersemantik der jüdischen Moderne, wie sie später auch Brod als Dramaturg der Habima teilte.

Um 1900 aber blieb die Ausformulierung einer negativen, polemischen, nichtsdestoweniger gleichermaßen metaphernreichen Semantik *gegen* das Theater der Assimilation (bzw. gegen die Assimilation als Theater und Maskerade) in der zionistischen Literatur, die Kafkas *Bericht für eine Akademie* offenkundig verhandelt, dominant. Dies kann ein weiterer Aufsatz aus dem ersten Jahrgang der Monatsschrift *Ost und West* (1901) belegen, dessen Lektüre durch Kafka bezeugt

---

78. Nathan Birnbaum: »Die Juden und das Drama«, in: ders.: *Ausgewählte Schriften zur jüdischen Frage*, 2 Bde., Bd. 2, Czernowitz 1910, S. 245–260, hier: S. 248–252 passim. (Zuerst 1901 erschienen in der *Welt*) Nietzsche verstand den Selbsterhaltungstrieb als Ausformung des Willens zur Macht. Vgl. etwa »Die Physiologen sollten sich besinnen, den Selbsterhaltungstrieb als kardinalen Trieb eines organischen Wesens anzusetzen. [...] Leben selbst ist Wille zur Macht –: die Selbsterhaltung ist nur eine der indirekten und häufigsten Folgen davon« (KSA 5, S. 13).

ist: *Eine Ghettostimme über den Zionismus* von Max Mandelstamm – der Aufsatz befindet sich als Sonderdruck in Kafkas Bibliothek.[79] Mandelstamm war ein bedeutender russischer Zionist, Mitbegründer der ›Chibat Zion‹-Bewegung, seit dem ersten Zionistenkongress engster Mitarbeiter von Herzl, den jener in *Altneuland* unter dem Namen ›Dr. Eichenstam‹ als ersten Präsidenten des jüdischen Staates porträtierte. In seinem Aufsatz über den Zionismus greift er die radikale Kritik der Assimilation auf – und erweitert dabei die Metaphorik der äffischen Mimikry:

> »Vom Gottesdienst und den religiösen Festen angefangen bis zum Wechsel der Vor- und Familiennamen, bis zur Taufe, bis zu den krassesten sinnlichen Excessen, hat sich ein Teil des maßgebenden Judentums derart seiner Umgebung angepaßt, daß man nicht recht weiß, worüber mehr zu staunen sei: über die falsche Legende vom kritischen Verstande der Juden, über ihre Nachahmungsfähigkeit, welche die Leistungen der entwickeltsten Affen überbietet, oder über ihre Selbsterniedrigung, welche sie zu widerlichen Hanswursten stempelt und gerade in denjenigen Kreisen verächtlich macht, in die sie sich hineindrängen möchten.«[80]

Die Etablierung dieser polemischen Semantik des Scheinhaften und Imitierenden zur Kritik der Assimilation können – zuletzt – schlaglichtartig einige spätere Beispiele verdeutlichen: Max Hochdorf etwa plakatierte 1903 den Typus des assimilierten Juden mit dem Zerrbild des ›Affen-Cohn‹, »einem Krüppel des Glücks«.[81] Daniel Pasmanik charakterisierte in seiner psychologischen Analyse *Die Seele Israels* (1911) das Diasporajudentum – etwas differenzierter – als ein Nachahmendes, dem jede eigene Schaffenskraft abhanden gekommen sei: »Das Judentum der Diaspora [...] mußte auf neues Schaffen verzichten, denn objektiv konnte es in der Diaspora nur nachahmen.«; »Nicht schaffen, sondern mitmachen – ungebeten, aus Anpassung.«[82] Bemerkenswert ist dabei insbesondere Pasmaniks theatralische Metapher der ›Maske‹ für die jüdische Adaption einer kulturellen Identität, dies nicht zuletzt mit Blick auf die Farbe, die in Rotpeters namengebender Wunde wiederkehrt: »Man kann eine Maske anziehen, eine Maske irgend eines Ich, aber ein neues Ich kann man nicht erwerben. [...] so zogen die Juden Masken an, die im gegebenen Moment in Ehren waren; Schwarze, rote, besonders aber hellrosa, d.i. von blasser, ruhiger Farbe. Ja, besonders die blaßfarbigen, die fast von allen anerkannt werden dürften.«[83]

Mit Blick auf Kafkas Bericht ist zuletzt auch Moritz Goldsteins Aufsatz *Wir und Europa* von Bedeutung, der 1913 in dem vom Prager zionistischen Studentenverein ›Bar Kochba‹ herausgegebenen Sammelband *Vom Judentum* erschienen war; auch dieser Band befindet sich in Kafkas Bibliothek.[84] Goldstein argumen-

79. Vgl. Jürgen Born: *Kafkas Bibliothek. Ein beschreibendes Verzeichnis*, Frankfurt a.M. 1990, S. 116.
80. Max Mandelstamm: »Eine Ghettostimme über den Zionismus«, in: *Ost und West* 1 (1901), Sp. 585–593, hier: Sp. 587.
81. Max Hochdorf: »Affen-Cohn«, in: *Ost und West* 7 (1903), Sp. 461–468.
82. Daniel Pasmanik: *Die Seele Israels. Zur Psychologie des Diasporajudentums*, Köln 1911, S. 41, 54.
83. Ebd., S. 54.
84. Born: *Kafkas Bibliothek*, a.a.O., S. 131.

tiert hier allerdings weniger biologistisch, sondern kulturalistisch, wenn er die Assimilation als Bildungsanstrengung darstellte. Dennoch wird deutlich, dass diese Anstrengung im Dienst eines Überlebenstriebs erfolgte. Bildung in dieser posthumanistischen Funktion ist allerdings auch der ›Ausweg‹, den Kafkas Affe für sich wählte, wie es im *Bericht* heißt:

»Und ich lernte, meine Herren. Ach, man lernt, wenn man muß; man lernt, wenn man einen Ausweg will; man lernt rücksichtslos. Man beaufsichtigt sich selbst mit der Peitsche; man zerfleischt sich beim geringsten Widerstand. Die Affennatur raste, sich überkugelnd, aus mir hinaus und weg [...]. Durch eine Anstrengung, die sich bisher auf der Erde nicht wiederholt hat, habe ich die Durchschnittsbildung eines Europäers erreicht.« (DzL, S. 311f.)

Eben diese ›Selbstzucht‹ der Juden ›zum Europäer‹ beschreibt Goldstein in seinem Prager Aufsatz *Wir und Europa*. Seit Moses Mendelssohn entdeckten die Juden das Lernen als Ausweg aus dem Ghetto. Europa als Bildungsnorm ist ihr Ziel, und erst die ›hypereuropäische‹ zionistische Dissimilation, in die Goldsteins Aufsatz mündet, findet zum jüdischen ›Orient‹ zurück:

»Unter dem befreienden Odem des Humanitätsideals, nach der Verkündigung der Menschenrechte waren auch die bis dahin verachteten Juden in den Orden der ›Menschheit‹, wie man sagte, der Kulturmenschheit, wie man meinte, d.h. in die Gemeinschaft Europas aufgenommen worden. Das erste Beispiel eines Ghettojuden, der es durch Selbstzucht zum Europäer gebracht hatte, bot unter dem verwunderten Beifall von Juden und Christen Moses Mendelssohn dar. Seitdem drängten sich die neuen Schüler massenweise zur europäischen Kultur. Europäer zu werden, das ist letzten Endes das Ziel und der Stolz der Assimilation, in ihren Anfängen so gut wie heute. Man emanzipierte sich von den uneuropäischen Volkssitten oder -unsitten, legte die unterscheidende Tracht ab, lernte deutsch oder französisch oder englisch schreiben und sprechen; man emanzipierte sich auch von dem alttestamentlichen Jehova und dem rabbinischen Ritual und machte das Judentum europafähig, demselben Zuge der Aufklärung folgend, der auch die christliche Religion zum Bekennen eines fast unpersönlichen höchsten Wesens und zur allgemeinen Moralität ohne bestimmte Vorschriften vergeistigte oder verflüchtigte. Äußeres Kennzeichen, sozusagen das Diplom für erreichte Europawürde, war die Verleihung der unbeschränkten staatsbürgerlichen Rechte in den jeweiligen Heimatstaaten. Und um den Anspruch auf solche Einfügung theoretisch zu erweisen, erklärte man das Judentum als bloße Religion, versteht sich das Judentum in geläuterter Fassung, [...] in welcher Gestalt es sich nun wirklich von der ebenso gedeuteten christlichen Religion durch kaum mehr als den Namen unterschied.«[85]

---

85. Moritz Goldstein: »Wir und Europa«, in: Verein jüdischer Hochschüler Bar Kochba in Prag (Hg.): *Vom Judentum. Ein Sammelbuch*, Leipzig 1913, S. 196f.

Ein letztes Moment von Kafkas *Bericht* gehört zum topischen Archiv zionistischer Assimilationskritik. Während ihre Apologeten wie Rathenau die Assimilation als Ausweg aus dem Antisemitismus propagierten, erklärten die Zionisten gerade diese Funktion als gescheitert. Denn die völkische Paranoia misstraut nicht etwa der (zionistischen) Dissimilation, die sie gerade bestätigt, sondern der Assimilation als dem Bestreben der Juden, sich in die deutsche Kultur und Gesellschaft zu integrieren. Die Assimilation kann noch so weit gehen, sie mag selbst in Konversion übergehen – gerade hier sucht die völkische Publizistik nach dem ›verborgenen Judentum‹. Dies formulierte etwa Simon Dubnow in einem Aufsatz im ersten Jahrgang von Bubers *Jude* (1916/17), eine frühe Fassung seiner *Neuesten Geschichte des jüdischen Volkes*, die sich ebenfalls in Kafkas Bibliothek befand, wie auch der genannte Jahrgang des *Juden*:[86] »Die Antisemiten aller Länder sagen den Juden [...]: ›An eure Selbstverleugnung glauben wir nicht; bei all euren Bemühungen, mit uns zu verschmelzen, bleibt ihr uns fremd; ihr seid nicht nur Andersgläubige, sondern auch Fremdstämmige.‹«[87] In Kafkas *Bericht* heißt es: »Letzthin las ich in einem Aufsatz irgendeines der zehntausend Windhunde, die sich in den Zeitungen über mich auslassen: meine Affennatur sei noch nicht ganz unterdrückt« (DzL, S. 301).

V.

Für die Begrenzung, gar den Endpunkt, die eine integrierte enzyklopädische Analyse der Kafka-Nietzsche-Textur hat, wie sie hier unternommen wurde, gilt dasselbe, was Umberto Eco für die so genannte ›unendliche Semiose‹ (ihrerseits ein enzyklopädisches Modell) formulierte: sie ist nicht aus systematischen, einzig aus pragmatischen Gründen abzubrechen.[88] Pragmatisch ist nicht nur die anfängliche Begrenzung auf die Figurationen einer theatralischen und zoologischen Metaphorik der Assimilation. Pragmatisch ist auch die an diesem Ende zu fällende Entscheidung, dass mit dem hier in den Blick genommenen Textkorpus eine hinreichende Beispielreihe zur Diskussion gestellt werden konnte, eine Reihe genauer, die plausibel machen sollte, mit welchem Recht Max Brod Kafkas *Bericht für eine Akademie* als ›tiermenschlichen Komödie‹ auf die Assimilation lesen konnte.

Hier von ›Recht‹ zu sprechen, ist allerdings nur in einem spezifischen Sinn gegeben, denn dieses ist mehr intuitiv zufallend und kollektiv gegeben als bewusst ergreifbar. Die nämlich ist die Art und Weise, die Modalität, in der einem publizistisch und belletristisch höchst wachen und aktiven zionistischen Intellektu-

---

86. Vgl. Born: *Kafkas Bibliothek*, a.a.O., S. 168, 202 (Dubnow); S. 169 (*Der Jude*).
87. Simon Dubnow: »Die Hauptprozesse der neuesten Geschichte der Juden«, in: *Der Jude* 4 (1916/17), S. 249–254, hier: S. 253.
88. »Das Modell gründet in seiner Komplexität auf einem Prozeß *unendlicher Semiose*. Von einem als ›type‹ angenommenen Zeichen aus ist es möglich, vom Zentrum bis zur äußersten Peripherie das ganze Universum der kulturellen Einheiten zu durchlaufen, von denen jede ihrerseits zum Zentrum werden und unendliche Peripherien erzeugen kann.« (Umberto Eco: *Einführung in die Semiotik*, München 1972, S. 124.) Vgl. Kilcher: *mathesis und poiesis*, a.a.O., Kapitel 2.1.1.

ellen wie Brod – gleichermaßen aber auch einem weniger programmatischen und entschiedenen Vielleser wie Kafka – das Wissen und die Sprache jenes breiten und aus leitenden Paradigmen wie dem Darwinismus und dem Nietzscheanismus begrifflich und bildlich gespeisten Diskurses über Assimilation und Zionismus zur Verfügung stand. Das diskursive Universum dieses Archivs durchdringt die Enzyklopädie der schreibenden Leser Kafka wie Brod, reguliert und stimuliert ihren publizistischen (Brod) und literarischen, parabolischen (Kafka) Sprachgebrauch, freilich ohne dass daraus notwendig eine konsequente (kultur-, sozio- oder bio-)politische Tendenz zu erkennen wäre. Kafkas Enzyklopädie ist, so komplex sie in ihrer diskursiven und poetolgischen Wissensordnung ist, darin schlichter: Verflechtung von Lesen und Schreiben. Deutlicher gesagt: Sie ermöglicht es ihm, den *Bericht* – ebenso wie andere Texte in dessen Umfeld[89] – in einer spezifischen Sprache zu schreiben, die mit dem Abstraktum ›jüdischer Nietzscheanismus‹ offen und dennoch hinreichend präzise eingegrenzt ist.

Der enzyklopädische Analytiker aber stand vor der Aufgabe, diese Kafka-Enzyklopädie zumindest in Ansätzen zu rekonstruieren, dabei nicht nur in sie einzutauchen, sondern genauer ihre hypertextuellen Verflechtungen in die leitenden zeitgenössischen Diskursfelder wie Darwinismus und Nietzscheanismus zu verfolgen und dabei die sprachlichen Zeichen, die Chiffren und Bilder dieser Archive in ihrer verzweigten Transmission in unterschiedlichen Texten erkennbar zu machen. Mit Jorge Louis Borges gesprochen, dessen phantastische Enzyklopädik vielleicht die beste methodische Vorgabe für die Analyse von Kafkas Enzyklopädie ist (die auch Kafkas Nietzsche-Enzyklopädie enthält, Achad Haams Nietzsche-und-Tarde-Enzyklopädie, Nietzsches Darwin-Enzyklopädie etc. etc.): Sie ist ihm ein »Garten der Pfade, die sich verzweigen«.[90] Nur wer in diesen Garten sich vorwagt, lernt sich in ihm zurechtfinden, denn es gibt keinen Plan.

---

89. Nicht nur an die so genannten ›Tiergeschichten‹ wie die *Verwandlung* und die *Forschungen eines Hundes* wäre zu denken, sondern auch an ausdrücklich theatralische Texte wie *Das Schweigen der Sirenen*, *Auf der Galerie*, *Ein Hungerkünstler* und *Josefine die Sängerin*, Texte also, die bisher meist dem Themenbereich der so genannten ›Künstlernovelle‹ zugerechnet wurden, was vor dem hier entworfenen Panoptikum freilich nur eine allzu vordergründige Lektüre ist. Die in diesen Texten angesprochene Performanz-Problematik reicht in jenes Feld des Assimilationsdiskurses, das hier von Nietzsche her lesbar gemacht wurde.
90. Jorge Louis Borges: *Fiktionen. Erzählungen 1939–1944*, Frankfurt a.M. 1992, S. 77ff.

Stanley Corngold

Nietzsche (with Kafka) as Neo-Gnostic Thinkers

1. Nietzsche's Gnosticism

This association of ideas – Nietzsche and Gnosticism – is likely to be rebarbative today. And so it should be, if we are thinking of something like doctrinal Gnosticism – the better current name for which – as Michael Williams proposes, in his *Argument for Dismantling a Dubious Category* – is »Biblical demiurgical« thought.[1] That name change is owed to the variety of statuses and functions of the demiurge-figure in the gospels of Nag Hammadi, discovered in 1945 and only gradually published in the years before 1977. The demiurge is no longer systematically malevolent.

Now, would Nietzsche himself have dreamt of calling himself a Gnostic thinker? He was not ignorant of this category; he read accounts of Gnostic thought in his early years.[2] But Nietzsche's few recorded uses of the term are polemical-pejorative, viz.

»Im letzten Grunde war es die verhaltene und lange aufgestaute Frömmigkeit der Deutschen, welche in ihrer Philosophie endlich explodirte, unklar und ungewiß freilich, wie alles Deutsche, nämlich bald in pantheistischen Dämpfen, wie bei Hegel und Schelling, als Gnosis, bald mystisch und weltverneinend, wie bei Schopenhauer: in der Hauptsache aber eine christliche Frömmigkeit, und nicht eine heidnische, für welche Goethe und vor ihm schon Spinoza so viel guten Willen gezeigt haben« (KSA 11, p. 604).

Or again:

»Der deutsche Versuch, Christenthum in eine Gnosis umzuwandeln, ist zum tiefsten ausgeschlagen: das ›Unwahrhaftige‹ dabei am stärksten empfunden (gegen Schelling z.B.)« (KSA 12, p. 129).

What would have vexed Nietzsche about the German idealist attempt to represent Christian belief as metaphysical knowledge, as a sort of intellectual intuition? Answer (on my view): it suppresses the wholly this-worldly establishment of Christianity as a political-psychological strategy, as see *Der Antichrist*, 21:

1.   Michael A. Williams: *Rethinking »Gnosticism«: An Argument for Dismantling a Dubious Category*, Princeton, N.J. 1996, p. 51–52, p. 265.
2.   Johannes Figl: »Nietzsches frühe Begegnung mit dem Denken Indiens«, in: *Nietzsche Studien 18* (1989), p. 455–71. Discussed in Michael Pauen: *Dithyrambiker des Untergang. Gnostizismus in Ästhetik und Philosophie der Moderne,* Berlin 1994, especially »Nietzsche«, p. 87–94.

»Christlich ist die Todfeindschaft gegen die Herren der Erde, gegen die ›Vornehmen‹
– und zugleich ein versteckter heimlicher Wettbewerb (– man lässt ihnen den ›Leib‹,
man will nur die ›Seele‹ …)« (KSA 6, p. 188).

These repudiations of a Gnostic sensibility are found in Nietzsche's posthumously published notebooks, but you can read in *Ecce Homo* an even more
forthright and indeed foundational rejection of Gnostic dualism in Nietzsche's
inversion of Zoroastrianism.

Here, Nietzsche addresses a question that he claims has never been asked: Why
is his masterpiece called *Also Sprach Zarathustra*? What has Zarathustra to do with
it? The answer is that the Persian prophet Zoroaster must be made to »take back«
his Gnosticism, if under this head we can refer to a religious system in which the
categories of good and evil are at once objective and wholly separate.[3] In thinking of Zoroastrianism as a proto-Gnosticism, I rely on evangelical authority, viz.

»The branch of Gnosticism developed in Mesopotamia reflects a horizontal dualism
associated with Zoroastrian worship and is epitomized in its later Gnostic form of
Manichaeism. In this pattern light and darkness, the two primal principles or deities, are
locked in a decisive struggle.«[4]

Nietzsche explains: »Zarathustra hat zuerst im Kampf des Guten [gnostici] und
des Bösen [archons] das eigentliche Rad im Getriebe der Dinge gesehn, die
Übersetzung der Moral in's Metaphysische, als Kraft, Ursache, Zweck an sich,
ist sein Werk« (KSA 6, p. 367). He thus became the first moralist. But in *Also
Sprach Zarathustra*, Nietzsche's own Zarathustra negates and overcomes the principles of his historical predecessor: »Zarathustra schuf diesen verhängnissvoll-
sten Irrthum, die Moral: folglich muss er auch der Erste sein, der ihn erkennt«
(KSA 6, p. 367). This should make Nietzsche the anti-Gnostic par excellence.
And indeed his later comments on German Idealist thinkers bear out this point.

On these and other grounds, we might be inclined, therefore, to regard this association of ideas – Nietzsche as a Gnostic thinker – as *an utter oddity*; but if we
do so, it must be because we are very young – or inattentive when we were
young. For in the 1950s and 60s, Eric Voegelin's claim that Nietzsche must be
considered an avatar of Gnostic thinking took the learned world's (political-

---

3. The notion of »taking back« comes from Thomas Mann's *Doktor Faustus*, where the Nietzsche-
persona Adrian Leverkühn announces that he will »take back« Beethoven's Ninth Symphony. It must
be undone, as the source of calamitous hopes and errors.
4. G. L. Borchert: »Gnosticism,« [Walter A.] *Elwell Evangelical Dictionary*, http://www.mb-soft.com/
believe/txn/gnostici.htm. Cf. this observation by the eminent scholar of Gnosticism Gilles Quispel,
»According to the Acts of Archelaus (67) of Hegemonius, the Alexandrian teacher Basilides (c. 140)
quoted a fragment from a writing, which may be of the first century and therefore could be the oldest
existing Gnostic document. It tells that in the beginning there were two worlds, of light and darkness,
good and evil« (*Vigiliae Christianae*, Vol. 40, No. 1. [Mar., 1986], p. 99). On the question of a putative
Zoroastrian »origin« of Gnosticism, a matter in which I have no competence, I will quote a typical
comment by authority: »[H. J.] Schoeps seems right in rejecting any suggestion of Iranian influence.
The ultimate source of certain elements may be Iranian […],« etc. (R. McL. Wilson: *Vigiliae Christianae*, Vol. 9, No. 3. [Oct., 1955], p. 203). I am not in any case addressing a causal relation but only an
analogy that Nietzsche was quite capable of entertaining.

philosophical) breath away. In *The New Science of Politics* (1952) and *Science, Politics, and Gnosticism* (1962), Voegelin argued that Nietzsche was a secular – and catastrophic – vessel of Gnostic thought, having sought to »immanentize the eschaton.«[5]

What is this phrase – »*immanentize* the eschaton« – doing in Voegelin's »Gnostic« argument – an argument, by the way, that persists as a topic for discussion in symposia and on numerous Web pages today?

Several aspects of the case require explanation. First, Voegelin's notion of the core idea of ancient Gnosticism is taken from Hans Jonas's *Gnosis und spätantiker Geist* of 1934.[6] Secondly, Voegelin's use of even this viewpoint in order to damn Nietzsche is perverse – or, if you prefer, it proceeds as a Nietzschean transvaluation.

As I reproduce Jonas's construction of ancient Gnosticism, note that this picture, in light of the Nag Hammadi codices, no longer corresponds to the reality of texts called Gnostic. All Jonas's sources, furthermore, never refer to themselves as »Gnostic« texts; the category *gnostikos* appears ca. 180 in the polemics of Irenaeaus of Lyon and the pseudo-Tertullian in the course of a general harrying of writers like Valentinus and Marcion as heretics. Until Nag Hammadi, we knew the Gnostic visionaries only as the scapegoats of second-century heresiologists.

Here is Jonas's idea of the »Gnostic principle« that guides Voegelin's view on Nietzsche.

»The cardinal feature of gnostic thought is the radical dualism that governs the relation of God and world[7] and correspondingly that of man and world. The deity is absolutely transmundane, its nature alien to that of the universe, which it neither created nor governs and to which it is the complete antithesis: to this divine realm of light, self-contained and remote, the cosmos is opposed as the realm of darkness. The world is the work of lowly powers which though they may mediately be descended from Him do not know the true God and obstruct the knowledge of Him in the cosmos over which they rule.«[8]

---

5. This phrase first surfaces powerfully in Voegelin's *New Science of Politics*, in his discussion of »the person and the work of Joachim of Flora« as representative of »the desire for a re-divinization of society« (p. 110). This desire, in Voegelin's view, is an error, since »there is no eidos of history; [...] the eschatological supernature is not a nature in the philosophical, immanent sense. The problem of an eidos in history, hence, arises only when Christian transcendentalist fulfillment becomes immanentized. Such an immanentist hypostasis of the eschaton, however, is a theoretical fallacy. [...] The course of history as a whole is no object of experience; history has no eidos, because the course of history extends into the unknown future. The meaning of history, thus, is an illusion; and this illusionary eidos is created by treating a symbol of faith as if it were a proposition concerning an object of immanent experience.« (*The New Science of Politics*, Chicago 1952, p. 110, p. 123.)
6. Hans Jonas: *Gnosis und spätantiker Geist*, Göttingen 1934.
7. The subtitle of Jonas's original study is *Die Botschaft des fremden Gottes*. Recall, too, von Harnack's *Marcion: Das Evangelium vom fremden Gott* of 1921.
8. Hans Jonas: *The Gnostic Religion: The Message of the Alien God and the Beginnings of Christianity*, Boston 1963, p. 23, p. 26. For focusing my attention on these passages and for some of the interpretive language that follows, I am indebted to an excellent paper by Eugene Webb titled »Voegelin's ›Gnosticism‹ Revisited«, in: *Political Science Reviewer* 34 (2005), p. 48–76. This issue contains a number of valuable essays, under the head of »Eric Voegelin's *New Science of Politics*: A 50ᵗʰ Anniversary Symposium.«

In describing Voegelin's use of Jonas, I shall ride in the wake of Eugene Webb, an authority on the Voegelin-Jonas nexus: Webb discussed the Gnostic issue with both scholars in real time. In *Voegelin's »Gnosticism« Reconsidered*, Webb paraphrases Jonas as follows:

> »These ›lowly powers‹ are the Archons (or, if there is only one, the Demiurge); they ›collectively rule over the world, and each individually in his sphere is a warder of the cosmic prison,‹ trying to keep humans from winning freedom to return to their true life beyond the cosmos […] . These ideas are coupled in Gnosticism, for Jonas, with the idea that salvation is to be attained through some form of special revelatory knowledge, *gnosis*. This is not knowledge in the rational sense, but has to do with matters that are inherently existential and in principle unknowable to rational inquiry. ›The ultimate 'object' of gnosis is God,‹ says Jonas, and ›its event in the soul *transforms* the knower himself by making him a partaker in the divine existence […]‹ [emphasis added, SC]. The moral law, in Jonas's construction of Gnosticism, is just one more product of the Archons designed to keep humans in ignorance and thereby hold them captive. There have been both ascetic and libertine versions of Gnosticism, says Jonas, but the libertine is the form in which the essence of Gnosticism is more clearly expressed, because it ›exhibits more forcefully than the ascetic version the *nihilistic* element contained in gnostic acosmism.‹«[9]

End of Webb on Jonas. I will add that Jonas's preference for a libertine Gnosticism is tendentious, especially nowadays, when scholars distinguish a higher »apostolic Gnosticism« from an »antinomian Gnosticism«.[10] Nietzsche would have least to do with the former; and while libertinism might allow for a reference to Nietzsche's Dionysian moods, it is useless in characterizing the procedure of Nietzsche philosopher-poet, who subjects himself to draconian law:

> »Jeder Künstler weiss, wie fern vom Gefühl des Sich-gehen-lassens sein ›natürlichster‹ Zustand ist, das freie Ordnen, Setzen, Verfügen, Gestalten in den Augenblicken der ›Inspiration‹, und wie streng und fein er gerade da tausendfältigen Gesetzen gehorcht, die aller Formulirung durch Begriffe gerade auf Grund ihrer Härte und Bestimmtheit spotten (auch der festeste Begriff hat, dagegen gehalten, etwas Schwimmendes, Vielfaches, Vieldeutiges)« (KSA 5, p. 108).

---

9. Webb: »Voegelin's ›Gnosticism‹ Revisited«, in: *Political Science Reviewer*, l.c., p. 52; Jonas: *The Gnostic Religion*, l.c., p. 46.
10. »By ›apostolic gnosis‹, I mean Christian divine illumination that is authenticated both doctrinally and through the verification of another who has himself experienced this illumination and can recognize its signs in another's experience… Antinomian gnosis, conversely, bears as its marks an arrogance, an anti-cosmism, and a rejection of conventional morality. The antinomian Gnostic believes that the cosmos is inherently not just a place of suffering, […] but evil, a kind of cosmic abortion, a place of exile against which he dramatically opposes ›the other world‹. This dualistic anti-cosmism in turn results in antinomianism, the belief that he need not do good and avoid evil. For separated from ›the world of light‹, he observes a kind of inverted ethics in this world below; he is freed to do as he likes; here below he can be a libertine« (Arthur Versluis: *Gnosis and Literature*, Saint Paul, Minn. 1996, p. 12).

Such language might indeed point to Nietzsche's Gnostic élan in a descriptive, nonpolemical manner. We will attempt this at the end of this section.

At this point, what we want to remember from Jonas (before Voegelin made strong use of him) is that Gnostic thinkers prescribe the way of the elite of the world – the recipients of *gnosis* or knowledge – as the way *back* to authentic, otherworldly being. In the Gnostic vision the *eschaton* stands at the end of a way that leads *out of the history of this world*.

Now, what is the fate of this idea in Voegelin's account of a Gnostic Nietzsche? For Voegelin, Nietzsche's project of transhumanizing the earth in summoning up a race of *Übermenschen* – »die Herren der Erde« – is not merely the *perverse* »immanentization« of the Gnostic ideal; it is the soul of Gnosticism itself. In Voegelin's Gnosticism, the eschaton is as such »immanentized« by means of the illumination that guides an elite in addressing the unlawful ordering of the world. This gnosis provides a springing-off point for world-reform.

The latter point has proved the chief irritation in Voegelin's Gnosticism. The necessity of this tortured approach arises from the fact that Voegelin wants above all to call attention to the totalitarian consequences of Nietzsche's thought – and not the totalitarian *abuse* of Nietzsche's thought.[11] To achieve this, a fundamental distortion is required. Voegelin identifies »the six characteristics [...] of the gnostic attitude [...]:

1. The gnostic is dissatisfied with his situation [...];

2. [believing] that the drawbacks of the situation can be attributed.

to the fact that the world is intrinsically poorly organized [...]

3. Salvation from the evil of the world is possible [...]

4. [if] the order of being [...] [is] changed in an historical

process [...];

5. – a change [...] possible through man's own

effort [...];

6. [to] a perfect one [...] , the task of the gnostic [being] to seek out the prescription for such a change [...] [and] come forward as a prophet who would proclaim his knowledge about the salvation [...] of self and world.«[12]

Note that in the standard Gnostic account, *gnosis* itself – and not its instrumental consequences, as Voegelin has it – is held to be the very means to a salvific coincidence with the origin.

11. Compare Nicholas Goodrick-Clarke, who wrote, decades after Voegelin, of »the rule of Gnostic elites and orders, the stratification of society according to racial purity and occult initiation, the ruthless subjugation and ultimate destruction of non-German inferiors, and the foundation of a pan-German world-empire [...]. Such fantasies were actualized with terrifying consequences in the Third Reich: Auschwitz, Sobibor and Treblinka are the hellish museums of Nazi apocalyptic, the roots of which lay in the millennial visions of Ariosophy.« (Nicholas Goodrick-Clarke: *The Occult Roots of Nazism: Secret Aryan Cults and their Influence on Nazi Ideology*, New York 2003, p. 200; 202). We are learning about the influence of a certain Gnostic cult on the mentality of the Third Reich, but not about Nietzsche! It is hardly imaginable that Nietzsche would have had any truck with Ariosophists; but here we have two responsible intellectual historians calling Nazism, among modern power elites, gnostic.

12. Voegelin: *Science, Politics, and Gnosticism*, Wilmington, Delaware 2004, p. 64–65.

Obviously, this sequence of propositions in Voegelin represents a stark turn away from normative Gnosticism – an error clarified by Webb in the essay mentioned above. Of the fourth proposition, which speaks of a change in the order of being, Webb writes:

> »[it] begins to introduce an idea from Voegelin's own system of thought, and the fifth and sixth depart from the standard use entirely in their emphasis on salvation within history through changes one is able to bring about in the world, whereas Jonas's gnostics despaired of the world and its history and looked for salvation elsewhere. This would be less of a problem if Voegelin were simply trying to extend the meaning he found in Jonas, but by placing his emphasis on intramundane salvation through human action and reinterpreting gnosis as knowledge of how to perform that action he does not just extend it, but transforms it.«[13]

Yet, in all this conversation about Voegelin's error, he was never ignorant of his procedure – merely insouciant about its name. Consider the following passage from his *Order in History*:

> »While these early [Gnostic] movements attempt to escape from the *metaxy* [the zone Between immanence and transcendence, SC] by splitting its poles into the hypostases of this world and the Beyond, the modern apocalyptic-Gnostic movements attempt to abolish the *metaxy* by transforming the Beyond into this world.«[14]

One can read as well an interesting supporting comment on this »transformation« in the poignant essays titled *Hermetic Light* by John Finlay. Finlay argues that the speculative transformation in Nietzsche of man into the Übermensch – *who is unthinkable as a man, thinkable only as a god* – is indeed a reimposition of the Beyond into the ordinary day. No less, adds Finlay, does the notion »God is dead« wipe God from the table of memory; there is still the problem of His corpse, His ghost, His rumor.[15]

And so we have seen Voegelin reinverting Nietzsche's inversion of Zarathustra by having Nietzsche reintroduce an anchoring morality into »the world« – a worldly orientation toward the immanentized Beyond and hence a goal for the will. Nietzsche would have no dispute with this latter claim, adding only the point that it must be done *of necessity*, viz.

> »Wenn kein Ziel in der ganzen Geschichte der menschlichen
> Geschicke liegt, so müssen wir eins hineinstecken: gesetzt
> nämlich, daß ein Ziel uns nöthig ist, und uns andrerseits die
> Illusion eines immanenten Zieles und Zwecks durchsichtig
> geworden ist. Und wir haben Ziele deshalb nöthig, weil wir einen

---

13. Webb: »Voegelin's ›Gnosticism‹ Revisited«, in: *Political Science Reviewer*, l.c., p. 60.
14. Eric Voegelin: *Order of History*, vol. 4, Baton Rouge 1974, p. 237–38.
15. John Finlay: *Hermetic Light. Essays on the Gnostic Spirit in Modern Literature and Thought*, Santa Barbara 1994, p. 120.

Willen nöthig haben der unser Rückgrat ist. ›Wille‹ als
Schadenersatz für ›Glaube‹, d.h. für die Vorstellung, daß es einen
göttlichen Willen giebt, Einen, der etwas mit uns vorhat [...]« (KSA 12, p. 236.).

For Voegelin and his followers, then, Nietzsche's »immanentization« of the
Gnostic object is simply called Nietzsche's – and our – Gnosticism. And this is
how Nietzsche began to be understood by political scientists in Voegelin's time,
as by the Christian conservative philosopher Gerhart Niemeyer in a 1982-essay
titled *Ideas Have Also Roots* (sic),

> »The kind of thinking [Marx, Nietzsche's], which gives to progress the character of
> salvation from all evil [viz. worldliness] [...], constitutes an illicit pulling of divinity
> into the historical immanence, and a fallacious deification of political forces and po-
> litical mission, from which stem the polarization of humanity into two essentially un-
> equal elements, and the justification of total power (›murder,‹ Camus would say) of
> one over the other.«[16]

I said that versions of the claim of Nietzsche as malevolently Gnostic continue
to flourish on the Web, having lost nothing of their polemical force. Phillip D.
Collins summarizes this Voegelinian tradition in speaking (in rough words) of

> »Nietzsche's quasi-Gnostic proclivities. [...] The triumph of the *Übermensch* over hu-
> manity repeats the Gnostic theme of man as a higher being fettered by a corporeal
> prison [...] Nietzsche's own bowdlerized version of gnosis (revelatory experience) is
> the ›transvaluation of values‹ and the enthronement of self as the final moral autho-
> rity.«[17]

Collins would have been more accurate to Nietzsche had he qualified this »self«
as »the creative self« of *Also Sprach Zarathustra*, Nietzsche's counterpart to the
»uncreated« self of Gnostic belief.

Now if, in the above, Collins is suggesting that the gnosis is a revelation of our
divine origin, then a bowdlerized (Nietzschean) version might read as follows:
»the divine« is itself originated – as a fiction promising revenge on the »masters
of this earth.« Indeed, in socio-economic readings of the origins of Gnosticism,
this reduction of the gnosis to a politically-motivated strategy proceeds frankly
in accord with the logic of Nietzsche's transvaluation of Christianity. Henry

---

16. Gerhart Niemeyer: »Ideas Have Also Roots (*sic*)«, *Modern Age* (Spring 1982), republished in *After-sight and Foresight: Selected Essays,* Lanham, MD 1988, p. 219.
17. »Nietzsche: A Precursor to Hitler?«, http://www.conspiracyarchive.com/commentary/Niet-zsche.htm. The word »bowdlerize« – we should remind ourselves – is a contribution to this discussion by Thomas Bowdler, who published in 1818 an expurgated Shakespeare, »in which those words and expressions are omitted which cannot with propriety be read aloud in a family«. So if Collins means that, for Nietzsche, the gnosis of the transcendental eschaton was not consistent with family values, he may be on to something there; but it is doubtful whether the »transvaluation of values« could be accommodated in that sphere any more comfortably.

Green makes the »bowdlerizing« Nietzschean point plausible in situating the motives of the early Jewish Gnostics.

> »the Gnostic's battle to decrease the power of the Demiurge [vis-à-vis the true God] was an attempt to sever himself from his Jewish identity and to curtail the power of Rome. Antinomianism as an ideology therefore expressed social and political values.«[18]

What I am stressing here is that Collins's attempt to rescue an authentic gnosis from its political appropriation by Nietzsche unwittingly turns his source – Voegelin – upside down; for in Collins's light, Voegelin is more Nietzschean than his interpreters understood him to be, since Voegelin himself does *not* subscribe to the consolations of esoteric knowledge. This fact continues to irritate his convinced Christian adherents, who had welcomed Voegelin as a modern-day heresiologist. In a word, Voegelin does not write as *Christ* versus the dragon Nietzsche.

At this point in the sociological-economic argument, we can reasonably point to certain residual Gnostic *effects* flowing from Nietzsche (call it his radical antinomianism), especially when we recall that it was a comparable social and economic alienation felt by elite Jewish intellectuals in Vienna at the fin de siècle that turned them into passionate Nietzscheans.[19]

Concluding with Collins, we read:

> »In a Gnostic context Nietzsche's self-deification is analogous to the transformation of man's sensate being. In a Nietzschean context, Gnosticism's ›immanentized eschaton‹ becomes the governance of the ›masters of the earth.‹« (op.cit.)

Now here we can begin to see further outlines of a thesis on Nietzsche's real gnosticism, with which this section of my paper concludes. Let us think of Gnosticism as Wittgenstein thinks of »philosophy«, which consists in »assembling remainders for a certain purpose«.[20] There are remainders enough in the Gnostic principles according to Jonas, Voegelin, and their followers to allow us to highlight underestimated aspects of Nietzsche's thought. We cannot overlook Nietzsche's rank-ordering of men. Here is an especially provocative text from Nietzsche's late notes.

> »Zarathustra glücklich darüber, daß der Kampf der Stände
> vorüber ist, und jetzt endlich Zeit ist für eine Rangordnung

---

18. Henry A. Green: *The Economic and Social Origins of Gnosticism*, Atlanta 1985, p. 209.
19. This is shown in Jacob Golomb's works on the so-called »marginal Jews« of the Austro-Hungarian Empire, whom Karl Kraus, in the beastly streak that was native to him, called »die Überaffen des Kaffeehauses«. *Die Fackel*, 2, 51 (August 1900). Cited in Steven E. Aschheim: *The Nietzsche Legacy in Germany 1890–1990*, Berkeley 1992, p. 36–37. The relevant work is Jacob Golomb: *Nietzsche and Jewish Culture*, New York 1997.
20. Cited in John Passmore: *Serious Art: A Study of the Concept in all the Major Arts*, London 1991, p. 123.

der Individuen.

Haß auf das demokratische Nivellirungs-system ist nur im
Vordergrund: eigentlich ist er sehr froh, daß dies so weit ist. Nun kann er seine
Aufgabe lösen. –
Seine Lehren waren bisher nur an die zukünftige Herrscher-Kaste
gerichtet. Diese Herren der Erde sollen nun Gott ersetzen, und das tiefe unbedingte
Vertrauen der Beherrschten sich schaffen. Vorerst: ihre neue Heiligkeit, ihre
Verzichtleistung auf Glück und Behagen. Sie geben den Niedrigsten die
Anwartschaft auf Glück, nicht sich. Sie erlösen die Mißrathenen durch die Lehre vom
›schnellen Tode‹, sie bieten Religionen und Systeme an, je nach der Rangordnung«
(KSA 11, p. 620).

What is genuinely antinomian Gnostic in these citations, aside from the privi-
leging of a caste of gnostics, is the peremptoriness with which the world as found
today, as »given,« is repudiated. In this rhetorical mode, Nietzsche stands on the
far side of *parrhesia* – of responsible, contingent truth-telling – and speaks out of
gnosis – a gnosis establishing a distance (think: »Pathos der Distanz«) between the
eye of the illuminated and the world-system and allowing for, even inviting a
practice of deception.[21] In *Science, Politics, and Gnosticism* Voegelin excoriates the
»violence and cruelty« of Nietzsche's *libido dominandi,* taking him chiefly to task
for the ease with which he entertains even self-deception. Voegelin addresses the
exceedingly provocative aphorism 230 of *Jenseits von Gut und Böse,* in which this
»Grundwillen des Geistes [...] sich als Herrn fühlen [will]« (KSA 5, p. 167). »The
spirit's will to mastery,« continues Voegelin, is served in the first place by »a suddenly erupting resolve for ignorance, for arbitrary occlusion [...] a kind of defensive stand against much that is knowable.« Moreover, the spirit *wills* to let
itself be deceived on occasion, »perhaps with a mischievous suspicion that things
are *not* thus and so, but rather only allowed to pass as such [...] a satisfaction in
the arbitrariness of all these manifestations of power.« Finally, one finds here »that
not unscrupulous readiness of the spirit to deceive other spirits and to dissemble
before them,« the enjoyment of »cunning and a variety of masks.« The will to
power is a will to intellectual deception, »a compulsion to deceive,« »demonic
mendacity.«[22]
The argument is faithful to a good deal of Nietzsche's late elitist reflections,
which encourage manipulation, as in this decisive note written in late summer
1885:

»Es naht sich, unabweislich, zögernd, furchtbar wie das Schicksal, die große Aufgabe
und Frage: wie soll die Erde als Ganzes verwaltet werden? Und wozu soll ›der Mensch‹
als Ganzes und nicht mehr ein Volk, eine Rasse gezogen und gezüchtet werden? Die
gesetzgeberischen Moralen sind das Hauptmittel, mit denen man aus den Menschen gestalten kann, was einem schöpferischen und tiefen Willen beliebt: Vorausgesetzt, daß

---

21. Stefan Rossbach: *Gnostic Wars: The Cold War in the Context of a History of Western Spirituality,* Edin-
burgh 1999.
22. Voegelin: *Science, Politics & Gnosticism,* l.c., p. 21ff.

ein solcher Künstler-Wille höchsten Ranges die Gewalt in den Händen hat und seinen schaffenden Willen über lange Zeiträume durchsetzen kann, in Gestalt von Gesetzgebungen, Religionen und Sitten. Solchen Menschen des großen Schaffens [...] wird man heute [...] noch umsonst nachgehen: [denn] [...] nichts feindseliger im Wege steht, als das, was man jetzt in Europa geradewegs ›die Moral‹ nennt: wie als ob es keine andere gäbe und geben dürfte – jene [...] Heerdenthier-Moral [...]. Eine Moral mit solchen umgekehrten Absichten, [...] eine Moral mit der Absicht, eine regierende Kaste zu züchten – die zukünftigen H e r r e n d e r E r d e muß, um gelehrt werden zu können, sich in Anknüpfung an das bestehende Sittengesetz und unter dessen Worten und Anscheine einführen; daß dazu aber viele Übergangs- und Täuschungsmittel zu erfinden sind, und daß, weil die Lebensdauer Eines Menschen beinahe nichts bedeutet in Hinsicht auf die Durchführung so langwieriger Aufgaben und Absichten, vor allem erst e i n e n e u e A r t angezüchtet werden muß, in der dem nämlichen Willen, dem nämlichen Instinkte Dauer durch viele Geschlechter verbürgt wird: eine neue Herren-Art und -Kaste – dieß begreift sich ebenso gut als das lange und nicht leicht aussprechbare Und-so-weiter dieses Gedankens. Eine U m k e h r u n g d e r W e r t h e für eine bestimmte starke Art von Menschen höchster Geistigkeit und Willenskraft vorzubereiten und zu diesem Zwecke bei ihnen eine Menge im Zaum gehaltener und verläumdeter Instinkte langsam und mit Vorsicht zu entfesseln: wer darüber nachdenkt, gehört zu uns, den freien Geistern—freilich wohl zu einer neueren Art von ›freien Geistern‹ als die bisherigen: denn diese wünschten ungefähr das Entgegengesetzte. Hierher gehören, wie mir scheint, vor allem die Pessimisten Europas, die Dichter und Denker eines empörten Idealismus, insofern ihre Unzufriedenheit mit dem gesammten Dasein sie auch zur Unzufriedenheit mit den gegenwärtigen Menschen mindestens logisch nöthigt; insgleichen gewisse unersättlich-ehrgeizige Künstler, welche unbedenklich und unbedingt für die Sonderrechte höherer Menschen und gegen das ›Heerdenthier‹ kämpfen und mit den Verführungsmitteln der Kunst bei ausgesuchteren Geistern alle Heerden-Instinkte und Heerden-Vorsichten einschläfern; zudritt endlich alle jene Kritiker und Historiker, von denen die glücklich begonnene Entdeckung der alten Welt es ist das Werk des *neuen* Columbus, des deutschen Geistes muthig *fortgesetzt* wird (denn wir stehen immer noch in den Anfängen dieser Eroberung)« (KSA 11, p. 580).

This dark summons, especially in being attached to »dem deutschen Geiste«, foregrounds aspects of Nietzsche's thought that amount to an »extension« (Webb) rather than a »transformation« of antinomian Gnosticism.

From the perspective of the alien thinker, the world can be organized, the »given« re-established in its rank and ordering, because the observer stands decisively apart from it. From this stance the notion arises of a creative destruction of the given to make room for a *new species*. Seek transformation! In Rilke's phrase, »Wolle die Wandlung«:

»Wolle die Wandlung. O sei für die Flamme begeistert,
drin sich ein Ding dir entzieht, das mit Verwandlungen prunkt;
jener entwerfende Geist, welcher das Irdische meistert,
liebt in dem Schwung der Figur nichts wie den wendenden Punkt.«

This seems a less sinister argument than Nietzsche's; and although Rilke's poem warns that something very hard, indeed, »ein Härtestes«, is in store, that hardness is not obviously a political »governance« of life.

I will now aim for a summing up. Nietzsche's fervid celebration of this world – the only world we have – is ordinarily grasped as the *Umwertung* of a Gnostic perspective, but this Umwertung is nonsimple. In fact, strong features from Jonas's Gnostic frame survive, viz.,

1. the antinomian pathos against Biblical morality;[23]
2. the castigation of the imposter god of Pauline Christianity;
3. the iconoclastic stance toward the institutions constituting state and community;
4. the ontological priority of an elect;[24]
5. the engendering of the Übermensch, the modern counterpart of »the race of The Perfect Human« of the Nag Hammadi gospels;[25]
6. the primordial, nonrational knowledge of the Dionysian One celebrated from *Die Geburt der Tragödie* on, captured in a phrase of Voegelin as the »libidinous rush toward cognitive mastery over the *hen*«;[26]
7. the high claim for *inspired* writing, the counterpart of the striving for unitive knowledge:

»Hat Jemand, Ende des neunzehnten Jahrhunderts, einen deutlichen Begriff davon, was Dichter starker Zeitalter Inspiration nannten? Im andren Falle will ich's beschreiben. – Mit dem geringsten Rest von Aberglauben in sich würde man in der That die Vorstellung, bloss Incarnation, bloss Mundstück, bloss medium übermächtiger Gewalten zu sein, kaum abzuweisen wissen. Der Begriff Offenbarung, in dem Sinn, dass plötzlich, mit unsäglicher Sicherheit und Feinheit, Etwas sichtbar, hörbar wird, Etwas, das Einen im Tiefsten erschüttert und umwirft, beschreibt einfach den Thatbestand. Man hört, man sucht nicht; man nimmt, man fragt nicht, wer da giebt; wie ein Blitz leuchtet ein Gedanke auf, mit Nothwendigkeit, in der Form ohne Zögern, – ich habe nie eine Wahl gehabt. Eine Entzückung, deren ungeheure Spannung sich mitunter in einen Thränenstrom auslöst, bei der der Schritt unwillkürlich bald stürmt, bald langsam wird; ein vollkommnes Ausser-sich-sein mit dem distinktesten Bewusstsein einer Unzahl feiner Schauder und Überrieselungen bis in die Fusszehen; eine Glückstiefe, in der das Schmerzlichste und Düsterste nicht als Gegensatz wirkt, sondern als bedingt, als heraus-

---

23. In one respected account of the normative features of Gnosticism, »active rebellion against the moral law of the Old Testament is enjoined upon every man«, Clark Emery: *William Blake: The Book of Urizen,* Coral Gables, Fla. 1966, p. 14.

24. Geoff Waite sees this appeal as internalized in Nietzsche's manner of writing and calls for an esoteric reading of Nietzsche's work. *Nietzsche's Corps/e: Aesthetics, Politics, Prophecy, or the Spectacular Technoculture of Everyday Life,* Durham, N. C. 1996.

25. Williams: *Rethinking »Gnosticism«,* l.c., p. 32; cited in Webb: »Voegelin's ›Gnosticism‹ Revisited«, in: *Political Science Reviewer,* l.c., p. 55. This Übermensch is already anticipated in *Schopenhauer als Erzieher* as »der Mensch [...], welcher sich voll und unendlich fühlt im Erkennen und Lieben, im Schauen und Können, und mit aller seiner Ganzheit an und in der Natur hängt, als Richter und Werthmesser der Dinge« (KSA 1, p. 383).

26. This phrase occurs in Voegelin's paraphrase of an argument from Plato's *Philebus. The Collected Works of Eric Voegelin,* Vol. 12: *Published Essays 1966–1985,* Baton Rouge and London 1990, p. 283; cited in Webb: »Voegelin's ›Gnosticism‹ Revisited«, in: *Political Science Reviewer,* l.c., p. 69.

gefordert, sondern als eine n o t h w e n d i g e Farbe innerhalb eines solchen Lichtüber-
flusses; ein Instinkt rhythmischer Verhältnisse, der weite Räume von Formen über-
spannt – die Länge, das Bedürfniss nach einem w e i t g e s p a n n t e n Rhythmus ist beinahe das Maass für die Gewalt der Inspiration, eine Art Ausgleich gegen deren Druck
und Spannung […]. Alles geschieht im höchsten Grade unfreiwillig, aber wie in einem
Sturme von Freiheits-Gefühl, von Unbedingtsein, von Macht, von Göttlichkeit. […]
Dies ist meine Erfahrung von Inspiration; ich zweifle nicht, dass man Jahrtausende zu-
rückgehn muss, um Jemanden zu finden, der mir sagen darf ›es ist auch die meine‹«
(KSA 6, p. 339).

8. the poverty of the actual body and its sought after transformation into »light
and flame«: In *Die fröhliche Wissenschaft*, Nietzsche writes:

»Wir sind keine denkenden Frösche, keine Objektivir- und Registrir-Apparate mit kalt
gestellten Eingeweiden, wir müssen beständig unsre Gedanken aus unsrem Schmerz gebären und mütterlich ihnen Alles mitgeben, was wir von Blut, Herz, Feuer, Lust, Leidenschaft, Qual, Gewissen, Schicksal, Verhängniss in uns haben. Leben : das heisst für
uns Alles, was wir sind, beständig in Licht und Flamme verwandeln, auch Alles, was uns
trifft, wir k ö n n e n gar nicht anders« (KSA 3, p. 349).

The great poem *Ecce Homo*, in the »Vorspiel« to the same work, speaks of this
transformation accomplished:

»Ecce Homo
Ja, ich weiß, woher ich stamme:
Ungesättigt gleich der Flamme
glühe und verzehr ich mich.
Licht wird alles, was ich fasse,
Kohle, alles, was ich lasse
– Flamme bin ich sicherlich« (KSA 3, p. 367).

Zarathustra's »Nachtlied« tells of *too much* light, a self turned only into light and
flame:

»Nacht ist es: nun reden lauter alle springenden Brunnen. Und auch meine Seele ist ein
springender Brunnen […] .
Licht bin ich: ach, dass ich Nacht wäre! Aber diess ist meine Einsamkeit, dass ich von
Licht umgürtet bin. Ach, dass ich dunkel wäre und nächtig! Wie wollte ich an den
Brüsten des Lichts saugen!
Und euch selber wollte ich noch segnen, ihr kleinen Funkelsterne und Leuchtwürmer
droben! und selig sein ob eurer Licht-Geschenke.
Aber ich lebe in meinem eignen Lichte, ich trinke die Flammen in mich zurück, die
aus mir brechen.
Ich kenne das Glück des Nehmenden nicht […].
Viel Sonnen kreisen im öden Raume: zu Allem, was dunkel ist, reden sie mit ihrem

Lichte,—mir schweigen sie.

Oh diess ist die Feindschaft des Lichts gegen Leuchtendes, erbarmungslos wandelt es seine Bahnen. Unbillig gegen Leuchtendes im tiefsten Herzen: kalt gegen Sonnen,—also wandelt jede Sonne[ ].

Ach, Eis ist um mich, meine Hand verbrennt sich an Eisigem! Ach, Durst ist in mir, der schmachtet nach eurem Durste!

Nacht ist es: ach dass ich Licht sein muss! Und Durst nach Nächtigem! Und Einsamkeit! […].

Also sang Zarathustra« (KSA 4, p. 136).

This is the imaginable anguish of the »children of light« possessed by *gnosis*.

9. the dilemma of reproduction. Can children of the light have children in the ordinary way? Here we enter the tangles of Nietzsche's dream of noncarnal autogenesis, of eliding the gap between generations – »[Ich] bin […] bloss mein Vater noch einmal und gleichsam sein Fortleben nach einem allzufrühen Tode« (KSA 6, p. 271) – of giving birth to books despite the wisdom of the seed of Seth: *aut liberi aut libri* (*either* books *or* free-born sons) but not both (*not* books *and* free-born sons) and not both-in-one (books *as* free-born sons).[27]

2. Nietzsche's Dream – and Kafka's

Even as the priest of Children of the Light, Nietzsche dreamt of progeny. You find this urge to reproduce in the life and work of Nietzsche (and Kafka) in what I have called its Gnostic élan – »Gnostic«, since these writers adduce the *gnosis* of (artistic) inspiration, refer to themselves in the language of election, and will not (or cannot) add unredeemed bodies to this earthly charnel-house. Their progeny must take unusual forms.

Nietzsche's reproductive urge proceeds in the hope of a reproductive *writing* that is premised on several conditions. They are, briefly stated, (1) the artistic de-creation of personality, viz. the famous aperçu:

»Man soll sich vor der Verwechselung hüten, in welche ein Künstler nur zu leicht selbst geräth, aus psychologischer contiguity, mit den Engländern zu reden: wie als ob er selber das w ä r e , was er darstellen, ausdenken, ausdrücken kann. Thatsächlich steht es so, dass, w e n n ausdrücken würde; ein Homer hätte keinen Achill, ein Goethe keinen Faust gedichtet, wenn Homer ein Achill und wenn Goethe ein Faust gewesen wäre. Ein vollkommner und ganzer Künstler ist in alle Ewigkeit von dem ›Realen‹, dem Wirklichen abgetrennt« (KSA 5, p. 343).

27. »Its [Gnosticism's] ultimate origin is to be sought in two Jewish legends […]: (1) Cain was the son of the satanic serpent who seduced Eve; (2) the sons of God, mentioned in Genesis 6 and identified with angels or children of Seth, seduced the daughters of men, all descendants of Cain, or were seduced by them. From these positions the Jewish Gnostics concluded that there were two ›races‹, the pure and the undefiled seed of Seth, which avoids sexual intercourse, and the children of Cain, who are predestined to concupiscence, sin, evildoing and eternal damnation. These two ›races‹ do not intermingle […].« Quispel: *Vigiliae Christianae*, l.c., p. 97.

This separation from the »real« brings about (2) the laming of the biopower of procreation. In *Ecce Homo*, Nietzsche writes: »Das Glück meines Daseins, seine Einzigkeit vielleicht, liegt in seinem Verhängniss: ich bin, um es in Räthselform auszudrücken, als mein Vater bereits gestorben, als meine Mutter lebe ich noch und werde alt« (KSA 6, p. 264). But this mother-life is not a vessel of vital powers: »und ebenso erzeugt die geistige Schwangerschaft den Charakter der Contemplativen, welcher dem weiblichen Charakter verwandt ist: es sind die männlichen Mütter«. And the value of »the contemplative type«, let alone of »the male mother«, hardly goes uncontested. The promise of spiritual pregnancy is a qualified boon: »Die Schwangerschaft hat die Weiber milder, abwartender, furchtsamer, unterwerfungslustiger gemacht« (KSA 3, p. 430).

Finally, this reproductive system involves (3) the fantasy of its recovery in the fictive biopower that produces the art work as a child. In *Jenseits von Gut und Böse*, Nietzsche writes:

> »Ach, was seid ihr doch, ihr meine geschriebenen und gemalten Gedanken! Es ist nicht lange her, da wart ihr noch so bunt, jung und boshaft, voller Stacheln und geheimer Würzen, dass ihr mich niesen und lachen machtet [...]. [Und] schon habt ihr eure Neuheit ausgezogen, und einige von euch sind, ich fürchte es, bereit, zu Wahrheiten zu werden: so unsterblich sehn sie bereits aus, so herzbrechend rechtschaffen, so langweilig! Und war es jemals anders? Welche Sachen schreiben und malen wir denn ab, wir Mandarinen mit chinesischem Pinsel, wir Verewiger der Dinge, welche sich schreiben lassen, was vermögen wir denn allein abzumalen? Ach, immer nur Das, was eben welk werden will und anfängt, sich zu verriechen! Ach, immer nur abziehende und erschöpfte Gewitter und gelbe späte Gefühle! Ach, immer nur Vögel, die sich müde flogen und verflogen und sich nun mit der Hand haschen lassen, – mit unserer Hand! Wir verewigen, was nicht mehr lange leben und fliegen kann, müde und mürbe Dinge allein! Und nur euer Nachmittag ist es, ihr meine geschriebenen und gemalten Gedanken, für den allein ich Farben habe, viel Farben vielleicht, viel bunte Zärtlichkeiten und fünfzig Gelbs und Brauns und Grüns und Roths: – aber Niemand erräth mir daraus, wie ihr in eurem Morgen aussahet, ihr plötzlichen Funken und Wunder meiner Einsamkeit, ihr meine alten geliebten – – schlimmen Gedanken!« (KSA 5, S. 239f.).

The key phrase in this passage is Nietzsche's description of the author as a »Mandarin [...] mit chinesischem Pinsel.« This trope is charged with opposed meanings, a difficulty that begins with doubt as to the identity of the author, to whom the mandarin-mask and his brush are attached as metonymic figures.[28] To simplify, let us say that we have to do here with the living body of the writer Nietzsche, who reinvents himself as a mandarin, a figure for weak vitality that recurs throughout his work. This paint brush also serves as something more than a reference to Nietzsche's pen. I understand it as a formal figure for the penis in a state of »artistic« withdrawal, its aggressiveness blunted and bent on narcissistic

---

28. Steve Palmquist discusses »the ambiguity of Nietzsche's references to things ›Chinese‹« apropos of Nietzsche's terming Kant »the Chinaman of Königsberg.« »How ›Chinese‹ was Kant?«, in: *The Philosopher*, Vol. LXXXIV, No. 1.

pleasure. This association, stemming from a literary and art-historical tradition as old as Cicero – and continuing through painters of the Italian Renaissance and on through Andy Warhol – is well-documented.[29] But before this reading can be confidently stated, we need to register the countercurrents of meaning in this phrase – the first involving the decadence of the »mandarin«.

Real mandarins were not addicted to celibacy. Here is one account of the response of these Chinese »literati« to the Christian ascetic ideal at the time of the missionary efforts of Matthew Ricci, the 16th-century Italian Jesuit. The response is – the horror!

> »The literati admire their doctrines, so far as they agreed with Confucius, and admitted the propriety of worshipping the Lord of Heaven, but objected to the mysteries of the Christian faith; while the prohibition of polygamy, and the vow of celibacy, were still more offensive to them.«[30]

Nietzsche turns this real vessel of domination and strong anti-Christian affect into a solitary, thwarted self-lover. (The decadence of his mandarin makes some sense in light of the disintegration and dilution of Chinese Imperial culture.) Such is the aura of enfeebled vitality the term acquires throughout the rest of Nietzsche's work. In *Zur Genealogie der Moral*, the mandarin figures as the refined scholar (*Wissenschaftler*) of weak affect, proving the impossibility of finding in science a qualified antagonist to the (here!) despised ascetic ideal.

29. Nietzsche's word »Pinsel«, normally, »paint-brush«, is derived from the Latin ›penicillus.‹ According to Cicero, the two Latin words »penicillus« and »penis« have the same etymological root. In *Ad fam*, 9, 12, 2, following Ulrich Pfisterer, »Künstlerliebe. Der Narcissus-Mythos bei Leon Battista Alberti und die Aristoteles-Lektüre der Frührenaissance«, in: *Zeitschrift für Kunstgeschichte*, Vol. 64, No. 3. (2001), 307. This etymology can hardly have been unknown to Nietzsche. – There is a good deal of additional evidence for the phallic association of »Pinsel«. Apropos the iconography of witches in the work of the painter Hans Baldung (Grien), the art historian Linda C. Hults writes: »Central to the levitation ritual are the unguent jar, spewing vermin-filled vapor and marked with a pseudo-Hebraic script, and the little brush, like those found in bathhouses, for applying the unguent that was believed to be the chief means of witches' transvection. Into a base of human fat, preferably rendered from unbaptized babies, the witches were thought to mix various revolting ingredients and drugs of the atropine family that induced sensations of flight and erotic experiences when absorbed into the skin. If Radbruch, an early scholar of Baldung's witchcraft images, were correct in referring to this brush as ›Pinsel‹ (from ›pinseln‹, to daub or paint), another level of satirical meaning presents itself. For the adjective *pinselhaft* means foolish or easily guided, like a brush, and the noun may function as a bawdy reference to the penis. The prominence of this brush [in a Baldung image] probably served to reinforce the gullibility and lustfulness of the women« (Linda C. Hults, »Baldung and the Witches of Freiburg: The Evidence of Images«, *Journal of Interdisciplinary History*, Vol. 18, No. 2. (Autumn, 1987), p. 253–54). – Throughout *Der Pinsel der Liebe: Leben und Werk des Penis*, Cologne 1999, the Belgian urologist Bo Coolsaet encourages a masculine relation to the penis that is bent less on efficiency of performance. He has »quite consciously dubbed [this organ] ›Pinsel der Liebe‹«, since it is »an instrument which one must deal with carefully. One paints something beautiful with a Pinsel – and even the canvas enjoys the contact.« In a witty review, the sociologist Martina Loew remarks, »This citation is noteworthy, since the Pinsel-penis [nexus] is not Coolsaet's invention: it is found in the writings on art in the Renaissance and has gone down in the history of photography as the ›pencil of nature‹«. Martina Loew: *Freitag* 34, *Ost-West Wochenzeitung* (August 16, 2002). For further discussion of the metaphor of penis-as-paintbrush, see Carol Duncan: »The Esthetics of Power in Modern Erotic Art«, in: *Heresies*, no. 1 (January 1977), p. 46–50.
30. China: Its State and Prospects«, in Robert Walsh, Eliakim Littell, John Jay Smith: *The Museum of Foreign Literature, Science and Art*, 6:34, Philadelphia 1838, p. 181.

»Nein! Man komme mir nicht mit der Wissenschaft, wenn ich nach dem natürlichen Antagonisten des asketischen Ideals suche, wenn ich frage: ›wo ist der gegnerische Wille, in dem sich sein gegnerisches Ideal ausdrückt?‹ […] Auch physiologisch nachgerechnet, ruht die Wissenschaft auf dem gleichen Boden wie das asketische Ideal: eine gewisse Verarmung des Lebens ist hier wie dort die Voraussetzung, die Affekte kühl geworden, das tempo verlangsamt, die Dialektik an Stelle des Instinktes, der Ernst den Gesichtern und Gebärden aufgedrückt (der Ernst, dieses unmissverständlichste Abzeichen des mühsameren Stoffwechsels, des ringenden, schwerer arbeitenden Lebens). Man sehe sich die Zeiten eines Volkes an, in denen der Gelehrte in den Vordergrund tritt: es sind Zeiten der Ermüdung, oft des Abends, des Niederganges, die überströmende Kraft, die Lebens-Gewissheit, die Zukunfts-Gewissheit sind dahin. Das Übergewicht des Mandarinen bedeutet niemals etwas Gutes: so wenig als die Heraufkunft der Demokratie, der Friedens-Schiedsgerichte an Stelle der Kriege, der Frauen-Gleichberechtigung, der Religion des Mitleids und was es sonst Alles für Symptome des absinkenden Lebens giebt« (KSA 5, p. 402).

In a similar vein, Nietzsche writes of the mandarin as moral weakling:

»Ich freue mich der militärischen Entwicklung Europa's, auch der inneren anarchistischen Zustände: die Zeit der Ruhe und des Chinesenthums, welche Galiani für dies Jahrhundert voraussagte, ist vorbei. Persönliche männliche Tüchtigkeit, Leibes-Tüchtigkeit bekommt wieder Werth, die Schätzungen werden physischer, die Ernährung fleischlicher. Schöne Männer werden wieder möglich. Die blasse Duckmäuserei (mit Mandarinen an der Spitze, wie Comte es träumte) ist vorbei. Der Barbar ist in jedem von uns bejaht, auch das wilde Thier. Gerade deshalb wird es mehr werden mit den Philosophen. Kant ist eine Vogelscheuche, irgendwann einmal!« (KSA 11, p. 263).

It will not be otiose here to recall the work of Max Kommerell, the gifted Romanist, Stefan George-acolyte, and reader of Nietzsche, whose slim book of poems *Mit gleichsam chinesischem Pinsel* was published posthumously just after the end of the war.[31] The penultimate poem *Der Heilige während eines Erdbebens* can well be a heroizing commentary on Nietzsche's ascetic mandarin:

»Feuer, blau
Aus Bodenspalten fauchendes,
Ist ihm heimlich vertraut.
Rings kein Hauchendes,
Das nicht vom Stich
In die Sohle – das krank
Von dem fremden, großen Laut,
Nicht an ein Hauchendes sank.
Er, wachsend an Schau,

---

31. Max Kommerell: *Mit gleichsam chinesischem Pinsel,* Frankfurt a.M. 1946, p. 30.

Denkt sich.
Denn der Flammen Spiel,
Der fromm gewordenen,
Um seinen Fuß, dem die Klaue
Wuchs vor Alleinsein,
Formt den Stiel
Eines Lotos, und der ruhig lernt klein sein,
In genaue
Guirlanden sich zu teilen
Und aus sieben immer breitern Zeilen
Die Lotosblüte zu ordnen,
Die den Unbeschreiblichen
Über die wellenschlagende Erde
Langsamwechsled in die Ruhe trägt,
O das Verwildern
Des Gesichts vor zu viel Braue.
O das Verstummen
Des noch gleichsam Leiblichen!
Nur das Kleid, das sich zu krummen
Gezackten Würfen auseinander schlägt,
Hat Gebärde,
zu schildern,
wie er innen jetzt sein Wachstum prägt!
— — — — — — — — — —
Felsstühle wanken unter Berg-Asketen.

Sie prophezein
Aus Feuern, die wie Wasser
Übertreten.
Aber er
Wird sich selber zum Zeichen
Und lernt
Das neue, leisere Sein.
Alles wie vorher:
Nur blasser—
Stufenweise durch einen weichen
Duft entfernt,
Fast gering,
Aber im reinen Beziehn
Unverwesbar;
Viel Raum!
Ding um Ding,
Wie vom Pinsel, der kaum
Aber sicher im Fliehn
Die Seide trifft,

Hingezaubert, wird Schrift:
Zart, lesbar.«

The poem passes through a museum of poetic figures – through Hölderlin (»Aber er / wird sich selber zum Zeichen«); through Nietzsche; George's and Heidegger's Hölderlin and Nietzsche; and, eminently, through Rilke (compare the movement of this portrait of Nietzsche »O das Verwildern / Des Gesichts vor zu viel Braue« with Rilke's fatal »Rose, oh reiner Widerspruch, Lust, niemandes Schlaf zu sein unter soviel Lidern«). The result is its compiling a summa of the Gnostic features of the mandarin-scriptor Nietzsche, who here survives his time as an »ascetic of the mountains«, in an eschatological landscape, amid rings of fire, calmly touching his »Pinsel« to unearthly silk.

In at least one important respect Nietzsche's vision is altogether less happy than that of Kommerell's mountain-ascetic. The »Pinsel« of the saint follows a fugitive path but is nonetheless confident in its flight, »kaum/Aber sicher im Fliehn«. The sweep of his pen finds its goal (»Die Seide trifft«) and, »Hingezaubert, wird Schrift: / Zart, lesbar«. There is no mention of the possible inadequacy of »thing« (»Ding um Ding«) and the letters that the saint dabs onto his silken page.

Otherwise with Nietzsche's unmiraculous mandarin, whose »Hand«, true, also moves »kaum/Aber sicher im Fliehen« as it catches the offspring of his thought in words and painted figures. But as his »Pinsel« mimics their flight, it does so at the cost of a painful recognition. These »things« let themselves be caught only because they are exhausted – »die sich müde flogen und verflogen und sich nun mit der Hand haschen lassen mit unserer Hand!« Once painted they have ceased to be what they once were: pure sparks of light – *and* sensory beings as well. This doublet, it is worth stressing, is Nietzsche's signature image of redemption and, precisely, a key equivoque that points in two directions – first – mainly and for our own purposes – to a Gnostic worship of immaterial light. (Recall the intensity of Gnostic thought in the philosopher of transformation who speaks the poem *Ecce Homo* in *Die fröhliche Wissenschaft*: »Leben: das heisst für uns Alles, was wir sind, beständig in Licht und Flamme verwandeln, auch Alles, was uns trifft, wir können gar nicht anders« and Zarathustra's »Nachtlied«, where he sings the terror arising from such perfection.) At the same time these things »so bunt, jung und boshaft, voller Stacheln und geheimer Würzen« point to a Dionysian worship of the sensuous body – both vectors tenuously bound together in Nietzsche's famous longing, in *Die Geburt der Tragödie*, for a transfigured, a »neue und verbesserte physis«; in the notion of a »Socrates who practices music«; in the recurrent image, in his late writings, of the figures of Christ and Dionysus twinned; and, with a change of sign, Alexander with the soul of Christ.

In all this we have a thrust opposite to Kommerell's happy vision, in which the art of the paint brush can make it so that »alles was uns trifft« »[auch] die Seide trifft«, making »lesbar« the incorruptible life (»Unverwesbares«) of what has been turned into »Licht und Flamme«. In Nietzsche's prose-poem, the things, »[die wir denn] schreiben und [ab]malen, wir Mandarinen mit chinesischem Pinsel, wir Verewiger der Dinge, welche sich schreiben lassen«, are delayed and defective – no longer »Funken und Wunder« as they came young and upright to Nietzsche in his mornings but the decadent, »die *welke[n]* Gedanken« of dusk.

And so I am reading Nietzsche's »mandarinischer Pinsel« as a phallic figure – a much formalized, much transfigured penis in the condition of ascetic withdrawal, signifying the decreation of biological will. In looking ahead, we will consider Kafka's idea of marriage as well as a way of living »möglichst asketisch [...] , asketischer als ein Junggeselle [...]. Aber sie?« (T, p. 574). »Sie«, for Kafka, means »die Geliebte«, Felice Bauer; »sie«, for Nietzsche, means »meine alten geliebten schlimmen Gedanken«. These thoughts cannot be captured by ascetic means any more than can Felice's physical affection – the condition of Kafka's reproduction; and here we could write »by Gnostic means«, since *gnosis* signifies the knowledge by which union with the greatly beloved is achieved and something not easily realized by a swing of the hand or the phallic pen. Kafka's last diary entry reads:

»Jedes Wort, gewendet in der Hand der Geister – dieser Schwung der Hand ist ihre charakteristische Bewegung – wird zum Spieß, gekehrt gegen den Sprecher« (T, p. 926).

In late Kafka, »the swing of the hand« goes to the gnostic demons *resisting* the movement of his words – words that, like Nietzsche's, aimed for »Verewigung«, like Kommerell's, the scriptive institution of »Unverwesbares«.

We should not leave the passage in *Jenseits von Gut und Böse* without stressing the *autonomy* of the envisaged act of reproduction. Nietzsche aims at the perpetuation of his *own* prickly offspring, pieces of his entire self that in being sublated would lose nothing of their first vitality, a reproduction that admixes nothing weaker, for it would employ words and colors as vibrant as these thoughts while bringing nothing foreign to them: the perpetuation of himself, in short, *by himself*, by autogenesis. We have here an explicit sounding of the great question of words and paternity, books and children – though in the negative: the attempt at reproduction succeeds only in producing emasculated children: self-perpetuation stops with them; they are the last of the line. This has negative implications as well for the venture of *understanding* one's original morning's offspring, true pieces of oneself. These things, which are thoughts, cannot be recovered: »Erkennen‹ ist ein Zurückbeziehn: seinem Wesen nach ein regressus in infinitum. Was Halt macht (bei einer angeblichen causa Prima, bei einem Unbedingten usw.) ist die Faulheit, die Ermüdung–« (KSA 12, p. 133). In Nietzsche's prose poem, fatigue is equally« distributed between father-Pinsel and prickly child. Here, there is no artistic gnosis of the first-order. Nietzsche is a thwarted Gnostic, and not for want of trying.

★ ★ ★

»Kafkas Literatur der Existenz [...] [redet literarisch] über die ›Grenzkämpfe‹ des Menschen zwischen Leben und Tod [...], von Angst, Todeserfahrung, von Schuld und Leiden. Die rekurrenten metaphorischen Paradigmen: [...] Heimatlosigkeit, Orientie-

rungslosigkeit, Ohnmacht, Geworfenheit, Ausgesetztsein, Ausgeliefertsein, Angst, Irrtum, Krankheit, Gefangenschaft, Entfremdung. Alles Metaphern gnostischen Ursprungs.«
Gerhard Kurz[32]

So much for Nietzsche's »Pinsel«. Now what of Kafka's »dick«? This sounds
distastefully rude, a gross coarsening of tone; and yet this word is meant to sum-
mon up a work of art. *Kafka's Dick*, despite its bravado phrasing, is one of two
smart and cogent *Kafka Plays* published in 1987 by the English wit, essayist, and
playwright Alan Bennett. The eponymous »thing« *is* just as rude as it sounds, but
it also means to make a point as the »Falken« of that work, a send-up of the be-
low-the-belt reductions of Kafka criticism.

In Bennett's play, the dick is as plain as it sounds; it is a piece of Kafka's anat-
omy, what Kafka may have been referring to (perhaps on recalling a coroner's
report on the corpse of Napoleon) as »eine Kleinigkeit«, one of the »Kleinigkeiten, [die] [...] über die Kleinigkeiten [entscheiden].«[33] It comes as no surprise
that at the peripety of *Kafka's Dick*, the dick in question is revealed as dwarf and
hence for Kafka a deep source of shame. But Bennett means to have this detail
make a wider point, which promptly dissolves the anatomical fact. Kafka's penis
– now a phallic figure – functions as a metonymy for the physiobiographical
school of Kafka-criticism. Bennett shifts the burden of shame by attaching the
shriveled dick to an academy of the elect – to Kafka scholarship – implying that
the academy does not so much consist of elected persons as persons parasitical on
the elect. It is not so much, in the words of C. P. Snow, a place of distinction as
a place where members confer distinctions on one another.

Through other people's scholarship, Bennett literalizes on Kafka's body the
»Scham« that outlives Josef K.[34] But I stress that this brutal image also functions
as a textual figure; it goes to the new mandarins, to what Bennett's characters
term the fathers (and mothers) of that cultural monstrosity »Kafka studies«.
Kafka's shriveled dick is a debased syntagm of the criticism that deals in the »cul-
turally constructed body language« of Kafka's lifetime.[35] Bennett has his sights
particularly on a work by Calvin Hall and Richard Lind titled *Dreams, Life & Lit-*

---

32. This is the view of Gerhard Kurz, author of an incisive monograph on Kafka's death drive, *Traum-
Schrecken. Kafkas literarische Existenzanalyse*, Stuttgart 1980, p. 149–50.
33. The reference to Napoleon's dwarf genitalia is found, in F.K., *Briefe an Felice und andere
Korrespondenzen aus der Verlobungszeit*, ed. Erich Heller and Jürgen Born, Frankfurt 1976, p. 271.
Kafka's diary entry for January 18, 1922, is crucial but, once again, coded: »Was hast Du mit dem
Geschenk des Geschlechtes getan? Es ist mißlungen, wird man schließlich sagen, das wird das sein.
Aber es hätte leicht gelingen können. Freilich eine Kleinigkeit und nicht einmal erkennbar, so klein
ist sie, hat es entschieden. Was findest Du daran? Bei den größten Schlachten der Weltgeschichte ist
es so gewesen. Die Kleinigkeiten entscheiden über die Kleinigkeiten« (T 3, p. 199f; 18.1.1922). I am
grateful to a communication from Benno Wagner laying out this matter.
34. Or indeed the *word* »Scham« (see the manuscripts) and my *Lambent Traces*, Princeton 2004, p. 65.
It comes as no surprise that Hall and Lind are somewhat more prudent than this formulation suggests.
Bennett is a wit and polemicist, after all, and not a close reader. For what Hall and Lind actually write,
see their pages 43 and 85.
35. The phrase, though not all the blame, goes to Elizabeth Boa, in her *Franz Kafka: Gender, Class,
and Race in the Letters and Fictions*, Oxford 1996, p. 111.

erature: A Study of Franz Kafka, which treats of Kafka's »aversion to his body« as it informs his dream life.[36] Kafka's dreams, and by implication his writings, since they are in effect, on Kafka's word, the descriptions of his »dreamlike inner life«, are bad thoughts generated by this decisive small detail (T, p. 546).

What such body-criticism succeeds in doing (should this need pointing out) is perverting Kafka's real predicament. He sought to translate his body into *letters* of fire. It was this conatus and not his dick that fell short. Of the endings of Flaubert's *l'Éducation sentimentale* and the fifth Book of Moses, Kafka wrote that both works record the failure of a man to arrive at his goal – Moses, »nicht weil sein Leben zu kurz war [...] sondern weil es ein menschliches Leben war« (T, p. 867). When Kafka's body is portrayed by physiobiographers as defective (recall the shortcomings of Nietzsche's »Pinsel« as well), the effect is to reproduce Kafka's literary work as a shriveled body; his reproductive writing fathers a second body, he is immortalized, to twist the Nietzschean phrase, as an »alte und verschlechterte physis«.[37]

Kafka's Dick is one of a diptych of plays; the other is called *The Insurance Man*. In this work Bennett shows himself well-versed in Kafka's activity as Senior Legal Secretary at the Royal Imperial Workmens Accident Insurance Institute of the Kingdom of Bohemia as well as his activity on the other side of the class wall: between 1911 and 1917, Kafka helped to start up and manage an asbestos factory – even imposing the idea on his skeptical father – an *asbestos* factory, during which period of his life he spent his working hours monetizing the physical damages caused by industrial accidents inflicted on Bohemian factory workers. Kafka did not know that the greater harm of all the hours spent in the factory was not the time taken away from his writing desk but the literal asphyxiation of his body, giving an insidious turn to his fantasy of the last breath: »Es gibt kein Haben, nur ein Sein, nur ein nach letztem Atem, nach Ersticken verlangendes Sein« (NSF II, p. 52). This would certainly be an accurate description of the »Sein« of anyone unfortunate enough to have found work in his plant. In the context of his office and factory work, Kafka's »Pinsel« functioned chiefly as the bureaucrat's rubber stamper; the decreation of the subject and the dwindling of the biopower of procreation are here the numbing result of bureaucratic pen-pushing and bad air. How opposed to the neo-Gnostic project of translating one's body into the higher medium of light and flame.

The connection between Kafka's *Selbstaufzehrung* (»consuming the self« as a writer) and his *Selbstabschüttelung* (»casting off the self« as a bureaucrat) is intricate. Kafka noted the links between them, novelistically, in the fragments of the *Beschreibung eines Kampfes*-complex collated by Max Brod as the story beginning »Du‹, sagte ich [...].‹«, and in *Das Schloß*. In a letter to Brod, Kafka lauded quite

---

36. Calvin Hall and Richard Lind: *Dreams, Life & Literature: A Study of Franz Kafka*, Chapel Hill 1970.
37. At this point one would expect, and will find, a reference to the (much) higher-caliber work of Sander Gilman. In his book called *Franz Kafka*, Kafka's chief impulse, in writing *Der Verschollene*, is presented as a dick of another cloth—as *Ragged Dick*, Horatio Alger's first novel (1867), which describes the progress of a street urchin from rags to riches. *Der Verschollene* is its parodic perverse (Sander Gilman: *Franz Kafka*, London 2005).

explicitly the »Steigerungen« – the enhancements, evolutions, complications, or climaxes produced by bureaucracy:

> »[U]nerreichbar sind für die sich nachtastende Deutung die Steigerungen, deren die Bureaukratie fähig ist, und zwar notwendige, unvermeidliche Steigerungen, hervorgehend aus dem Ursprung der Menschennatur, dem ja, an mir gemessen, die Bureaukratie näher ist als irgendeine soziale Einrichtung [...].«[38]

These »Steigerungen« connect to the rich lexicon of »Verzierungen« and »Schnörkeln« that belong to literature, as seen in *In der Strafkolonie* and in the great diary entry that speaks of »ganze Orchestern von Associationen« (T, p. 834). (In *In der Strafkolonie* the ornaments are at once arabesques *and* bureaucratic complications of the simple verdict inflicted by the »Apparat.«) In Kafka's nature, both modalities of consuming the self through ascetic illumination and casting off the self through bodily inanition are entangled – mediated by the figure of the bachelor, who, from the start, is at once bureaucrat and writer. But neither mode suggests a way of being that would allow Kafka to father a child. And yet, as he ruefully quoted Napoleon, »Es ist fürchterlich, kinderlos zu sterben« (B00–12, p. 375).

Here is one cautionary note as to method before proceeding: it could seem that with this inmixing of an asbestos factory in a discussion of Kafka's Gnostic flame we have already forgotten Bennett's point – the requirement stated as drastically as possible in *Kafka's Dick* that Kafka studies themselves assume a certain reverent Gnosticism, a Gnosticism betrayed when Kafka's work is grasped as his sensate bios. In a letter to Felice, Kafka wrote: »Ich bin [...] gar nicht ›überaus sinnlich‹, sondern habe großartige, eingeborene asketische Fähigkeiten«;[39] indeed, as the late aphorisms have it at the far-flung outposts of Kafka's narcissism: »Es gibt nichts anderes als eine geistige Welt; was wir sinnliche Welt nennen ist das Böse [...]« (NSF II, p. 124). But this provision does not rule out our studying what we find in Kafka's *auto*biography; it is in his *Letters* that we find the asbestos factory and a plausible allusion to Napoleon's diminutive sexual apparatus; in the *Diaries*, the encouraging remark of a medical »Anhänger von Mazdaznan«: »Nach einer bestimmten Übung wachsen die Geschlechtsteile« (T, p. 1041). My account refers to Kafka's *literary* meditation on ascetic decreation and the loss of biopower and to the moments when this meditation leads to the consoling fiction of literary works as children – »bunt, jung, und boshaft.« This is the fantasy Kafka first spawned on the occasion of writing *Das Urteil* – he *mothered* it (T, p. 491) – a fantasy thereafter encouraged in him by Max Brod, who claimed to see in a later story *Elf Söhne* proof that Kafka craved and achieved what mattered even more to him – *paternity*.

---

38. Franz Kafka, *Briefe 1902–1924*, ed. Max Brod, Frankfurt a.M. 1975, p. 377.
39. Kafka, *Briefe an Felice*, l.c., p. 444.

»Das Prosastück ›Elf Söhne‹ [...] ist meines Erachtens als Wunschbild einer Vaterschaft, einer Familiengründung zu verstehen, die dem Vorbild des Vaters etwas Gleichwertiges, das heißt, ebenso Patriarchalisch-Großartiges [...] entgegenhalten kann. Dieser Erklärung widerspricht es nicht, daß mir Franz einmal sagte: ›Die elf Söhne sind ganz einfach elf Geschichten, an denen ich jetzt gerade arbeite.‹ Geschichten waren ja seine Kinder, im Schreiben leistete er auf entlegenem Gebiet, aber selbständig etwas, was der Schöpferkraft des Vaters (ich gebe hier Franzens, nicht meine Auffassung wieder) analog war und ihr an die Seite gestellt werden konnte.«[40]

Read closely, the phrase »ich gebe hier Franzens, nicht meine Auffassung wieder« is seen to follow immediately from the phrase »meines Erachtens«! This complacent affirmation of literary paternity, in which a »wishful picture of fatherhood« appears as an »accomplishment,« resembles what Walter Benjamin calls »gespielter Freisinn« (lightly-assumed liberalism) and resembles similarly aberrant readings found on the topic of Nietzsche and literary paternity.[41] The question missing from Brod's account is whether this act of one-sided reproduction can count as paternity, since it is obtained without the advantages or (to speak plainly in the case of both Nietzsche and Kafka) the deficits of sexual and social cohabitation with a woman.[42]

This is the sort of objection that Hall and Lind ignore. They write of Kafka,

»He found in writing a compensation for his castrated condition. The pen became a substitute for the lost penis. It became the tool of generativity. By means of it he overcame father and mother, brawny men and forceful women, and his own passivity. By his pen, he fathered the works that were to make him immortal.«[43]

What this paean — and Brod's — do not wish to know is Kafka's lucid, pained abandonment of this »substitute,« viz.

»Für alles gibt es künstlichen, jämmerlichen Ersatz: für Vorfahren, Ehe und Nachkommen. In Krämpfen schafft man ihn und geht, wenn man nicht schon an den Krämpfen zugrunde gegangen ist, an der Trostlosigkeit des Ersatzes zugrunde« (T, p. 885).

The reproductive urge does not come to a good end through ascesis, sublimation, or autogenesis.

---

40. Max Brod: *Über Franz Kafka*, Frankfurt a.M. 1966, p. 122.
41. See my *Lambent Traces*, p. 101–04.
42. Bernhard Böschenstein's independent analysis of *Elf Söhne* comes to a similar conclusion. Böschenstein argues that the rhetoric of the father-narrator is designed to seize possession of his children by confining their *being* to a few marked sensory attributes. The result is that »jede Aussage über die elf Söhne sowohl Urteile des Dichters Kafka über seine elf Erzählungen wie die Aufhebung eben dieser Urteile enthält, indem dem Vater die Legitimät seiner willkürlichen Verfahrensweise abgesprochen wird.« Bernhard Böschenstein: »Elf Söhne«, in: Claude David (Ed.): *Franz Kafka. Themen und Probleme*, Göttingen 1980, p. 138.
43. *Dreams, Life, and Literature*, l.c., p. 85f.

In *Kafka's Dick*, Bennett tries cleverly to rescue Kafka from his »hopelessness.«

»KAFKA: Thank God I was never a father. It's the one achievement nobody can take away.«

This would be Kafka in the sway of his refusal of the »sensuous world«. But then Bennett has Brod outdo himself:

> »BROD: You don't need to have children in order to be a father. You were so ded-icated to writing, so set on expressing yourself even if it killed you, which it eventually did, that, like the best and worst of fathers, you have been an example and a reproach to writers ever since.«[44]

This argument would make Kafka himself the patriarchal principle of modern writing. We have learned from the work of Benno Wagner that it was Nietzsche who constituted a perpetual »example and reproach« to Kafka! But this point does not rule out Kafka as the principle, in turn, through which Nietzsche might be read – himself Nietzsche's example and reproach. Kafka knew: there are no Gnostic substitutes for children. The child is father of the madman.

★ ★ ★

Toward a conclusion.

1. Comparative studies of Nietzsche and Kafka situate themselves somewhere between two propositions – the first, the fact that no manuscript of Kafka's dis-plays the name Nietzsche; inside Kafka's world »Nietzsche« is simply not present. The second proposition is Benno Wagner's considered judgment that Kafka's work »is engaged almost line by line with Nietzsche, in the most intimate and intense dialogue« (I have suggested that the principles regulating any dialogue are »reproach« and »example«). In support of his claim, Wagner has shown a number of remarkable echoes between passages from *Also Sprach Zarathustra* and Kafka's *Beschreibung eines Kampfes*, on the one hand, and *Der Jäger Gracchus*, on the other.[45]

Now, to take *Also Sprach Zarathustra* as a source-text is a quite responsible thing to do, on other grounds: we know from the letter of Selma Kohn that for one whole summer in 1900 Kafka read *Zarathustra* aloud to her – or at least parts of it.[46] It would be wonderful to conclude that among the lines he read to her were these:

> »Du bist jung und wünschest dir Kind und Ehe. Aber ich frage dich: bist du ein Mensch, der ein Kind sich wünschen d a r f ?

44. Bennett, *Kafka's Dick*, l.c., p. 62.
45. Benno Wagner: »Der Bewerber und der Prätendent. Zur Selektivität der Idee bei Platon und Kafka«, in: *Hofmannsthal Jahrbuch zur europäischen Moderne*, 2000, 8:274. Also see his article in this volume.

Bist du der Siegreiche, der Selbstbezwinger, der Gebieter der Sinne, der Herr deiner Tugenden? Also frage ich dich.

Oder redet aus deinem Wunsche das Thier und die Nothdurft? Oder Vereinsamung? Oder Unfriede mit dir?

Ich will, dass dein Sieg und deine Freiheit sich nach einem Kinde sehne. Lebendige Denkmale sollst du bauen deinem Siege und deiner Befreiung.

Über dich sollst du hinausbauen. Aber erst musst du mir selber gebaut sein, rechtwinklig an Leib und Seele.

Nicht nur fort sollst du dich pflanzen, sondern hinauf! Dazu helfe dir der Garten der Ehe!« (KSA 4, p. 90).

»Von Kind und Ehe« distinguishes the reproduction of a child in marriage from another sort of transcendence, by which the *self* is (re)produced as a »higher being«; this is the precondition of real progeny. This action suggests a series of acts of artistic self-fashioning in a triumphalist rhetoric of conquest that masks the sorrow of ascetic renunciation. But it is fairly evident that under these circumstances those »who are young and wish for a child and marriage« will not be fathers.

We cannot be sure that Kafka read these lines to Selma. If he did, they can still have been part of his attempt to seduce her. So we may conclude that Kafka's earliest, strongest experience of reading Nietzsche was marked by sexual desire; irresolution; skeptical misogyny – since he encouraged Selma to study but she would not; and writing (Kafka would not have failed to note that Selma was the daughter of the chief postman). The courtship came to nothing. It is a way-station to the heightening and, thereafter, the renunciation of the fantasy of paternity through art.

2. »One of the functions of literary criticism,« asserts the character Sydney, in *Kafka's Dick*, »is to point up unexpected connections«.[47] In his *Author's Note*, Bennett explains how – depressed by the reception his play had been given by London's critical intelligentsia – and escaping to Europe, he

»came by chance on the [Italian] village of Aquileia, went to look at the church [it is actually a cathedral, SC], and found there a huge mosaic floor laid down in the fourth century. I say »by chance«, but to read Kafka is to become aware of coincidence[48] […].

---

46. Peter Mailloux, Kafka's American biographer, believes that the section of *Also Sprach Zarathustra* that Kafka read aloud to Selma Robitschek née Kohn was the »Dionysos-Dithyramben« – that is, hot, seductive inducements. For my part, I would like to think that the text that Kafka recited was »Von Kind und Ehe« (Nietzsche's anti-conjugal thesis), because, as we know from Selma Robitschek's letter to Max Brod, Kafka tried very hard to induce her to study at the university (Br 495). Kafka owned a copy of *Also Sprach Zarathustra*. In his description of Kafka's library, Jürgen Born records »Item 180: Nietzsche, Friedrich: *Also Sprach Zarathustra. Ein Buch für Alle und Keinen. Von Friedrich Nietzsche.* (=Nietzsche's [sic] Werke. Erste Abteilung, Bd. VI). 38, 39. u. 40. Tsd. Leipzig 1904. 531 S.« (*Kafkas Bibliothek: Ein beschreibendes Verzeichnis,* Frankfurt a.M. 1990, p. 119.)

47. Bennett, *Kafka's Dick*, l.c., p. 13.

48. I wrote these lines in Weimar, at a café on the Schillerstraße, whereupon I suddenly looked up and saw the words, »Hier spricht Zarathustra.« I staggered, read further: »[hier] sitzen die Sultana, singt die Nachtigall. *Divan.* Café-restaurant.« Good. Schiller and Nietzsche.

[In *Kafka's Dick*] Kafka is *metamorphosed from a tortoise* and is also sensitive about the size of his cock.[49] So to find inside the west door of this church at Aquileia, a mosaic of a cock fighting a tortoise seemed not quite an accident. In the play cock and tortoise are not symbols; in Aquileia, so said the guide book, they represent a battle between the forces of light and darkness.«[50]

That is to say, they represent »die Beschreibung eines Kampfes«, the battle between good and evil, between Mazda and Ahriman; and so we have in Bennett as well the Gnostic script we saw everywhere in Kafka and which Nietzsche never ceased to write.

It is wonderful, isn't it, that Nietzsche should have arrived at his insight into proto-Gnostic Zoroastrianism without having seen the mosaic floor at Aquileia, although he did try to, as we learn from the subchapter of *Ecce Homo* titled *Also Sprach Zarathustra*:

»Ich lag ein Paar Wochen hinterdrein in Genua krank. Dann folgte ein schwermüthiger Frühling in Rom, wo ich das Leben hinnahm: es war nicht leicht. Im Grunde verdross mich dieser für den Dichter des Zarathustra unanständigste Ort der Erde, den ich nicht freiwillig gewählt hatte, über die Maassen; ich versuchte loszukommen, ich wollte nach Aquila, dem Gegenbegriff von Rom, aus Feindschaft gegen Rom gegründet, wie ich einen Ort dereinst gründen werde, die Erinnerung an einen Atheisten und Kirchenfeind comme il faut, an einen meiner Nächstverwandten, den grossen Hohenstaufen-Kaiser Friedrich den Zweiten. Aber es war ein Verhängniss bei dem Allen: ich musste wieder zurück. Zuletzt gab ich mich mit der piazza Barberini zufrieden, nachdem mich meine Mühe um eine antichristliche Gegend müde gemacht hatte« (KSA 6, p. 340).[51]

In one sense Nietzsche missed very little by not going to Aquileia. He would have thought it every bit as disreputable as Rome, since in the Gnostically-inspired mosaic in its cathedral, he would have found only that »indecent« moral dualism again, requiring an ongoing transvaluation on his part. Of course, it

---

49. I asked myself, as I now ask you, reader: why on earth in Bennett's play is Kafka metamorphosed from a tortoise? I have two suggestions: one is Bennett's recollection of Borges' famous remark that Achilles and the arrow are the first Kafkan figures in literature. If we can have Achilles and the arrow, then why not Achilles and the tortoise? A second suggestion comes from a since-vanished blogger, who wrote, »This extraordinary beginning [of *Die Verwandlung*] is a variant of the beginning of the third chapter of the first part of *Crime and Punishment*, where Dostoevsky describes the state of abandonment and loneliness in which Raskolnikov, whom he portrays as an animal withdrawn-into-his-shell: ›He woke up late next day after a broken sleep. But his sleep had not refreshed; he woke up bilious, irritable, ill-tempered, and looked with hatred at his room. It was a tiny cupboard of a room about six paces in length. It had a poverty-stricken appearance with its dusty yellow paper peeling off the walls. [...] He [Raskolnikov] had got completely away from everyone, like a tortoise in its shell.‹«
50. Alan Bennett: *Two Kafka Plays: Kafka's Dick and The Insurance Man*, London 1987, p. viii.
51. I think readers will prefer this segue from *Kafka's Dick* to the one in which we recall how Nietzsche, perhaps projecting, exploited a misprint in the proofs to his *Schopenhauer als Erzieher* in order to refer scathingly to Hölderlin not by his proper name but as »Höderlin« (»little testicler«); Geoffrey Waite, *Nietzsche/Hölderlin: A Critical Revaluation*, Ph.D dissertation, Princeton 1978, p. 270ff.

would be wonderful to have Nietzsche's literal response to the mosaic to compare with Bennett's. But in a way we do: Nietzsche says he is appalled at a picture of the true world as a struggle between objective forces of light and darkness, good and evil, cock and tortoise.

At this point our story bites its tail and returns to its beginning. Nietzsche sought to plant himself in the ground of nature in primordial opposition to a metaphysics of morality. But we have seen, too, that in his work he never fends off the enchantments of »Metaphern gnostischen Ursprungs« (Kurz). The writings of both Nietzsche and Kafka perform a sublimation *of* the sensuous world, lifting its traces into a discourse *about* the sensuous world. They stage a change of direction . . . At the same time we can observe in both writers a transvaluation of the value of changing direction as we pass from that early text ›Du‹, *sagte ich* (1910) to a late parable, *Kleine Fabel* (1920). The first story tells of a change of direction, away from the sensuous world:

> »Waren wir bisher mit unserer ganzen Person auf die Arbeit unserer Hände auf das Gesehene unserer Augen, auf das Gehörte unserer Ohren, auf die Schritte unserer Füße gerichtet, so wenden wir uns plötzlich ganz ins Entgegengesetzte, wie eine Wetterfahne im Gebirge.«

But the protagonist fails the test:

> »Statt nun damals wegzulaufen, sei es auch in dieser letzten Richtung denn nur das Weglaufen konnte ihn auf den Fußspitzen und nur die Fußspitzen konnten ihn auf der Welt erhalten, statt dessen hat er sich hingelegt, wie sich im Winter hie und da Kinder in den Schnee legen, um zu erfrieren« (T, p. 115).

To take up the change in direction toward a world free of the trammels of immediate sensation (*or* decidedly not to) would be optimal. The choice would appear to be a whole-hearted flight back to nature *or* toward a non-natural *gnosis*. But the bachelor-protagonist falls short, lies down, fails to rise up on tiptoe.

Kafka's late fable reads:

> »›Ach‹, sagte die Maus, ›die Welt wird enger mit jedem Tag. Zuerst war sie so breit, daß ich Angst hatte, ich lief weiter und war glücklich, daß ich endlich rechts und links in der Ferne Mauern sah, aber diese langen Mauern eilen so schnell aufeinander zu daß ich schon im letzten Zimmer bin und dort im Winkel steht die Falle, in die ich laufe.‹ ›Du mußt nur die Laufrichtung ändern‹, sagte die Katze und fraß sie« (NSF II, p. 343).

The change in direction leads only into the jaws of the cat.

And so, what's left – for Nietzsche and Kafka? A fantastic *And Both*, which both are too scrupulous to entertain for long – or a rotten compromise with the Gnostic path, knowing full well they cannot carry the thyrsus of both Dionysus *and* the Alien God.

Benno Wagner

Die Versicherung des Übermenschen
Kafkas Akten

I

»Überall sonst habe ich Leser« – klagt Nietzsche in *Ecce Homo* – »lauter ausgesuchte Intelligenzen, bewährte, in hohen Stellungen und Pflichten erzogene Charaktere; [...] In Wien, in St. Petersburg, in Stockholm, in Kopenhagen, in Paris und New York – überall bin ich entdeckt: ich bin es nicht in Europas Flachland Deutschland« (KSA 6, S. 301). Zu diesem Zeitpunkt, um 1889, konnte Nietzsche nicht wissen, dass seiner Aufzählung ›großer Städte‹ schon bald ein Element hinzuzufügen sein würde. Es begab sich in Prag, einer zwar teils deutschsprachigen, doch durch die Böhmischen Berge von Europas Flachland abgetrennten Stadt, dass im selben Frühjahr 1883, als Nietzsche in den Bergen von Sils Maria seinen Lieblingssohn und Doppelgänger Zarathustra erschuf, sein erster wahrer Leser geboren wurde: Franz Kafka, dem als erstgeborenen Sohn einer aufstrebenden jüdischen Tuchhändler-Familie eine Erziehung in hohen Stellungen und Pflichten bestimmt war.

Kafka als Nietzsches erster Leser – den Nachweis dieser möglicherweise riskanten Hypothese beginnt man am sichersten mit der Auskunft eines Kafka-Erklärers, der hier wie meistens am besten Bescheid weiß: »Nietzsche ist ja in der Geschichte des letzten Jahrhunderts der fast mathematisch genaue Gegenpol Kafkas. Es zeigt die Instinktlosigkeit mancher Kafka-Erklärer, dass sie sich nicht scheuen, Kafka und Nietzsche [...] auf einer Ebene zusammenzubringen – als ob es hier irgendwelche noch so vage Bindungen, Vergleichsmöglichkeiten und nicht den puren Gegensatz selber gäbe.«[1] Der instinktsichere Nietzsche-Leser freilich erkennt in dieser Auskunft Max Brods eine Wertsetzung *diesseits* von Gut und Böse, eben »das typische Vorurtheil, [...] an dem sich die Metaphysiker aller Zeiten wieder erkennen lassen«, basierend auf dem Glauben »an die Gegensätze der Werthe«, und dass es »sogar noch möglich [wäre], dass was den Werth jener guten und verehrten Dinge ausmacht, gerade darin bestünde, mit jenen schlimmen, scheinbar entgegengesetzten Dingen auf verfängliche Weise verwandt, verknüpft, verhäkelt, vielleicht gar wesensgleich zu sein« (KSA 5, S. 16f.). Und entgegen allen Befürchtungen des Impresarios verharrten die meisten Kafka-Erklärer lange Zeit auf moralisch und philologisch sicherem Terrain und einigten sich auf die Erkenntnis, dass Kafka einige Bücher von Nietzsche besaß, dass er im Sommer 1900 damit begonnen haben muss, Nietzsche zu lesen, dass er wohl eine zeitlang für einen »Nietzscheaner« gelten konnte, dass er später Nietzsche

---

1. Max Brod: *Über Franz Kafka*, Frankfurt a.M. 1974, S. 259.

einer Re-Lektüre unterzogen haben muss und ihn seither, dank seines »phäno-
menalen Gedächtnisses«, offensichtlich als Archiv oder Steinbruch für seine (Kafkas, wohlgemerkt) philosophischen Reflexionen genutzt hat.[2]

Ich werde im Folgenden einen anderen Weg erproben. Indem ich den Fokus
von der Sprache und dem Denken auf den Diskurs verschiebe, möchte ich zeigen, dass Nietzsche nicht nur für die Generation Kafkas eine Reihe kritischer
Fragen aufgeworfen hat, sondern dass er für Kafka *selbst* ein maßgebliches Problem darstellte bzw. konstituierte. Kafka, so werde ich argumentieren, liest
Nietzsche präzise nach dessen hochgesteckter Lektüre-Norm, nämlich auf der
Grundlage der Kenntnisse und Erkenntnisse, die er in seiner hohen Stellung und
Pflicht als einer der fähigsten Experten für soziale Unfallversicherung in Böh-
men, einem der größten Industriegebiete Mitteleuropas, erworben hatte. An-
schaulich mag diese Blickrichtung zunächst in der Konfrontation zweier
Aussagen zur Frage des Berufsrisikos werden. Zunächst Nietzsche:

»Grosse Männer sind wie grosse Zeiten Explosiv-Stoffe, in denen eine ungeheure Kraft
aufgehäuft ist« (*Götzendämmerung*, KSA 6, S. 145).

Und an anderer Stelle:

»Ich kenne mein Loos. Es wird sich einmal an meinen Namen die Erinnerung an etwas
Ungeheures anknüpfen, – an eine Krisis, wie es keine auf Erden gab, an die tiefste Ge-
wissens-Collision, an eine Entscheidung heraufbeschworen g e g e n Alles, was bis dahin
geglaubt, gefordert, geheiligt worden war. Ich bin kein Mensch, ich bin Dynamit« (*Ecce
Homo*, KSA 6, S. 365).

Dann Kafka:

»Die Sprengungsarbeiten verlangen Arbeiter, welche mit allen in Betracht kommenden
Gefahren vertraut sind und eine gründliche und wiederholte Belehrung erhalten haben.
Diese mangelt umso mehr, als keine besonderen Nachweise von Kenntnissen für die
Vornahme von Sprengungen verlangt werden« (*Die Unfallverhütung in den Steinbruch-
betrieben*, AS, S. 381).

»Sprengungen dürfen nur durch geschulte Arbeitskräfte, unter Berücksichtigung der er-
lassenen Vorschriften vorgenommen werden. Es ist verboten, Sprengstoffe in losem
Zustand zu verwenden. Alle Sprengmittel sind sicher aufzubewahren.
Es dürfen nur Arbeiter verwendet werden, welche dem Unternehmer als verläßlich und
nüchtern bekannt sind« (ebd., S. 392).

Die Konfrontation dieser Zitate im Spannungsfeld von metaphorischer und
wörtlicher Rede weist auf den Ursprung und den Gesichtspunkt für Kafkas
Nietzsche-Lektüre. Sie liefert einen ersten Hinweis auf den eigentlichen Gegner

---

2. Vgl. etwa Patrick Bridgwater: *Kafka and Nietzsche*, Bonn 1974, S. 9–14.

in Nietzsches Kampf gegen die ›christlich-abendländische Moral‹: auf die herauf-
ziehende Biomacht und ihre Dispositive der Aneignung und Kanalisierung des
menschlichen Lebens, oder, in historiographischer Abbreviatur, auf den Bis-
marckschen Sozialstaat. Nietzsches ›grosse Männer‹ bezeichnen zunächst eine
Resistenzposition gegen die Regulierungs- und Normalisierungsstrategien der
Biomacht – sie sind unversicherbare Risiken nach den Maßstäben und Normen
des Versicherungsstaates.

Widerstand gegen die Biomacht und Unversicherbarkeit durch den Sozialstaat
bezeichnen den verborgenen Berührungspunkt Kafkas mit seinem Antipoden
Nietzsche. Das, worin sie sich hier essentiell unterscheiden, sind die »besonderen
[…] Kenntnisse«, auf denen ihre Resistenzstrategien jeweils basieren. Anders als
Nietzsche weiß Kafka buchstäblich, wovon er spricht, wenn er von Explosiv-
Stoffen spricht. Als Angestellter der Arbeiter-Unfall-Versicherungs-Anstalt für
das Königreich Böhmen erwarb er sich zwischen 1908 und 1922 ein differen-
ziertes Fachwissen in den Bereichen der Unfallverhütung, der Unfallstatistik,
und der sozialpolitischen Propaganda. Es ist, so lautet meine Ausgangsthese, dieses spezielle Wissen, das ihn dafür prädestiniert, Nietzsches erster Leser und, infolgedessen, der Verfasser eines einzigartigen Satzes von Sicherheitsvorschriften
zu werden. Statt nun die eben geschaffene metaphorische Brücke zwischen
Kafka und Nietzsche weiter auszubauen, werde ich im Folgenden also versuchen, sie aufzulösen. Denn nicht die Metapher der Versicherung führt von
Kafka zu Nietzsche, sondern die Versicherung der Metapher; keine Zeichen-
beziehung, sondern ein Diskurs soll uns als Brücke dienen, eine ganz und gar
einzigartige Schreibweise, die elementare Techniken der Versicherung von der
Mathematik in die Sprache transkribiert. Der Brückenbau vollzieht sich in zwei
Phasen. Ich werde zunächst einen Blick auf die Rolle der Begriffe Risiko und
Gefahr für Nietzsches Diagnose der abendländischen Kultur werfen (II). Sodann
werde ich vier grundlegende Verfahren der eigentümlichen Versicherung the-
matisieren, die Kafkas Nietzsche-Umschrift hervortreibt: Parodie, Dekonstruktion, Reflexion, Assoziation (III).

II

»Die klassischen Traditionen«, beschreibt Niklas Luhmann die fachinterne Ausgangslage seiner *Soziologie des Risikos*, »bieten wenig Anhaltspunkte für Themen
wie Ökologie, Technologie, und Risiko.«[3] Für die Philosophie kann hier Henning Ottmanns *Nietzsche-Handbuch* stehen. Unter den 116 Einträgen, die dieses
Grundlagenwerk über den »gefährlichen Denker« in der Sektion »Begriffe –
Theorien – Metaphern« verzeichnet, befindet sich kein einziger zu den Begriffen
›Risiko‹, ›Gefahr‹, oder ›Sicherheit‹.[4]

3. Niklas Luhmann: *Soziologie des Risikos*, Berlin/New York 2003, S. 14.
4. Vgl. Henning Ottmann (Hg.): *Nietzsche-Handbuch*, Stuttgart 2000.

Wählt man, um diese eklatante Lücke zu verbauen, Luhmanns Unterscheidung zwischen Risiko und Gefahr als Ausgangspunkt – wobei ›Risiko‹ die Möglichkeit eines Schadens einer Entscheidung oder Wahl zurechnet, ›Gefahr‹ sie als externe Gegebenheit setzt[5] – so stellt man zunächst fest, dass Nietzsche kein guter Luhmannianer ist. Da der Gebrauch des Wortes ›Risiko‹ im 19. Jahrhundert noch weitgehend auf Fachsprachen begrenzt ist (etwa die der Versicherung), verwendet Nietzsche das Wort ›Gefahr‹ für *beide* Seiten der Luhmannschen Unterscheidung. Als Beispiel mag zunächst der »Versuch einer Selbstkritik« dienen, den Nietzsche 1886 nachträglich der *Geburt der Tragödie* vorangestellt hat. Hier klassifiziert er die christliche Moral als die »Gefahr der Gefahren« (KSA, S. 19), und er verteidigt seine »Artisten-Metaphysik« gegen den Vorwurf der Willkür, indem er ihre wesentliche Qualität betont, die darin liege, »dass sie bereits einen Geist verräth, der sich einmal auf jede Gefahr hin gegen die moralische Ausdeutung und Bedeutsamkeit des Daseins zur Wehr setzen wird« (KSA, S. 17). Diese beiden Bemerkungen enthalten den Kern der hier in Rede stehenden Politik von Risiko und Gefahr. Wenn Luhmann die »Katastrophenschwelle« als – wie auch immer kulturell oder politisch umkämpfte – Grenze der Bereitschaft zur Risikokalkulation bezeichnet,[6] so wäre Nietzsches »Gefahr der Gefahren«, die christliche Moral und der aus ihr hervorgehende Nihilismus, jedenfalls jenseits dieser Schwelle anzusiedeln: Sie sind nicht weniger als ein kulturelles Desaster. Nietzsches Einsatz besteht nun gerade darin, diese Gefahr *par excellence* in ein Risiko zu transformieren – sie in eine begrenzte Menge von Faktoren zu zerlegen, die jeweils mit Akten der Entscheidung und der Selektion verbunden sind. Freilich wird die Unkalkulierbarkeit damit keineswegs zum Verschwinden gebracht, sie geht lediglich vom Gegenstand auf das Verfahren über: Nietzsches Kampf gegen die »moralische Ausdeutung und Bedeutsamkeit des Daseins« ist ein Kampf »auf jede Gefahr hin«, und seine »Artisten-Metaphysik« betreibt nichts anderes als das »Zerbrechen« jenes »principii individuationis« (KSA 1, S. 28), das die unverzichtbare Grundlage für jeglichen Akt der Selektion, der Entscheidung und der Kalkulation darstellt.

Im Rahmen meiner Untersuchung bietet es sich an, zwischen drei unterschiedlichen Gefahren-Serien bei Nietzsche zu unterscheiden. Der ersten gehören jene *gefährlichen* und mithin unkalkulierbaren *Gefahren* an, die dem entropischen Prozess der abendländischen Kultur innewohnen. Hier sind zwei Elemente hervorzuheben, deren Protokollierung Kafka kaum überlesen haben dürfte. Deren erste, eine Tendenz zu sozialer Sicherheit und Wohlfahrt, eine eudämonistische Weltanschauung, die die moderne Kultur mit ihrem alexandrinischen Prototyp verbindet, betrifft Kafkas Berufsfeld, die Sozialversicherung: »Man soll es merken:«, mahnt Nietzsche in der *Geburt der Tragödie*,

»die alexandrinische Cultur braucht einen Sclavenstand, um auf die Dauer existieren zu können: aber sie leugnet, in ihrer optimistischen Betrachtung des Daseins, die Noth-

---

5. Vgl. Luhmann: *Soziologie*, a.a.O., S. 30f.
6. Ebd., S. 10f.

wendigkeit eines solchen Standes und geht deshalb, wenn der Effect ihrer schönen Verführungs- und Beruhigungsworte von der ›Würde des Menschen‹ und der ›Würde der Arbeit‹ verbraucht ist, allmählich einer grauenvollen Vernichtung entgegen« (KSA 1, S. 117).

In der *Genealogie der Moral* wird Nietzsche noch deutlicher, indem er den gemeinsamen genealogischen Ursprung der christlichen Moral, dieser »Gefahr der Gefahren«, und der Sozialversicherung offenlegt:

»Wenn man nach den Anfängen des Christenthums in der römischen Welt sucht, so findet man Vereine zu gegenseitiger Unterstützung, Armen-, Kranken-, Begräbniss-Vereine, aufgewachsen auf dem untersten Boden der damaligen Gesellschaft, in denen mit Bewusstsein jenes Hauptmittel gegen die Depression, die kleine Freude, die des gegenseitigen Wohlthuns gepflegt wurde [...]« (KSA 5, S. 383).

Und in der zweiten *Ungezeitgemäßen Betrachtung* wird schließlich nahegelegt, dass die Sozialversicherung nicht nur das fatale Problem der abendländischen Kultur verkörpere, sondern dass sie zugleich auch als das Betäubungsmittel fungiere, welches daran hindere, dieses Problem zu konfrontieren: »Es ist gewiss die Stunde einer grossen Gefahr: die Menschen scheinen nahe daran zu entdecken, dass der Egoismus der Einzelnen, der Gruppen oder der Massen zu allen Zeiten der Hebel der geschichtlichen Bewegungen war; zugleich aber ist man durch diese Entdeckung keineswegs beunruhigt [...]« (KSA 1, S. 322). Ein weiterer Eintrag in Nietzsches kulturellem Sicherheits-Check ist die Gefahr der antiquarischen Geschichte: »Hier ist immer eine Gefahr sehr in der Nähe: endlich wird einmal alles Alte und Vergangene, das überhaupt noch in den Gesichtskreis tritt, einfach als gleich ehrwürdig hingenommen, alles was aber diesem Alten nicht mit Ehrfurcht entgegen kommt, also das Neue und Werdende, abgelehnt und angefeindet. [...] Die antiquarische Historie entartet selbst in dem Augenblicke, in dem das frische Leben der Gegenwart sie nicht mehr beseelt und begeistert« (KSA 1, S. 267f.). Oder, mit Zarathustras prägnantem Fazit: »Gefährlich ist es, Erbe zu sein« (KSA 4, S. 100). Schließlich ist hier daran zu erinnern, dass unter dem Gesichtspunkt des Katastrophenschutzes Nietzsche den heraufkommenden Sozialstaat – dass er also Kafkas Arbeitgeber als Teil des Problems und nicht als Teil der Lösung betrachtete: »Seit einem Jahrhundert sind wir auf lauter fundamentale Erschütterungen vorbereitet; und wenn neuerdings versucht wird, diesem tiefsten modernen Hange, einzustürzen oder zu explodiren, die constitutive Kraft des sogenannten nationalen Staates entgegenzustellen, so ist doch für lange Zeiten hinaus auch er nur eine Vermehrung der allgemeinen Unsicherheit und Bedrohlichkeit« (KSA 1, S. 367).

Es ist dieses trügerische Sicherheitsgefühl, das Nietzsche dazu veranlasst, eine zweite Sorte von Gefahren in Augenschein zu nehmen. Auch hier handelt es sich noch um Gefahren im Sinne Luhmanns, also nicht um Entscheidungs-, sondern um Schicksalsfragen. Doch diesmal befindet man sich nicht länger auf der Seite des Problems, sondern bereits auf der Seite der Lösung. Ich beziehe mich

hier auf die »Gefahr ungewöhnlicher Menschen, die in einer an das Gewöhnliche gebundenen Gesellschaft leben« (KSA 1, S. 352). Nietzsches erstes Beispiel
ist bekanntlich Schopenhauer, und die Checkliste der Gefahrenfaktoren einigermaßen eindrucksvoll. Sie umfasst die »Constitutionsgefahren« – etwa die Gefahr
der Einsamen, die bisweilen »aus ihrer Höhle heraus[kommen] mit schrecklichen Mienen; ihre Worte und Taten sind dann Explosionen, und es ist möglich,
dass sie an sich selbst zu Grunde gehen« (KSA 1, S. 354) – ebenso wie die »Zeit-
gefahren«, wie etwa die gefährliche Sehnsucht, die sich »aus ihrer ermatteten eignen Zeit« auf »eine verklärte Physis richtet« (KSA 1, S. 362). Im Unterschied zu
den gewöhnlichen Menschen sind diese ungewöhnlichen Menschen gefährdet
und gefährlich zugleich.

Die dritte Serie von Gefahren, von denen hier zu sprechen ist, kann nur vor
dem Hintergrund der vorigen verstanden werden, und sie ist unmittelbar mit
dem Namen Zarathustras verbunden. Zarathustras Suche gilt einem *Ausweg* aus
der Gefahr der Gefahren und allen ihren Elementen. Was diesen Ausweg den
lebensversicherten Zeitgenossen Nietzsches als so »furchtbar«[7] erscheinen lässt,
das ist vermutlich weniger der Wille zur Macht, auf dem er basiert, als vielmehr
der Wille zur Gefahr, mit dem jener Wille unmittelbar verbunden ist. So zum
Beispiel in Zarathustras Rede »Von der Selbst-Überwindung«:

> »Und wie das Kleinere sich dem Grösseren hingiebt, dass es Lust und Macht am Klein-
> sten habe: also giebt sich auch das Grösste noch hin und setzt um der Macht willen –
> das Leben dran. Das ist die Hingebung des Grössten, dass es Wagniss ist und Gefahr und
> um den Tod ein Würfelspielen« (KSA 4, S. 148).

Der Übermensch, so scheint es hier, lebt jenseits der Unterscheidung von Risiko und Gefahr. Seine Entscheidung für das Wagnis seines Lebens basiert nicht
auf rationalem Kalkül. Sie ist nichts als Hingebung.

Wäre Nietzsches Projekt des Übermenschen demnach ein bloßes Abenteuer,
eine romantische Affirmation der Gefahr? Immerhin gibt es in seinen nach-
gelassenen Schriften eine Passage, in der Nietzsche sich doch als potentieller
Luhmannianer erweist, in der er, für einmal, das Wort Risiko verwendet und im
Sinne Luhmanns richtig verwendet: »Die Frage des Nihilismus ›wozu?‹«, heißt
es dort,

> »geht von der bisherigen Gewöhnung aus, vermöge deren das Ziel von außen her ge-
> stellt, gegeben, gefordert schien — nämlich durch irgend eine übermenschliche Auto-

---

7.   So schreibt etwa J.V. Widmann im Berner Bund vom 16./17. September 1886: »Jene Dynamit-
vorräthe, die beim Bau der Gotthardbahn verwendet wurden, führten die schwarze, auf Todesgefahr
deutende Warnungsflagge. – Ganz nur in diesem Sinne sprechen wir von dem neuen Buche des Philosophen Nietzsche als von einem gefährlichen Buche. [...] Der geistige Sprengstoff, wie der materielle, kann einem sehr nützlichen Werke dienen; es ist nicht nothwendig, dass er zu verbrecherischen
Zwecken missbraucht werde. Nur thut man gut, wo solcher Stoff lagert, es deutlich zu sagen ›Hier
liegt Dynamit!‹ [...] Nietzsche ist der erste, der einen neuen Ausweg weiß, aber einen so furchtbaren,
dass man ordentlich erschrickt, wenn man ihn den einsamen, bisher unbetretenen Pfad wandeln sieht!«
(zit. nach KSA 15, S. 160f.).

rität. Nachdem man verlernt hat an diese zu glauben, sucht man doch noch nach alter Gewöhnung eine andere Autorität, welche unbedingt zu reden wüßte, Ziele und Aufgaben befehlen könnte. [...] Man möchte herumkommen um den Willen, um das Wollen eines Zieles, um das Risiko, sich selbst ein Ziel zu geben; man möchte die Verantwortung abwälzen« (KSA 12, S. 355f.).

Zarathustras kühne Forderung: »Es ist an der Zeit, dass der Mensch sich ein Ziel stecke. Es ist an der Zeit, dass der Mensch den Keim seiner höchsten Hoffnung pflanze« (KSA 4, S. 19) erscheint nun in einem anderen Licht. Offenbar heißt die Losung hier nicht Abenteuer, sondern Verantwortung. Prekär ist diese Verantwortung freilich insofern, als sie auf einem Akt der sozialen Dissoziation beruht und so unvermeidlich mit einem paradoxen Risiko verbunden ist, einem Risiko nämlich, dessen Einsatz zugleich die Grundlage jeder Risiko-Kalkulation ist – die Existenz eines Zieles oder Zwecks.

III

Soweit Nietzsche über Katastrophe, Gefahr, Risiko und Sicherheit. Diese nietzschephilologischen Unbegriffe organisieren den Diskurs bzw. den Problemrahmen, der Kafkas Interesse an Nietzsche motiviert und der die Art und Weise bestimmt, in der Kafka sich auf Nietzsche bezieht, in der er ihn fort- und umschreibt. Werfen wir nun einen Blick auf die vier Verfahren dieser Umschrift.

1. Parodie
Nietzsches »erste Sprache« (KSA 6, S. 300) ist ein Kind vieler Väter. Sie ist weniger Montage als vielmehr vielstimmige Parodie des Alten und Neuen Testaments ebenso wie der asiatischen Religionen, von Märchen und Sagen wie der Philosophien aller Zeitalter. Nicht von ungefähr richtet sich daher Zarathustras vorrangige Furcht darauf, imitiert, nachgeäfft zu werden. Der »schäumende[ ] Narr«, der Zarathustra am Tor zur großen Stadt in den Weg springt, »hatte ihm Etwas vom Satz und Fall der Rede abgemerkt und borgte wohl auch gerne vom Schatze seiner Weisheit« (KSA 4, S. 222). Dieser »Affe[ ] Zarathustra's« – so sein Name im Volke – verkörpert das Berufsrisiko des Propheten: »Dein Narren-Wort thut mir Schaden, selbst, wo Du hundertmal Recht hast! Und wenn Zarathustra's Wort sogar hundert Mal Recht hätte: Du würdest mit meinem Wort immer – Unrecht thun!« (KSA 4, S. 225).

Vor diesem Hintergrund erscheint Kafkas erste schriftstellerische Arbeit als Alptraum Zarathustras. Die erste Fassung der *Beschreibung eines Kampfes* entsteht in den Jahren 1904 und 1905, und obwohl der Affe zu dieser Zeit noch Student ist, ruft seine Nachahmungskunst hier bereits ein beachtliches Spektrum von Stimmen herauf, von den frühen ästhetischen Schriften Hofmannsthals zur Erzählstimme des *Tonio Kröger*, von Quételets *Physique Sociale* zur Psychophysik Fechners und Machs.[8] Dennoch ist die *Beschreibung* auf allen Ebenen vor allem

8. Dazu ausführlich Benno Wagner: »Zarathustra auf dem Laurenziberg. Quételet, Nietzsche und

und durch alle diese Resonanzen hindurch eine grandiose Parodie Zarathustras. Bereits die Eröffnungsszene ist jener Passage in der dritten *Unzeitgemäßen Betrachtung* abgemerkt, die der Unterscheidung zwischen großen Menschen und Gebildeten gilt: »Ihre Art, Glück zu heucheln, hat mitunter etwas Ergreifendes, weil ihr Glück so ganz unbegreiflich ist. Man möchte sie nicht einmal fragen, wie Tannhäuser den Biterolf fragt: ›was hast du Ärmster denn genossen?‹ Denn ach, wir [großen Männer] wissen es ja selber besser und anders. Es liegt ein Wintertag auf uns, und am hohen Gebirge wohnen wir, gefährlich und in Dürftigkeit« (KSA 1, S. 366). Die Eröffnungsszene der *Beschreibung* kopiert diese Szene mit einigen spezifischen Veränderungen: Der Ich-Erzähler ist hier kein »solitäre[s] Raubthier« (KSA 5, S. 384), kein »Löwe« oder großer Mensch, sondern eine »Naschkatze[ ]« (KSA 4, S. 211), mithin ein Haustier, ein von der Tugend Verkleinerter: Am späten Abend eines Wintertages sitzt ein Junggeselle allein am Tisch einer Prager Festgesellschaft und genießt Wein und Backwerk. Da nähert sich ihm ein Bekannter mit dem Eingeständnis, dass es »das Glück kaum in ihm aushalte« und er daher nicht umhin könne, sein neuestes erotisches Abenteuer dem Erzähler anzuvertrauen. Während nun der Bekannte beginnt, alle möglichen Details seiner Eroberung bildhaft zu schildern und sein Gegenüber angesichts nahender Gesellschaft mit seinen Angebereien in einige Verlegenheit bringt, folgt der Erzähler weiter seinem Nietzsche-Wagner-Skript, indem er einen Aufbruch in die Winternacht und die angrenzenden Berge inszeniert: »Gut, wenn Sie wollen, so gehe ich, aber es ist thöricht, jetzt auf den Laurenziberg zu gehen, denn das Wetter ist kühl und [...] die Wege sind wie Schlittschuhbahnen« (NSF I, S. 56). Wenn in der Nachahmung der Rede des großen Menschen durch die Naschkatze das wilde und gefährliche Gebirge – das Zarathustra-Biotop – durch die Parkanlagen des Laurenzibergs und das Risiko einer Verkühlung und des Ausrutschens auf gefrorenen Wegen ersetzt wird, dann könnte man das als ironischen Hinweis auf die Unmöglichkeit romantischer Transgression entziffern, oder aktualisierend: auf die zivilisatorische Abschließung des Menschenparks gegen ein ungehegtes Außen. Doch gerade in dem Moment, da Kafkas Spaziergänger – nach einer ganzen Serie von Zarathustra-Zitationen in den Gassen der Prager Altstadt – den Fuß auf den Laurenziberg setzen, feiert dessen wildes Gebirge ein beeindruckendes Comeback.

Da dem Erzähler sein Begleiter langweilig wird, gibt er sich einer Reihe vermeintlich phantastischer Abschweifungen hin. Tatsächlich handelt es sich bei diesen »Belustigungen« um nichts anderes als die präzise Überprüfung der Nietzsche'schen Topologie von Gefahr und Sicherheit im Gedankenexperiment. Die erste, der »Ritt«, hat ihren Bezugspunkt in Zarathustras Unfallwarnung an den höheren Menschen: »Wollt ihr hoch hinaus, so braucht die eignen Beine! Lasst euch nicht empor tragen, setzt euch nicht auf fremde Rücken und Köpfe! / Du aber stiegst zu Pferde? Du reitest nun hurtig hinauf zu deinem Ziele? Wohlan, mein Freund! Aber dein lahmer Fuss sitzt auch mit zu Pferde! Wenn Du an Deinem Ziele bist, wenn Du von Deinem Pferde springst: auf deiner Höhe gerade, du höherer Mensch – wirst du stolpern« (KSA 4, S. 361). Der »Ritt« veranschaulicht Kafkas offenbar von Beginn an verwendetes Verfahren, Metaphern durch Wörtlich-Nehmen einem Sicherheits-Check zu unterziehen. So springt sein Ich-Erzähler dem Bekannten auf die Schultern, um sich von ihm den Berg empor tragen zu lassen: »Die Landstraße, auf der ich ritt, war steinig und stieg bedeutend, aber gerade das gefiel mir und ich ließ sie noch steiniger und steiler werden. Sobald mein Bekannter stolperte, riß ich ihn an seinen Haaren in die Höhe und sobald er seufzte, boxte ich ihn in den Kopf« (NSF I, S. 73). Und nachdem er den Bekannten verletzt zurückgelassen hat: »Weil ich aber als Fußgänger die Anstrengung der bergigen Straße fürchtete, ließ ich den Weg immer flacher werden […]« (NSF I, S. 74). Indem er die gebirgige Landschaft nach Laune erschafft und modifiziert, projiziert Kafkas Laurenziberg-Spaziergänger die maßgebliche epistemische Qualität, die Zarathustra den Bergen zuschreibt, auf den Diskurs seines Schöpfers Nietzsche. In den Bergen, verrät Zarthustra, »kommen alle Dinge liebkosend zu Deiner Rede […]. Auf jedem Gleichnis reitest Du hier zur Wahrheit« (KSA 4, S. 231). Kafkas *joystick game* führt nun vor, dass die Berge ihrerseits ein Gleichnis sind, dass ihre Macht zur freien Schöpfung von Wahrheit mithin paradox begründet ist. Und nachdem Nietzsche den Zarathustra in den Bergen geschrieben hat, infiziert diese Paradoxie nicht nur die Rede Zarathustras, sondern auch die Schrift, der sie entspringt.

Während die zweite »Belustigung« (»Spaziergang«) nahezu Schritt für Schritt Zarathustras Spuren folgt, kippen Kafkas epistemische Allotria in der dritten »Belustigung« (»Der Dicke«) in einen pathetischen Ton. Vier Männer mit einer Bahre tragen durch das Gebüsch an einem Flussufer einen »ungeheuerlich dicke[n] Mann« »in orientalischer Haltung« (NSF I, S. 78f.). Das ist die Einleitung zu einem wahrhaft bizarren Sicherheitsprotokoll zur Gefahr großer Menschen. Nachdem der Dicke seine Weltverneinungs-Meditation beendet hat (»Die Landschaft stört mich in meinem Denken«), erfüllt sein Schicksal Nietzsches retrospektive Prognose für *dessen* Prototypen einer falschen Weltverneinung »im Bann und Wahne der Moral« (KSA 5, S. 74), derzufolge »der Mensch Schopenhauer untergehn werde, um als Rest, besten Falls, ›reine Wissenschaft‹ zurück zu lassen« (KSA 1, S. 352). Dieser dramatische Umschwung hängt offenbar mit einer Verschiebung des topologischen Bezugspunkts zusammen. Hatte es der Dicke mit seiner Ansprache vermocht, die störenden *Berge* gegeneinander zu verschieben, so beginnt er allmählich unterzugehen, als die Träger ihn durch den *Fluss* tragen. Sein explizit bekundetes und offenbar unberechtigtes Vertrauen in den Fluss mag auf einem anderen Gefahrenprotokoll basiert haben, das sich in Zarathustras Rede »Von der Selbst-Überwindung« findet: »Euren Willen und eure Werthe setztet ihr auf den Fluss des Werdens«, wendet sich Zarathustra hier an die Weisesten, »einen alten Willen zur Macht verräth mir, was vom Volke als gut und böse geglaubt wird. […] Weiter trägt nun der Fluss euren Nachen: er muss ihn tragen. […] Nicht der Fluss ist eure Gefahr und das Ende eures Guten und Bösen, ihr Weisesten: sondern jener Wille selber, der Wille zur Macht, — […]« (KSA 4, S. 146f.). Und tatsächlich treibt der Dicke, während die vier Träger, Männer aus dem Volke, ertrinken, sobald sie ihren Fuß in den Fluss setzen, zunächst eine Weile hilflos weiter. Der Erzähler wiederum folgt nunmehr dem Skript, das Nietzsche in der *Geburt der Tragödie* für den Typus des theoretischen Menschen hinterlegt hat: »Das ist ja das Merkmal jenes ›Bruches‹, von dem Jedermann als von dem Urleiden der modernen Cultur zu reden pflegt, dass der theoretische Mensch vor seinen Consequenzen erschrickt und unbefriedigt es nicht mehr wagt sich dem furchtbaren Eisstrome des Daseins anzuvertrauen: ängstlich läuft er am Ufer auf und ab« (KSA 1, S. 119). Bei Kafka kehrt diese pathetische Szene als Slapstick wieder:

> »Ich stand auf und eilte in eckigen Sprüngen über den steinigen Abhang, der mich vom Wasser trennte. Ich achtete nicht darauf, daß es gefährlich war [...]. Ich lief so unbesonnen, daß ich mich unten beim Wasser nicht einhalten konnte, sondern ein Stück in das aufspritzende Wasser laufen musste und erst stehen blieb, bis das Wasser mir bis an die Knie reichte. [...] Ich kroch rasch die Böschung wieder hinauf, um auf dem Weg den Dicken begleiten zu können, denn wahrhaftig ich liebte ihn. Und vielleicht konnte ich etwas erfahren über die Gefährlichkeit dieses scheinbar sichern Landes« (NSF I, S. 83f.).[9]

Etwas erfahren über die Gefährlichkeit dieses scheinbar sichern Landes – dieser Satz ist zugleich Ankündigung und Vorzeichen des einzigartigen Schreibprojekts, in dem Kafka die narrative Logik einer *Poetik des Unfalls* mit dem Notationsverfahren des *intensiven Protokolls* verknüpft. Und er wirft ein neues oder besser: erstes Licht auf eine maßgebliche Passage in der privaten Korrespondenz des werdenden Schriftstellers. Im Oktober 1907 schrieb Kafka unter anderem folgende Zeilen an eine Geliebte in Wien: »Ich bin bei der Assecuracioni Generali und habe immerhin Hoffnung selbst auf den Sesseln sehr entfernter Länder einmal zu sitzen, aus den Bureaufenstern Zuckerrohrfelder oder mohamedanische Friedhöfe zu sehn und das Versicherungswesen selbst interessiert mich sehr, aber meine vorläufige Arbeit ist traurig« (B00–12, S. 72). Die Kafkaforschung hat sich gegen die in dieser Auskunft eingeschlossene Sprengkraft durch das bewährte Verfahren des häufigen Zitierens versichert; immerhin verbinden sie eine amouröse Beziehung mit exotischen Plänen und der für das biographische Klischee vom ›sensiblen Schöngeist‹ konstitutiven Klage über ›das Bureau‹.

Das Versicherungswesen selbst interessiert mich sehr – vielleicht muss man mit Zarathustra auf dem Laurenziberg gewesen sein, um die ganze Tragweite dieses für einen werdenden Schriftsteller ›um 1900‹ doch eher ungewöhnlichen Bekenntnisses ermessen zu können. Nach seinem ersten, zugleich phantastischen wie fragmentarischen Dialog mit Nietzsche eröffnet das »Versicherungswesen« Kafka offenbar eine Brücke, dient es ihm als Schlüsselwort für seine Verwandlung vom ›theoretischen Menschen‹, der den Gefahren des Zarathustra-Landes hilflos ge-

---

9. »Ein Dichter ist angemeldet und ein Landspekulant kommt«, müsste Dr. Moorfeld, Ferdinand Kürnbergers Amerika-Reisender und gespenstischer Reisebegleiter zahlreicher K.-Helden, hier wohl neuerlich ausrufen (Ferdinand Kürnberger: *Der Amerikamüde. Amerikanisches Kulturbild*, Frankfurt a.M. 1986, S. 205).

genübersteht, zum ›praktischen Menschen‹, zum professionellen Experten für Risiko und Sicherheit nicht nur im Gleichnis, sondern in Wirklichkeit. Kafkas Berufsarbeit, heißt das, war für ihn weit mehr als eine *nolens volens* akzeptierte ökonomische Notwendigkeit. Vielmehr diente sie ihm als maßgebliches Arsenal poetologischer Techniken und Verfahren; und sie versetzte ihn unter anderem in Lage, von der Parodie des Übermenschen zu seiner Dekonstruktion überzugehen.

2. Dekonstruktion

Nietzsches Übermensch bezeichnet eine Bewegung irreversibler Transgression. Ihr Ursprung liegt in einer Unterscheidung, die ihrerseits einem Akt der Dissoziation entspringt: der Unterscheidung zwischen dem ›Heerdenmenschen‹ und allen jenen Einzelnen, die in der Lage sind, sich selbst zur ›Heerde‹ (oder der Menge) in Distanz zu setzen: ›Sondermenschen‹ der unterschiedlichsten Art, seien sie echte Bewerber oder doch nur Prätendenten des Übermenschen. Bekanntlich ist eine solche Unterscheidung als Abscheidung in der ersten Hälfte der 1880er Jahre, als Nietzsche seine ›erste Sprache‹ findet, bereits fragwürdig geworden. Ein halbes Jahrhundert zuvor hatte der belgische Hofastronom und Statistiker Adolphe Quételet in seiner *Sozialen Physik* ein radikal neues Konzept des Menschen entfaltet, das zugleich den Grundstein der Sozialversicherung bilden sollte. Um die Wahrheit über den Menschen herauszufinden, so Quételet, müssen wir ihn »seiner Individualität entkleiden« und ihn als Verteilung abstrakter Qualitäten in einer gegebenen Bevölkerung (wie Alter, Größe, Verhalten) reaggregieren. Das Resultat dieser statistischen Operation, der »Durchschnittsmensch«, ist kein »Modell oder Original, dessen mehr oder weniger treue Kopien die wirklichen Menschen wären«, sondern er ist »deren gemeinsame Referenz«,[10] eine Referenz, die freilich nicht *semiologisch*, sondern *mathematisch* konstituiert ist. Indem er alle Qualitäten des Individuums und Individuen aller Qualitäten, seien es Propheten, Helden, Kriminelle, Freaks, oder gewöhnliche Menschen, miteinander in Bezug setzt, konstituiert er ein reines Immanenzfeld, unüberschreitbar und ohne Außen. Nietzsches Bemerkung aus dem Herbst 1883 – »Der jetzige Durchschnittsmensch ist mein größter Feind« (KSA 10, S. 553) – benennt daher den Punkt, an dem sich sein größter Irrtum mit seiner bedeutendsten Einsicht berührt. Denn für Nietzsche bezeichnet der Durchschnittsmensch lediglich einen anthropomorphen Typus, dem der Typus des Genies entgegengesetzt ist. »Im gewöhnlichen ›Egoismus‹«, lautet etwa eine Notiz aus dem Nachlass, »will gerade das ›nicht-ego‹, das t i e f e D u r c h s c h n i t t s w e s e n, der Gattungsmensch seine Erhaltung – das empört, falls es von den Selteneren und Feineren und weniger Durchschnittlichen wahrgenommen wird. Denn diese urteilen: ›wir s i n d die Edleren! Es liegt mehr an u n s e r e r Erhaltung als an der jenes Viehs!‹ (KSA 11, S. 219). Es ist Kafka, der ›theoretische Mensch‹,

---

10. Adolphe Quételet: *Du système social et les lois qui le régissent*, Paris 1848; zit. nach François Ewald: *Der Vorsorgestaat*, Frankfurt a.M. 1993, S. 189f.

der auch die zweite, verborgene und eigentliche Bedeutung der oben zitierten Feindschafts-Erklärung freilegen wird.

Zweifellos hat Kafka Quételet bereits während des Jura-Studiums kennengelernt, etwa in den kriminalstatistischen Seminaren des Strafrechtlers Hans Gross oder den nationalstatistischen Vorlesungen Heinrich Rauchbergs, die er zwischen 1903 und 1905 besuchte.[11] Und die zeitliche Verknüpfung mit der Entstehung der *Beschreibung eines Kampfes* legt nahe, dass sich für ihn aus der Konfrontation Nietzsches mit Quételet geradezu explosionsartig ein entscheidender schriftstellerischer Einsatz ergeben haben muss. Folgerichtig bildet der experimentell arrangierte Kampf mit dem Durchschnittsmenschen (die vergebliche Anstrengung, sein Immanenzfeld zu fliehen) nicht nur die handlungsgenerierende Matrix der *Beschreibung eines Kampfes*, sondern es steuert diese Handlung auch auf einen grotesken *showdown* zwischen dem Durchschnittsmenschen und dem Verkünder des Übermenschen zu. Das große Finale der imaginären »Belustigungen« ergibt sich wiederum aus der Umschrift zweier Definitionen Nietzsches. Die erste betrifft das Zugangsprivileg großer Menschen zum Gebirge: »Im Gebirge ist der nächste Weg von Gipfel zu Gipfel: aber dazu musst du lange Beine haben. Sprüche sollen Gipfel sein: und Die zu denen gesprochen wird, Grosse und hochwüchsige« (KSA 4, S. 49), die zweite das Privileg großer Menschen für Vermessungsarbeiten aller Art: »Denn das ist die eigenthümliche Arbeit aller grossen Denker gewesen, Gesetzgeber für Maass, Münze und Gewicht der Dinge zu sein« (KSA 1, S. 360). Am Ende der »Belustigungen« geht mit der buchstäblichen Deterritorialisierung des Gebirges eine Deterritorialisierung des imaginären Körpers des Ich-Erzählers einher: »[...] meine unmöglichen Beine lagen über den bewaldeten Bergen und beschatteten die dörflichen Thäler. Sie wuchsen, sie wuchsen. [...] Bitte, vorübergehende Leute, seid so gut, sagt mir wie groß ich bin, messet mir diese Arme, diese Beine« (NSF I, S. 112). Die Lektion, die der Quételet-Schüler Kafka hier für Zarathustra, den Lehrer ›großer Menschen‹, bereit hält, liegt auf der Hand: Zarathustras langbeiniger ›großer Mensch‹ erscheint hier im Wortsinne genommen, als bloße Abnormität, als bedauernswerter Freak, der, weit davon entfernt, Gesetzgeber für das »Maass der Dinge« zu sein, seinerseits die Menge, den ›Heerden-Menschen‹ anfleht, ihm zur Versicherung seiner selbst ein Maß zu geben.[12] Das Verhältnis zwischen

---

11. Zur maßgeblichen Bedeutung Rauchbergs für Kafkas Schreibverfahren s. ausführlich Benno Wagner: »Die Majuskel-Schrift unseres Erden-Daseins‹. Kafkas Kulturversicherung«, in: *Hofmannsthal-Jahrbuch*, Nr. 12, 2004, S. 327–363

12. Die Parodie setzt zugleich Nietzsches ›großen Menschen‹ mit Quételets Paradebeispiel für die Gleichgewichts-Funktion des Durchschnittsmenschen in Resonanz. Um die Wirksamkeit des Gesetzes der großen Zahlen auch durch die scheinbar zufälligen physischen Eigenschaften des Menschen zu belegen, führt Quételet in seinem zentralen Abschnitt zur »Untersuchung der den Menschen betreffenden Gesetze« die statistischen Erhebungen zur Körpergröße an, die die Nordstaaten-Armee im amerikanischen Bürgerkrieg für 25878 Rekruten durchgeführt hatte. »Inmitten der heftigen Erschütterungen« des Krieges stellte sich hierbei heraus, dass die Körpergrößen der noch dazu aus den unterschiedlichsten Staaten stammenden Soldaten in einer nahezu perfekten Gauß-Kurve um den Durchschnittswert von ca. 173cm, der hier also zugleich den Median bezeichnete, verteilt waren (vgl. Adolphe Quételet: *Soziale Physik oder Abhandlung über die Entwicklung der Fähigkeiten des Menschen*, Bd.1, Jena 1914, S. 144). Die obere Schwankungsgrenze lag damals übrigens bei 200,7cm. – Von Beginn

Maßgebern und Gemessenen wird hier weniger umgekehrt als vielmehr aufgehoben.

Kafka, so legt nun auch der Textbefund nahe, war zur Zeit der Beschreibung mit Quételet gut vertraut – allerdings, wie sogleich hinzuzufügen ist, nur in der Theorie. In der Praxis lernte Kafka ihn erst nach seinem Übergang von den phantastischen Belustigungen des Laurenziberges in die Unfallversicherung der böhmischen Industrien und Gewerbe kennen. In der Tat ist das Büro einer Arbeiter-Unfall-Versicherungsanstalt ein denkbar günstiger Ort, um die epistemologischen Implikationen des statistischen Durchschnittsmenschen schlagartig zu erfassen:

> »[...] wenn ich mich aus meinem Zeug herausgearbeitet habe, tue ich Donnerstag nichts lieber als hingehn, aber er und seine Frau sollen nicht böse sein, wenn ich vielleicht wieder nicht komme. Denn was ich zu tun habe! In meinen vier Bezirkshauptmannschaften fallen [...] wie betrunken die Leute von den Gerüsten herunter, in die Maschinen hinein, alle Balken kippen um, alle Böschungen lockern sich, alle Leitern rutschen aus, was man hinauf gibt, das stürzt hinunter, was man herunter gibt, darüber stürzt man selbst. Und man bekommt Kopfschmerzen von diesen jungen Mädchen in den Porzellanfabriken, die unaufhörlich mit Türmen von Geschirr sich auf die Treppen werfen« (B00–12, S. 108).

Zwischen den ästhetischen Optionen des *slapstick* und des Expressionismus hindurch erleben wir hier die Epiphanie eines Unsichtbaren: des Durchschnittsmenschen der industriellen und handwerklichen Produktion in seiner »einzigartige[n] Realität« des Berufsrisikos, dieses »regulären, hinsichtlich der individuellen Verhaltensweisen neutralen, sozusagen ordnungsgemäßen Übels«.[13] Im Zeitalter der Sozialstatistik und der Versicherung kommt dem Unfall mithin eine zweite Existenzweise zu: Er ist nicht mehr bloß das (zu erzählende) Schicksal des Einzelnen, sondern auch eine (auf Zählung basierende) statistische Funktion.

Damit ist der Unterschied zwischen Kafka, dem theoretischen Menschen, und Kafka, dem praktischen Menschen, markiert. Um nun die Auswirkungen dieses Unterschieds bzw. Übergangs auf Kafkas literarisches Projekt in den Blick zu nehmen, springe ich in das Jahr 1917. Mittlerweile fungiert Kafka als Sozialversicherungsexperte mit erheblichen Kompetenzen, während Nietzsches Dynamit in eine kaum weniger erhebliche Explosion involviert worden ist. Was nun zunächst Kafkas berufliche Kenntnisse betrifft, so informieren sie offensichtlich die Matrix zweier literarischer ›Überwindungs‹-Narrative, die uns als Unfall-Protokolle gegenübertreten. Deren erstes verhandelt, unter dem Titel *Der Jäger Gracchus*, das traditionelle christliche Verfahren. Bei der Verfolgung einer Gemse kommt der Jäger zu Fall, stürzt in eine Schlucht und stirbt. Das eigentlich fatale,

---

an zeigt demnach Kafkas Text die für die Forschung offenbar gleichermaßen unheimliche wie unbequeme Tendenz, nicht einfach selbst in ein zweiwertiges (etwa: ›kritisches‹ oder ›ironisches‹) dialogisches Verhältnis zu anderen Texten zu treten, sondern vielmehr n-wertige Konferenzen zwischen Serien anderer Texte auszulösen.

13. Ewald: *Vorsorgestaat*, a.a.O., S. 21.

die Narration konstituierende Ereignis ist nun aber keineswegs dieser tödliche Berufsunfall, sondern ein – statistisch kaum zu antizipierender – Transportunfall. Die Barke, die Gracchus ins Jenseits tragen soll, verfehlt ihren Weg, der Jäger ist zu einer ziel- und endlosen Fahrt auf weltlichen Gewässern verdammt, ein Schicksal, dass er gegenüber jedem beklagt, der ihm zuzuhören bereit ist. Man muss kein ›erster‹ Leser Nietzsches sein, um im Protokoll des Jägers mindestens vier markante intertextuelle Bezüge mitzulesen. Zunächst adressiert der erbarmungswürdige Neurastheniker Gracchus jene »religiöse Neurose«, jenes »Buss- und Erlösungstraining«, das nach Nietzsche »ungeheure Epilepsien« und »furchtbare Lähmungen und Dauer-Depressionen« nach sich zieht (KSA 5, S. 391f.). Sodann finden wir einen präzisen Steckbrief für Kafkas Jäger in Zarathustras Rede von den »Predigern des Todes«: »Sie wollen gerne todt sein, und wir sollten ihren Willen gut heissen! Hüten wir uns, diese Todten zu erwecken und diese lebendigen Särge zu versehren! […] Eingehüllt in dicke Schwermuth und begierig auf die kleinen Zufälle, welche den Tod bringen: so warten sie und beissen die Zähne aufeinander« (KSA 4, 55f.). Des Weiteren erweist sich der Bericht des zerschmetterten Jägers und Schmetterlings (»immer in Bewegung, aus dem Jäger ist ein Schmetterling geworden« [NSF I – A, S. 272]) als detailgetreues Echo auf die Klage, die Schatten Zarathustras anhebt: »Habe i c h – noch ein Ziel? Einen Hafen, nach dem m e i n Segel läuft? / Einen guten Wind? Ach, nur wer weiss, w o h i n er fährt, weiss auch, welcher Wind gut und sein Fahrtwind ist. / Was blieb mir noch zurück? Ein Herz müde und frech; ein unstäter Wille; Flatter-Flügel; ein zerbrochenes Rückgrat« (KSA 4, S. 340). Und schließlich ist das Schlüsselereignis des Gracchus-Berichts eben einer jener »kleinen Zufälle, welche den Tod bringen« und die das Spottobjekt Zarathustras sind. Darüber hinaus und andererseits antwortet der Unfall des Jägers – der tödliche Sturz bei der Gemsenjagd – auf eine der vitalsten und energiegeladensten Auftritte Zarathustras. In seinem »anderen Tanzlied« richtet der Prophet des Übermenschen folgende Verse an das Leben:

»Das ist ein Tanz über Stock und Stein: ich bin der Jäger, – willst du mein Hund oder meine Gemse sein? / Jetzt neben mir! Und geschwind, boshafte Springerin! Jetzt hinauf! Und hinüber! – Wehe! Da fiel ich selber im Springen hin! / Oh sieh mich liegen, du Übermuth, und um Gnade flehn! Gerne möchte ich mit dir – lieblichere Pfade gehen!« (KSA 4, S. 283).

Eine auf dem Niveau des Kafka'schen Schreibverfahrens verlaufende Lektüre wird sich nun kaum darum sorgen, diesen (und anderen) einzelnen »Zusammenstellungen«[14] zwischen den Texten Kafkas und Nietzsches je für sich diesen oder jenen ›kritischen‹ Sinn abzugewinnen. Sie wird vielmehr zunächst festzustellen haben, dass Kafka den für Nietzsches ›Überwindungs‹-Protokoll konstitutiven Akt der Dissoziation hier bereits dadurch unterläuft, dass er Zarathustra, seinen

---

14. Ich verwende hier den passenden Begriff von Charles Grivel: »Serien textueller Rezeption. Eine Skizze«, in: Wolf Schmid, Wolf Dieter Stempel (Hg.): *Dialog der Texte. Hamburger Kolloquium zur Intertextualität*, Wien 1983, S. 53–83; hier: S. 56.

Schatten und den neurasthenischen, fallsüchtigen christlichen Büßer in *einem* Narrativ, ja in *einer* Figur zusammenführt. Wichtiger noch ist in diesem Zusammenhang freilich die subtile Umschrift in das diskursive Schema der Unfallversicherung, die Zarathustras Unfall im Zeichen des Jägers erfährt. Sein Unfall ist die Folge reinen »Übermuths«, er impliziert, in der einschlägigen haftungsrechtlichen Terminologie, einen Fall von *culpa dolo proxima*. Jede Versicherungsanstalt des ›Flachlands‹ – und also auch Kafkas Prager AUVA – hätte daher die Auszahlung der Schadenssumme wegen grob fahrlässigen Verhaltens verweigert. Glücklicherweise ist Zarathustra, der Sohn Nietzsches, wie eingangs gesehen durch seine Berge versichert. Gracchus hingegen, als *Kafkas* Geschöpf, muss nach seinem fatalen Sturz die selbe bürokratische Prozedur durchlaufen wie die böhmischen Klienten seines Schöpfers. Er muss seinen Unfallbericht im Büro des Bürgermeisters abliefern (wenn auch nicht – kleines Privileg der Geburt – bei einem untergeordneten Beamten, sondern beim Bürgermeister höchstpersönlich), und er muss zunächst die Frage der Normalität und mithin Versicherbarkeit seines Unfalls klären, bevor von irgendeiner Entschädigung überhaupt die Rede sein kann. Sein Bericht folgt präzise dem Schema einer Hergangsbeschreibung, wie sie auf dem offiziellen Formular der österreichischen Arbeiterunfallversicherung vorgesehen war:[15] »Alles ging der Ordnung nach. Ich verfolgte, stürzte ab, verblutete in einer Schlucht, war tot und diese Barke sollte mich ins Jenseits tragen« (NSF I, S. 312). Die »Ordnung«, auf die sich Gracchus beruft, ist offensichtlich keine gewerbliche oder Zunftordnung – es ist die statistische Ordnung des typischen oder durchschnittlichen Berufsunfalls, eine Ordnung, die den Betroffenen von jeder persönlichen Schuld entbindet (»Aufgestellt war ich als Jäger im Schwarzwald, wo es damals noch Wölfe gab. Ich lauerte auf, schoß, traf, zog das Fell ab, ist das eine Schuld?« [NSF I, S. 310]) und damit seinen Entschädigungsanspruch begründet. Freilich liegt die Forderung des Jägers – die Überfahrt in Jenseits und die Erlösung von irdischer Beschwerlichkeit – jenseits des Entschädigungsplans eines jeden weltlichen Versicherungsvertrags; der Name des Bürgermeisters, Salvatore, erweist sich als einer der in Kafkas Erzählwelten notorischen blinden Eingänge. Wenn daher der Jäger in dieser Situation auf die List verfällt, die Ursache seines Leidens mit einem anderen, zweiten Arbeitsunfall zu verknüpfen – Jäger: »Mein Todeskahn verfehlte die Fahrt, eine falsche Drehung des Steuers, ein Augenblick der Unaufmerksamkeit des Führers, eine Ablenkung durch meine wunderschöne Heimat, ich weiß nicht, was es war […].« / Bürgermeister: »Aber wer trägt dann die Schuld?« / Jäger: »Der Bootsmann« (NSF I, S. 309f.) – so geht diese Bewegung ins Leere: Nicht genug, dass für das Berufsrisiko des Bootsmannes die Versicherungspolice fehlt; da sein Fehler im Bericht des Jägers wiederum deutlich als normaler Unfall erscheint, entzieht er sich gerade der Unterscheidung zwischen individueller Schuld und Unschuld. Diesseits und jenseits der Schwelle zwischen Immanenz und Transzendenz, so wäre hier zu notieren, befindet sich der Durchschnittsmensch längst

---

15. Das Formular war übrigens im Prager Institut für ganz Österreich entwickelt worden; dazu ausführlich Benno Wagner: »Poseidons Gehilfe. Kafka und die Statistik«, in: Hans-Gerd Koch, Klaus Wagenbach (Hg.): *Kafkas Fabriken* (= *Marbacher Magazin* 100/2002), S. 109–130, S. 115ff.

dort, wohin Zarathustra und seine Gefolgschaft erst auf gefährlichen Wegen zu gelangen trachten: Jenseits von Gut und Böse.

Um nun dieses Ergebnis unter veränderten Bedingungen zu verifizieren, schickt Kafka einen weiteren, anders beschaffenen Kandidaten auf den Parcours der Überwindung. In seinem Notizbuch tritt unmittelbar nach dem Jäger ein anderer Berichterstatter auf den Plan. Der Affe Rotpeter ist der Joker in Kafkas Nietzsche-Spiel: Seine Nachahmungskunst reißt Zarathustras Affen, Zarathustra, seinen Stiefgroßvater Nietzsche und nicht zuletzt seinen leiblichen Vater, Kafka, in *eine* Fluchtlinie aus dem hermeneutischen Feld.[16] Variiert wird hier zunächst der Gegenstand der Parodie, also der Prozess der ›Überwindung‹. An die Stelle der transitiven Überwindung nach dem christlichen Erlösungsschema tritt nun die reflexive Selbstüberwindung des säkularen Menschen. Das Skript für die Rotpeter-Konstellation findet sich in Zarathustras Vorrede:

>»Alle Wesen bisher schufen etwas über sich hinaus: und ihr wollt die Ebbe dieser Flut
>sein und lieber zum Thiere zurückgehn, als den Menschen überwinden? / Was ist der
>Affe für den Menschen? Ein Gelächter oder eine schmerzliche Scham. Und ebendas soll
>der Mensch für den Übermenschen sein: ein Gelächter oder eine schmerzliche Scham«
>(KSA 4, S. 14).

Variiert wird auch der Protagonist bzw. der Proband: Im Gegensatz zum Jäger überlebt der Gejagte seinen Jagdunfall. Ganz wie sein Gegenstück wiederum findet sich der von den Fängern einer Hagenbeck-Expedition verwundete Rotpeter auf einem Schiff wieder (einem Schiff freilich mit einem Zielhafen, nämlich Hamburg). Anders als Zarathustras Schatten, und anders auch als dessen Schatten Gracchus, ist Rotpeter allerdings nicht bereit, sein »Gefängnis« als seine »neue Sicherheit« (KSA 4, S. 341) zu betrachten. Doch vermag er es naturgemäß nicht, nach einem »Ausweg« aus dem Hagenbeck-Käfig zu suchen, ohne sich dabei über sein Vor-Bild lustig zu machen:

>»Ich habe Angst, daß man nicht genau versteht, was ich unter Ausweg verstehe. [...].
>Ich sage absichtlich nicht Freiheit. [...] mit Freiheit betrügt man sich unter Menschen
>allzuoft. Und so wie die Freiheit zu den erhabensten Gefühlen zählt, so auch die Täu-
>schung zu den erhabensten. Oft habe ich in den Varietés vor meinem Auftreten irgend-
>ein Künstlerpaar oben an der Decke an Trapezen hantieren sehen. [...] ›Auch das ist
>Menschenfreiheit‹, dachte ich, ›selbstherrliche Bewegung.‹ Du Verspottung der heili-
>gen Natur! Kein Bau würde standhalten vor dem Gelächter des Affentums bei diesem
>Anblick« (DzL, S. 304).

---

16. Und bekanntlich fungiert jeder der hier genannten wiederum als komplexes Bündel der verschie-
densten Affen-Genealogien (und bewirkt so den Übergang von der Familie zum Stamm). S. hierzu
Andreas Kilcher, Detlef Kremer: »Die Genealogie der Schrift. Eine transtextuelle Lektüre von Kafkas
Bericht für eine Akademie«, in: Claudia Liebrand, Franziska Schößler (Hg.): *Textverkehr. Kafka und die
Tradition*, Würzburg 2004, S. 45–72; sowie neuerdings die brillante, mit Rotpeter auf Augenhöhe
operierende Untersuchung von Erhard Schüttpelz: »Eine Berichtigung für eine Akademie«, in: Arne
Höcker, Oliver Simons (Hg.): *Kafkas Institutionen*, Bielefeld 2007, S. 91–118.

Was ist der (Über)mensch dem Affen? Ein Gelächter. – Dennoch verzichtet Rotpeter bei seiner Suche nach einem Ausweg keineswegs auf Menschenwissen. Vielmehr stellt er methodische Kenntnisse unter Beweis, die ihn als gelehrigen Schüler Quételets ausweisen:

»Ich rechnete nicht, wohl aber beobachtete ich in aller Ruhe. Ich sah diese Menschen auf und ab gehen, immer die gleichen Gesichter, die gleichen Bewegungen, oft schien es mir, als wäre es nur einer. Dieser Mensch oder diese Menschen gingen also unbehelligt. Ein hohes Ziel dämmerte in mir auf. Niemand versprach mir, daß, wenn ich so wie sie werden würde, das Gitter aufgezogen werde. Solche Versprechungen für scheinbar unmögliche Erfüllungen werden nicht gegeben. Löst man aber die Erfüllungen ein, erscheinen nachträglich auch die Versprechungen genau dort, wo man sie früher vergeblich gesucht hat. [...] Jedenfalls aber beobachtete ich sie schon lange vorher, ehe ich an solche Dinge dachte, ja die angehäuften Beobachtungen drängten mich erst in die bestimmte Richtung« (DzL, S. 307f.).

Oder, noch einmal, in Nietzsches Worten: »Man möchte herumkommen um den Willen, um das Wollen eines Zieles, um das Risiko, sich selbst ein Ziel zu geben.« Weder Wille noch Vernunft dienen hier als Schlüssel zur Selbstwerdung und Selbstüberwindung, sondern Beobachtung und Nachahmung – wobei die Beobachtung wiederum nicht etwa Teil eines psycho- oder soziohermeneutischen Prozesses ist, sondern zu einer bloßen Akkumulation von Daten führt. Und nachdem wir Kafka nun eine Weile beobachtet haben, sollte es hinreichend deutlich geworden sein, dass »dieser Mensch oder diese Menschen«, die sein Affe Rotpeter beobachtet, niemand anderes ist oder sind als der Durchschnittsmensch im strikten Sinne der Sozialstatistik. Es ist mithin eben jene »»Anpassung««, die nach Nietzsche nur eine »Aktivität zweiten Ranges, eine bloße Reaktivität« darstellt, mit der »das Wesen des Lebens [...], sein Wille zur Macht« verkannt wird (KSA 5, S. 316), die Rotpeter zu einer Überwindungs-Tat ersten Ranges ermächtigt – zu einem evolutionären Weltrekord, in dessen Darstellung der Angeber-Ton des Zarathustra mit soziologisch abgeklärter Bescheidenheit zusammenklingen:

»Diese Fortschritte! Dieses Eindringen der Wissensstrahlen von allen Seiten ins erwachende Hirn! Ich leugne nicht: es beglückte mich. Ich gestehe aber auch ein: ich überschätzte es nicht, schon damals nicht, wie viel weniger heute. Durch eine Anstrengung, die sich bisher auf der Erde nicht wiederholt hat, habe ich die Durchschnittsbildung eines Europäers erreicht« (DzL, S. 312).

Somit beinhalten beide Protokolle – das Protokoll des neurasthenischen und nach dem Jenseits verlangenden Schwächlings Gracchus wie auch dasjenige Rotpeters, des diesseitsverhafteten Superstars der Selbstüberwindung – ein und dieselbe Lektüre und Lektion für Nietzsche: dass nämlich der Kampf zwischen Übermensch und Durchschnittsmensch nur eine weitere Episode in der ewigen Wiederkehr des fabelhaften Wettstreits zwischen dem Hasen und dem Igel sei.

3. Reflexion

Ich nähere mich nun dem entscheidenden Punkt meiner Lektüre: der ›Versicherung des Übermenschen‹ als einem, vielleicht *dem* zentralen Einsatz des Kafkaschen Schreibprojekts. Das bis hierher in einigen Schlaglichtern beleuchtete Nietzsche-Spiel, das dieses Schreiben vom ersten bis zum letzten Zug treibt, ist weit mehr als übermütiger Zeitvertreib, als leeres ästhetisches Spiel. Wenn Kafka den Diskurs der Versicherung in eine *Poetik des Unfalls* und eine nicht auf Zahlen, sondern auf Buchstaben basierende *Kulturversicherung* transformiert, so lässt sich das kaum ohne den Rekurs auf seine vielzitierte ›Angst‹ plausibilisieren. Damit soll nun keineswegs zum guten oder schlechten Schluss die Rückkehr des ›guten alten Franz‹ vorbereitet werden, des hustenden, neurasthenischen jüdischen Junggesellen und Stars und Jubilars einer kulturwissenschaftlich gelifteten Biographik. Denn Kafkas Angst lässt sich als »[e]ine Angst« auffassen, »die nicht Reaktion sondern Organ ist«.[17] Eine Angst mithin, die nicht Eigenschaft eines hinter ›dem Diskurs‹ stehenden ›Charakters‹ wäre, sondern eine Funktion, die Diskurse organisiert und zugleich auf Diskursen beruht. *Kafkas diskursive Organisation der Angst*, so meine zentrale These, *ist weit komplexer angelegt als diejenige Nietzsches, weil sein Zugriff auf Kategorien wie Risiko, Gefahr und Versicherung kein bloß ästhetischer, sondern zunächst ein epistemologischer ist.* Sie basierte, mit anderen Worten, nicht auf dem Zugriff des Lebensphilosophen, sondern auf dem Zugriff des Biopolitikers. Und wenn man die eingangs durchgeführte Lektüre der *Beschreibung eines Kampfes* (1904/5) mit der Bekundung seines Interesses am »Versicherungswesen« aus dem Jahre 1907 kombiniert, so ergibt sich, dass Kafka bereits zu diesem Zeitpunkt sein schriftstellerisches Projekt und Schicksal auf dem begrifflichen Niveau unserer Lektüre reflektiert hat.

Um diese Zeit freilich, im ersten Jahrzehnt des neuen Jahrhunderts, war Nietzsche-Zarathustras Gebirge kaum mehr als ein Übungsparcours für Kafka, auf dem es allenfalls darum gehen konnte, die diversen ästhetischen Strömungen und Moden der Zeit schreibend gegen den Strich zu lesen. Zehn Jahre später, als Kafka gleichzeitig mit seinen Jäger- und Affenprotokollen einen weiteren literarischen Bericht unter dem Titel *Beim Bau der chinesischen Mauer* schrieb, hatte sich seine Schreibsituation dramatisch verändert. Zu diesem Zeitpunkt, im Frühjahr 1917, hat Kafka den Durchschnittsmenschen des Industriezeitalters als regelmäßig verunglückenden und um Renormalisierung kämpfenden ›Verunfaller‹, als Schlemihl-Funktion des sozialen Feldes, kennengelernt. Zugleich hat ein weiterer blinder Fleck in Nietzsches Projekt es ermöglicht, dass sein Sprengstoff gleichsam in falsche Hände geraten war. Dieser blinde Fleck findet seine prägnanteste Formulierung in Nietzsches früher Ankündigung seines philosophischen Programms: »Meine Philosophie ist umgedrehter Platonismus: je weiter ab vom wahrhaft Seienden, um so reiner schöner besser ist es« (KSA 7, S. 199). Bekanntlich ist für Platon das wahrhaft Seiende der wie immer fiktive Bezugspunkt für sein komplexes Verfahren der Unterscheidung zwischen bloßen Prätenden-

---

17. So Walter Benjamin: »Franz Kafka: Beim Bau der Chinesischen Mauer«, in: *Benjamin über Kafka*, hg. v. Herrmann Schweppenhäuser, Frankfurt a.M. 1992, S. 39–46; hier: S. 44.

ten und echten Bewerbern um die politische Macht. Nachdem er diesen Refe-
renzpunkt aufgegeben hat, zielt Nietzsches erste Sorge darauf, seinen Übermenschen gegen die verschiedensten Arten von Prätendenten zu schützen. Freilich besteht sein Ersatz für Platons Teilungsmethode lediglich in einer schwarzen
Liste falscher Bewerber, die er im ersten oder besser als das erste Buch Zarathustra veröffentlicht: die Hinterweltler, die Verächter des Leibes, der bleiche
Verbrecher, die Prediger des Todes, und so weiter. Und in der Tat kann man
den Untertitel des *Zarathustra, Ein Buch für Alle und Keinen*, auch als offenes Eingeständnis seiner Unfähigkeit lesen, auf die Platonsche Frage der Ermächtigung
und der Selektivität zu antworten, mit anderen Worten: seine Sprengmittel sicher aufzubewahren. Die politisch-kulturellen Folgen dieser begrifflichen Leerstelle hat Hans Magnus Enzensberger an prominenter Stelle benannt: »In kurzer
Zeit wimmelte es in ganz Europa von Übermenschen. Millionen von Führer-
naturen und Extremisten machten sich gegenseitig den Platz an der Spitze der
historischen Kohorten streitig.«[18]

Dieser bizarre, wenn auch vergleichsweise harmlose Wettbewerb wurde in der
Mobilisierungspropaganda von 1914 zu den Waffen gerufen. In seiner rasch
verbreiteten Schrift *Die Ideen von 1914* behauptet der schwedische Geograph
Rudolf Kjellén, dass der ausschlaggebende Charakterzug des Übermenschen
nicht individualistischer »Übermut« (›1789‹), sondern unterordnende »Demut«
(›1914‹) sei: »Der Übermensch, der selbst die größte Last trägt, bezeichnet da den
Exzelsiorgedanken – gegenüber dem Bilde des Menschenhaufens, der in gemüt-
licher Ruhe dasitzt und sich gegenseitig den Rücken absucht, als die sehr zufrie-
denen Überaffen dieser Welt.«[19] Und wie in Kafkas Notizheft, so ist auch in
Kjelléns »weltgeschichtlicher Perspektive« der Untote der Nachbar des Überaffen: »Für die große Masse war […] die rechte Lebenskunst natürlich die, die Be-
schwerden und den Tod so weit wie möglich auszurotten: […] ohne ein anderes
Ziel als das, was Chesterton ›Methusalemismus‹ nennt – so viele leere Jahre und
Tage wie möglich dem Dasein hinzuzufügen.«[20] Und wenig später: »Sie kennen
den tiefen Ernst nicht, von dem Adolf von Harnack beim Kriegsausbruch sprach:
›überall, wo es eine wahre Lust ist zu leben, steht der Tod dicht beim Leben‹.«[21]
Die Pervertierung des Übermenschen durch die Kriegspropaganda besteht demnach in der Projektion seines paradoxen Risikokalküls, seines an die unversicherte Bejahung der Gefahr gebundenen Sicherheitsversprechens, vom dissozi-
ierten Einzelnen auf die Menge, die eben auf diese Weise zur Masse und zum
thanatopolitischen Objekt assoziiert werden soll. Diese kollektive Bereitschaft,
sein Leben aufs Spiel zu setzen, diese Verwandlung von ›victims‹ in ›sacrifices‹
(oder, auf deutsch: von Opfern in Opfer), hat Foucault als den Versicherungsvertrag des Nazi-Staates bezeichnet.[22] Den diskursiven Emergenzpunkt dieses

---

18. Hans Magnus Enzensberger: »Zur Verteidigung der Normalität«, in: ders.: *Politische Brosamen*,
Frankfurt a.M. 1982, S. 207–224; hier: S. 217.
19. Rudolf Kjellén: *Die Ideen von 1914: Eine weltgeschichtliche Perspektive*, Leipzig 1915, S. 36f.
20. Ebd., S. 17.
21. Ebd.
22. »Keine Gesellschaft, die disziplinärer und zugleich versicherungsförmiger gewesen wäre als die
von den Nazis eingeführte oder in jedem Fall geplante. […] Aber in dieser universell versicherungs-

Vertrages bezeichnet, wie hier angedeutet, die Propagandamaschine des Ersten Weltkrieges. Und genau an diesem Punkt (historisch wie strukturell) setzt Kafkas spezifisches Verfahren der Umschrift ein, das ich als ›Versicherung des Übermenschen‹ bezeichne.

Im Januar 1917 – einige Wochen nach dem Tod des Kaisers Franz Joseph und eben in jenen Tagen, als die Wilson-Doktrin die europäischen Monarchien als zum Untergang verurteilte politische Gebilde deklarierte – verfasst Kafka ein Rätsel für wahre Leser. In seiner Erzählung mit dem Titel *Die Brücke* unterzieht er den Übergang zum Übermenschen einem gleichermaßen brillanten wie konzisen Sicherheitscheck. Die Erzähl-Instanz nimmt Zarathustras Metaphorisierung des Menschen als Seil oder geländerlose Brücke zum Übermenschen beim Wort, indem sie die Brücke als Ich-Erzähler bzw. den Ich-Erzähler als Brücke auftreten und berichten lässt. In unwegsamer Höhe und auf noch nicht kartiertem Terrain wartet der »geländerlose Balken« lange vergeblich auf Menschenverkehr, um dann unter den schmerzhaften Schritten des ersten herannahenden Wanderers eine haltlose Kandidaten-Serie à la Zarathustra abzurufen: »Wer war es? Ein Kind? Ein Turner? Ein Waghalsiger? Ein Selbstmörder? Ein Versucher? Ein Vernichter? Und ich drehte mich um, ihn zu sehen. Und ich war noch nicht umgedreht, da stürzte ich schon« (NSF I, S. 305). Es ist eben jener Wille zum Wissen, der den Ich-Erzähler der *Beschreibung* noch davon abgehalten hatte, sich dem Flusse anzuvertrauen, der hier die Brücken-Wende und den Sturz ins »rasende Wasser« bewirkt – der den blinden Fleck des Nietzsche'schen Bewerber-Spiels entblößt und die Katastrophe des Willens zur Macht, des Übergangs zum Übermenschen, auslöst.

In seinem zwei Monate später, im März 1917, entstandenen Erzählfragment *Beim Bau der chinesischen Mauer* verschiebt Kafka seine Reflexionen über Gebäudesicherheit auf den politisch-historischen Plan. Auch hier bewegt er sich beinahe Schritt für Schritt auf Nietzsches Spuren, auch hier lässt er bei Nietzsche gegenläufige Bildlogiken in *einer* Erzählstimme mitklingen. Beklagt Nietzsche in *Jenseits von Gut und Böse* die essentielle Nachzeitigkeit des Schreibens gegenüber dem Leben – »Welche Sachen schreiben und malen wir denn ab, wir Mandarinen mit chinesischem Pinsel, wir Verewiger der Dinge, welche sich schreiben lassen, was vermögen wir denn allein abzumalen? Ach, immer nur Das, was eben welk werden will und anfängt, sich zu verriechen! Ach, immer nur abziehende und erschöpfte Gewitter und gelbe späte Gefühle!« (KSA 5, S. 239) –, so erscheint die Distanz zwischen Schrift und Leben im der *Geburt der Tragödie* nachträglich vorangestellten »Versuch einer Selbstkritik« gerade als Spiel-Raum, in dem sich interventive Potentiale der Schrift erst entfalten können: »Während die Donner der Schlacht von Wörth über Europa weggiengen, sass der Grübler und

förmigen, universell beruhigenden, universell regulierenden und disziplinären Gesellschaft gab es zugleich, quer durch die Gesellschaft hindurch, die vollkommenste Entfesselung der Tötungsmacht, d.h. dieser alten souveränen Macht über den Tod. […] Der Nazi-Staat hat das Feld des Lebens, das er verbessert, schützt, absichert und biologisch kultiviert, und zugleich das Recht des Souveräns, jemanden – nicht nur die anderen, sondern auch die eigenen Leute – zu töten, absolut zur Deckung gebracht« (Michel Foucault: *In Verteidigung der Gesellschaft. Vorlesungen am Collège de France*, Frankfurt a.M. 2001, S. 306).

Räthselfreund, dem die Vaterschaft dieses Buches zu Theil ward, irgendwo in einem Winkel der Alpen [...] und schrieb seine Gedanken über die Griechen nieder« (KSA 1, S. 11). Im Schlachtendonner des Ersten Weltkriegs fungiert als *Kafkas* Verrätselungs-Folie ein fiktionales China des 15. Jahrhunderts,[23] dessen Erzähler, als sei dies nicht genug, sich nun seinerseits zu den kulturellen Gewitterlagen in Distanz setzt: »Meine Untersuchung ist doch nur eine historische, aus den längst verflogenen Gewitterwolken zuckt kein Blitz mehr [...]« (NSF I, S. 346).

Offensichtlich wird mit dieser Versicherung zugleich Zarathustras vielzitierte Proklamation seiner besonderen Wissensökonomie – der Blitz als Bild für eine Weisheit, die nicht leuchten, sondern blenden will[24] – adressiert und negiert; hingegen lässt sich in Methodenfragen eine frappierende Wahlverwandtschaft zwischen Kafkas chinesischem Sicherheitsarchitekten und Nietzsches gefährlichem Propheten notieren. Jener kann nämlich auf eine ähnlich ungewöhnliche Kombination von Kenntnissen zurückgreifen wie sein Schöpfer, der Prager Unfallversicherungsexperte und Schriftsteller. Wie dieser, so kann auch sein chinesischer Erzähler sein Wissen als Schutzbau-Fachmann nur dadurch für seine Reflexionen über das Verhältnis zwischen der Sicherung des Vaterlandes (den Mauerbau) und der politischen Verfassung des Reiches fruchtbar werden lassen, indem er es mit einem zweiten, ›privat‹ erworbenen Wissen in Beziehung setzt:

»Ich habe mich, schon teilweise während des Mauerbaues und nachher bis heute fast ausschließlich mit vergleichender Völkergeschichte beschäftigt – es gibt bestimmte Fragen denen man nur mit diesem Mittel gewissermaßen an den Nerv herankommt – und ich habe dabei gefunden, daß wir Chinesen gewisse volkliche und staatliche Einrichtungen in einzigartiger Klarheit, andere wieder in einzigartiger Unklarheit besitzen. Den Gründen insbesondere der letzteren Erscheinung nachzuspüren, hat mich immer gereizt, reizt mich noch immer und auch der Mauerbau ist von diesen Fragen wesentlich betroffen« (NSF I, S. 348).

Bemerkenswerterweise verbindet der Rückgriff auf die Disziplin bzw. Methode der »vergleichenden Völkergeschichte« den chinesischen Erzähler mit Franz Kafka, Zarathustra, und Nietzsche. Kafkas spätes Bekenntnis gegenüber Felice Bauer – »Wenn ich mich auf mein Endziel hin prüfe, so ergibt sich, daß ich nicht eigentlich danach strebe, ein guter Mensch zu werden und einem höchsten Gericht zu entsprechen, sondern, sehr gegensätzlich, die ganze Menschen- und Tiergemeinschaft zu überblicken, ihre grundlegenden Vorlieben,

---

23. Zur Bestimmung der erzählten Zeit und des erzählten Raums in dieser Geschichte vgl. Benno Wagner: »›No Lightning Flashes Any Longer‹. Kafka's Chinese Voice and the Thunder of the Great War«, in: Jakob Lothe, Beatrice Sandberg, Ronald Speirs (Hg.): *Franz Kafka: Narrative, History, Genre*, Columbus 2009 (in Vorbereitung).
24. Jedenfalls sofern es sich um den zeitgenössischen ›Heerden-Menschen‹ handelt: »Es ist mir nicht genug, daß der Blitz nicht mehr schadet. Nicht ableiten will ich ihn: er soll lernen für m i c h – arbeiten. / Meine Weisheit sammelt sich lange schon gleich einer Wolke, sie wird stiller und dunkler. So thut jede Weisheit, welche e i n s t Blitze gebären soll. – Diesen Menschen von heute will ich nicht Licht sein, nicht L i c h t heißen. D i e – will ich blenden. Blitz meiner Weisheit! stich ihnen die Augen aus!« (KSA 4, S. 360).

Wünsche, sittlichen Ideale zu erkennen, sie auf einfache Vorschriften zurück-zuführen [...]« (B14–17, S. 333) – dieses Begehren also nach einem induktiv-empirisch gewonnenen Gesetz, adressiert, durch die Brief-Adressatin hindurch, wiederum den Zarathustra – »Viele Länder sah Zarathustra und viele Völker: so entdeckte er vieler Völker Gutes und Böses« (KSA 4, S. 76) – und, durch den Propheten hindurch, Nietzsche. In *Jenseits von Gut und Böse* hatte dieser den Mo-ralphilosophen ihren mangelnden Fleiß bei jener Völkervergleichung vorgewor-fen – »gerade dadurch, daß sie in Hinsicht auf Völker, Zeiten, Vergangenheiten schlecht unterrichtet und selbst wenig wißbegierig waren, bekamen sie die ei-gentlichen Probleme der Moral gar nicht zu Gesichte – als welche alle erst bei einer Vergleichung <u>vieler</u> Moralen auftauchen« (KSA 5, S. 106) –, die er dann in *Zur Genealogie der Moral* als den entscheidenden Zugang zum Nerv der für sein Umwertungsprojekt grundlegenden Fragen zu erkennen gibt:

»unter welchen Bedingungen erfand sich der Mensch jene Werturteile gut und böse? und welchen Wert haben sie selbst? Hemmten oder förderten sie bisher das menschli-che Gedeihen? sind sie ein Zeichen von Notstand, von Verarmung, von Entartung des Lebens? Oder umgekehrt, verrät sich in ihnen die Fülle, die Kraft, der Wille des Lebens, sein Mut, seine Zuversicht, seine Zukunft? – Darauf fand und wagte ich bei mir man-cherlei Antworten, ich unterschied Zeiten, Völker, Ranggrade der Individuen, ich spe-zialisierte mein Problem, aus den Antworten wurden neue Fragen, Forschungen, Vermutungen, Wahrscheinlichkeiten: bis ich endlich ein eignes Land, einen eignen Boden hatte« (KSA 5, S. 250).

Ein eignes Land, ein eigner Boden: der neuralgische Punkt, auf den *Kafkas* verglei-chende Völkergeschichte abzielt, betrifft den Nexus zwischen Sicherheit, Terri-torium und Bevölkerung auf der einen und politischer Verfassung auf der anderen Seite.[25] Diese Beziehung hat ein deutscher Rechtshistoriker nach den Weltkriegen folgendermaßen zusammengefasst:

»[Der] Sicherheitsgedanke ist der Ursprung der Entwicklung aller menschlichen Fähig-keiten, aller Zivilisation. Er [...] führte den Menschen dahin, schützende Wohnstätten sich zu errichten, Wälle und Mauern zu bauen zum Schutze des Hauses, des Lagers oder, wie der Limes germanicus und die Große Chinesische Mauer, zum Schutze des Landes. Der Sicherheitsgedanke wurde damit der Vater des Handwerks, der Architek-tur, des Städtebaues. Zur Sicherung von Leben und Gesundheit nahm die medizinische Wissenschaft mit Biologie, Bakteriologie und Hygiene ihre glänzende Entwicklung

---

25. Friedrich Balke hat das für Kafkas chinesisches Bauprotokoll konstitutive Motiv der ›Raum-Tei-lung‹ durch eine ›Mauer‹ bzw. einen ›hegenden Ring‹ mit überzeugenden und für weitere Überlegun-gen wegweisenden Argumenten in den staatsrechtlichen Kontext des »Nomos der Erde« gestellt, der von Carl Schmitt in den folgenden Jahrzehnten der Weltkriegs-Epoche maßgeblich entfaltet werden sollte (vgl. Friedrich Balke: »Kafkas Ethik der Macht und ihre philosophische Antizipation«, in: Rudolf Maresch, Niels Werber (Hg.): *Kommunikation – Medien – Macht*, Frankfurt a.M. 1999, S. 391–413; hier: S. 395f.). In der Optik des Kafka'schen Nietzsche-Spiels wird deutlich, dass dem auf der Text-oberfläche manifesten Problem des politischen Nomos im Subtext der Widerstreit um einen episte-mologischen Nomos – um die risikotheoretische Fundierung eines bewohnbaren Terrains jenseits des Biostaates – korrespondiert.

[…]. Zur Sicherung gegen feindliche Menschen entstand das Schwert, das Kriegshandwerk, zur Sicherung gegen zukünftige wirtschaftliche Schäden entwickelte sich der Spartrieb, das Versorgungs- und Versicherungswesen. Die Krönung des Sicherheitsgedankens aber ist der Staat und über allem triumphiert das Recht.«[26]

Anders als bei Scholz bezeichnet der Biopolitik und Staat übergreifende »Sicherheitsgedanke« bei Kafka keine zeitlose anthropologische Funktion, sondern er wird – etwa in den Reflexionen über den Zusammenhang zwischen Mauerbau, Volk und Führerschaft – als Machtdispositiv mit einer spezifischen Positivität und Historizität (zu der auch der ›Ewigkeits‹-Topos der Reichsmythologie gehört) entfaltet. Damit besetzt und verhandelt Kafkas chinesisches Protokoll aus dem Frühjahr 1917 präzise jenen »verborgenen Kreuzpunkt zwischen dem juridisch-institutionellen Modell und dem biopolitischen Modell der Macht«, den Giorgio Agamben am Ende des Jahrhunderts als »blinden Fleck« bzw. unendlich sich entziehenden »Fluchtpunkt« in der Machtanalytik Foucaults, und zugleich als den zentralen Ausgangspunkt für seine Analyse des 20. Jahrhunderts entdecken wird.[27]

Die Beziehung zwischen dem chinesischen Schutzbau-Architekten und dem Sozialversicherungsexperten Kafka, zwischen der Schutzfunktion der souveränen Staatsmacht und den Regulierungsfunktionen der biopolitischen Dispositive, ist demnach keine metaphorische, sondern eine metonymische.[28] Doch erst im Ersten Weltkrieg, am Bruch- und Übergangspunkt zwischen dem ›langen‹ 19. Jahrhundert und dem ›kurzen‹ 20. Jahrhundert, als die Anrufungen der ›allgemeinen Mobilmachung‹ auch den hoch spezialisierten Versicherungsdiskurs erreichen, wird diese metonymische Beziehung operationalisiert, intensiviert und mobilisiert. Sie realisiert sich etwa im Titel und im Programm eines Aufsatzes über »Sozialversicherung und Wehrkraft«, den Kafka und seine Kollegen im führenden deutschsprachigen Fachblatt ihrer Branche zu lesen bekamen:

»Derselbe große Grundgedanke ist für den Aufbau der deutschen Sozialversicherung wie für das Rüstzeug unseres Reiches gegen seine äußeren Feinde maßgebend: ein fester, pflichtmäßiger, wohlgeordneter Zusammenschluss zu genau eingeteilten Verbänden, eine sorgfältig durchgeführte, von zwingenden Vorschriften beherrschte Regelung

26. Franz Scholz: *Die Rechtssicherheit*, Berlin 1955, S. 1.
27. Giorgio Agamben: *Homo sacer. Die souveräne Macht und das nackte Leben*, Frankfurt a.M. 2002, S.16.
28. Einen Vorschein dieser Metonymie stellt die damals noch eher kontingente Begegnung der beiden Machtformationen im transtextuellen Feld der Mauerbau-Erzählung dar, und zwar am Punkt der Bedrohung durch einen barbarischen äußeren Feind. Zum Schutz gegen diesen Feind, als eine »Militärgrenze […] gegen die Türken«, »um Europas willen, als Schutzwehr seiner älteren Kultur gegen die gefährlichen Feinde im Osten«, wurde – einerseits – dem Staatsmythos zufolge, »der österreichische Staat gegründet« (Rudolf Kjellén: *Die Großmächte der Gegenwart*, Berlin 1914, S. 7). Andererseits codiert, rund zweieinhalb Jahrhunderte später, das Allgemeine Preußische Landrecht von 1792/94 einen Türkenschutz ganz anderer Art, nämlich die »heute nur noch historisch interessante Freiheitsversicherung, § 1975: ›Auch die Freiheit eines Menschen kann gegen See- und Türkengefahr, barbarische Seeräubereien, feindliche Aufbringung oder Gefangenschaft versichert werden‹« (Wilhelm Ebel: »Glücksvertrag und Versicherung. Zur Geschichte der rechtstheoretischen Erfassung des Versicherungsverhältnisses«, in: *Zeitschrift für die gesamte Versicherungswissenschaft*, 1962, S. 53–76; hier: S. 58).

bis ins einzelne, um für den Bedarfsfall das Eingreifen zu sichern und die Verantwortung für sachgemäße Maßnahmen ebenso wie die Kosten auf breite Schultern zu legen.«[29]

Diese Aussage aus dem Herbst 1916 enthält die tragenden Elemente des chinesischen Wehrkraft-Szenarios, das Kafka im folgenden Frühjahr zu Papier bringen wird: die Notwendigkeit von Abwehrvorkehrungen gegen einen äußeren Feind; die – sich aus dem Teilbau-Verfahren ergebende – Einteilung menschlicher Arbeitskraft in wohlgeordnete Verbände; die Vorstellung einer gemeinsam, »Schulter an Schulter« getragenen Verantwortung für das Vaterland; und das »Nachbuchstabieren der Anordnungen der obersten Führerschaft«. Doch enthält diese Beschwörung der versicherungstechnisch gestützten Wehrkraft auch ein Versprechen, das man als die entscheidende Provokation für seine chinesischen Reflexionen wird betrachten dürfen. Denn wenn von Frankenberg die Sozialversicherung »zum festen Bollwerk, zum Sammelplatz planmäßiger Abwehr«[30] erklärt, dann wird Kafkas chinesischer Architekt, nachdem er zunächst das Ende des Mauerbaus konstatiert hat, eben diese Versicherung in Frage stellen: »Ja es soll Lücken geben, die überhaupt nicht verbaut worden sind, nach manchen sind sie weit größer als die erbauten Teile [...].« Die Frage, an deren Nerv der chinesische Erzähler zu gelangen sich bemüht, betrifft daher in der hier entfalteten transtextuellen Perspektive eben die Gültigkeit der Metonymie zwischen Versicherung und effektivem Schutz der Bevölkerung, zwischen Biomacht und souveräner Macht: »Wie kann aber eine Mauer schützen die nicht zusammenhängend ist« (NSF I, S. 338).

Nicht zufällig lässt sich an diesem neuralgischen Punkt des chinesischen Sicherheitsprotokolls eine weitere Begegnung zwischen dem Versicherungsexperten und dem ›ersten Leser‹ Nietzsches beobachten – oder, etwas genauer, ein Zusammenstoß zwischen beiden. Im Herbst 1908 hatte Kafka, in seiner ersten großen Abhandlung für die Prager Arbeiter-Unfall-Versicherungsanstalt, den eudämonistischen Mythos eines umfassenden Schutzes der Bevölkerung gegen soziale Risiken verworfen,[31] indem er die notwendigerweise fragmentarische Struktur einer jeden historischen Kodifikation des Rechts am Beispiel des österreichischen Arbeiter-Unfall-Gesetzes von 1887 (A.U.G.) vorgeführt hatte.[32] Kafkas Rechtskommentar impliziert damit einen – wie auch immer sektoriellen – Einspruch gegen Nietzsches programmatische Forderung in der *Geburt der Tragödie*, und zugleich eine Bestätigung der in ihr verkapselten ängstlichen Befürchtung:

---

29. H. von Frankenberg: »Sozialversicherung und Wehrkraft«, in: *Zeitschrift für die gesamte Versicherungswissenschaft* 1916, S. 363–375; hier: S. 363f.
30. Ebd., S. 364.
31. Zur funktionalen Substitution bzw. Verlängerung der traditionellen Reichsmythologie durch die Mythologie des Sozialstaates in den letzten Dekaden der Donaumonarchie vgl. Benno Wagner: »›[...] zuerst die Mauer und dann den Turm‹. Der Widerstreit zwischen Biopolitik und Ethnopolitik als berufliches Problem und schriftstellerischer Einsatz Franz Kafkas«, in: *brücken*. Germanistisches Jahrbuch Tschechien – Slowakei 2007, S. 41–70.
32. Dazu ausführlich mein Kommentar in AS, S. 815–822.

»[E]rst ein mit Mythen umstellter Horizont schliesst eine ganze Culturbewegung zur Einheit ab. Alle Kräfte der Phantasie und des apollinischen Traumes werden erst durch den Mythus aus ihrem wahllosen Herumschweifen gerettet. – Das Gegenteil davon tritt ein, wenn ein Volk anfängt, sich historisch zu begreifen und die mythischen Bollwerke um sich herum zu zertrümmern« (KSA 1, S. 145; S. 148).

Die folgende, etwas längere Passage aus *Der Wanderer und sein Schatten*, die als tröstender Nachsatz zu den soeben zitierten skeptischen Bemerkungen gelesen werden mag, bestätigt noch einmal eindrucksvoll, dass Nietzsche in der Tat der *primus inter pares* unter den zahlreichen Gesprächspartnern ist, die Kafkas Text zu einer Krypto-Konferenz zusammenfügt – dass Kafkas poetische Protokolle mithin bewusst, systematisch und kalkuliert auf Nietzsche ›antworten‹:

»Trotzdem: es ist möglich, dass die Nachwelt über dieses unser Bangen einmal lacht und an die demokratische Arbeit einer Reihe von Geschlechtern etwa so denkt, wie wir an den Bau von Steindämmen und Schutzmauern — als an eine Thätigkeit, die nothwendig viel Staub auf Kleider und Gesichter breitet und unvermeidlich wohl auch die Arbeiter ein Wenig blödsinnig macht; aber wer würde desswegen solches Thun ungethan wünschen? Es scheint, dass die Demokratisirung Europa's ein Glied in der Kette jener ungeheuren prophylaktischen Maassregeln ist, welche der Gedanke der neuen Zeit sind und mit denen wir uns gegen das Mittelalter abheben. Jetzt erst ist das Zeitalter der Cyklopenbauten! Endliche Sicherheit der Fundamente, damit alle Zukunft auf ihnen ohne Gefahr bauen kann! Unmöglichkeit fürderhin, dass die Fruchtfelder der Cultur wieder über Nacht von wilden und sinnlosen Bergwässern zerstört werden! Steindämme und Schutzmauern gegen Barbaren, gegen Seuchen, gegen leibliche und geistige Verknechtung! Und diess Alles zunächst wörtlich und gröblich, aber allmählich immer höher und geistiger verstanden, sodass alle hier angedeuteten Maassregeln die geistreiche Gesammtvorbereitung des höchsten Künstlers der Gartenkunst zu sein scheinen, der sich dann erst zu seiner eigentlichen Aufgabe wenden kann, wenn jene vollkommen ausgeführt ist! — Freilich: bei den weiten Zeitstrecken, welche hier zwischen Mittel und Zweck liegen, bei der grossen, übergrossen, Kraft und Geist von Jahrhunderten anspannenden Mühsal, die schon noth thut, um nur jedes einzelne Mittel zu schaffen oder herbeizuschaffen, darf man es den Arbeitern an der Gegenwart nicht zu hart anrechnen, wenn sie laut decretiren, die Mauer und das Spalier sei schon der Zweck und das letzte Ziel; da ja noch Niemand den Gärtner und die Fruchtpflanzen sieht, um derentwillen das Spalier da ist« (KSA 2, S. 672).

An diesem Punkt komme ich an den Nerv meiner Hypothese, nach der Kafka Nietzsches ›erster Leser‹, und sein Werk eine Versicherungspolice für die ›erste Sprache‹ des gefährlichen Denkers wäre. Nietzsche antizipiert nicht nur die tragenden Bildkomplexe des Berichts vom *Bau der chinesischen Mauer*,[33] sondern er

---

33. Von der Schutzmauer über der Fundamentierungsfrage bis hin zur Psychologie der Arbeiter sowie, nicht zuletzt, der traditionellen Metonymie zwischen der Bildlichkeit des Bauens und der Organisation des Gemeinwesens (vgl. Alexander Demandt: *Metaphern für Geschichte. Sprachbilder und Gleichnisse im historisch-politischen Denken*, München 1978, S. 277; zur Virulenz dieser Bildlichkeit im

verbindet sie mit exakt derselben Problematik wie Kafkas chinesischer Architekt. Da nämlich Kafkas Erzähler den Zweck der – ja lückenhaften – Mauer ebenso wenig zu erkennen vermag wie Nietzsches »Arbeiter an der Gegenwart«, so folgert er wie dieser, dass die Mauer selbst der Zweck sein müsse, mit anderen Worten: dass »die Führerschaft etwas unzweckmäßiges wollte. Sonderbare Folgerung, gewiß« (NSF I, S. 345). Und da schließlich auch Kafkas »Führerschaft«, wie zuvor Nietzsches »Gärtner«, sich dem menschlichen Auge entzieht – »wo sie [die Stube der Führerschaft] war und wer dort saß, wusste niemand den ich fragte«, schreibt der chinesische Architekt nicht nur Nietzsches Bildlichkeit, sondern auch Nietzsches Text als potentiellen Auskunftgeber in seinem Bericht ein – bleibt das hermeneutische Problem der Erschließung ihrer Absicht. Um zu erläutern, dass dieses Problem allenfalls pragmatisch zu handhaben, aber keinesfalls letztverbindlich zu lösen sei, greift der chinesische Architekt auf Nietzsches Überflutungs-Szenario zurück, indem er die sinndiätetische Aufgabe im hydrographischen Bild veranschaulicht:

> »Es wird Dir geschehn wie dem Fluß im Frühjahr. Er steigt, wird mächtiger, nährt kräftiger das Land an seinen langen Ufern, behält sein eigenes Wesen weiter ins Meer hinein [...]. Soweit denke den Anordnungen der Führerschaft nach. Dann aber übersteigt der Fluß seine Ufer, verliert Umrisse und Gestalt, [...] schädigt die Fluren, und kann sich doch für die Dauer in dieser Ausbreitung nicht halten, sondern rinnt wieder in seine Ufer zusammen, ja trocknet sogar in der folgenden heißen Jahreszeit kläglich ein. Soweit denke den Anordnungen der Führerschaft nicht nach« (NSF I, S. 345f.).

Im Angesicht des drohenden Zerfalls der europäischen Monarchien widerruft Kafkas ›chinesischer‹ Ratschlag Nietzsches Karikatur der politischen Macht. Diese ist keineswegs eine autonome und sich selbst tragende Funktion, sondern ihre Ausübung und ihre Effekte hängen von der Fähigkeit der Einzelnen ab, ihren Willen zum Wissen *in politicis* zu beschränken, sich einer Diätetik der politischen Reflexion zu unterstellen. Auch Nietzsches Zitat des sozialstaatlichen Sekuritätsgedankens – »Endliche Sicherheit der Fundamente, damit alle Zukunft auf ihnen ohne Gefahr bauen kann!« – kehrt bei Kafka in der Binnenerzählung vom Projekt eines neuen Babelturms wieder. Dabei weist die literarische Fortschrift des Babel-Mythos auch auf einen zeitgenössischen Referenztext für Kafka und Nietzsche zurück, nämlich auf die *Deutschen Schriften* des protestantischen Theologen Paul de Lagarde. In seinem Essay *Die Religion der Zukunft* (1878) kritisiert Lagarde den selbstgefälligen Idealismus der französischen Revolutionäre:

> »Während man den Plan des alten Gebäudes hätte studieren sollen, um aus seiner Kenntnis zu ermessen, wo er verderbt worden war, während man mit dem Hammer jeden Stein hätte beklopfen müssen, um zu hören, ob er noch gesund sei und noch zu tragen vermöge, oder durch einen frischen zu ersetzen stehe, riß man im Vertrauen auf

---

Kontext der Sozialstaats-Diskurse im letzten Drittel des 19. Jahrhunderts vgl. Wagner: »Widerstreit«, in: *brücken,* a.a.O.).

die eigene Einsicht und Kraft Alles nieder, und hub an neu zu bauen, nicht für Bedürf-
nisse, sondern nach Idealen [...].«[34]

Die skeptische Überlegung des chinesischen Architekten – »Die Mauer, die
doch [...] nur eine Art Viertel- oder Halbkreis bildete, sollte das Fundament eines Turmes abgeben? Das konnte doch nur in geistiger Hinsicht gemeint sein«
(NSF I, S. 343f.) – schließt an Lagardes Kritik des revolutionären Idealismus
ebenso an wie an Nietzsches Parodie der Verschmelzung von praktischer Politik
und Fortschritts-Ideologie im heraufziehenden Wohlfahrtsstaat (»Und diess Alles
zunächst wörtlich und gröblich, aber allmählich immer höher und geistiger verstanden«; s.o.).[35]
Diese Ideologie ist offenbar auch die Quelle des Optimismus, den Kafkas Architekt an den Tag legt, wenn er behauptet, dass der berühmte Vorfahre des
Mauerbau-Projekts, der Turmbau von Babel, »an der Schwäche des Fundamen-
tes scheiterte und scheitern musste. In dieser Hinsicht allerdings war unsere Zeit
jener längst vergangenen weit überlegen, fast jeder gebildete Zeitgenosse war
Maurer von Fach und in der Frage der Fundamentierung untrüglich« (NSF I,
S. 343). An dieser Stelle des chinesischen Bau-Protokolls tritt Kafka in einen geradezu intimen Dialog mit Nietzsches Kritik der monumentalen Geschichte in
der zweiten Unzeitgemäßen Betrachtung. Vor dieser Folie wird der eigentümliche
Vergleich zwischen dem Turmbau und dem Mauerbau – die Behauptung, »[...]
dass damals Leistungen vollbracht worden sind, die wenig hinter dem Turmbau
von Babel zurückstehn [...]« (ebd.) – als unmittelbare Antwort auf Nietzsches
Warnung lesbar:

»Die monumentale Historie täuscht durch Analogien: sie reizt mit verführerischen
Aehnlichkeiten den Muthigen zur Verwegenheit, den Begeisterten zum Fanatismus
[...]. Soviel zur Erinnerung an die Schäden, welche die monumentale Historie unter
den Mächtigen und Thätigen, seien sie nun gut oder böse, anrichten kann« (KSA 1,
S. 262f.).[36]

34. Paul de Lagarde: »Die Religion der Zukunft«, in: ders.: Deutsche Schriften, Göttingen 1891, S. 217–
247; hier: S. 244. Dazu ausführlich Benno Wagner: »Zur Geburt des Deutschseins aus dem semitischen Wüstensturm. ›Der Jude‹ als ›Razziant an arischem Geistesgut«, in Wolfgang Bialas (Hg): Die
nationale Identität der Deutschen: Philosophische Imaginationen und historische Mentalitäten, Frankfurt a.M.
2002, S. 249–264.
35. Zu den intimsten zeitgenössischen Bezugsfolien für Kafkas ›chinesische‹ Reflexionen über das
Verhältnis zwischen den physischen und den geistigen Grundlagen des Staates findet sich in dem
Kriegspamphlet des deutschen Nationalökonomen Werner Sombart, Händler und Helden (München/
Leipzig 1915). Um die Biopolitik des Bismarck'schen Wohlfahrtsstaats und die Thanatopolitik des
preußischen Militärstaats in einem Narrativ zu versöhnen, unterscheidet Sombart hier die englische
von der deutschen Staatsidee. Diese, erzählt Sombart, heißt »mit Recht eine organische, die der
mechanischen englischen entgegengesetzt wird, weil in ihr die Beziehung der einzelnen zum Ganzen
in einem ›organischen‹ Sinne aufgefasst wird, sofern die einzelnen im geistigen Sinne sich dem geistigen Ganzen ›organisch‹ einfügen sollen. [...] Allerdings ist der Staat auch ein Lebewesen, aber ein
meta-biologisches, ein geistiges Lebewesen, an dem die einzelnen mit ihrem geistigen Leben teilneh-
men« (S.78).
36. »Man kann hier überhaupt weder von Schaden noch Nichtschaden sprechen«, postuliert in einer
expliziten Antwort auf diese Warnung Kafkas Architekt, um dann im oben zitierten Überschwem-

Demnach antworten sowohl das *Bild* des Babelturms als auch die *diagnostische Funktion* dieses Bildes auf Kafkas eigentliche Bibel – die Schriften Nietzsches. Im achten Abschnitt von *Jenseits von Gut und Böse* inszeniert Nietzsche den Dialog zweier »tauber alte[r] Patrioten«, der eine ein Fürsprecher der antiquarischen, der andere der monumentalen Geschichte. »Ein Staatsmann«, ereifert sich nun der erste,

> »der ihnen einen neuen Turm von Babel, irgendein Ungeheuer von Reich und Macht auftürmt, heißt ihnen ›groß‹ – was liegt daran, daß wir Vorsichtigeren und Zurückhaltenderen einstweilen noch nicht vom alten Glauben lassen, es sei allein der große Gedanke, der einer Tat und Sache Größe gibt. Gesetzt, ein Staatsmann brächte sein Volk in die Lage, fürderhin ›große Politik‹ treiben zu müssen, für welche es von Natur schlecht angelegt und vorbereitet ist: […] ein solcher Staatsmann wäre groß?« (KSA 5, S. 181f.).

Nietzsche lässt keinen Zweifel daran, dass weder der vorsichtige Anhänger des »alten Glaubens« noch sein tollkühner Gegenredner – »»Es war toll vielleicht, so etwas zu wollen? Aber vielleicht war alles Große im Anfang nur toll!«« – ernstzunehmen sind, in Anbetracht der Erwägung, »wie bald über den Starken ein Stärkerer Herr werden wird« (ebd.); nämlich jener Agent der kritischen Geschichte, der stark genug wäre, »eine Vergangenheit zu zerbrechen und aufzulösen, um leben zu können« (KSA 1, S. 269).

An diesem Punkt freilich weicht Kafkas Protokoll von Nietzsches Szenario ab. Zwar wird die ›Tollheit‹ des monumentalen Denkens noch bestätigt: »Es gab – dieses Buch ist nur ein Beispiel – viel Verwirrung der Köpfe damals« (NSF I, S. 344), doch erscheint die antiquarische Haltung in einem anderen Licht. Denn während Kafkas chinesische Dorfbewohner offensichtlich von der antiquarischen Geschichte infiziert sind (»Schlachten unserer ältesten Geschichte werden jetzt erst geschlagen und mit glühendem Gesicht fällt der Nachbar mit der Nachricht dir ins Haus« [NSF I, S. 352f.]), so führt diese Infektion doch nicht zu dem von Nietzsche befürchteten epistemischen Unfallschaden: »Jetzt regiert nicht mehr allein das Leben und bändigt das Wissen um die Vergangenheit: sondern alle Grenzpfähle sind umgerissen und alles was einmal war, stürzt auf den Menschen zu« (KSA 1, S. 271f.). Bei Kafka, ganz im Gegenteil, ist »die Folge solcher Meinungen« nicht nur »ein gewissermaßen freies, unbeherrschtes Leben«, sondern es resultiert aus ihnen sogar »eines der wichtigsten Einigungsmittel unseres Volkes […], ja wenn man sich im Ausdruck soweit vorwagen darf, geradezu der Boden auf dem wir leben« (NSF I, S. 355).

Doch handelt es sich bei Kafkas Reflexionen über politische Macht und kollektive Sicherheit keineswegs um eine Regression zu einer idyllischen Version der antiquarischen Geschichte, zu einem Föderalismus des politischen Imaginären. Stattdessen bricht sich das Grauen, das im Bericht des Architekten in Kinderbüchern dargestellt und pädagogisch funktionalisiert wird (»Sind die Kinder

---

mungs-Gleichnis auf die Naturhaftigkeit des ›Nachdenkens über die Führerschaft‹ hinzuweisen (NSF I, S. 346).

böse, halten wir ihnen diese Bilder [der schrecklichen Nomaden] hin und schon
fliegen sie weinend an unsern Hals« [NSF I, S. 347]), sehr bald in einem ganz
anderen Medium Bahn. In Kafkas Notizheft folgt auf das Architekten-Protokoll
nach wenigen Zeilen ein Augenzeugenbericht, der, wie in einem unverbunde-
nen weiteren Textfragment mitgeteilt wird, die »Übersetzung einiger alter chinesischer Manuscriptblätter« (NSF I, S. 361) ist. Die günstige Gefahrendiagnose
des Architekten (»zu groß ist das Land und lässt sie nicht zu uns, in die leere Luft
werden sie sich verrennen« [NSF I, S. 347]) wird hier augenfällig widerlegt. Zugleich verschiebt sich die Erzählerstimme von der Rede eines Staatsbediensteten
auf einen Mann von der Straße, einen Schuster, der eines Morgens von seinem
Laden aus feststellt, dass der Platz vor dem Kaiserpalast von bewaffneten Soldaten
besetzt ist: »Es sind aber nicht unsere Soldaten, sondern offenbar Nomaden aus
dem Norden. Auf eine mir unbegreifliche Weise sind sie bis in die Hauptstadt
gedrungen, die doch sehr weit von der Grenze entfernt ist« (NSF I, S. 358). Hier
ist es nun von Bedeutung, dass sich die beiden gegenläufigen Berichte mit den
räumlichen und zeitlichen Koordinaten der Geschichte Chinas zur Deckung
bringen lassen. Während Peking, die Hauptstadt seit der Zeit der Ming-Dynastie
und im Bericht des Architekten, nahe der nördlichen Reichsgrenze errichtet
wurde, lag Nanking, die Hauptstadt der im dreizehnten Jahrhundert von den
Mongolen besiegten Sung-Dynastie, fern von der Grenze im Süden des Landes.
Der realhistorische Kontext bestätigt mithin die Einordnung des ›alten Blattes‹ in
die Vorvergangenheit des Architekten-Berichtes vom Mauerbau und unterstreicht mithin seinen Status als störendes Element im glücklichen ›historisti-
schen‹ Gleichgewicht jenes Berichts, und als blutige Kehrseite des wohligen
Grauens der Kinderbücher in der chinesischen Gartenlaube (sic).

Nun zielt dieses erzähltechnische Dissimulationsmanöver – der Wiedereintritt
der verdrängten Geschichte in die Gegenwart durch einen Augenzeugenbericht
– nicht zuerst auf Nietzsche, sondern auf einen seiner illegitimen Erben, einen
der zahllosen Zarathustra-Prätendenten des ersten Weltkriegsjahres: »der Krieg
von 1914 ist der Krieg Nietzsches. Deutschland hat ihn entfacht, und Deutschland ist dazu beseelt worden von Nietzschescem Geiste«, schreibt Werner
Sombart in *Händler und Helden*, seiner kulturtypologischen Programmschrift von
1915.[37] Wie die Verkünder der ›Ideen von 1914‹ versucht Sombart Nietzsches
Kritik der Biopolitik des Bismarck'schen Wohlfahrtsstaats als Legitimation für
die Thanatopolitik des preußischen Militärstaats zu verwenden. Die Nachfolger
des ›Heerdenmenschen‹ und des ›Übermenschen‹, der ›Händler‹ und der ›Held‹
kehren hier als kulturelle Typen wieder, die »gleichsam die beiden Pole aller
menschlichen Orientierung auf Erden«[38] bilden und die zudem mit verblüffender Präzision den englischen bzw. den deutschen Nationalcharakter repräsentieren. Während der ›Händler‹ wie Nietzsches ›letzter Mensch‹ nach einem
sicheren und bequemen Leben strebt, wird der ›Übermensch‹ hier erneut pervertiert und zu den Waffen gerufen: Sombarts ›Held‹ nämlich »will sich ver-

---

37. Sombart: *Händler und Helden*, a.a.O., S. 53.
38. Ebd., S. 64.

schwenden, will sich opfern – ohne Gegengabe«,[39] und, wohlgemerkt, für die Leben verschlingende Militärmaschine des kriegführenden Staates.

»Es ist als wäre viel vernachlässigt worden in der Verteidigung unseres Vaterlandes« (NSF I, S. 358). Der erste Satz des Augenzeugenberichts auf Kafkas ›altem Blatt‹ widerruft nicht nur die Gefahrendiagnose des chinesischen Architekten, sondern er lässt sich auch als geradezu sarkastische Bestätigung eines Aphorismus Goethes lesen, den Sombart zur Veranschaulichung der heroischen Haltung heranzieht: »Erfüllte Pflicht empfindet sich immer noch als Schuld, weil man sich nie ganz genug getan‹.«[40] Auch in anderen Details folgt die chinesische Bevölkerung im Bericht des Schusters Sombarts Händler-Skript. So erblickt etwa der Händler im Staat nichts anderes als eine »Versicherungsanstalt auf Gegenseitigkeit« oder, mit Novalis, ein »Polster der Trägheit«.[41] Dem entspricht seine Haltung zur Situation des bewaffneten Konflikts, wie Sombart mit einem Zitat aus Spencers Ethik zu belegen sucht: »Denn es dürfte ohne weiteres ebenfalls klar sein, dass, wo der eindringende Feind übermächtig ist, eine solche Aufopferung einzelner keinen vernünftigen Sinn mehr hat. [...] Der Soldat [...] setzt sein Leben aufs Spiel, das übrige Volk lässt sich Abzüge vom Erwerb gefallen, um das Heer zu unterhalten.«[42] In Kafkas Bericht von der Besetzung der chinesischen Hauptstadt passt sich diese Mentalität noch den Gegebenheiten der militärischen Niederlage an. Um die blutrünstigen Besatzer und ihre fleischfressenden Pferde zu befrieden, schließen sich die Handwerker und Händler im Vakuum staatlicher Macht zu einer elementaren Versicherung auf Gegenseitigkeit zusammen: »Der Fleischhauer ist ängstlich und wagt es nicht, mit den Fleischlieferungen aufzuhören. Wir verstehen das aber, schießen Geld zusammen und unterstützen ihn. Bekämen die Nomaden kein Fleisch, wer weiß, was ihnen zu tun einfiele [...]« (NSF I, S. 360). Und selbst das Polster des Novalis geht in Kafkas Händler-Transkription nicht verloren, sondern es kehrt auf typische Weise als verschobene Signal-Requisite wieder: »Letzthin dachte der Fleischer, er könne sich wenigstens die Mühe des Schlachtens sparen, und brachte am Morgen einen lebendigen Ochsen. Das darf er nicht mehr wiederholen. Ich lag wohl eine Stunde ganz hinten in meiner Werkstatt platt auf dem Boden und alle meine Kleider, Decken und Polster hatte ich über mir aufgehäuft, nur um das Gebrüll des Ochsen nicht zu hören [...]« (ebd.). Sombarts Beschwörung deutschen Heldentums (»Wir sind ein Volk von Kriegern«[43]) wird in diesen Szenen vollkommen entzaubert – wenn auch von einem Böhmen in chinesischer Verkleidung. Und so verliert, vor der entzauberten Folie der Sombart'schen Typologie, auch die Schlussformel im Bericht des chinesischen Schusters einiges von ihrer Rätselhaftigkeit: »Uns Handwerkern und Geschäftsleuten ist die Rettung des Vaterlandes anvertraut; wir sind aber einer solchen Aufgabe nicht gewach-

---

39. Ebd.
40. Ebd.
41. Ebd., S. 75.
42. Ebd., S. 34.
43. Ebd., S. 85.

sen; haben uns doch auch nie gerühmt, dessen fähig zu sein. Ein Mißverständnis ist es, und wir gehen daran zugrunde« (NSF I, S. 361).

Auch außerhalb von Kafkas Notizbuch bestätigt sich demnach die unmittelbare Gegenstellung der beiden chinesischen Geschichten, ihre *complexio oppositorum* im Rahmen ein- und desselben Gefahrenprotokolls. In einem vitalen Moment der Geschichte des modernen europäischen Staats notieren und verhandeln sie, verschoben in Raum und Zeit, das ihnen zugrunde liegende, unauflösbare Macht-Paradox. Befürwortet der Bericht des Architekten die schwache Totalisierung des politischen Imaginären und warnt er zugleich davor, beim Nachdenken über den letzten Grund der politischen Herrschaft zu weit zu gehen, so wird diesem Lob der Schwäche und der Selbstbegrenzung durch den Bericht des Schusters nicht einfach diskursiv widersprochen, sondern es wird durch die physische Evidenz des »beschädigt[en]« Manuskripts augenscheinlich widerlegt. Doch obwohl Nietzsches Kritik der antiquarischen und der monumentalen Geschichte an nahezu jeder Stelle der beiden Geschichten mitredet, bleibt die Spannung zwischen beiden unaufgelöst: keine dialektische oder vitalistische Synthese verheißt hier Rettung, keine ›kritische Geschichte‹ und auch kein gefährlicher und gefährdeter Einzelner.

Im Frühjahr 1917, als die Habsburger Monarchie sich mit der fatalen Alternative zwischen der Regression zum autoritären Zentralismus und ihrer Auflösung in der zentrifugalen Dynamik der nationalen Bewegungen konfrontiert sieht, erhält Kafka die schriftliche Einladung, einer Künstlervereinigung für Großösterreich beizutreten. Seine Zurückweisung besteht in einer unmittelbaren Umkehrung der Sombart'schen Idee vom ›organischen Staat‹: »ich bin nämlich nicht imstande, mir ein im Geiste irgendwie einheitliches Groß-Österreich klarzumachen und noch weniger allerdings, mich diesem Geistigen ganz eingefügt zu denken, vor einer solchen Entscheidung schrecke ich zurück« (NSF I, 337). Die beiden chinesischen Geschichten, die auf diesen Eintrag im Notizbuch unmittelbar folgen, schrecken vor einer solchen »Entscheidung« offenbar ebenfalls zurück. Sie enthalten keine Handlungsanweisungen für Kafkas Gegenwart, sondern sie konstituieren eine semiotische Maschine, die es ermöglicht, die spontane Reaktion des Zurückschreckens vor einer Entscheidung (›für‹ oder ›gegen‹ die Totalität des Staates) zu entfalten und zu transformieren. Soll man daraus schließen, dass Kafka sich hier als Norm jenes ›händlerische‹ »Bild der Wage« gewählt hätte, »die der Krämer in der Hand hält, um Rosinen und Pfeffer abzuwiegen«?[44] Gewiss nicht. Vielmehr hat Kafka in einer chinesischen Geschichte aus der Zeit nach dem Zusammenbruch der Donaumonarchie selbst das Bild formuliert, das den synoptischen Effekt der beiden Geschichten vom Frühjahr 1917 am besten erfasst: »Auf dieses Messers Schneide leben wir [...]: Das einzige sichtbare zweifellose Gesetz, das uns auferlegt ist, ist der Adel und um dieses einzige Gesetz sollten wir uns selbst bringen wollen?« (NSF II, S. 273). In *diesem* Bild resultiert das Gleichgewicht nicht aus dem ökonomischen Kalkül, es befindet sich nicht in »der Hand« eines externen Beobachters; sondern es bezeichnet eine

---

44. Ebd., S. 39.

existentielle Herausforderung, angesichts derer die Differenz zwischen Beobachter-Ebene und Objekt-Ebene kollabiert.

4. Assoziation

Wie kann man nun einer solchen Herausforderung begegnen, wie kann man ihr schreibend, mit den spezifischen Möglichkeiten der Literatur entgegentreten? Auch hier erweist es sich als zweckmäßig, zunächst einen Blick auf Nietzsche zu werfen. Im Aphorismus 284 von *Der Wanderer und sein Schatten* reflektiert Nietzsche über die Psychologie des Militarismus und des Pazifismus, der Stärke und der Schwäche in politicis:

»Das Mittel zum wirklichen Frieden. — Keine Regierung giebt jetzt zu, dass sie das Heer unterhalte, um gelegentliche Eroberungsgelüste zu befriedigen; sondern der Vertheidigung soll es dienen. Jene Moral, welche die Nothwehr billigt, wird als ihre Fürsprecherin angerufen. Das heisst aber: sich die Moralität und dem Nachbar die Immoralität vorbehalten, weil er angriffs- und eroberungslustig gedacht werden muss, wenn unser Staat nothwendig an die Mittel der Nothwehr denken soll; überdiess erklärt man ihn, der genau ebenso wie unser Staat die Angriffslust leugnet und auch seinerseits das Heer vorgeblich nur aus Nothwehrgründen unterhält, durch unsere Erklärung, wesshalb wir ein Heer brauchen, für einen Heuchler und listigen Verbrecher, welcher gar zu gern ein harmloses und ungeschicktes Opfer ohne allen Kampf überfallen möchte. So stehen nun alle Staaten jetzt gegen einander: sie setzen die schlechte Gesinnung des Nachbars und die gute Gesinnung bei sich voraus. Diese Voraussetzung ist aber eine Inhumanität, so schlimm und schlimmer als der Krieg [...]« (KSA 2, S. 678).

Ausgehend von dieser Kritik der Selbstverteidigungsdoktrin lässt sich nun die im Untertitel meiner Untersuchung benannte Schreibstrategie in den Blick nehmen: die Versicherung des Übermenschen. Nietzsches Ausweg aus dem Demoralisierungsprozess eines bewaffneten Friedens ist, wie stets, gefährlich und unkalkulierbar:

»Sich wehrlos machen, während man der Wehrhafteste war, aus einer Höhe der Empfindung heraus, — das ist das Mittel zum wirklichen Frieden, welcher immer auf einem Frieden der Gesinnung ruhen muss: während der sogenannte bewaffnete Friede, wie er jetzt in allen Ländern einhergeht, der Unfriede der Gesinnung ist [...] Der Kriegsglorien-Baum kann nur mit Einem Male, durch einen Blitzschlag zerstört werden: der Blitz aber kommt, ihr wisst es ja, aus der Wolke — und von der Höhe« (KSA 2, S. 678f.).

Während sich der hier diagnostizierte »Unfriede der Gesinnung« als treibende Kraft hinter dem Bericht des chinesischen Architekten identifizieren lässt, so weist der Bericht des Schusters (in *Ein altes Blatt*) nicht nur den hochherzigen Ausweg Nietzsches, sondern jeden endgültigen Ausweg aus dem Dilemma zwischen der Gefahr einer moralischen Zerstörung durch einen starken, zentralisierten Staat und der Gefahr der physischen Zerstörung durch einen äußeren Feind zurück. In der Tat: Aus *Kafkas* Wolken »zuckt kein Blitz mehr«. *Seine* Lösung kommt nicht »von der Höhe«, sondern ›aus der Tiefe‹, nämlich aus der Bevölkerung oder den »Seelen fast aller Provinzen« (NSF I, S. 355). Es handelt sich dabei um keine philosophische, sondern um eine poetologische Lösung: einen kulturellen Versicherungsvertrag, der am Kreuzungspunkt zwischen der horizontalen Achse des narrativen Syntagmas und der vertikalen Achse des »Paragrammatischen« bzw. des »Infrakontexts«[45] seiner Geschichten aufgesetzt wird. Denn hier, in der ›Tiefe‹ des Echoraums, den Kafkas Geschichten durch ihr transtextuelles Signalement eröffnen, ist die Stimme seines Gefährten Nietzsche nur eine unter vielen. Und hier erst führt Kafka seinen entscheidenden Zug gegen Nietzsches ›erste Sprache‹: die ›Versicherung des Übermenschen‹, nicht im Gleichnis, sondern in der oder sogar als Praxis des Schreibens.

Diese Praxis rückt ins Blickfeld, wenn man, der Richtlinie neuerer ethnographischer Forschungen folgend, den Focus von der »Bedeutung« von Zeichen auf ihre »praktischen Effekte« verschiebt, wenn man sich also fragt, »welche Kräfte sie ausnutzen oder verstärken, und durch welche Mechanismen sie bestimmte Effekte hervorrufen«.[46] Für Nietzsche wäre dann zunächst zu konstatieren, dass seine Bilder und Gleichnisse als Instanzen der Dissoziation fungieren: Sie evozieren und postulieren die Unterscheidung zwischen den ›Übermenschen‹-Kandidaten und den ›Heerdenmenschen‹. Bei Kafka finden wir diese Funktion in ihr Gegenteil verkehrt: Seine Bilder knüpfen ein dichtes Netz transtextueller Verweise, das noch die entferntesten und widersprüchlichsten sozialen, kulturellen oder politischen Subjekt-Positionen umspannt. Ein augenfälliges Beispiel bietet der Körper des Affen Rotpeter, dem bei seiner Gefangennahme durch die Menschen zwei Narben zugefügt wurden: verweist deren eine, die Gesichtsnarbe, auf die ›deutsche Wunde‹, den Schmiss, so verweist die andere, unterhalb der Hüfte, auf die ›jüdische Wunde‹ der Beschneidung.[47] Doch ist Kafkas Infrakontext niemals binär organisiert; vielmehr lösen sich alle je nach Lesart im Vordergrund aufscheinenden Gegensätze in offene Serien von Positionen auf. So weist das Motiv des ›akademischen Affen‹ zurück in die ägyptische Antike, in der es in der Pavian-Gestalt des Schreiber-Gottes Toth und im aufs Schreiben, Tanzen, Flötespielen und Betteln dressierten Pavian seinen doppelten, göttlichen-tierischen Ursprung hat. Seiner Wiedergeburt in der *Iconologia* des Cesare Ripa als Universitäts-Allegorie (1613) folgt eine um 1800 endende Verfallsgeschichte, der sich eine ganze Serie von transformierten Wiedergeburten etwa im deutschen Kunstmärchen, in den Programmschriften des deutschen Antisemitismus, im Diskurs des Darwinismus, des jüdischen Assimilationismus, den retrospektiv-inventiven Kultur-Narrativen der ›erwachenden Nationen‹ und des Zionismus anschließt.[48]

---

45. Der erste Begriff stammt bekanntlich von Julia Kristeva, den zweiten entleihe ich von Claes Schaar (*The Full Voic'd Quire Below. Vertical Context Systems in ›Paradise Lost‹*, Lund 1982). Es kann und muss hier sogar unentschieden bleiben, ob Kafkas Schreibprojekt auf einem vom kulturellen Text ausgehenden Emergenzprozess oder auf einem vom Autorsubjekt ausgehenden Produktionsprozess basiert.
46. José Gil: *Metamorphoses of the Body*, Minneapolis 1998, S. xii.
47. »Man schoß; ich war der einzige, der getroffen wurde; ich bekam zwei Schüsse. / Einen in die Wange; der war leicht; […]. / Der zweite Schuß traf mich unterhalb der Hüfte« (DzL, S. 301).

Es ist diese Bündelung heterogener Serien von Stimmen, Diskursen und Positionen durch die transtextuellen Verfahren des Zitats, der Parodie, der Anspielung etc., die ich als die *Akten-Funktion* der Kafka'schen Bilder-Sprache bezeichne – im Unterschied zur *Protokoll-Funktion* der nach den Gesetzen der Knappheit und der Präzision organisierten ›Oberflächen‹ des narrativen Syntagmas. Die aus diesem Verfahren erwachsende *Kulturversicherung* setzt dann genau dort ein, wo die auf der Bündelung statistisch be- und verrechenbarer Risiken basierende Sozialversicherung ihre Grenzen fand und findet: bei den sich statistischer Berechnung entziehenden Risiken kultureller (›ethnischer‹, ›religiöser‹) Konflikte wie derjenigen, von denen auch die letzten Dekaden der Donaumonarchie gezeichnet waren. An die Stelle des mathematischen tritt hier ein semiotisches Verfahren der Risikennivellierung. So erweist das Kalkül, das dem Bericht des Affen zugrunde liegt, die typologische Ununterscheidbarkeit des Affen und des Übermenschen (Ebene des Protokolls), während im gleichen Zuge durch die semiotische Bündelungskraft der Bild-Gesten diese Ent-Unterscheidung im transtextuellen Raum der Narration vollzogen wird, indem jedem denkbaren ›Wir‹ die Chance eröffnet wird, sich im Bilde des Anderen wiederzuerkennen.

Das gleiche Verfahren weist schließlich auch den Weg aus Kafkas chinesischem Dilemma; es ist die Antwort des Schriftstellers und Versicherungsbeamten auf den Philosophen. Hier betreibt die Akten-Funktion die Transformation des von Nietzsche diagnostizierten demoralisierenden mentalen Musters des bewaffneten Friedens von einer Dissoziations- in eine Assoziationsinstanz: Kafkas ›Geschichten‹ eröffnen *jeder* der in die polyvalente Konfliktsituation des Frühjahrs 1917 verstrickten Parteien die Einsicht, dass sie jeweils *sowohl* auf der Seite der Chinesen *als auch* auf der Seite der Nomaden zu lokalisieren wäre. Sie pflanzen so die Saat des Zweifels in eben jene Dissoziations-Metapher (›Chinesen vs. Nomaden‹, ›Kultivierte vs. Barbaren‹, etc.), die gleichermaßen Kafkas China-Narrativ wie das Narrativ der europäischen Kriegspropaganda organisiert. In der gleichen Bewegung freilich bündelt die Chinesen-Nomaden-Akte eine Serie kulturtheoretischer Begründungstexte, die von Platons *Politeia* über den *Leviathan* des Hobbes bis hin zu Nietzsche, Freud und den 1913 in deutscher Sprache erschienenen *Grundsätze[n] der wissenschaftlichen Betriebsführung* von Frederick W. Taylor reicht und die nun auch die ›vertikale‹ Differenz zwischen der Objekt- und der Meta-Ebene kultureller Diskurse in Frage stellt. An diesem Punkt allerdings berührt meine Untersuchung ihr eigenes »eigenes Land«: ein Verfahren rekursiver und polyzentrischer Lektüre, das man vorläufig als ›Aktenanalyse‹ bezeichnen könnte, und das seinen Ort jedenfalls im digitalen Schreibraum hätte.[49]

---

48. In seinem bemerkenswerten Aufsatz hat Erhard Schüttpelz das aus dieser Textlogik resultierende »bunte Programm aus Deutungen, die durch ihre Gleich-Gültigkeit in Nummern zerfallen«, einer Reihe von auch für unsere Überlegungen maßgeblichen ›Berichtigungen‹ unterzogen (»Berichtigung«, a.a.O., S. 94). Für weitere i.w.S. genealogische Zugriffe auf Kafkas Affen s. Gerhard Neumann: »›Ein Bericht für eine Akademie.‹ Erwägungen zum ›Mimesis‹-Charakter Kafkascher Texte«, in: *DVjS* 49, 1975, S. 166–183; Benno Wagner: *Der Unversicherbare. Kafkas Protokolle*, unpubl. Habilschrift [Siegen 1998], Kap. II; sowie die Beiträge von Andreas Kilcher und Gerhard Neumann in diesem Band.
49. Etwa unter der URL: www.kafkabureau.net.

IV

Kafkas ›erster Leser‹, soviel mag hier immerhin deutlich geworden sein, hätte im Unterschied zu seinem ersten Herausgeber die überragende Bedeutung und die präzise Funktion ›Nietzsches‹ für Kafkas Schreibprojekt zu begreifen. Der Boden, auf dem sich die beiden begegnen, ist eine doppelte Problematik: nämlich, erstens, die *biopolitische Erfassung und Regulierung des Lebens* durch den heraufziehenden Sozialstaat einschließlich der in diesem Prozess sichtbar werdenden unversicherbaren Risiken; und, zweitens, die *mediopolitische Erfassung und Regulierung der Sprache* durch Massenjournalismus und Kriegspropaganda (d.h. durch Nietzsche-Schopenhauers »Lumpenjargon der Jetztzeit« [KSA 1, S. 228]). Aus diesem doppelten Kontrollverlust über das Leben und die Sprache erwächst die gemeinsame Angst des ›ängstlichen Adlers‹ (Nietzsche) und des ›ängstlichen Maulwurfs‹ (Kafka). Ihre Reaktionen freilich könnten kaum unterschiedlicher sein. Wo Nietzsches vitalistisches Projekt einer ›ersten Sprache‹ die *Sprache zum Leben bringen* will (Hofmannsthals *Brief* des Lord Chandos ist lediglich ein dekadentes Echo hierauf), da bewegt sich Kafka in die entgegengesetzte Richtung. Seine Geschichten handeln davon, wie das *Leben zur Sprache gebracht* wird, sie protokollieren und sabotieren seine diskursiven Existenzweisen in den Dispositiven der Biopolitik. Kafka verkehrt so Nietzsches Postulat einer »Physiologie der Ästhetik« (KSA 5, S. 356) in das Programm einer Ästhetik der Physiologie.

Als einer der führenden böhmischen Experten im Schnittfeld von Unfallstatistik und Recht ist Kafka zudem der erste moderne Autor, der die doppelte Existenz des Durchschnittsmenschen – im physischen Körper des Einzelnen und im statistischen Körper der Gesellschaft – vollkommen begriffen hat. Doch wenn es auch zutrifft, dass Kafka vor allem aufgrund seines praktischen Wissens als biopolitischer Experte zu Nietzsches ›erstem Leser‹ werden konnte, so ist doch auch festzuhalten, dass er den Durchschnittsmenschen als blinden Fleck – und nicht als Gegenspieler – des Übermenschen bereits vor dem Beginn seiner beruflichen Laufbahn, nämlich als Prager Student der Statistik, erkannt hat. Es war umgekehrt diese frühe Begegnung der Sozialstatistik mit Nietzsches gefährlichen Gebirgslandschaften, die Kafkas frühes und unwahrscheinliches Interesse am »Versicherungswesen« geweckt hatte. Letzteres muss daher mit aller Konsequenz als *toolbox* bzw. Geräteschuppen für alle folgenden Landvermessungsarbeiten begriffen werden, und nicht einfach als ›Motivreservoir‹, ›Einflussfaktor‹ oder ›Erfahrungsfeld‹, wie es die Kafkafolklore der Jetztzeit bestenfalls will. Aus diesem Blickwinkel erscheint dann der hilflos am Flussufer auf und ab laufende Ich-Erzähler der *Beschreibung eines Kampfes* als Selbstparodie des jungen Schriftstellers, des Landvermessers ohne Geräte. Erst mit dem Übergang vom ›theoretischen‹ zum ›praktischen Menschen‹, erst mit dem Eintritt also in das wirkliche Versicherungswesen, gewinnt die ziellose Parodie der Nietzsche'schen Poetik des gefährlichen Lebens an Gewicht, Komplexität und Richtung. Im Frühjahr 1917, als Nietzsches ›unzeitgemäße‹ Zeitdiagnose in ein ganz und gar ›zeitgemäßes‹ Versatzstück des zeitgenössischen Lumpenjargons (der Kriegspropaganda) transformiert worden war, verfasst Kafka eine Reihe kultureller Unfallprotokolle, die in *einer* Bewegung Nietzsches ›Pathos der Distanz‹ *dekonstruieren* (indem sie den Übermenschen an den Durchschnittsmenschen als seine unüberschreitbare Heimat erinnern); Nietzsches Untersuchungen über den »Nutzen und Nachteil der Historie für das Leben« *reflektieren*; und die solitäre Stimme der ›ersten Sprache‹ Nietzsches mit einer Menge von Stimmen und mit der Stimme der Menge *assoziieren.*

Kafkas Antwort auf Nietzsches hochselektive ›erste Sprache‹ ist demnach eine ›letzte Sprache‹ (eine stets bereits von Tierlauten infizierte Menschensprache, eine von den banalsten Ausdrucksformen ununterscheidbare Kunst), welche die distinktiven und stigmatisierenden Metaphern der Biopolitik und der Kriegspropaganda nachahmt, um ihre Funktion zu verkehren: um sie zu einer kollektiven ›Versicherung auf Gegenseitigkeit‹ zu verwandeln. Dabei bleibt freilich festzuhalten, dass *beide* Sprachen im selben blinden Fleck der Kultur ihren Ursprung haben: in ihrer Inkompatibilität mit dem Gesetz der Großen Zahlen – mithin in ihrer Unversicherbarkeit. Das mag erklären, warum Kafka, diese seltene Kreuzung aus einem Experten für Versicherung und für Sprache, für einmal ›weiter geht‹ als Nietzsche, wenn es um die Einschätzung der faktischen Macht von Dichtung geht – um die Frage also der ›wahren Leser‹: Im Oktober 1921 vermerkt Kafka in seinem Notizbuch: »Ein Kenner, ein Fachmann, einer der seinen Teil weiß, ein Wissen, allerdings, das nicht vermittelt werden kann, aber glücklicherweise auch niemandem nötig zu sein scheint« (T, S. 869). Seither hat sich allein der letzte Teil dieser Eintragung als Irrtum erwiesen.

Siglen

Zitiergrundlage für Kafka ist, soweit möglich, die *Kritische Ausgabe der Schriften, Tagebücher, Briefe*, hrsg. von Jürgen Born, Gerhard Neumann, Malcolm Pasley und Jost Schillemeit, Frankfurt a.M. Zitiert wird mit den folgenden Siglen:

AS	*Amtliche Schriften*, hrsg. v. Klaus Hermsdorf und Benno Wagner, Frankfurt a.M. 2004.
B 00-12	*Briefe 1900–1912*, hrsg. v. Hans Gerd Koch, 1999.
B 13-14	*Briefe 1913–1914*, hrsg. v. Hans Gerd Koch, 2001.
B 14-17	*Briefe 1900–1912*, hrsg. v. Hans Gerd Koch, 2003.
DzL	*Drucke zu Lebzeiten*, hrsg. von Wolf Kittler, Hans-Gerd Koch, Gerhard Neumann, 1996.
NSF I	*Nachgelassene Schriften und Fragmente I*, hrsg. von Malcolm Pasley, 1993.
NSF II	*Nachgelassene Schriften und Fragmente II*, hrsg. von Jost Schillemeit, 1992.
P	*Der Proceß*, hrsg. von Malcolm Pasley, 1990.
S	*Das Schloß*, hrsg. von Malcolm Pasley, 1982.
T	*Tagebücher*, hrsg. von Hans-Gerd Koch, Michael Müller und Malcolm Pasley, 1990.
V	*Der Verschollene*, hrsg. von Jost Schillemeit, 1983.

Zitiergrundlage für Nietzsche ist, soweit möglich, die *Kritische Studienausgabe*, hrsg. v. Giorgio Colli und Mazzino Montinari, München. Zitiert wird mit den folgenden Siglen:

KSA 1	*Die Geburt der Tragödie – Unzeitgemäßte Betrachtungen I–IV – Nachgelassenen Schriften 1870–1873*
KSA 2	*Menschliches, Allzumenschliches I und II*
KSA 3	*Morgenröthe – Idyllen aus Messina – Die fröhliche Wissenschaft*
KSA 4	*Also sprach Zarathustra*
KSA 5	*Jenseits von Gut und Böse – Zur Genealogie der Moral*
KSA 6	*Der Fall Wagner – Götzen-Dämmerung – Der Antichrist – Ecce Homo – Dionysos-Dithyramben – Nietzsche contra Wagner*
KSA 7	*Nachgelassene Fragmente 1869–1874*
KSA 8	*Nachgelassene Fragmente 1875–1879*
KSA 9	*Nachgelassene Fragmente 1880–1882*
KSA 10	*Nachgelassene Fragmente 1882–1884*
KSA 11	*Nachgelassene Fragmente 1884–1885*
KSA 12	*Nachgelassene Fragmente 1885–1887*
KSA 13	*Nachgelassene Fragmente 1887–1889*
KSA 14	*Einführung in die KSA – Werk- und Siglenverzeichnis – Kommentar zu den Bänden 1–3*
KSA 15	*Chronik zu Nietzsches Leben – Konkordanz – Verzeichnis sämtlicher Gedichte – Gesamtregister*

Die Autoren

Timothy J. Attanucci studierte Vergleichende Literaturwissenschaft an den Universitäten Harvard, Tübingen, und Paris IV - Sorbonne. Seit 2005 ist er Doktorand für Neuere Deutsche Literatur an der Universität Princeton.

Friedrich Balke ist Professor für Geschichte und Theorie künstlicher Welten an der Bauhaus-Universität Weimar und Sprecher des Graduiertenkollegs »Mediale Historiographien«. Forschungsschwerpunkte: Grenzgebiete zwischen politischer Theorie, Literatur und Medien, Kultur- und Wissensgeschichte, Geschichte der Infamie. Veröffentlichungen u.a.: *Der Staat nach seinem Ende. Die Versuchung Carl Schmitts* (1996). – *Gilles Deleuze* (1998). – *Figuren der Souveränität* (2008).

Stanley Corngold ist Professor für Germanistik und Komparatistik der Princeton University. Veröffentlichungen u.a. *Borrowed Lives* (1991). – *The Fate of the Self: German Writers and French Theory* (1994). – *Complex Pleasure: Forms of Feeling in German Literature* (1998). – *Lambent Traces: Franz Kafka* (2004). Zuletzt besorgte er zusammen mit Jack Greenberg und Benno Wagner eine amerikanische Ausgabe der versicherungsjuristischen Schriften Kafkas: *Franz Kafka: The Office Writings* (2008).

Bernhard J. Dotzler ist Professor für Medienwissenschaft an der Universität Regensburg nach Tätigkeiten als Referent in der Geschäftsstelle des Wissenschaftsrates, als Wissenschaftlicher Assistent am Institut für deutsche Sprache und Literatur sowie Projektleiter am SFB/FK 427: »Medien und kulturelle Kommunikation« der Universität zu Köln, als Visiting Lecturer an der University of Cambridge, UK, und als Forschungsdirektor für Literatur- und Wissenschaftsgeschichte am Zentrum für Literaturforschung Berlin. Publikationen u.a.: *Papiermaschinen. Versuch über communication & control in Literatur und Technik* (1996). – *1929. Beiträge zur Archäologie der Medien* (Mithg., 2002). – *L'Inconnue de l'art. Über Medien-Kunst* (2003). – *Diskurs und Medium. Zur Archäologie der Computerkultur* (2006). – *Massive Storage. Fragmente der IT-Geschichte* (Mithg., 2007). – *Parasiten und Sirenen. Zwischenräume als Orte der materiellen Wissensproduktion* (Mithg., 2008).

Andreas B. Kilcher ist Professor für Literatur- und Kulturwissenschaft an der ETH Zürich. 2004–2008 Professor für Neuere deutsche Literatur an der Universität Tübingen. Arbeitsschwerpunkte u.a. Franz Kafka, Deutsch-jüdische Literatur- und Kulturgeschichte, Literatur und Wissen, Wissens- und Esoterikforschung. Jüngere Buchpublikationen: *mathesis und poiesis. Die Enzyklopädik der Literatur 1600 bis 2000* (2003). – *Geteilte Freude. Schiller-Rezeption in der jüdischen Moderne* (2006). – *Franz Kafka*, (2008). – Als Herausgeber: *Metzler Lexikon der deutsch-jüdischen Literatur* (2000; 2003). – Anton Kuh, *Juden und Deutsche* (2003); *Metzler Lexikon jüdischer Philosophen* (2003). – *Deutsch-jüdische Literatur* (2006).

Wolf Kittler ist Professor für Deutsche und Vergleichende Literaturwissenschaft, University of California, Santa Barbara, und lehrte an den Universitäten Erlangen-Nürnberg, Freiburg im Breisgau, Konstanz, München und Cornell. Veröffentlichungen: *Der Turmbau zu Babel und das Schweigen der Sirenen. Über das Schweigen, das Reden, Stimme und die Schrift in vier Texten von Franz Kafka* (1985). – *Die Geburt des Partisanen aus dem Geist der Poesie. Heinrich von Kleist und die Strategie der Befreiungskriege* (1987). – *Franz Kafka. Schriftverkehr* (1990, Hg. mit Gerhard Neumann). – Aufsätze zur Kulturgeschichte von Philosophie, Literatur, Kunst, Recht, Wissenschaft und Technik.

Malte Kleinwort studierte Germanistik und Philosophie in Hamburg und Baltimore; derzeit wissenschaftlicher Mitarbeiter am Institut für deutsche Literatur der Humboldt Universität zu Berlin. Veröffentlichungen: *Kafkas Verfahren. Literatur, Individuum und Gesellschaft im Umkreis von Kafkas Briefen an Milena* (2004). – Aufsätze zu Kafka, Benjamin, Adorno, Nietzsche, im Bereich der Literaturtheorie und der Schreibprozessforschung.

Gerhard Neumann hatte Professuren an den Universitäten Bonn, Erlangen, Freiburg i. Br. inne; zuletzt Ordinarius für neuere deutsche Literaturwissenschaft an der Universität München; seit 2002 emeritiert; seit 2005 Honorarprofessor an der Freien Universität Berlin. Hauptarbeitsgebiete: Literatur des 18. bis 20. Jahrhunderts, vergleichende Literaturwissenschaft, Gattungspoetik, Editionswissenschaft, Kulturwissenschaft; Publikationen zu Goethe, Kleist, Kafka, Canetti; zur deutschen Romantik; zur Methode der Literaturwissenschaft; zu Theorie und Geschichte des Aphorismus, des Epigramms, der Novelle, des Romans, der Lyrik unter komparatistischer Perspektive; Mitherausgeber der Kritischen Kafka-Ausgabe und des Hofmannsthal Jahrbuchs; Kurator der Stiftung für Romantikforschung; Mitglied der Bayerischen Akademie der Wissenschaften.

Philipp Theisohn, Dr. phil., studierte Neuere deutsche Literaturwissenschaft, Philosophie und Mediävistik in Tübingen, Zürich und Jerusalem. Von 2004–2008 Akademischer Rat am Deutschen Seminar der Eberhard Karls Universität Tübingen, seit 2008 Oberassistent für Literatur- und Kulturwissenschaft an der ETH Zürich. Veröffentlichungen: *Totalität des Mangels. Carl Spitteler und die Geburt des modernen Epos aus der Anschauung* (2001). – *Die Urbarkeit der Zeichen. Zionismus und Literatur – eine andere Poetik der Moderne* (2005). Zahlreiche Aufsätze zur deutschen Literatur des 17. bis 20. Jahrhunderts.

Hubert Thüring, Dr. phil., ist wissenschaftlicher Mitarbeiter am Deutschen Seminar der Universität Basel. Studium der deutschen und italienischen Philologie. Schwerpunkte: 1. Literatur- und Kulturwissenschaft: Gedächtnis in Literatur und Philosophie des 19. und 20. Jahrhunderts; biopolitischer Lebensbegriff 1750 bis 1935; Identität in Literatur, Psychiatrie, Recht um 1900. 2. Text-Philologie: Textkritik; Text und Schreiben (Forschungsprojekt); Edition. 3. Allgemeine und Vergleichende Literaturwissenschaft: Theorie der Literatur- und Kulturgeschichte; Aufsätze zur italienischen Literatur, vergleichende Analysen; Übersetzungen (P. Levi, G. Agamben, G. Didi-Huberman).

Joseph Vogl ist Professor für Literatur- und Kulturwissenschaft / Medien an der Humboldt-Universität zu Berlin. Zuletzt erschienen u.a.: *Kalkül und Leidenschaft. Poetik des ökonomischen Menschen* (2002). – *Über das Zaudern* (2007).

Benno Wagner ist apl. Prof. für Allg. u. Neuere Deutsche Literaturwissenschaft an der Universität Siegen. 1998 Habilitation über Unfall und Poetik bei Kafka *(Der Unversicherbare. Kafkas Protokolle).* Gastdozenturen/Fellowships am Center for European Studies, Harvard Universität (1993/43), der Meiji Universität, Tokio (2000 und 2003), der Tschechischen Nationalgalerie (2004), und der Ruhr-Universität Bochum (2008/09). Veröffentlichung u.a.: *Im Dickicht der politischen Kultur* (1992). – *Vom Nutzen und Nachteil historischer Vergleiche* (1997; Hg. mit F. Balke). – *Franz Kafka: Amtliche Schriften* (2004; Hg. mit Klaus Hermsdorf). Forschungsprojekt zur intertextuellen Dimension des Kafkaschen Werks: www.kafkabureau.net.

Namenindex